云和县图书馆
古籍普查登记图目

云和县图书馆 编

国家图书馆出版社

圖書在版編目（CIP）數據

雲和縣圖書館古籍普查登記圖目 / 雲和縣圖書館編. -- 北京：國家圖書館出版社，2015.11
ISBN 978-7-5013-5700-0

Ⅰ.①雲… Ⅱ.①雲… Ⅲ.①古籍－圖書目錄－雲和縣 Ⅳ.①Z838

中國版本圖書館 CIP 數據核字（2015）第239965號

書　　名	雲和縣圖書館古籍普查登記圖目
著　　者	雲和縣圖書館　編
責任編輯	程魯潔
出　　版	國家圖書館出版社（100034　北京市西城區文津街7號） （原書目文獻出版社　北京圖書館出版社）
發　　行	(010)66114536　66126153　66151313　66175620 　　　　66121706（傳真）　66126156（門市部）
E－mail	btsfxb@nlc.cn（郵購）
Website	www.nlcpress.com →投稿中心
經　　銷	新華書店
印　　裝	北京信彩瑞禾印刷廠
版　　次	2015年11月第1版　2015年11月第1次印刷
開　　本	889×1194（毫米）　1/16
印　　張	26
書　　號	ISBN 978-7-5013-5700-0
定　　價	380.00 圓

雲和縣圖書館古籍普查登記圖目

雲和縣圖書館 編

主　編　潘麗敏

副主編　梅和娟　林　蘊

序一

中華民族有數千年璀璨耀目的文化，留下了汗牛充棟、獨具特色的古代文獻典籍。這些經過歷史沉澱保留下來的珍貴古籍，是民族重要的財富。保護好、傳承好、利用好珍貴古籍，對於繼承和發揚中華民族優秀傳統文化，弘揚以愛國主義爲核心的時代精神、維護國家統一和民族團結，推動社會主義文化大發展大繁榮，促進國際文化交流和人類共同發展，具有十分重要的意義。黨和國家歷來高度重視古籍保護工作。黨的十七大報告中指出，要弘揚中華文化，建設中華民族共有精神家園。十七大提出了推動文化大發展大繁榮的指導思想，標誌著黨和政府對文化事業建設的認識提到了新的高度，圖書館事業發展的社會環境、政策環境、保障程度因此出現了前所未有的變化。黨的十八大報告中提出，要建設優秀傳統文化傳承體系，弘揚中華優秀傳統文化。習近平總書記曾在中央政治局第十二次集體學習時強調：『要系統梳理傳統文化資源，讓收藏在禁宮裏的文物、陳列在廣闊大地上的遺產、書寫在古籍裏的文字都活起來。』這些是我們做好古籍保護工作的重要指導思想。

中華文化發展繁榮是中華民族偉大復興的重要條件，保護古籍則是傳承優秀傳統文化的重要方面。二〇〇七年一月，國務院辦公廳頒發《關於進一步加強古籍保護工作的意見》（國辦發〔二〇〇七〕六號），明確『保護爲主、搶救第一、合理利用、加強管理』的古籍保護方針，標誌著『中華古籍保護計劃』啟動，全國古籍保護工作全面開展。各地區各部門認真貫徹中央決策部署，採取有效措施，扎實推進各項工作，廣大古籍工作者積極參與，古籍保護工作呈現蓬勃發展的可喜局面，古籍保護工作逐項落實，目標陸續實現。

二〇一二年，全國古籍普查工作全面展開。古籍普查是給古籍做一個身份證，有唯一的編號和信息，例如書名、卷數、著者、版本、冊數，是否殘缺這六個部分，有了這個身份證，便於各級政府對古籍加強管理，意義十分重大。全國各級各類圖書館在國家種種舉措的推動下，在明確宏觀發展思路的同時，還制定了明確而具體的發展措施和任務。如『推動《古籍保護條例》的制定實施』『繼續實施全國古籍普查工作』等。

雲和縣圖書館古籍普查登記圖目整體實力都得到了不同程度的加強和提高。

雲和縣圖書館古籍普查登記圖目

雲和縣古籍保護工作始於二〇〇九年，是浙江省縣級圖書館中最早的一個。幾年來，雲和縣圖書館館員為古籍普查做了大量工作，在二〇一三年比預定計劃提前七個月完成了古籍普查項目。雲和縣圖書館在完成《雲和縣圖書館藏古籍普查報告》後，又精選館藏古籍，編製了《雲和縣圖書館古籍普查登記圖目》。這一《圖目》將雲和縣圖書館的古籍收藏情況和館藏特色揭示出來，填補了雲和縣圖書館古籍文獻出版方面的一個空白。隨著中華古籍保護工作的推進，相信未來將會有更多的古籍保護成果呈現給大家。

國家古籍保護中心副主任　國家圖書館副館長　張志清

二〇一五年十月

序 二

文獻典籍是不可再生資源，蘊含著中華民族特有的精神價值、思維方式和想象力，創造力，是五千年中華文明一脉相承的歷史見證，是人類的瑰寶。

雲和縣圖書館是國家一級館，共收藏古籍三千二百五十八册，是浙西南地區館藏古籍較多的單位。其古籍主要來源於新中國成立後的政府徵集和民間捐贈。這批古籍原來存放於新華街的老圖書館內，因館舍簡陋，受潮霉變、蟲蛀鼠咬現象較爲嚴重，古籍保護工作迫在眉睫，勢在必行。

二〇〇九年九月，雲和縣啓動館藏古籍保護工作，建立古籍保護制度，改善古籍保護條件，加強古籍保護人才培養，强化團隊協作，提高古籍普查與修復水準，克服了人員編制少、專業知識不扎實、資金投入不足等困難。經過四年多的努力，雲和縣圖書館在古籍普查、古籍修復、古籍利用等方面取得了巨大成效，二〇一三年入選首批『浙江省古籍保護達標單位』，二〇一三年十一月成爲浙江省第一家完成古籍普查的單位。通過古籍整理與普查，在館藏古籍中發現了一批特色文獻，包括道教抄本、稀見家族譜牒、畲族文獻等。特别是從明末傳承至今的近四百册道教手抄本令人矚目。這批抄本成書年代爲明末至民國，內容前後相繼，涵蓋科儀、符籙、打醮、風水、堪輿、相術、命理、擇日、祈禳、招魂等諸多方面，反映了近四百年來雲和地區民間道教活動的發展變化，爲研究道教的發展演變歷史提供了重要的參考依據。館藏明清家譜中不乏稀見珍貴族譜，如明崇禎抄本《［浙江龍泉］劉氏家譜》，清康熙四十二年稿本《［浙江景寧］葉氏宗譜》，這兩種皆入選第一批《浙江省珍貴古籍名錄》。館藏古籍中尚有一部保存完整的《［同治］雲和縣志》，是雲和歷史文化研究的珍貴文獻資料。

今年六月十三日是我國第十個『文化遺產日』，雲和縣圖書館以此爲契機，製作了古籍保護知識展板，發放了宣傳資料，展示了古籍實物，提高了市民對古籍保護的關注度，擴大了古籍保護工作的影響力。本次出版的《雲和縣圖書館古籍普查登記圖目》以館藏古籍爲收錄範圍，書影與書目並重，既爲學界利用館藏古籍提供便利，又能滿足不同讀者的閱讀興趣和現實需求。

雲和縣圖書館古籍普查登記圖目

《圖目》的出版，是雲和古籍保護工作的一項重大成果，填補了雲和縣圖書館古籍文獻出版的空白，意義十分重大。全縣文化工作者要充分發揮《圖目》的重要作用，深入推進古籍保護和利用工作，使館藏古籍煥發出新的生命力。

雲和縣文化廣電新聞出版局局長　邱偉榮

二〇一五年十月

雲和縣圖書館藏古籍普查報告

雲和縣圖書館館藏古籍來源於新中國成立後的政府徵集和民間捐贈。由於當時館舍簡陋，又缺乏古籍保護意識，這批書一直被單獨放置於一個庫房，受潮霉變、蟲蛀鼠咬，保存條件極不理想。隨著全國古籍保護工作的全面開展，我們對古籍保護有了新的認識，清楚地意識到這些文獻典籍蘊含著中華民族特有的精神價值、思維方式和想象力、創造力，是中華文明綿延數千年一脈相承的歷史見證，也是人類文明的瑰寶，是不可再生資源，而對古籍開展摸清家底、分級保護工作，是我們這輩人應該承擔的責任。

我館古籍保護工作於二〇〇九年九月正式啓動。爲進一步規範工作，根據《浙江省文化廳關於開展全省古籍普查項目申報的通知》（浙文社〔二〇一一〕七號）、《浙江省古籍普查項目管理辦法》（浙古保〔二〇一二〕一號）等，我館於二〇一二年一月制訂古籍普查計劃，並申報了古籍普查項目。項目預定開展時間爲二〇一二年一月至二〇一四年六月，在本館潘麗敏、梅和娟、林蘊等三名普查人員的共同努力下，於二〇一三年十一月完成了全部館藏古籍的普查著録工作，提前七個月結束古籍普查項目，成爲全省第一家完成館藏古籍普查工作的古籍藏書單位。經初步逐冊登記，查明館藏古籍共三千二百五十八冊，是浙西南地區古籍藏量較多的單位之一。

根據全國古籍普查平臺統計，本館普查著録館藏古籍和歷史文獻資料共一千七百九十六條三千二百五十八冊。其中古籍八百八十條一千六百冊，民國時期綫裝書九百一十六條一千六百五十八冊，冊數分別佔總數的百分之四十九點一和百分之五十點八九。由於歷史原因，本館古籍破損情況較爲嚴重，一級破損二百四十三冊（百分之七點四六），二級破損四百九十九冊（百分之十五點三一），三級破損一千四百八十一冊（百分之四十五點四六），四級破損九百八十六冊（百分之三十點二六），未破損古籍僅三十三冊。主要的破損類型爲蟲蛀、鼠齧及老化等。

從古籍等級分類情況來看，本館所藏古籍絶大部分是四級古籍（包括民國時期傳統裝幀書籍），有一千七百六十條三千二百冊，佔總數的百分之九十八點二二；三級古籍有三十六條五十八冊，僅佔百分之一點七八。

從版本類型來看，主要爲抄本、石印本、刻本、鉛印本，數量和比例分別爲六百三十一條六百四十三冊（百分之十九點七四）、五百三十九條一千一百一十七冊（百分之三十四點二八）、四百三十九條九百九十冊（百分之三十點三九）和一百一十一條

雲和縣圖書館古籍普查登記圖目

從內容分類而言，館藏古籍主要爲子部書籍，有八百九十條一千一百二十八冊，佔總量的百分之三十四點六二，經部、史部、集部分別爲三百一十七條七百五十七冊（百分之二十三點二四）、二百零六條四百六十一冊（百分之十四點一五）和三百三十條六百五十冊（百分之十九點九五）。子部中大部分爲道教抄本和醫書。另有類叢部十八條二百零二冊，新學三十五條六十冊。

從裝幀來講，有一千五百三十八條二千九百九十五冊古籍爲線裝，佔總數的百分之九十一點九三；二百五十七條二百六十二冊爲毛裝，佔百分之八點零四，此種裝幀形式的古籍均爲抄本；還有一冊爲經折裝。

經過此次普查，館藏古籍中發現一批特色文獻，包括道教抄本、稀見家族譜牒、畲族文獻等。家譜文獻共有一百六十八冊，包括劉、葉、梅、柳、彭、李、魏、王、毛等三十多個姓氏，有部分爲本縣境內族姓家譜，流傳甚罕，十分稀見，其中明抄本《[浙江龍泉]劉氏家譜》和清康熙四十二年稿本《[浙江景寧]葉氏宗譜》已入選第一批《浙江省珍貴古籍名錄》。這兩部家譜保存了明代及清早期麗水地區人口活動的豐富信息，揭示了劉氏、葉氏家族起源、分支演變、遷徙繁衍的歷史，以及地方特色的風俗禮儀、家族文化等，具有較高的史料價值。兩部宗譜抄寫精美，紙墨精良，兼具較高的藝術價值。

此外，一批珍貴的道教抄本也是我館特色館藏，有三百八十種三百八十三冊。尤其難得的是，這批抄本成書年代自明末直至民國，內容上前後相繼，保存完整，內容涵蓋科儀、符籙、打醮、風水、堪輿、相術、命理、擇日、祈禳、招魂等諸多方面，反映了近四百年來雲和地區民間道教活動的發展變化，也爲研究道教的發展演變歷史提供重要的參考依據。

古籍保護是長遠的綜合性工程，摸清家底，改善存藏條件，提高保護古籍的能力，這些還祇是古籍保護的第一步，接下去，還將利用現代化技術對古籍進行再生性保護，如制定古籍數字化標準，規範古籍數位化工作，建立古籍數位資源庫，更重要的是充分挖掘其內涵，最大程度地開發利用古籍，使其在新時代發揮應有的作用。

今後，我館將遵循『保護爲主、搶救第一、合理利用、加強管理』的保護理念，重視加強館藏古籍的研究整理、影印出版、開發利用等業務拓展。祇有扎實地做好這些工作，纔能體現古籍保護的真正意義，纔能使我館古籍煥發新的生機。

雲和縣圖書館

二〇一三年十一月二十日

凡　例

一、收錄範圍

本《圖目》收錄一九一一年以前印製和抄寫的古籍，兼及此後印製或抄寫的內容爲古籍範疇的圖書，計三百零三種。

二、編排次序

本《圖目》所收古籍分普通古籍、道教抄本、家譜等三種類型編排，各類之下按照版刻或抄寫時代排序。

三、選圖標準

（1）每種古籍，依據卷端、書名葉和序跋葉選圖一幅，視圖版清晰程度和價值高下來確定。

（2）拍攝圖版時悉依館藏原書，不採用複製件。

四、著錄事項

（1）每種古籍，一般依據卷端、書名葉和序跋葉進行著錄，包括書名和卷數、著者及著作方式、版本、版式及索書號等項。其中，著作方式一般依卷端原題著錄。

（2）每種古籍加冠序號，一是起到排序的作用，二是表示本《圖目》收錄古籍的種數。

五、目錄附錄

（1）在《圖目》正文之前，編製《圖目》書名目錄。

（2）在《圖目》正文之後，附錄《雲和縣圖書館古籍普查登記目錄》。

目錄

普通古籍

- ○○一 增補地理直指原真大全三卷首一卷 …… 一
- ○○二 景岳全書六十四卷 …… 一
- ○○三 欽定春秋傳說彙纂三十八卷首二卷 …… 二
- ○○四 老子道德經二卷 …… 三
- ○○五 唐宋八大家類選十四卷 …… 四
- ○○六 新編評註通玄先生張果星宗大全十卷 …… 五
- ○○七 瀛經堂詳校醫宗必讀十卷 …… 六
- ○○八 種痘新書十二卷 …… 七
- ○○九 新刊校正增釋合併麻衣先生人相編四卷 …… 八
- ○一○ 新刻正旁訓訓蒙六字經不分卷 …… 九
- ○一一 春秋擬題集傳二卷 …… 一○
- ○一二 小題正鵠初集一卷二集一卷三集一卷 …… 一一
- ○一三 [同治]雲和縣志十六卷首一卷終一卷 …… 一二
- ○一四 佛說高王觀世音經一卷附觀音大士應驗神方一卷 …… 一三
- ○一五 巢溪詩草四卷 …… 一四

- ○一六 藝林珠玉 …… 一六
- ○一七 往生集三卷 …… 一七
- ○一八 慾海慈航不分卷 …… 一八
- ○一九 四經精華 …… 一九
- ○二○ 錦春齋新刻昔時賢文一卷 …… 二○
- ○二一 孟子正文一卷 …… 二一
- ○二二 羣玉山房重校醫宗必讀十卷 …… 二二
- ○二三 五經備旨 …… 二三
- ○二四 五經備旨 …… 二四
- ○二五 太上三元三品三官寶懺一卷 …… 二五
- ○二六 總統易三卷首一卷 …… 二六
- ○二七 寄傲山房塾課新增幼學故事瓊林四卷首一卷 …… 二七
- ○二八 重刻醒世千家詩二卷 …… 二八
- ○二九 小題三萬選不分卷 …… 二九
- ○三○ 補注黃帝內經素問二十四卷 黃帝內經靈樞十二卷 黃帝內經素問遺篇一卷 …… 三○

雲和縣圖書館古籍普查登記圖目

○三一 歷代史學新論一卷 ……… 三一
○三二 地理全志一卷 ……… 三二
○三三 地藏菩薩本願經三卷 ……… 三三
○三四 輿地易知一卷 ……… 三三
○三五 重訂驗方新編十八卷 ……… 三四
○三六 新鐫訓蒙增廣賢文一卷 ……… 三五
○三七 婺學治事文編二卷 ……… 三六
○三八 目耕齋小題不分卷 ……… 三七
○三九 星平要訣一卷百年經一卷 ……… 三八
○四〇 三官經註解一卷 ……… 三九
○四一 周易本義四卷圖說一卷 ……… 四〇
○四二 繪圖增批古文觀止十二卷 ……… 四一
○四三 草字彙十二卷 ……… 四二
○四四 字彙十二卷首一卷末一卷附韻法直圖一卷韻法橫圖一卷 ……… 四三
○四五 增補字彙四卷 ……… 四四
○四六 增補字彙四卷 ……… 四五
○四七 監本詩經全文四卷 ……… 四六
○四八 監本詩經全文五卷 ……… 四七
○四九 監本詩經全文四卷 ……… 四八
○五〇 春秋增訂旁訓四卷 ……… 四九
○五一 增補四書精繡圖像人物備考十二卷 ……… 五〇
○五二 女四書集註四卷 ……… 五一
○五三 天祿齋四書遵註合講十九卷 ……… 五二
○五四 四書便蒙正文七卷 ……… 五三
○五五 新鐫部頒監本四書正文 ……… 五四
○五六 四書正體十九卷 ……… 五五
○五七 孟子集註七卷 ……… 五六
○五八 四書集注十九卷 ……… 五七
○五九 小學千家詩人生必讀二卷 ……… 五八
○六〇 新鐫曆法便覽象吉備要通書大全三十二卷 ……… 五九
○六一 重訂增補陶朱公致富全書四卷 ……… 六〇
○六二 碧梧齋古文觀止十二卷 ……… 六一
○六三 童子問路四卷 ……… 六二
○六四 新刻辰州胡知府白扇記二卷 ……… 六三
○六五 新刊說唱擺花張四姐出身二卷 ……… 六四
○六六 監本詩經全文八卷 ……… 六五
○六七 周易四卷 ……… 六六
○六八 書經集傳六卷 ……… 六七
○六九 書經集傳六卷 ……… 六八

○七○ 書經體註大全合參六卷 ……… 七○
○七一 尚書離句六卷 ……… 七一
○七二 御纂醫宗金鑑七十四卷首一卷 ……… 七二
○七三 書經體註大全合參六卷 ……… 七三
○七四 春秋體註大全四卷 ……… 七四
○七五 春秋體註四卷 ……… 七五
○七六 評註聊齋志異十六卷 ……… 七六
○七七 聊齋志異新評十六卷 ……… 七七
○七八 聊齋志異新評十六卷 ……… 七八
○七九 呂氏春秋二十六卷 ……… 七九
○八○ 文華堂較正監韻分章分節四書正文 ……… 八○
○八一 新鐫五言千家詩箋註二卷 ……… 八一
○八二 尺木堂古文觀止十二卷 ……… 八二
○八三 百美新詠一卷 ……… 八三
○八四 唐詩三百首續選一卷 ……… 八四
○八五 字彙十二卷首一卷末一卷 ……… 八五
○八六 不可錄不分卷 ……… 八六
○八七 新鐫曆法便覽象吉備要通書大全二十九卷 ……… 八七
○八八 增訂本草備要四卷 ……… 八八
○八九 三彈子傳心□□卷 ……… 八九

○九○ 感應篇直講一卷首一卷 ……… 九○
○九一 喉科杓指四卷 ……… 九一
○九二 敬書堂古文十二卷 ……… 九二
○九三 竹書紀年二卷 ……… 九三
○九四 詩林韶濩選二十卷 ……… 九四
○九五 羅經指南撥霧集三卷 ……… 九五
○九六 羅經指南撥霧集三卷 ……… 九六
○九七 續太平廣記八卷 ……… 九七
○九八 孟搭從新七卷 ……… 九八
○九九 字學舉隅不分卷 ……… 九九
一○○ 古唐詩合解十二卷古詩四卷 ……… 一○○
一○一 雪心賦正解四卷 ……… 一○一
一○二 目耕齋二刻不分卷 ……… 一○二
一○三 知愧軒尺牘十六卷 ……… 一○三
一○四 再重訂傷寒集註十卷附五卷 ……… 一○四
一○五 新刻石函平砂玉尺經三卷 ……… 一○五
一○六 孟子文椒七卷 ……… 一○六
一○七 近科館律詩鈔不分卷 ……… 一○七
一○八 繪圖四書正文 ……… 一○八
一○九 國朝分體文約不分卷 ……… 一○九

一一〇 鑄史駢言十二卷 ……… 一三〇
一一一 曠視山房制藝二集四卷 ……… 一三一
一一二 蘭雪集二卷後附一卷 ……… 一三二
一一三 監本詩經全文四卷 ……… 一三三
一一四 賦得鳳凰來儀一卷 ……… 一三四
一一五 高機與吳三春一卷 ……… 一三五
一一六 監本詩經八卷 ……… 一三六
一一七 孔氏家語十卷 ……… 一三七
一一八 新訂四書補註備旨十卷 ……… 一三八
一一九 新訂四書補註備旨十卷 ……… 一三九
一二〇 學源堂四書體註合講十九卷 ……… 一四〇
一二一 四書便蒙正文七卷 ……… 一四一
一二二 四書正文 ……… 一四二
一二三 新鐫部頒監本四書正文 ……… 一四三
一二四 監本四書正文 ……… 一四四
一二五 處郡鄭錦春較正監韻分章分節四書正文 ……… 一四五
一二六 孟子集註旁訓七卷 ……… 一四六
一二七 唐詩三百首註疏六卷 ……… 一四七
一二八 何仙姑寶卷二卷 ……… 一四八
一二九 監本詩經八卷 ……… 一四九

一三〇 趨避通書一卷 ……… 一四〇
一三一 易經大全會解四卷 ……… 一四一
一三二 四書人物類典串珠四十卷 ……… 一四二
一三三 四書典制類聯音註三十三卷 ……… 一四三
一三四 制藝鎔裁十六卷 ……… 一四四
一三五 說詩晬語二卷 ……… 一四五
一三六 有正味齋詩集十六卷 ……… 一四六
一三七 類纂精華□□卷 ……… 一四七
一三八 八指頭陀詩集十卷補遺一卷 ……… 一四八
一三九 韻蘭集賦鈔六卷 ……… 一四九
一四〇 亦陶書室新增幼學故事羣芳四卷 ……… 一五〇
一四一 試讀立誠編不分卷 ……… 一五一
一四二 綠野仙蹤不分卷 ……… 一五二
一四三 策學纂要正續編十六卷 ……… 一五三
一四四 文昌帝君天戒錄一卷 ……… 一五四
一四五 帝君救劫章等一卷 ……… 一五五
一四六 蘇秦張儀合論等不分卷 ……… 一五六
一四七 金剛波若波羅密經淺解旁註一卷 ……… 一五七
一四八 金剛經一卷 ……… 一五八
一四九 考課吏治一卷 ……… 一五九

一五〇 孟子集註七卷	一七〇 删亭文集二卷續集二卷
一五一 各州府地名録一卷	一七一 船山遺書三百六十八卷
一五二 百家姓帖一卷	一七二 周易本義四卷圖說一卷
一五三 詳註聊齋志異圖詠十六卷	一七三 銅版精印四書集註
一五四 增補蘇批孟子二卷附年譜一卷	一七四 四書便蒙七卷
一五五 新訂四書補註備旨十卷	一七五 三聖感應經三卷
一五六 短篇文選三卷	一七六 詳註聊齋志異圖詠十六卷
一五七 修訂浙江全省輿圖並水陸道里記不分卷	一七七 大字校正白文四書
一五八 韓文起十二卷	一七八 楚辭十七卷
一五九 張三丰先生全集九卷	一七九 湘綺樓書牘八卷
一六〇 新註四書白話解說三十六卷	一八〇 文心雕龍十卷
一六一 漢碑範八卷	一八一 宋元人說部書
一六二 評註昭明文選十五卷首一卷末一卷	一八二 三大聖經不分卷
一六三 新編評注刀筆菁華四卷	一八三 三字經不分卷
一六四 言文對照史記評註讀本三卷	一八四 達生編二卷
一六五 近代文評註讀本三卷	一八五 高等小學論說文範四卷
一六六 鏡蓉詩鈔一卷	一八六 龍文鞭影初集二卷二集二卷
一六七 諸親友惠賜□儀登記一卷	一八七 新刻葉臺山先生纂集六字直言不分卷
一六八 清文評註讀本四卷	一八八 佛教問答不分卷
一六九 積善堂堂志□卷積善堂正宗譜□卷	一八九 弟子規一卷

一九〇 儒門圖說一卷 … 二〇八	二〇八 欄街表簿一卷 … 二一八
一九一 中國寓言四卷 … 二〇九	二〇九 水宮符過關疏式誠意一卷 … 二一九
一九二 言文對照廣註寫信必讀不分卷 … 二一〇	二一〇 誠意一卷 … 二二〇
一九三 言文對照廣註四書讀本 … 二一一	二一一 太上靈寶治煉座頭斛科一卷 … 二二一
一九四 磨盾集不分卷 … 二一二	二一二 過關科書一卷 … 二二二
一九五 清夜鐘一卷 … 二一三	二一三 功德符告疏式一卷 … 二二三
一九六 積古齋鐘鼎彝器款識十卷 … 二一四	二一四 廟靈經書一卷 … 二二四
一九七 寫真秘訣一卷 … 二一五	二一五 看怪書一卷 … 二二五
一九八 朱夫子治家格言一卷 … 二一六	二一六 清醮發奏科一卷 … 二二六

道教抄本

一九九 香讚總科一卷 … 二一七	二一七 祈禳過關科書一卷 … 二二七
二〇〇 太上慈悲功德焰口真科一卷 … 二一八	二一八 論宅開門放水經拆水進益斷訣一卷 … 二二八
二〇一 各處地頭簿一卷 … 二一九	二一九 經本一卷 … 二二九
二〇二 三夜關燈科一卷 … 二二〇	二二〇 召魂牒靈寶玄壇一卷 … 二三〇
二〇三 太上三官真經全卷 … 二二一	二二一 七夕慶賀玄科一卷 … 二三一
二〇四 文昌斗懺一卷 … 二二二	二二二 九經書一卷 … 二三二
二〇五 煉火接神法書一卷 … 二二三	二二三 普唵祖師咒一卷 … 二三三
二〇六 早午二朝科一卷 … 二二四	二二四 打柰橋書一卷 … 二三四
	二二五 伏龍醮科一卷 … 二三五
	二二六 靈寶天皇醮科一卷 … 二三六
二〇七 天師懺科書一卷 … 二二五	二二七 藏身禁房變花圓法書一卷 … 二三七

二二八 酹陳夫人醮科一卷	二四八
二二九 度星疏式一卷	二四九
二三〇 斬長蛇法書一卷	
二三一 祈雨奏章變樓語一卷	
二三二 梨園疏式一卷	
二三三 迎仙出宮歸宮正科一卷	
二三四 第三夜科書一卷	
二三五 送星白虎科一卷	
二三六 鎮妖符式一卷	
二三七 靈寶地獄懺一卷	
二三八 設醮接太子玄科一卷	
二三九 六字經一卷	
二四〇 玉清勝境元始天尊一卷	
二四一 長遣試一卷	
二四二 三緣會四卷	
二四三 玉樞懺科一卷觀音懺科一卷	
二四四 玉帶記一卷	
二四五 山歌本明第二十號一卷	
二四六 孟姜女一卷	
二四七 擂鼓罵曹一卷	

二四八 姜太公遁水晶宮秘法科一卷	二四八
家譜	
二四九 請五姓一卷	二四九
二五〇 〔浙江雲和〕豐源劉氏宗譜二卷	二五〇
二五一 〔浙江青田〕故沛劉氏家譜三卷	二五一
二五二 〔浙江龍泉〕劉氏家譜不分卷	二五二
二五三 〔浙江景寧〕續添劉氏宗譜不分卷	二五三
二五四 〔浙江景寧〕葉氏續脩宗譜不分卷	二五四
二五五 〔浙江景寧〕葉氏宗譜不分卷	二五五
二五六 〔浙江景寧〕坑下劉氏宗譜不分卷	二五六
二五七 〔浙江景寧〕隆川林氏宗譜三卷	二五七
二五八 〔浙江雲和〕武威郡石氏宗譜不分卷	二五八
二五九 〔浙江景寧〕徐氏家譜三卷	二五九
二六〇 〔浙江景寧〕柳氏宗譜五卷	二六〇
二六一 〔浙江雲和〕鄭氏宗譜不分卷	二六一
二六二 〔浙江景寧〕楊氏宗譜三卷	二六二
二六三 〔浙江雲和〕葛山劉氏宗譜四卷	二六三
二六四 〔浙江雲和〕豐嘉源劉氏宗譜二卷	二六四
二六五 〔浙江雲和〕豐源劉氏宗譜四卷	二六五

雲和縣圖書館古籍普查登記圖目

二六六 〔浙江雲和〕南陽葉氏宗譜十卷首一卷末一卷 …… 二六六
二六七 〔浙江雲和〕下邱余氏宗譜四卷 …… 二六七
二六八 〔浙江雲和〕龍門徐氏宗譜不分卷 …… 二六八
二六九 〔浙江景寧〕朱氏宗譜□卷 …… 二六九
二七〇 〔浙江雲和〕雲和江氏宗譜□卷 …… 二七〇
二七一 〔浙江雲和〕褚氏宗譜三卷 …… 二七一
二七二 〔浙江景寧〕景寧湯氏宗譜□□卷 …… 二七二
二七三 〔浙江雲和〕沙埔項氏宗譜不分卷 …… 二七三
二七四 〔浙江雲和〕周山頭村季氏家譜一卷 …… 二七四
二七五 〔浙江雲和〕陳氏宗譜不分卷 …… 二七五
二七六 〔浙江雲和〕湯侯門顏氏宗譜□卷 …… 二七六
二七七 〔浙江雲和〕重修韋氏家乘□卷 …… 二七七
二七八 〔浙江景寧〕大潨沈氏家乘 …… 二七八
二七九 〔浙江雲和〕湯侯門夏氏宗譜二卷 …… 二七九
二八〇 〔浙江青田〕會稽夏氏宗譜不分卷 …… 二八〇
二八一 〔浙江景寧〕梅氏宗譜六卷 …… 二八一
二八二 〔浙江景寧〕汝南梅氏宗譜不分卷 …… 二八二
二八三 〔福建上杭〕上杭白砂袁氏族譜十卷首一卷 …… 二八三
二八四 〔福建上杭〕白砂袁氏族譜十卷首一卷 …… 二八四
二八五 〔福建上杭〕白砂袁氏族譜九卷首一卷 …… 二八五

二八六 〔浙江雲和〕木垟王氏宗譜一卷 …… 二八六
二八七 〔浙江景寧〕汝南周氏宗譜不分卷 …… 二八七
二八八 吳氏家譜不分卷 …… 二八八
二八九 新修坑下吳氏宗譜一卷 …… 二八九
二九〇 〔浙江景寧〕清河張氏宗譜一卷 …… 二九〇
二九一 〔浙江景寧〕彭氏宗譜□卷 …… 二九一
二九二 〔浙江雲和〕北溪王氏宗譜二卷首一卷 …… 二九二
二九三 〔浙江景寧〕大潨彭氏宗譜六卷首一卷末一卷 …… 二九三
二九四 〔浙江雲和〕太原王氏宗譜二卷首一卷末一卷 …… 二九四
二九五 〔浙江雲和〕浦潭隴西李氏宗譜二卷 …… 二九五
二九六 〔浙江雲和赤石赤〕隴西李氏宗譜一卷 …… 二九六
二九七 〔浙江雲和〕豐源李氏家乘一卷 …… 二九七
二九八 重修鄭氏宗譜八卷首一卷末一卷 …… 二九八
二九九 〔浙江雲和〕箬溪鉅鹿魏氏宗譜十四卷首一卷 …… 二九九
三〇〇 〔浙江景寧〕儒漈徐氏新修宗譜不分卷 …… 三〇〇
三〇一 〔浙江景寧〕東海徐氏族譜一卷 …… 三〇一
三〇二 〔浙江景寧〕毛氏宗譜一卷 …… 三〇二
三〇三 孫氏宗譜□卷 …… 三〇三

附錄：雲和縣圖書館古籍普查登記目錄

○○一 增補地理直指原真大全三卷首一卷 （清）釋如玉撰 清康熙三十五年（1696）裕文堂刻本

框高17.8釐米，寬11.8釐米，半葉十行，行二十五字，小字雙行同，白口，四周單邊。一冊。存卷首。許信祥題記並批。館藏索書號0738

增補地理直指原真大全卷之首上

四明釋如玉徹瑩著

康熙三十五年新增

楊公水法入山觀水口真傳正訣

開首先知十二宮安命九星生旺死絕變化五用明十四進神向十個退神向須熟讀分清方可看其水神進出生旺上堂死絕歸庫而去。凡入山者要先觀外水口如有禽星獸星鳳凰獅象或捍門華表牙刀種種等類塞在外水口者內必有大封拜之地如兩山不交水流直出內無真龍不必入山也又平洋地登局有禽星獸星捍門華表塞在外水口者眠倒星神堅起看此亦是大貴之格也○又入山與平洋要看內水口登局要明堂水聚其明堂

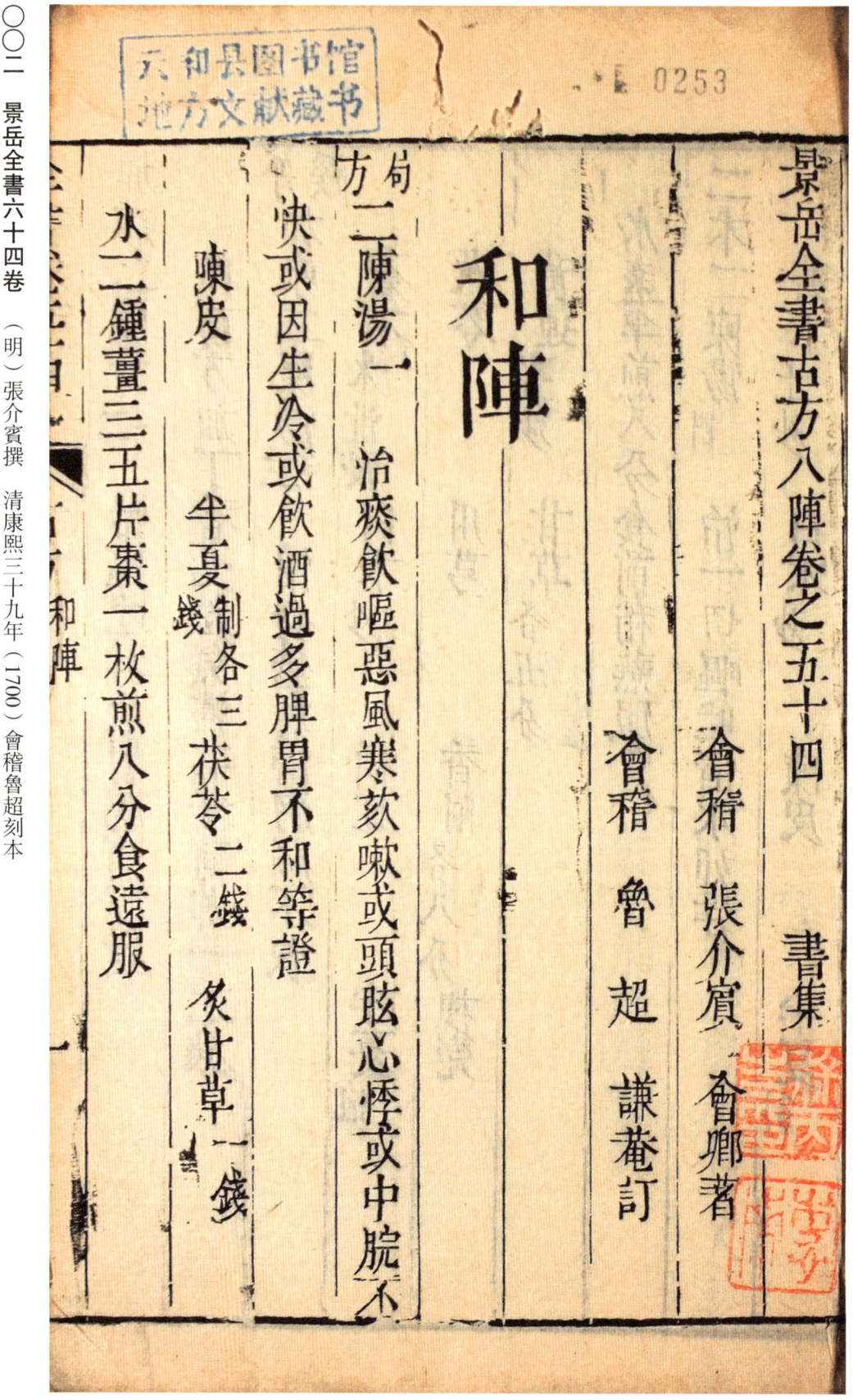

〇〇二 景岳全書六十四卷 （明）張介賓撰 清康熙三十九年（1700）會稽魯超刻本

框高20.5釐米，寬14.3釐米，半葉九行，行二十四字，小字雙行同，白口，四周單邊。二册。存三卷：卷五十至五十一、卷五十四。館藏索書號0634

○○三 欽定春秋傳說彙纂三十八卷首二卷 （清）王掞等撰 清康熙刻本

框高21.4釐米，寬16.1釐米，半葉八行，行十八字，小字雙行二十一字，白口，四周雙邊。一冊。存二卷：卷二十四至二十五。館藏索書號0460

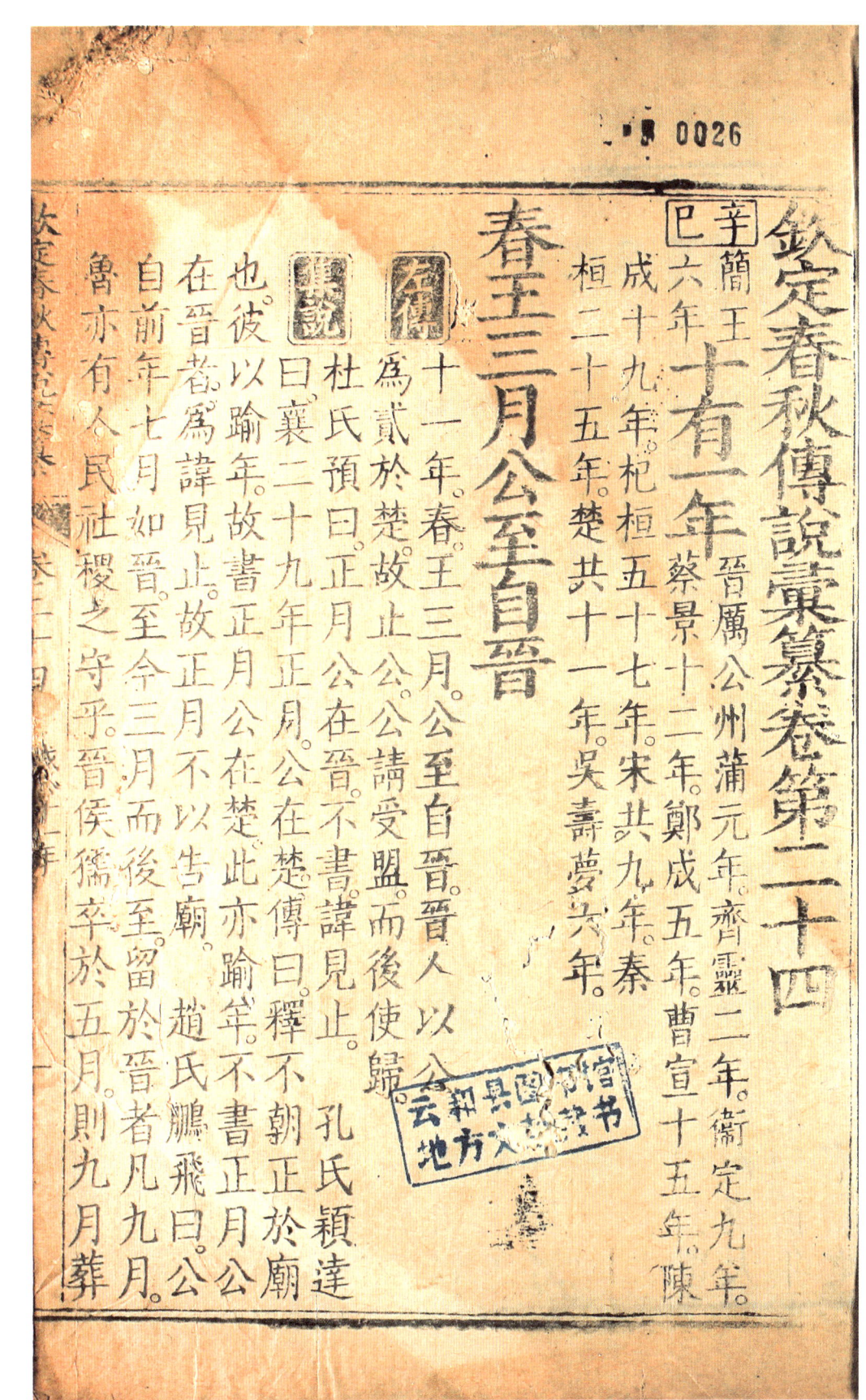

○○四 老子道德經二卷 （晉）王弼注 清乾隆四十二年（1777）浙江刻武英殿聚珍版書本

框高13.2釐米，寬9.9釐米，半葉九行，行二十一字，白口，左右雙邊。一册。館藏索書號

○○五 唐宋八大家類選十四卷 （清）儲欣評 清乾隆五十一年（1786）寶章堂刻本

框高19.0釐米，寬10.9釐米，半葉八行，行二十五字，白口，四周單邊。九册。存十三卷：卷一至三、卷四至十四。館藏索書號0002

○○六 新編評註通玄先生張果星宗大全十卷　（明）陸位輯　清乾隆五十二年（1787）金閶書業堂刻本

框高21.0釐米，寬14.1釐米，上下兩欄，下欄半葉十二行，行二十四字，小字雙行同，白口，左右雙邊。三冊。存六卷：卷一至四，卷九至十。館藏索書號0834

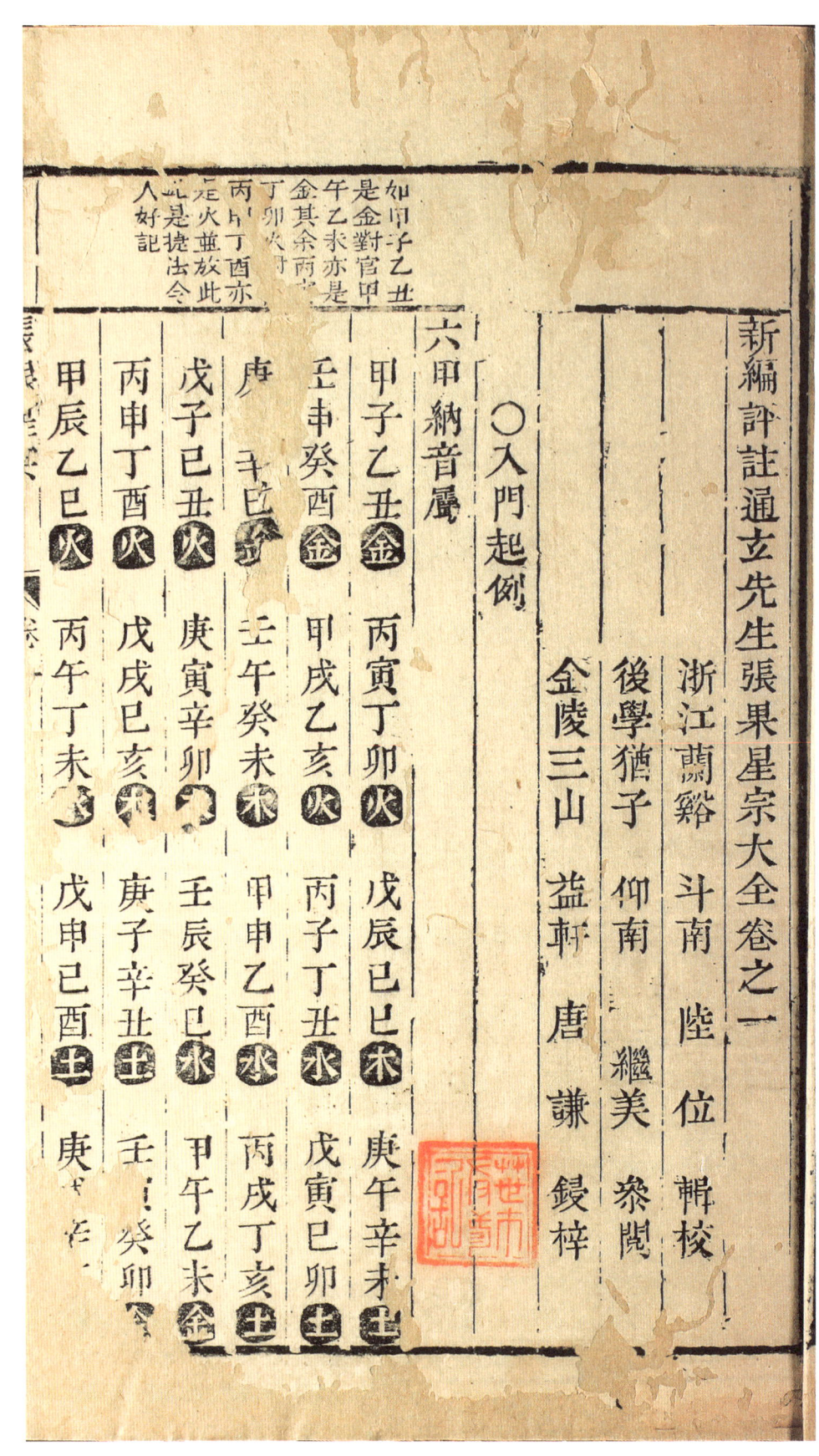

○○七 瀛經堂詳校醫宗必讀十卷 （明）李中梓撰 （明）吳肇廣參 （明）李廷芳訂 清
嘉慶十二年（1807）裕文堂刻本

框高20.4釐米，寬14.8釐米，半葉十二行，行二十四字，小字雙行同，白口，四周單邊。一冊。存二卷：卷一至二。清陳玉賢題簽。館藏索書號0916

瀛經堂詳校醫宗必讀卷之一

雲間李中梓士材父著
新安吳肇廣約生父參
姪孫李廷芳蕭伯父訂

讀內經論

古者庖犧知天而八卦列炎帝知地而百卉辨軒轅知人而藏府別經絡彰命曰三墳而內經其一也班固藝文志曰內經十八卷嘉問九卷靈樞九卷乃其數焉黃帝臨觀八極考建五常以人生負陰而抱陽食味而被色襲氣暑桐盪喜怒交侵乃與岐伯鬼臾區等上窮天紀下極地理遠取諸物近取諸身更相問難闡發立微舋不朽之弘慈開生民之壽域第其理道淵深文辭古雅非讀熟精思鮮有得其解者勇考嗣系如虞之巫咸周之長桑秦之和緩宋之文藝鄭之扁鵲漢之陽慶倉公俱從內

○○八 種痘新書十二卷 （清）張琰編輯 清道光十二年（1832）桂芳齋刻本

框高12.9釐米，寬9.9釐米，半葉十行，行二十四字，白口，四周單邊或雙邊。三冊。存五卷：卷一至二、卷三至四、卷十二。館藏索書號0932

種痘新書卷之一

業醫三要

一要審機蓋藥以治病方隨症立切不可膠柱鼓瑟信其書而不泥於書用其方而不執戒方遇幾觀變加減得宜方為良醫

一要小心蓋小兒不能言語又無六脈可憑且腹中之事全在醫人顏觀形察色審聲問症細剖體察方知新裏若心粗氣浮，一望即決鮮不誤人

一要師

○○九 新刊校正增釋合併麻衣先生人相編四卷 （清）陸位崇編 （清）丘宗孔編輯 清道光二十四年（1844）尊德堂刻本

框高14.4釐米，寬10.5釐米，上下兩欄，下欄半葉十二行，行二十二字，白口，四周單邊。一冊。館藏索書號0737

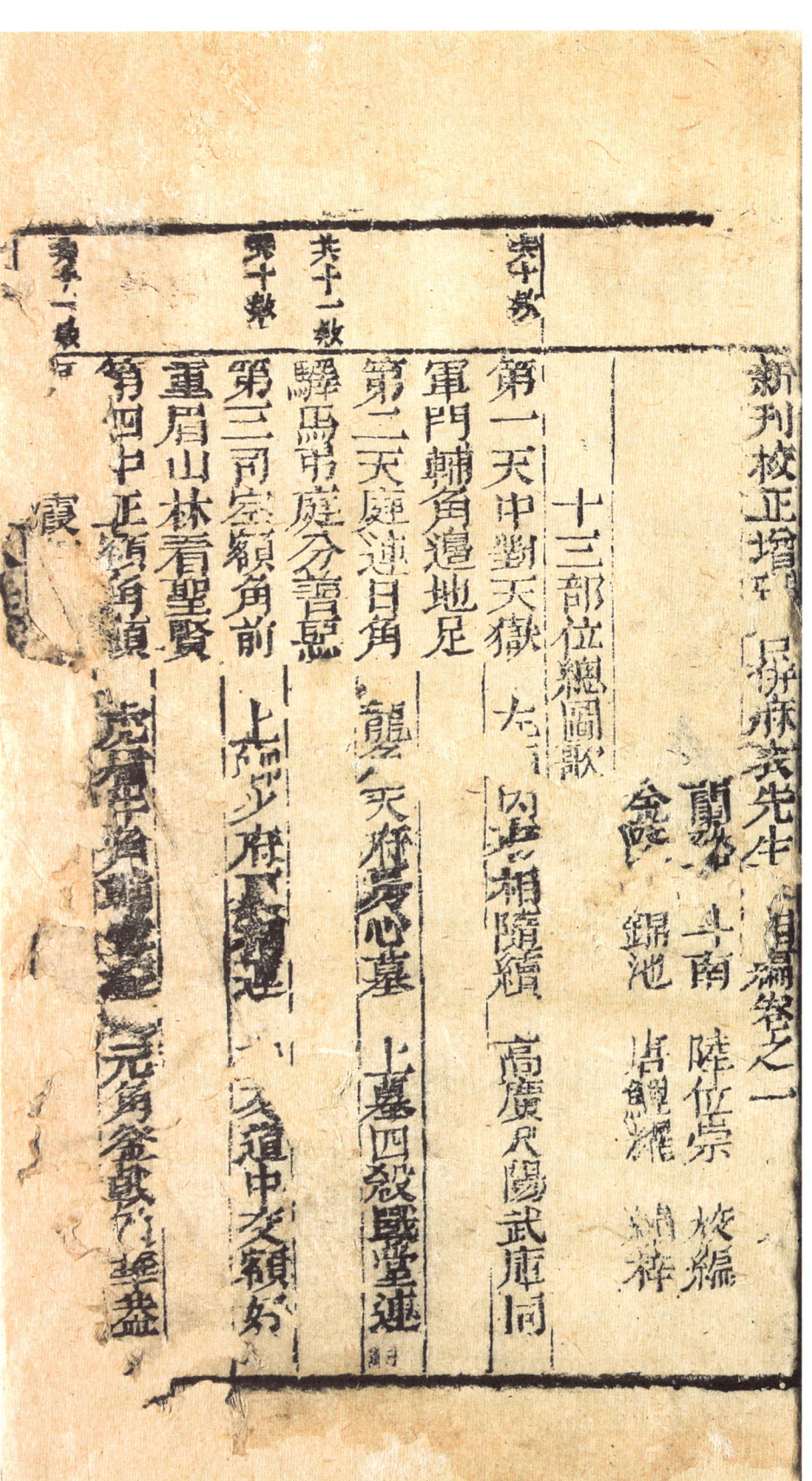

雲和縣圖書館古籍普查登記圖目

○一○ 新刻正旁訓訓蒙六字經不分卷 （清）葉向高集 清道光二十五年（1845）步青堂刻本

框高 16.2 釐米，寬 11.3 釐米，半葉十行，行十二字，白口，左右雙邊。一冊。余希題記。館藏索書號 0991

春秋擬題集傳二卷　清道光二十六年（1846）刻本

框高10.2釐米，寬7.4釐米，半葉九行，行三十二字，小字雙行同，白口，左右雙邊。一冊。

館藏索書號0466

春秋擬題集傳卷下

宣公

元年　晉趙盾帥師救陳宋經無宋字蓋闕〖破承〗善晉師之救而攘夷恤小之情見矣夫陳不深足〖嘉乎〗〖左〗秋楚子侵陳遂侵宋晉趙盾帥師救陳書會晉師于棐林以伐鄭也夫鄭背晉即夷其可伐也經非以著伐鄭之美乎〖左〗會于棐林以伐鄭也楚蔿賈救鄭遇于北林囚晉解揚八乃還

元年　宋公陳侯衞侯曹伯會晉師于棐林伐鄭〖破承〗元德之裔也以楚人而伐之趙盾之救不亦宜乎晉帥之救而著其地知附夷者之宜伐也夫鄭受楚命以伐宋故攝兵于大棘之自取敗也夫鄭受楚命以伐宋故攝兵于大棘

二年　宋華元帥師及鄭公子歸生帥師戰于大棘宋師敗績獲宋華元〖破承〗紀大棘之戰亦宋人之自取敗也夫鄭受楚命以伐宋故攝兵于大棘為若宋之敗績而華元為獲也豈非御者之過哉〖左〗春鄭公子歸生受命于楚伐

〇一二 小題正鵠初集一卷二集一卷三集一卷 （清）李元度編輯 清道光二十七年（1847）李元度刻本

框高 15.8 釐米，寬 10.0 釐米。半葉九行，行二十五字，白口，四周單邊。五冊。館藏索書號

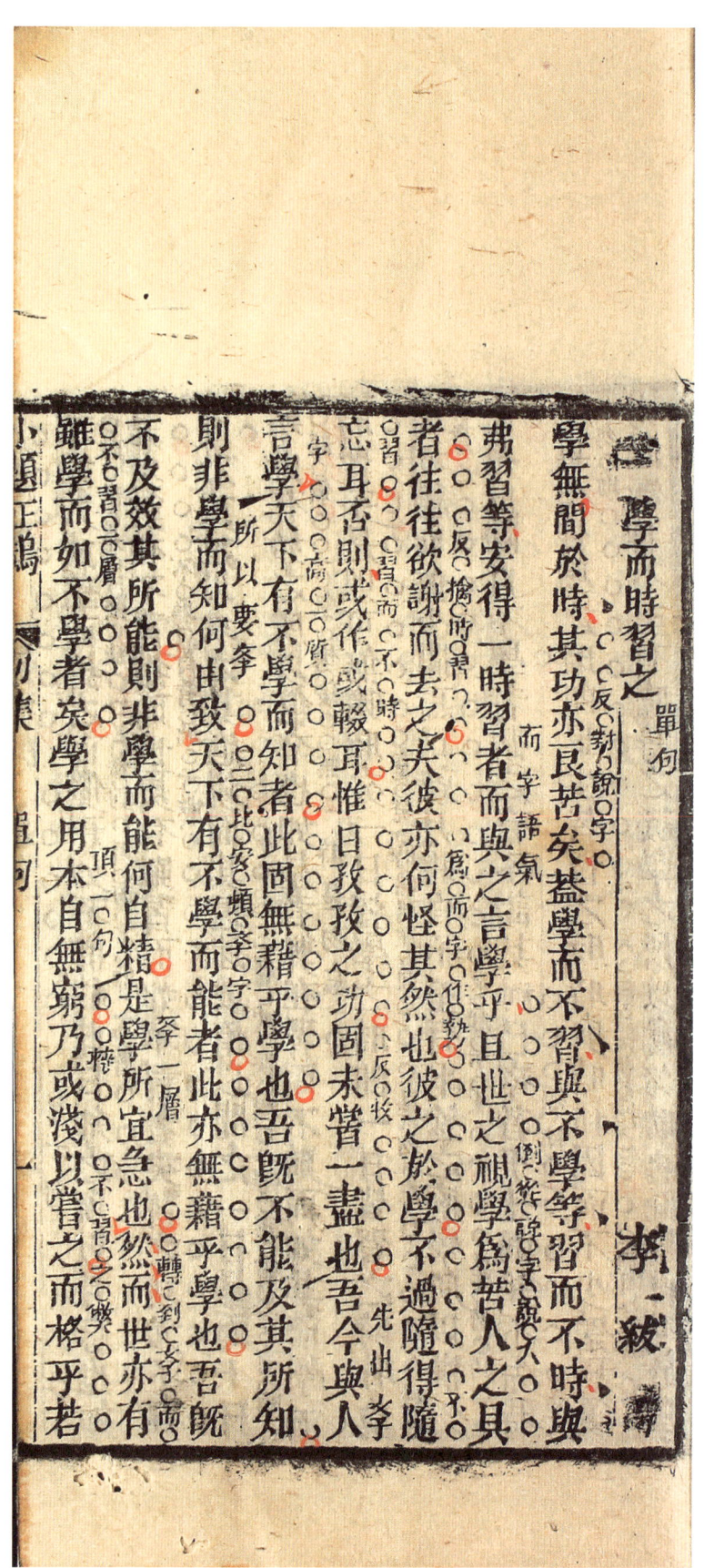

〇一三 [同治]雲和縣志十六卷首一卷終一卷 （清）伍承吉纂修 （清）涂冠 徐熾烈續修

清咸豐七年（1857）至同治三年（1864）刻本

框高17.8釐米，寬13.8釐米，半葉十行，行二十一字，小字雙行同，白口，四周雙邊。六冊。周賡昌題款，鈐有『周賡昌』印。館藏索書號0001

雲和縣志卷二

目

著雲和縣知縣上元伍承吉修

古者土地有圖大司徒以周知廣輪之數明乎詔
之土訓掌之職方援區以求易於控馭也我
朝混一區宇式廓蘿圖恭讀
皇輿全覽一書疆員之廣亘古所無兩浙雄視東南雲
和當其西鄙巖疆百里逍彈九耳然飲甌挽閩昔
人所稱四塞之封茲用詳繪為圖鄉都以次分列
凡山川險阻井里繁庶覽者咸瞭然矣

○一四 佛說高王觀世音經一卷附觀音大士應驗神方一卷 清咸豐十年（1860）樂山堂刻本

框高19.1釐米，寬13.5釐米，半葉十行，行二十字，小字雙行同，白口，左右雙邊。一冊。

館藏索書號1134

○一五 巢溪詩草四卷 （清）江紹華撰 清同治五年（1866）刻本

框高18.7釐米，寬12.3釐米，半葉九行，行二十一字，小字雙行同，白口，左右雙邊。一册。

館藏索書號1361

巢溪詩草

湘陰江紹華筱城著

閒吟集

古意

梧桐生檻旁梧子墮金井梧子不復見涼月空階冷

野興

煙景迷離入望賒芒鞋踏遍路三叉枯藤過雨發新葉
野樹無名開亂花半畝春陰蠶豆熟一篙溪漲水亭斜
幽禽淺唱低吟處似報前村有酒家

○一六 **藝林珠玉** 清同治六年（1866）刻本

框高12.2釐米，寬8.3釐米，半葉十二行，行三十三字，白口，左右雙邊或四周單邊。八册。存三種：中庸、論語卷一至三、卷六至七、孟子。館藏索書號1284

〇一七 往生集三卷 （明）釋袾宏輯 清同治十二年（1873）樂成三一閣刻民國九年（1920）溫州頭陀山妙智寺印本

框高22.7釐米，寬15.5釐米，半葉十行，行二十字，下黑口，半葉四周雙邊。一冊。館藏索書號0820

往生集卷之一

沙門往生類

遠祖師

古杭雲棲寺沙門袾宏輯

晉。慧遠鴈門樓煩人。博綜六經尤善莊老聞安法師講般若經豁然大悟因剃染事之。太元六年過潯陽見廬山閒曠可以息心遂感山神現夢一夕雷雨材木自至刺史桓伊乃為建殿名曰神運以慧永先住西林故遠所居號東林焉。遠住東林三十年跡不入俗尅志西方高僧鉅儒凡百四十八共為淨社蓮漏

〇一八 慾海慈航不分卷　佚名撰　清同治十二年（1873）刻本

框高22.8釐米，寬14.3釐米，半葉八行，行二十字，白口，半葉四周單邊。一冊。館藏索書號1320

閨女

凡人為女子之日一生名節攸關不可見其色美而誘之也我見好淫之人恣情竇方開之際不勝行姦賣俏之思彼女子之能以貞信自守者當不為強暴所辱此外女流無識非惜貌即憐才非為情誘即為利移雖申皦日之盟共誓白頭之約一朝失足即誓皆虛漫云惜玉憐香鍾情當推我輩誰料蹂香玷玉負心即係斯人致使閨中豔質追（？）

○一九 四經精華 （清）薛嘉穎撰 清光緒二年（1876）浙甯簡香齋刻本

框高21.6釐米，寬12.7釐米，上下兩欄，下欄半葉十二行，行十五字，小字雙行三十字，白口，四周雙邊。四冊。存二種十三卷：易經卷一至六、末一卷，書經卷一至六。館藏索書號0435

○二○ **錦春齋新刻昔時賢文一卷** 清光緒二年（1876）錦春齋刻本

框高15.2釐米，寬11.0釐米，半葉九行，行八至十字，白口，四周單邊。一冊。館藏索書號0906

○二一 孟子正文一卷 清光緒二年（1876）處郡錦春齋刻本

框高16.0釐米，寬11.0釐米，半葉九行，行十八字，小字雙行同，白口，四周單邊。一冊。

館藏索書號0594

處郡鄭錦春齋

告子章句上凡二十章

○告子曰性猶杞柳也義猶桮棬也以人性為仁義猶以杞柳為桮棬〖桮丘回反〗

孟子曰子能順杞柳之性而以為桮棬乎將戕賊杞柳而後以為桮棬也如將戕賊杞柳以為桮棬則亦將戕賊人以為仁義與率天下之人而禍仁義者必子之言夫〖戕音牆與平声夫音扶〗

○曰性猶湍水也決諸東方則東流

○二二 **羣玉山房重校醫宗必讀十卷** （明）李中梓撰 （明）吳肇廣參 （明）李廷芳訂 清光緒九年（1883）羣玉山房刻本

框高 18.9 釐米，寬 13.5 釐米，半葉十二行，行二十四字，小字雙行同，白口，左右雙邊。四册。存八卷：卷一至八。館藏索書號 0911

羣玉山房重校醫宗必讀卷之一

雲間李中梓士材父著
新安吳肇廣約生父叅
姪孫李廷芳衡伯父訂

讀內經論

古者庖犧知天而八卦列炎帝知地而百草辨軒轅知人而藏府別經絡彰命曰三墳而內經其一也班固藝文志曰內經十八卷素問九卷靈樞九卷乃其數焉黃帝臨觀八極考建五常以人生負陰而抱陽食味而被色寒暑相盪喜怒交侵乃與岐伯鬼臾區等上窮天紀下極地理遠取諸物近取諸身更相問難闡發玄微垂不朽之弘慈開生民之壽域第其理道淵深攷辭古雅非諳熟精思鮮有得其解者粵考嗣系如唐之長桑秦之和緩宋之文摯鄭之扁鵲漢之陽慶倉公俱從內

○二三 五經備旨 （清）鄒聖脉纂輯 清光緒十二年（1886）上海點石齋石印本

框高9.8釐米，寬7.0釐米，上中下三欄，下欄半葉十七行，行三十字，小字雙行同，白口，四周雙邊。二冊。存一種七卷：寄傲山房塾課纂輯易經備旨卷一至七。館藏索書號0467

〇二四 五經備旨 （清）鄒聖脉纂輯 清光緒十三年（1887）上海大同書局石印本

框高10.0釐米，寬6.9釐米，上中下三欄，下欄半葉十七行，行三十字，小字雙行同，白口，四周雙邊。五册。存二種十九卷：禮記全文備旨卷一至十一、春秋備旨卷五至十二。范銘題記。

館藏索書號0468

〇二五　太上三元三品三官寶懺一卷　清光緒十三年（1887）刻本

框高18.5釐米，寬11.4釐米，半葉六行，行十五字，白口，四周單邊。一冊。館藏索書號1481。

太上三元三品三官寶懺

淨心神咒

太上台星　應變無停　驅邪縛魅

保命護身　智慧明淨　心神安寧

三魂永久　魄無喪傾　急如律令

淨口神咒

○二六 總統易三卷首一卷 （清）毛異賓訂定 清光緒十三年（1887）刻本

框高17.9釐米，寬12.2釐米，半葉九行，行二十字，白口，四周單邊。一册。鈐有『林彦』印。館藏索書號0983

〇二七 寄傲山房塾課新增幼學故事瓊林四卷首一卷 （清）程允升撰 （清）鄒聖脉增補 清光緒十五年（1889）文奎堂刻本

框高20.4釐米，寬14.3釐米，上下兩欄，下欄半葉十行，行二十六字，小字雙行同，上黑口，四周雙邊。一冊。存三卷：卷首至二。館藏索書號0757

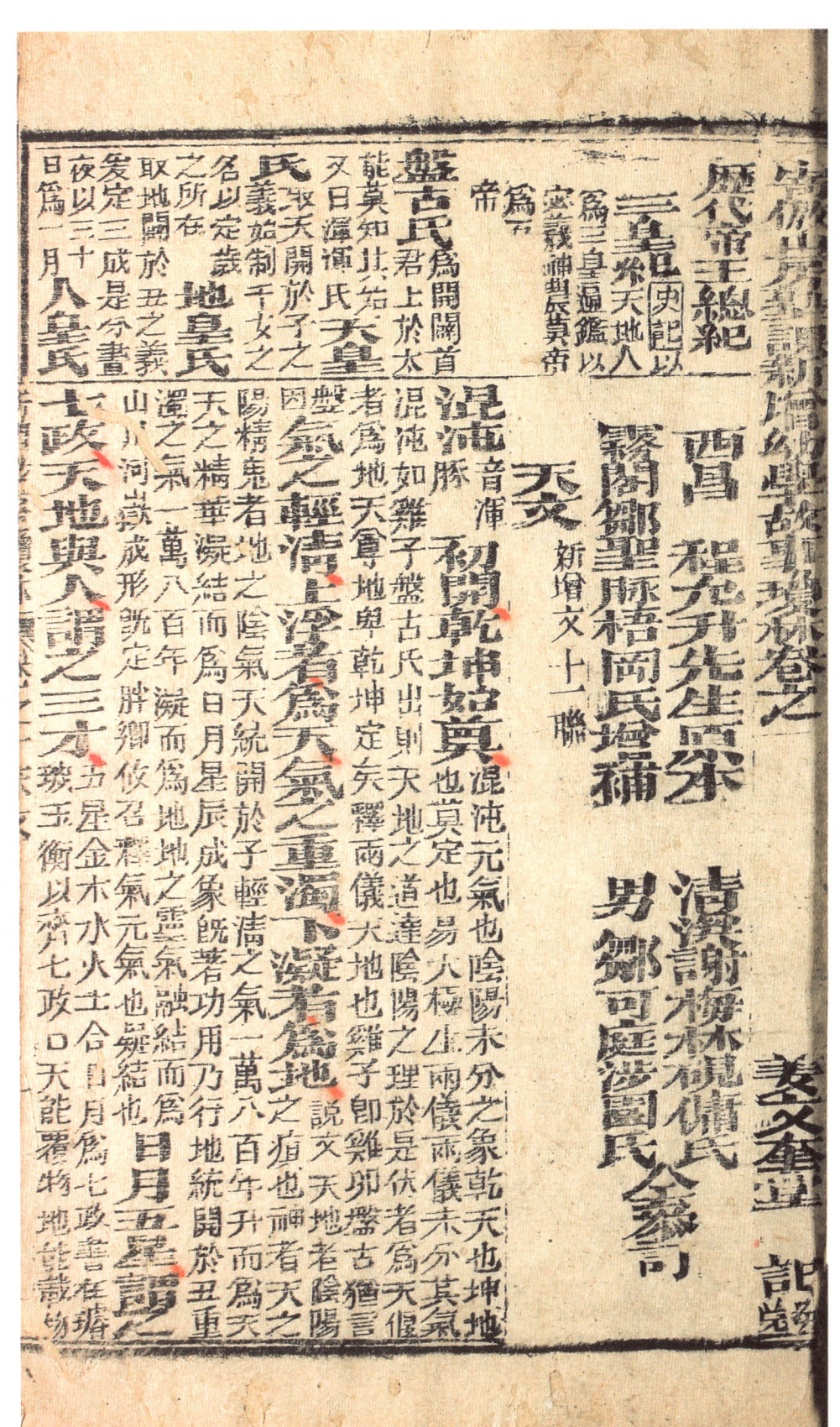

○二八 重刻醒世千家詩二卷 （清）晦齋學人編 清光緒十八年（1892）雲和箬溪書院刻本

框高 21.0 釐米，寬 13.3 釐米，上下兩欄，下欄半葉十行，行二十三字，小字雙行同，下黑口，左右雙邊。一冊。館藏索書號 0622

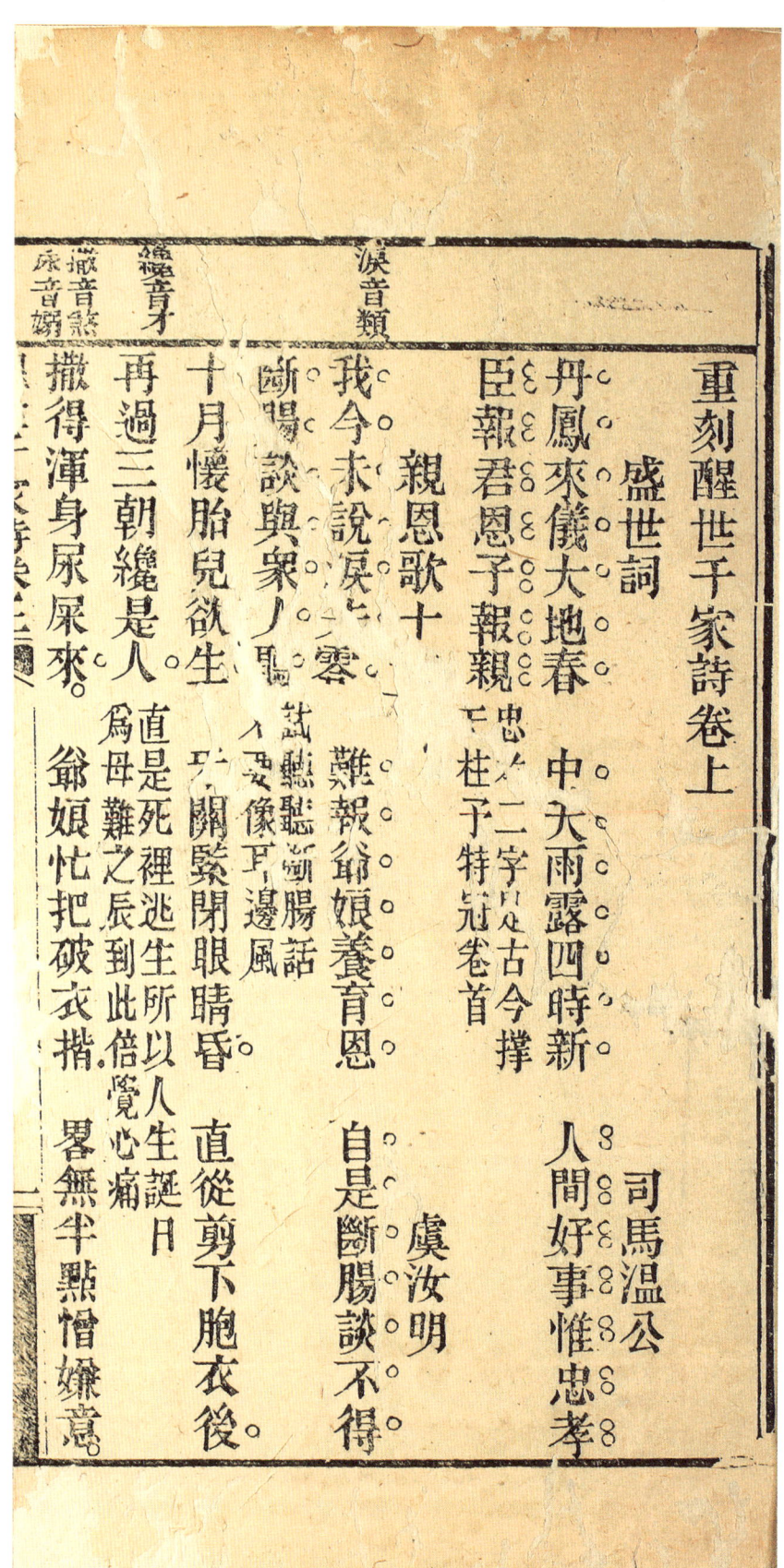

○二九 小題三萬選不分卷 （清）求是齋主人編 清光緒二十一年（1895）芸碧山房石印本

館藏索書號 1338

框高11.0釐米，寬6.8釐米，上下雙欄，半葉十八行，行四十三字，白口，四周單邊。三十一冊。

〇三〇 補注黃帝內經素問二十四卷 （唐）啓玄子（王冰）注 黃帝內經靈樞十二卷 （宋）劉溫舒撰 黃帝內經素問遺篇一卷 （宋）劉溫舒撰 清光緒二十三年（1897）新化三味書室刻本

框高18.3釐米，寬13.3釐米，半葉九行，行二十一字，小字雙行同，上黑口，左右雙邊。十二冊。

館藏索書號0020

○三一 歷代史學新論一卷 （清）姚來庭選 清光緒二十四年（1898）杭城衢樽石印本

框高9.7釐米，寬6.9釐米，半葉十五行，行三十二字，下黑口，四周雙邊。一冊。館藏索書號1449

歷代史學新論

周春秋戰國附

史德說

山陰後學姚來庭精選

史有三長維才學識何以筦之源在於德稽古沮誦所紀老彭所述史佚所掌柱下所藏秦灰已燼魯簡無徵邈邈千萬得而稽也素王筆削權興史部憲章周魯秕糠乘南董謝能游夏莫贊知我罪我無得而辭盲左紀事依於聖人百國寶書左右採獲大賢有作與經表裏嗣自以後史有專門斷代成書是曰正史龍門崛起分壘六經發憤著書傳之其人豈先黃老爰規皇極宣進游俠益傷世風主文譎諫是為微顯繼之成一家言失足斯站承詐史才河汾所推帝興魏寇蜀非其本志六代史臣南北同奭文艷寡用等於辭賦誇飾譏議勳華世舖陳疆域幅員不分魏收罔諛適日織史室人不臧體乖寶錄勁之選屬於歐陽法周密是非大公正統霸統有所折衷編年之體昌於涑水貫穿諸史綱目華袞斧鉞榮辱筆端紀事或疏戲例則嚴憤著壽傳之其人豈先黃老爰規皇極宣進游俠益傷世風主文譎諫是為微顯所成遂諷今納規二賢作述昭弦此許別史雜史傳記之流史家支子譬諸坰庸國策最著中墨所輯百家並起九流條分

○三二 地理全志 一卷 [英]慕維廉重纂 清光緒二十八年（1902）上海美華書館鉛印本

框高18.4釐米，寬12.9釐米，半葉十行，行二十三字，小字雙行三十六字，白口，四周雙邊。一冊。館藏索書號0912

地理全志

地理總論

地理者言地面形勢分質政二家質家言地乃水土所成及土之位置廣大高低形勢大略水之位置廣大深淺流動之理也總之水土支幹氣化不同故禽獸草木隨地而異各有限界此言地質者之至要也政家詳地之郡國省縣與各國界限典籍土產貿易戶口律例教俗等事欲知地面質體當先明地球形勢以天文地殼元質氣化諸理詳釋之

地理名解

地面以水土分之水分為洋海灣窄海峽河湖等土分州島

〇三三 地藏菩薩本願經三卷 （唐）釋實叉難陀譯 清光緒三十年（1904）金陵刻經處刻本

框高18.7釐米，寬13.1釐米，半葉九行，行十八字，上下黑口，左右雙邊。一冊。魏志玄題記。館藏索書號1127

〇三四 輿地易知 一卷 魏蘭編輯 清光緒三十二年（1906）上海石印本

框高17.4釐米，寬11.8釐米，半葉十一行，行二十八字，白口，四周單邊。一冊。館藏索書號1317

○三五 重訂驗方新編十八卷 （清）闕氏輯 清光緒三十三年（1907）上海鑄記書局石印本

框高17.6釐米，寬12.2釐米，半葉十八行，行四十字，白口，四周雙邊。二册。存八卷：卷一至八。季賓題記。館藏索書號0965

重訂驗方新編卷一

金匱闕氏校繕石印

頭部　○偏正頭風　此症發時雖盛暑亦覺畏風疼痛不可忍用喬麥粉炒熱加醋再炒乘熱數上用布包緊勿令見風冷則隨換日夜不斷有人患痛十年不愈照此治之其病若失愈後鼻流黃水數日從此斷根屢試神驗此治頭風第一方也並治尋常傷風頭痛惟氣虛及風火虫痛不效　又方生大烏頭去皮四兩南星泡一兩共為末每服二錢用薄荷七片鹽梅一個煎水臨睡調服二十年頭風亦發或用生南星生烏頭等分為末葱汁調貼太陽穴亦可　又方硫黄一錢椒紅色者去子為末三分二味和勻鎔成小餅左疼塞右鼻孔右疼塞左鼻俱清涕流盡即愈神驗　又方白芷二兩五錢真川芎甘草川烏頭半生半熟明天麻各一兩共為末每服一錢食後服細茶薄荷湯下百藥或不省人事用地膚子同生薑揭爛熱酒冲服取汗即愈　○雷頭風痛　頭痛而起核塊或頭中如雷鳴者是也用川芎白芷防風羌活天麻甘菊薄荷甘草等味治之如不見效用天麻升麻各一錢新荷葉一兩焙共為末每用三錢食後酒冲服忌食動風發熱之物　○氣虛頭痛　春茶葉末水調成膏攤碗內覆轉用巴豆四十粒作兩次燒煙燻之曝乾研細每服二分滾水冲下食後服　又方照前烏頭南星方最效　○頭風目痛　製香附二兩藳香甘草各一兩山茱肉四錢真山藥元參川芎當歸各三錢五味麥冬各二錢水不足而邪冲上作痛用熟地玉竹各一兩烏藥水煎服　○厥陰風火上衝頭痛　肝脉弦者是用消障救睛散見目部治之神效肝脉不弦者不效　○頭目痛　製香附二兩藳香甘草各二錢共為末每服一錢滾鹽湯下○終年頭似痛而非痛此數年百藥不愈三劑而安永不復發真奇方也　○臘後作痛　此風入腎經所致用熟地五錢真冬各二錢水煎服服後頭痛更甚至重二劑斷根屢試如神藥味不可加減稍有加減則不效有人患

○三六 **新刻訓蒙增廣賢文一卷** 清光緒三十四年（1908）東甌魁元堂刻本

框高16.4釐米，寬10.9釐米，半葉九行，行十八字，白口，四周單邊。一冊。館藏索書號0905

新刻訓蒙增廣賢文

昔時賢文誨汝諄諄集韻增廣多見多聞觀今
宜鑑古無古不成今知已知彼將心比心酒逢
知已飲詩向會人吟相識滿天下知心能幾人
相逢好似初相識到老終無怨恨心近水知魚
性近山識鳥音易長易退山溪水易反易覆小
人心運去金成鐵時來鐵似金讀書須發憤一
字值千金逢人且說三分話未可全拋一片心
有意栽花花不發無心插柳柳成陰西虎畫皮難

東甌魁元堂梓

〇三七 婺學治事文編二卷 （清）繼良輯 清光緒刻本

框高18.0釐米，寬13.0釐米，半葉九行，行二十五字，小字雙行同，白口，四周雙邊。四冊。

館藏索書號0641

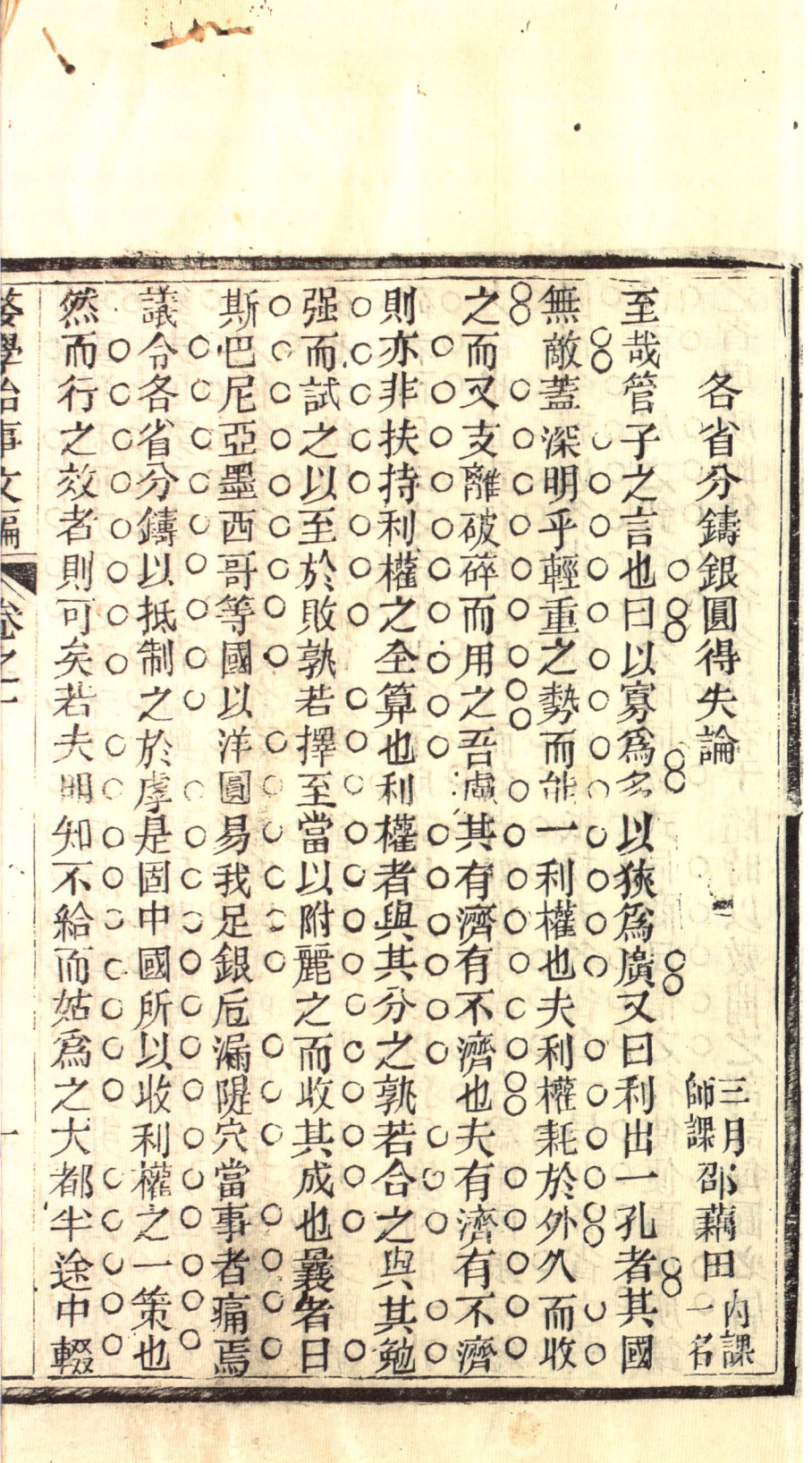

各省分鑄銀圓得失論　三月　師課邵藕田內課一名

至哉管子之言也曰以寡爲多以狹爲廣又曰利出一孔者其國
無敵蓋深明乎輕重之勢而能一利權也夫利權耗於外而收
之而又扶持利權之全算也其有濟有不濟也夫利權合之與
則亦支離破碎而用之吾慮其有不濟也夫利權分之孰與
強而試之以至於敗孰若擇至當以附麗之而收其成也竊曰
斯巴尼亞墨西哥等國以洋圓易我足銀后漏巵穴當事者痛焉
議令各省分鑄以抵制之於摩是固中國所以收利權之一策也
然而行之效者則可矣若夫明知不給而姑爲之大都半途中輟

○三八 **目耕齋小題不分卷** （清）沈叔眉編次 清光緒刻本

框高9.8釐米，寬6.9釐米，半葉九行，行二十五字，白口，四周雙邊。一冊。館藏索書號

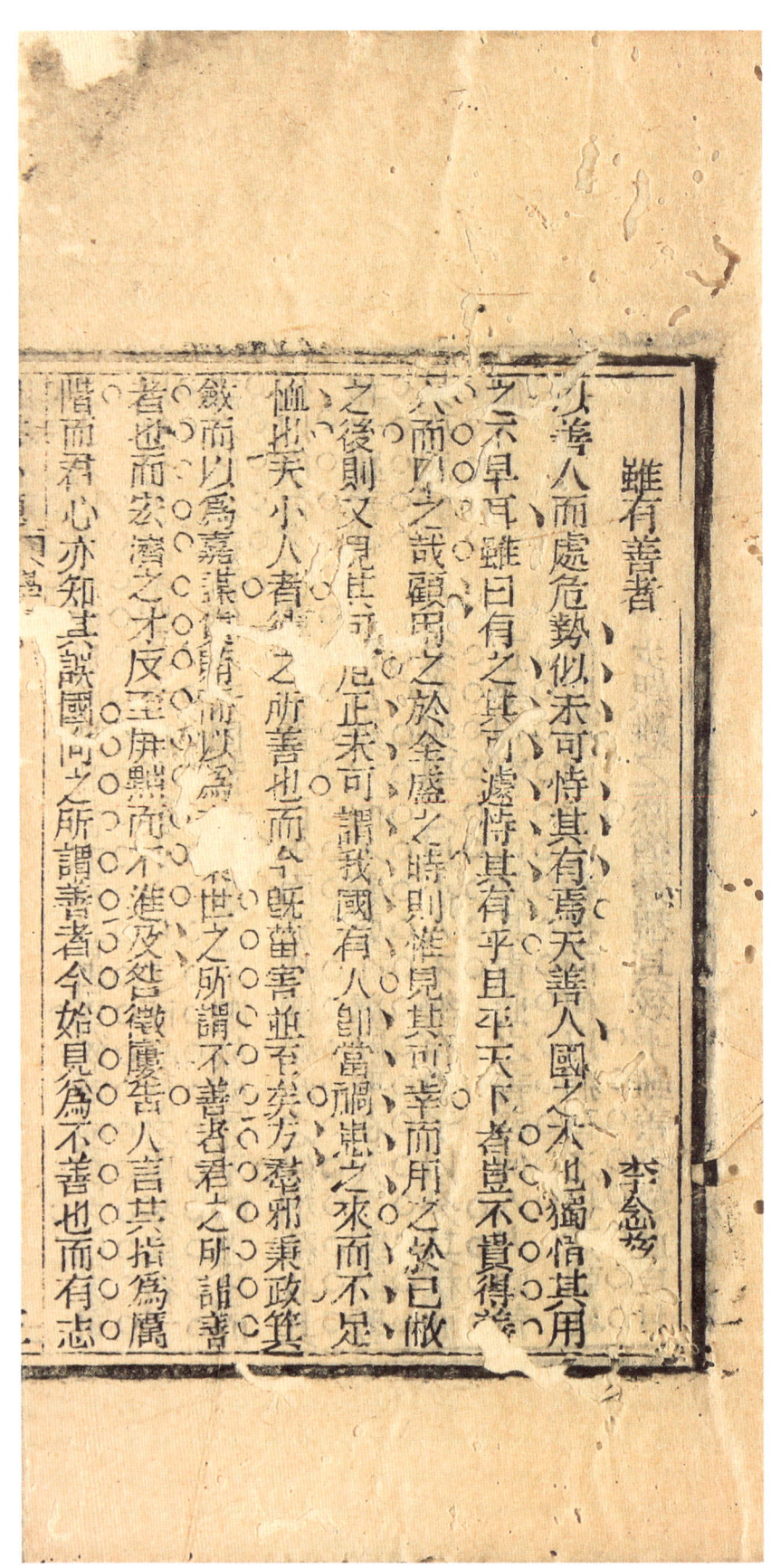

〇三九 星平要訣一卷百年經一卷 清光緒刻本

框高15.5釐米，寬10.4釐米，半葉行數不等，字數不等，小字雙行不等，白口，四周單邊。

一册。館藏索書號1508

〇四〇 三官經註解一卷 佚名撰 清宣統元年（1909）刻本

框高20.3釐米，寬12.2釐米，半葉七行，行十五字，小字雙行不等，白口，四周單邊。一册。

館藏索書號0018

凡誦經者切須齋戒嚴整衣冠誠心定氣叩齒演音然後朗誦慎勿輕慢交談接語務在端肅念念無違隨願禱祝自然感應先念

太上台星 應變無停 净心神咒
保命護身 智慧明净 心神安寧
三魂永从 魄無喪傾 急急如律令 驅邪縛魅

○四一 周易本義四卷圖說一卷 （宋）朱熹撰 （清）畢公天校閱 清宣統二年（1910）上海廣益書局石印本

框高17.5釐米，寬12.5釐米，半葉十二行，行二十二字，小字雙行四十四字，下黑口，四周雙邊。一冊。吳承楊題款。館藏索書號0438

周易卷一

上經

常熟畢公天校閱

周代名也易書名也其卦本伏羲所畫有交易變易之義故謂之易其辭則文王周公所繫故繫之周以其簡袠重大故分為上下兩篇經則伏羲之畫文王周公之辭也并孔子所作之傳十篇凡十二篇中間頗為諸儒所亂近世晁氏始正其失而未能盡合古文呂氏又更定著為經二卷傳十卷乃復孔氏之舊云

☰ 乾下
   乾上

乾元亨利貞 字三畫卦之名也下者內卦也上者外卦也經文乾字六畫卦之名也伏羲仰觀俯察見陰陽有奇耦之數故畫一奇以象陽畫一耦以象陰見一陰一陽之象各生一陰一陽之象故自下而上再倍而三以成八卦見陽之性健而其成形之大者為天故三奇之卦名曰乾而擬之於天也三畫已具八卦已成則又三倍其畫以成六畫而於八卦之上各加八卦以成六十四卦也此卦六畫皆奇上下皆乾則陽之純而健之至也故乾之名天之象皆不易爲元亨利貞文王所繫之辭以斷一卦之吉凶所謂彖辭者也元大亨通也利宜也貞正而固也文王以爲乾道大通而至正故於筮得此卦而六爻皆不變者言其占當得大通而必利在正固然後可以保其終也此聖人所以作易教人卜筮而可以開物成務之精意餘卦放此

龍勿用 潛捷言也○初九者卦下陽爻之名凡畫卦者自下而上故以下爻爲初陽數九爲老七爲少老變而少不變故謂陽爻爲九潛龍勿用周公所繫之辭以斷一爻之吉凶所謂爻辭者也○初九潛

凡遇乾而此爻變者當觀此象而玩其占餘爻放此○二謂自下而上第二爻也後放此九二剛健中正出潛離隱澤及於物物所利見故日利見大人之德已著常人不足以當之故值此爻之變者但爲利見

九二見龍在田利見大人 見龍之象而賢遍反乾內見龍並同○二爲見龍在田其占爲利見大人九二雖未得位而大人之

〇四二　繪圖增批古文觀止十二卷　（清）吳乘權　吳大職輯　清宣統三年（1911）浙江紹興明達石印本

框高 19.5 釐米，寬 13.3 釐米，半葉十四行，行二十八字，小字雙行四十二字，白口，四周雙邊。三册。存六卷：卷一至四、卷十一至十二。館藏索書號 0627

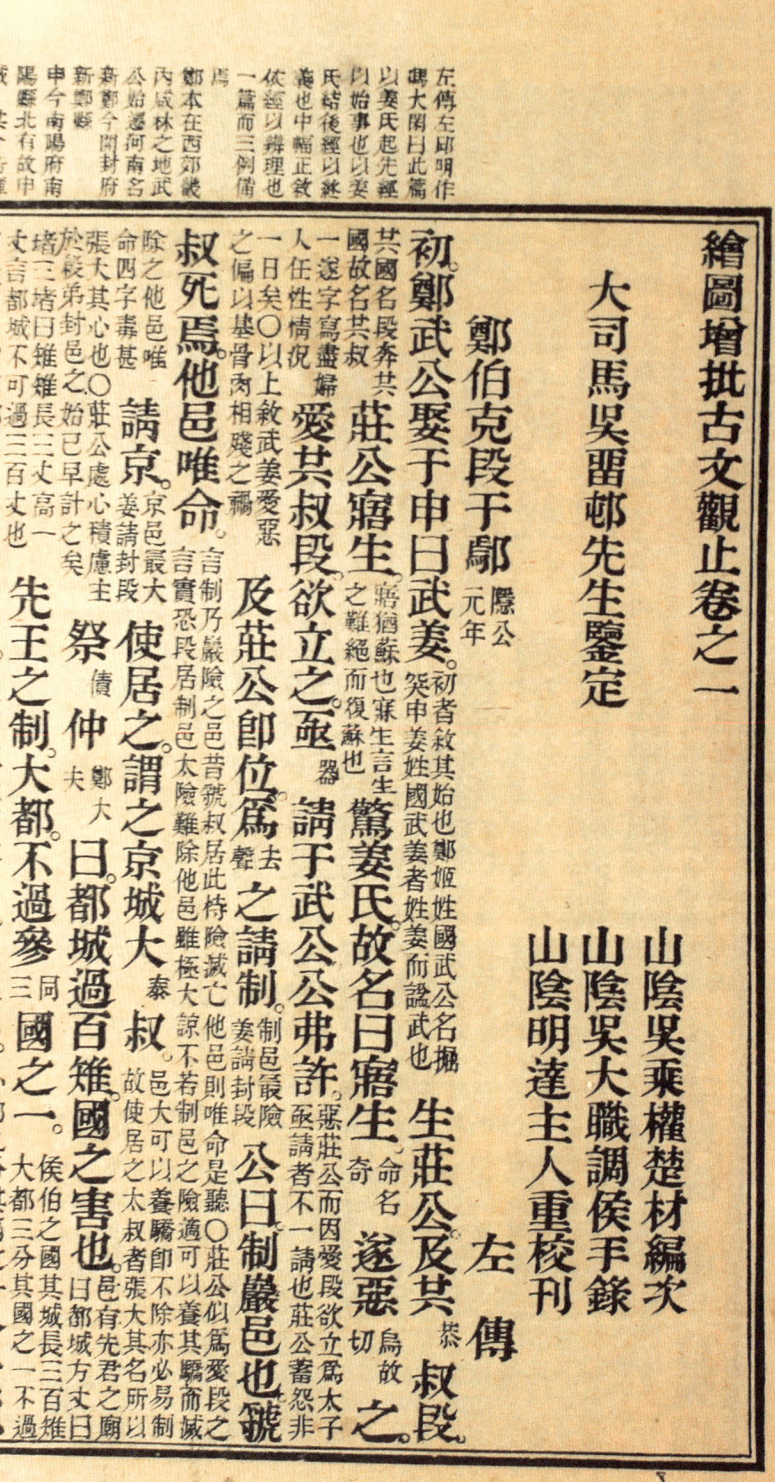

○四三 草字彙十二卷 （清）石梁集 清宣統三年（1911）同文書局石印本

框高16.2釐米，寬10.8釐米，半葉行數不等，字數不等，白口，四周雙邊。二冊。存四卷：卷一至二、卷九至十。館藏索書號0689

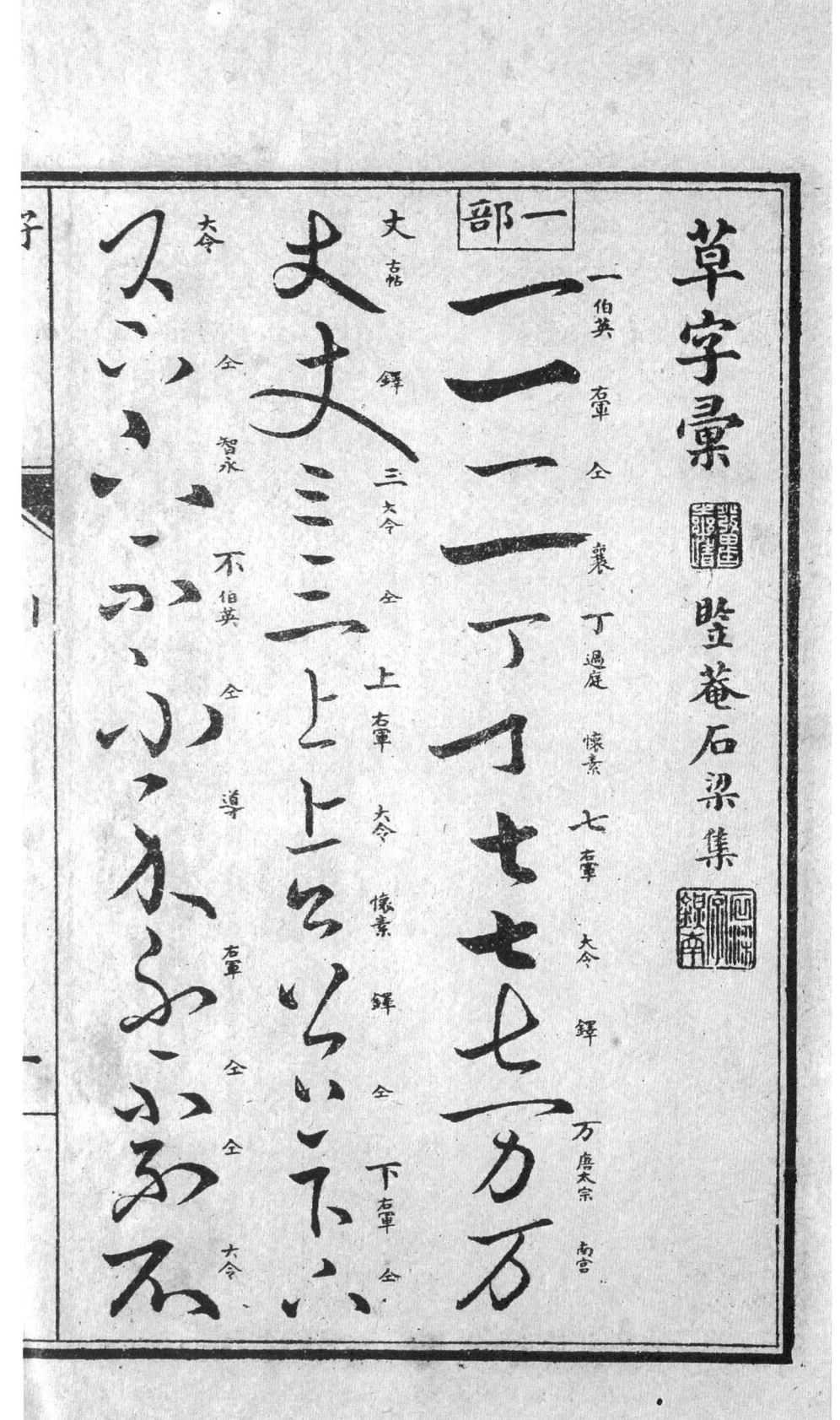

○四四　字彙十二卷首一卷末一卷附韻法直圖一卷韻法橫圖一卷　（明）梅膺祚音釋

清刻本

框高19.1釐米，寬13.5釐米，半葉九行，行十二字，小字雙行二十四字，白口，四周單邊。

十二冊。存十三卷：卷一至十二、末一卷。館藏索書號0003

○四五 增補字彙四卷 （明）梅膺祚音釋 （清）陳渼子考訂 清福建寶章堂刻本

框高14.1釐米，寬10.3釐米，半葉十行，行十二字，小字雙行二十四字，白口，四周單邊。一冊。存卷一。館藏索書號0699

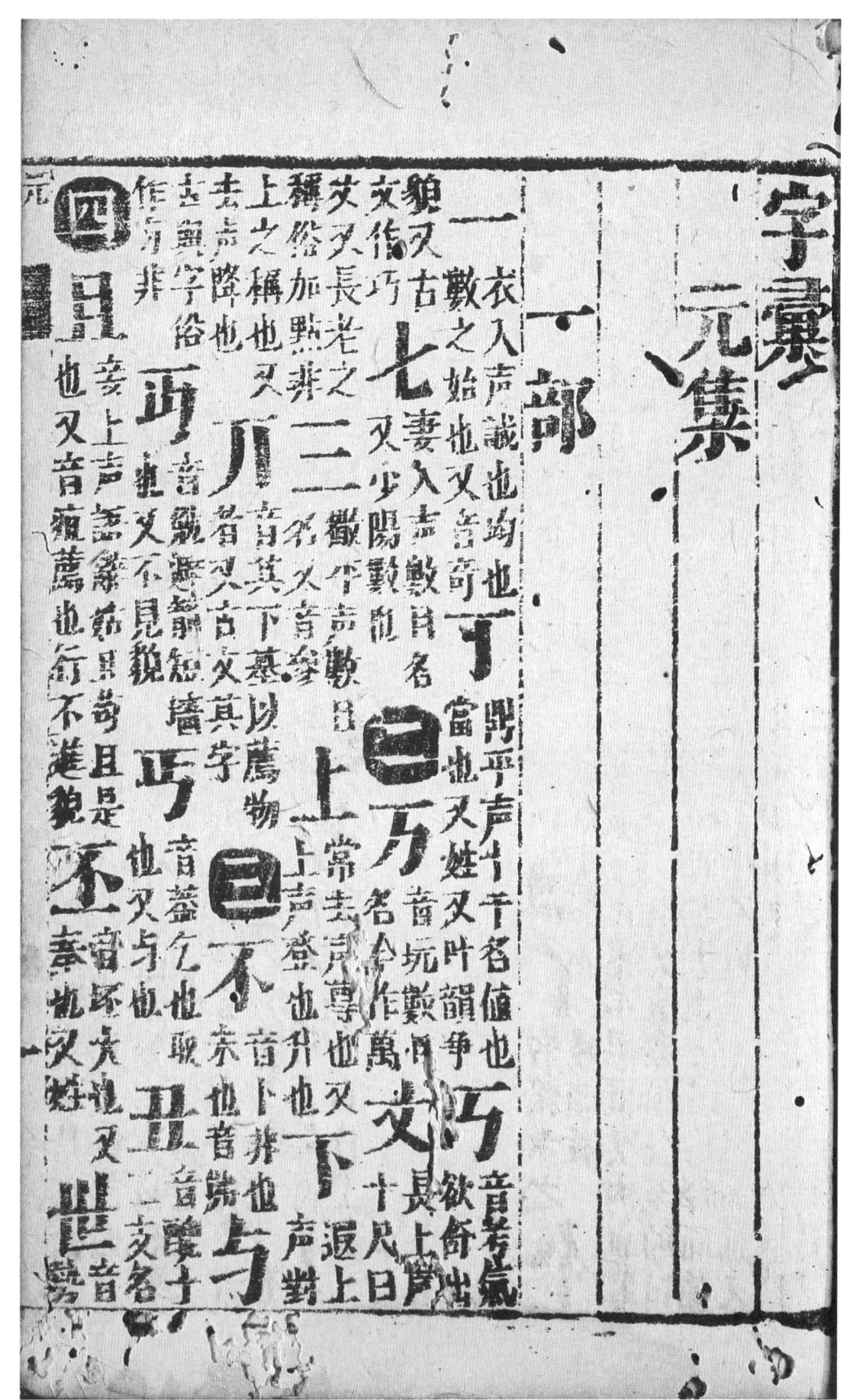

○四六 **增補字彙四卷** （明）梅膺祚音釋 （清）汪氏校刊 清維揚汪氏德成堂刻本

框高13.7釐米，寬10.2釐米，半葉十行，行十二字，小字雙行二十四字，白口，四周單邊。

一册。存卷一。館藏索書號0700

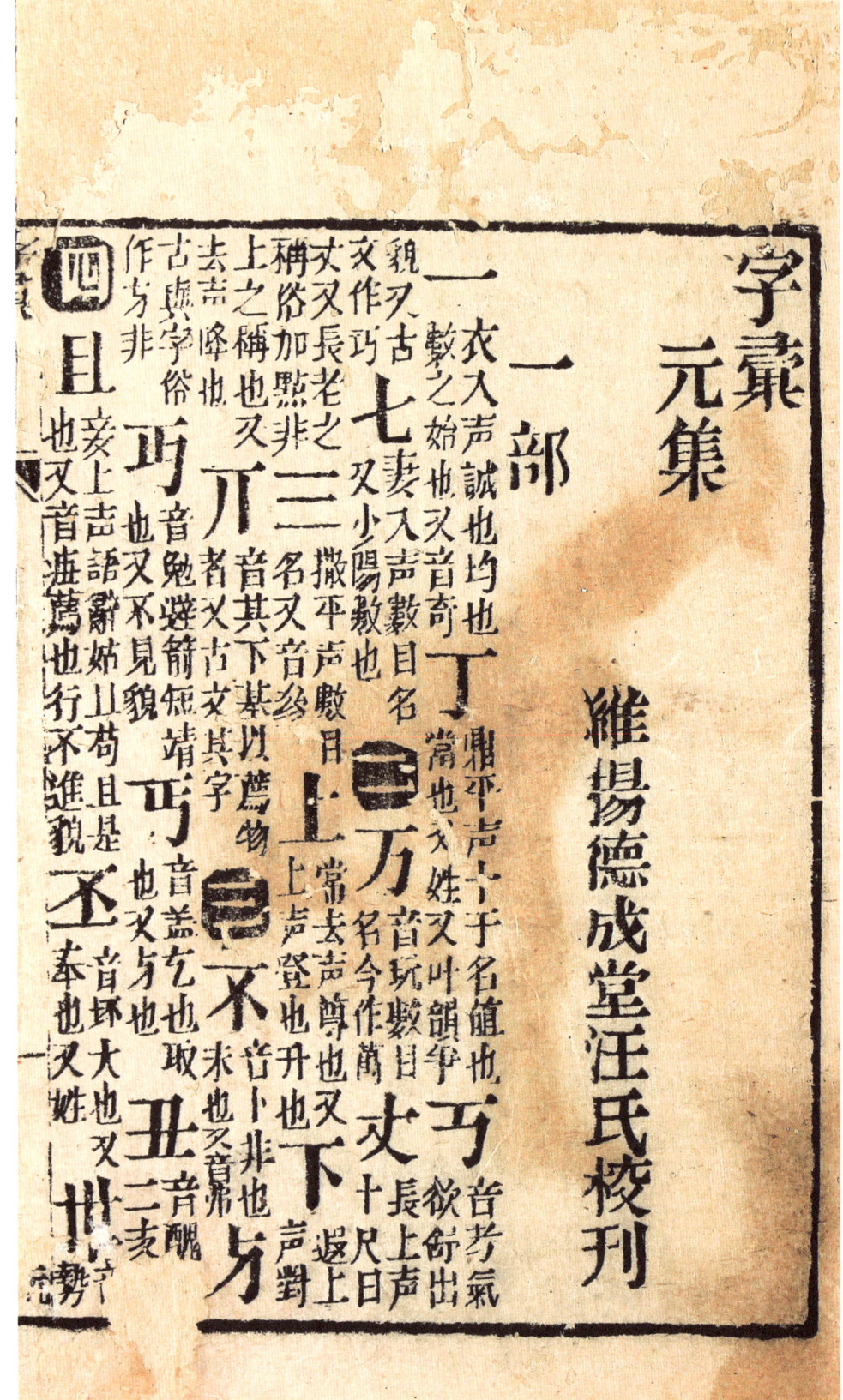

○四七 監本詩經全文五卷 （宋）朱熹集傳 清書蘭亭刻本

框高19.2釐米，寬11.1釐米，上下兩欄，半葉八行，行十八字，小字雙行二十四字，白口，四周單邊。一冊。存二卷：卷四至五。館藏索書號0427

○四八 **監本詩經全文四卷** （宋）朱熹集傳 清文元堂刻本

框高19.0釐米，寬11.3釐米，上下兩欄，半葉八行，行十八字，小字雙行同，白口，四周單邊。一冊。存卷一。潘憲忠題簽並記。館藏索書號0428

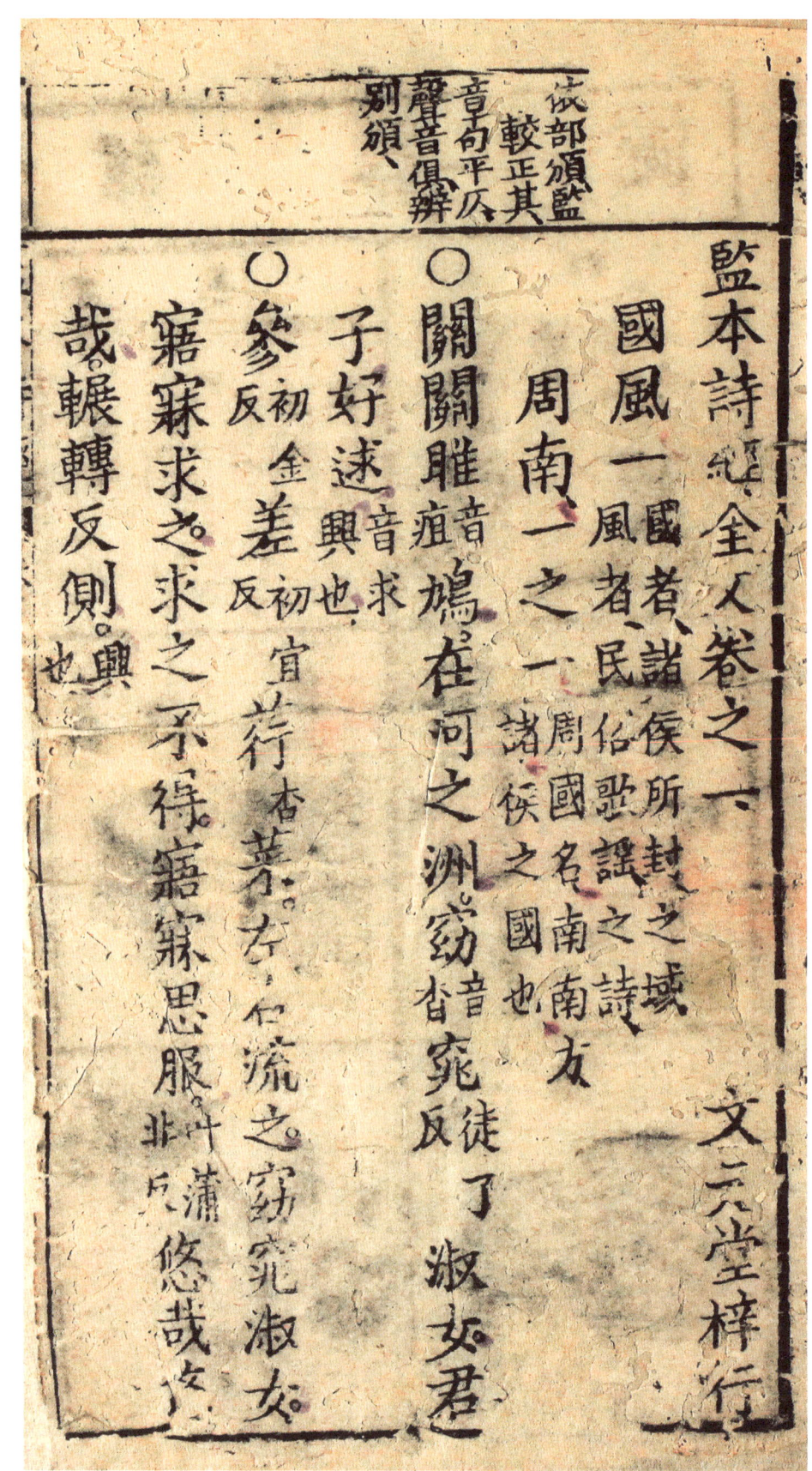

○四九 監本詩經全文四卷 （宋）朱熹集傳 清文名堂德記刻本

框高17.1釐米，寬10.8釐米，半葉八行，行十八字，小字雙行同，白口，四周單邊。一冊。存卷三。館藏索書號0437

○五〇 春秋增訂旁訓四卷 清吳興張氏留耕堂刻本

框高19.2釐米，寬12.8釐米，半葉七行，行二十字，小字雙行同，旁訓加行，行四十三至四十四字，白口，四周單邊。二册。館藏索書號0456

○五一 增補四書精繡圖像人物備考十二卷 （明）陳仁錫撰 清鳳藻書屋刻本

框高 20.1 釐米，寬 13.1 釐米，上下兩欄，下欄半葉十二行，行三十字，小字雙行同，白口，四周單邊。八冊。夏正寅題簽並記。館藏索書號 0475

○五二 **女四書集註四卷** （明）王相箋注 清金陵奎壁齋刻本

框高 18.0 釐米，寬 13.0 釐米，半葉九行，行十七字，小字雙行同，白口，四周單邊。一冊。

梅百魁題簽、題記並批。館藏索書號 0524

○五三 天禄齋四書遵註合講十九卷 （清）翁復輯 清天禄齋刻本

框高24.2釐米，寬16.5釐米，上下兩欄，下欄半葉九行，行十七字，小字雙行同，白口，左右雙邊。三册。存三種七卷：大學一卷、中庸一卷、孟子卷一至三、卷六至七。館藏索書號0545

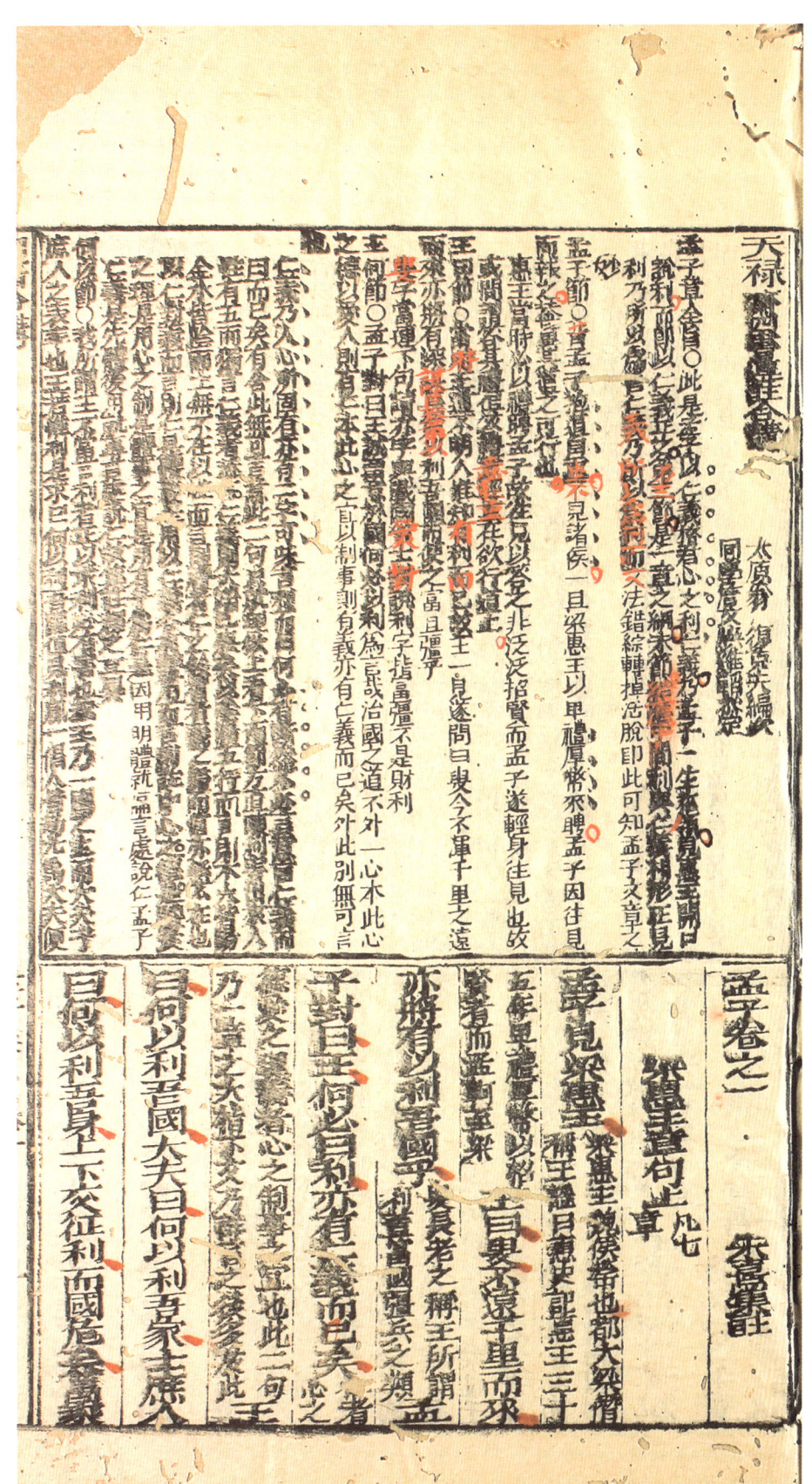

○五四　四書便蒙正文七卷　（宋）朱熹章句　清東甌文華堂刻本

框高18.5釐米，寬12.0釐米，半葉八行，行二十字，白口，左右雙邊。一冊。存論語下。林鳳標題簽、題記並句讀。館藏索書號0558

○五五　新鐫部頒監本四書正文　清泰邑魏恆興刻本

框高20.1釐米，寬11.2釐米，上下兩欄，上欄半葉八行，行十八字，小字雙行二十七字，黑口，四周單邊。一冊。存論語上。館藏索書號0576

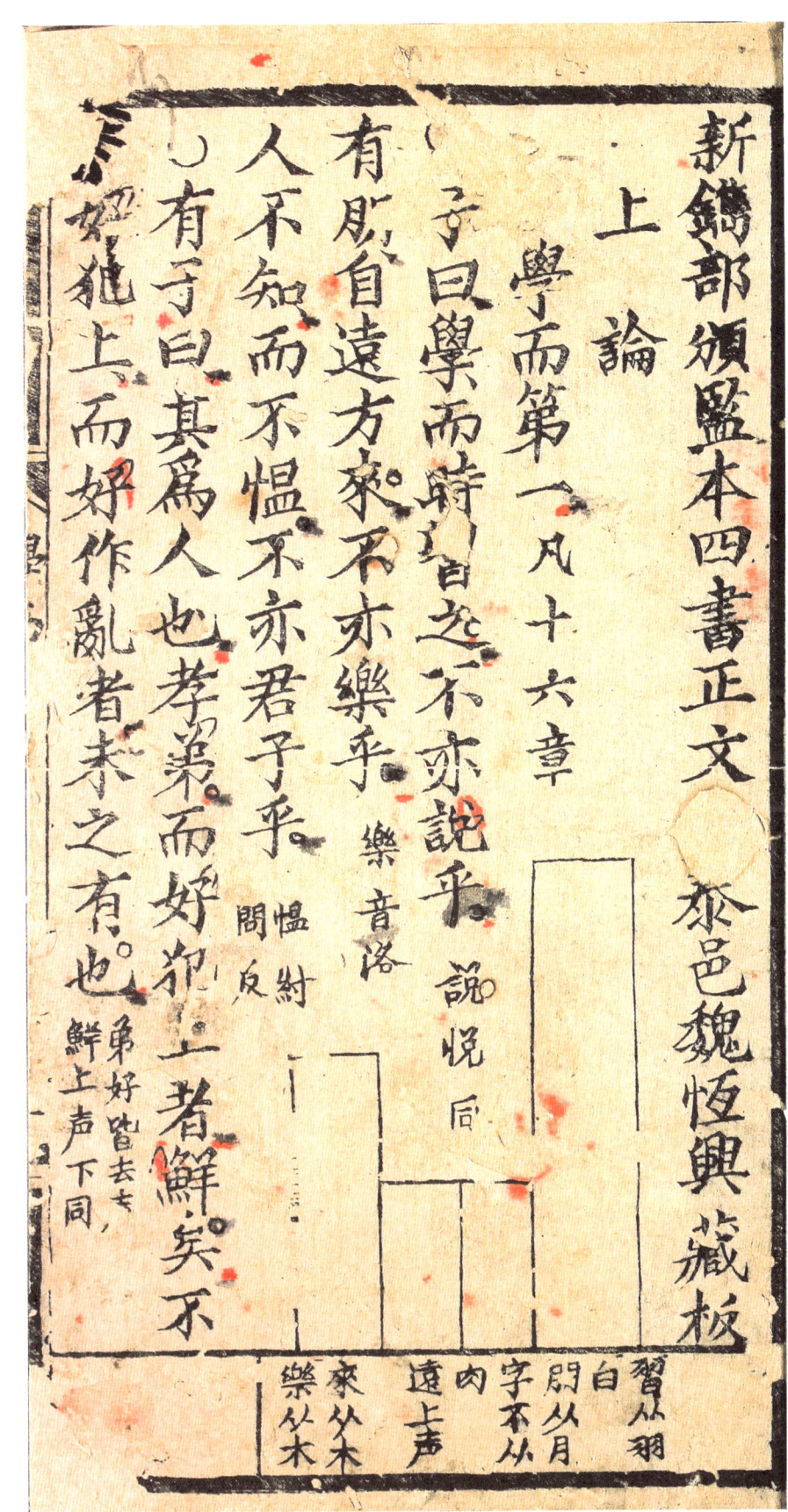

○五六 四書正體十九卷 （宋）朱熹集注 清漳文林堂刻本

框高17.8釐米，寬10.0釐米，上下兩欄，下欄半葉九行，行十七字，小字雙行同，白口，左右單邊雙邊或四周單邊。二冊。存一種五卷：孟子卷一至三、卷六至七。梅百魁題簽並記。館藏

索書號 0596

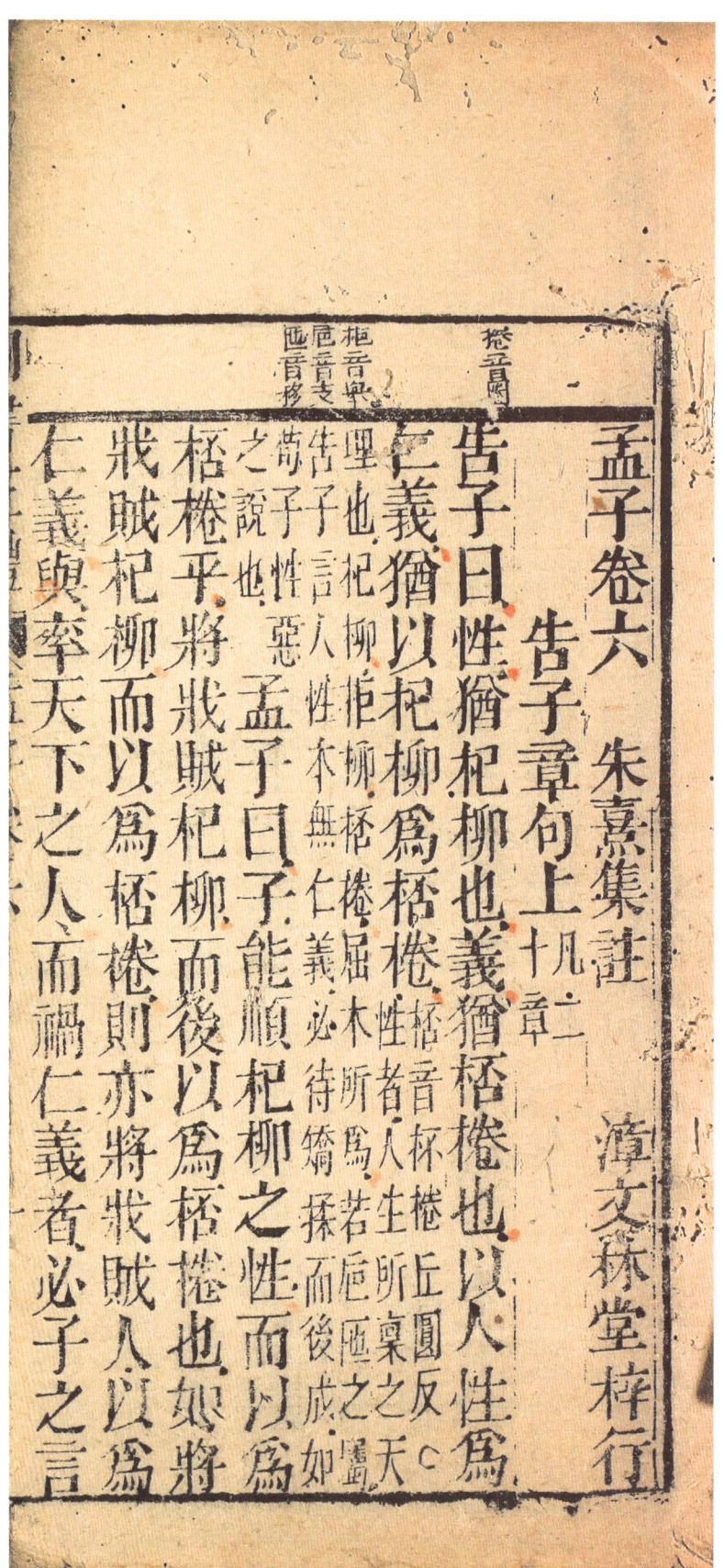

〇五七 孟子集註七卷 （宋）朱熹撰 清慎詒堂刻本

框高20.0釐米，寬12.8釐米，上下兩欄，下欄半葉九行，行十七字，小字雙行同，白口，四周單邊。一册。存二卷：卷四至五。館藏索書號0606

○五八　四書集注十九卷　（宋）朱熹撰　（清）宋任賢校字　清寶章堂刻本

框高 19.3 釐米，寬 11.0 釐米，上下兩欄，下欄半葉九行，行十七字，小字雙行同，白口，四周單邊。三冊。存二種十卷：論語卷六至十、孟子卷一至三、卷六至七。館藏索書號 0608

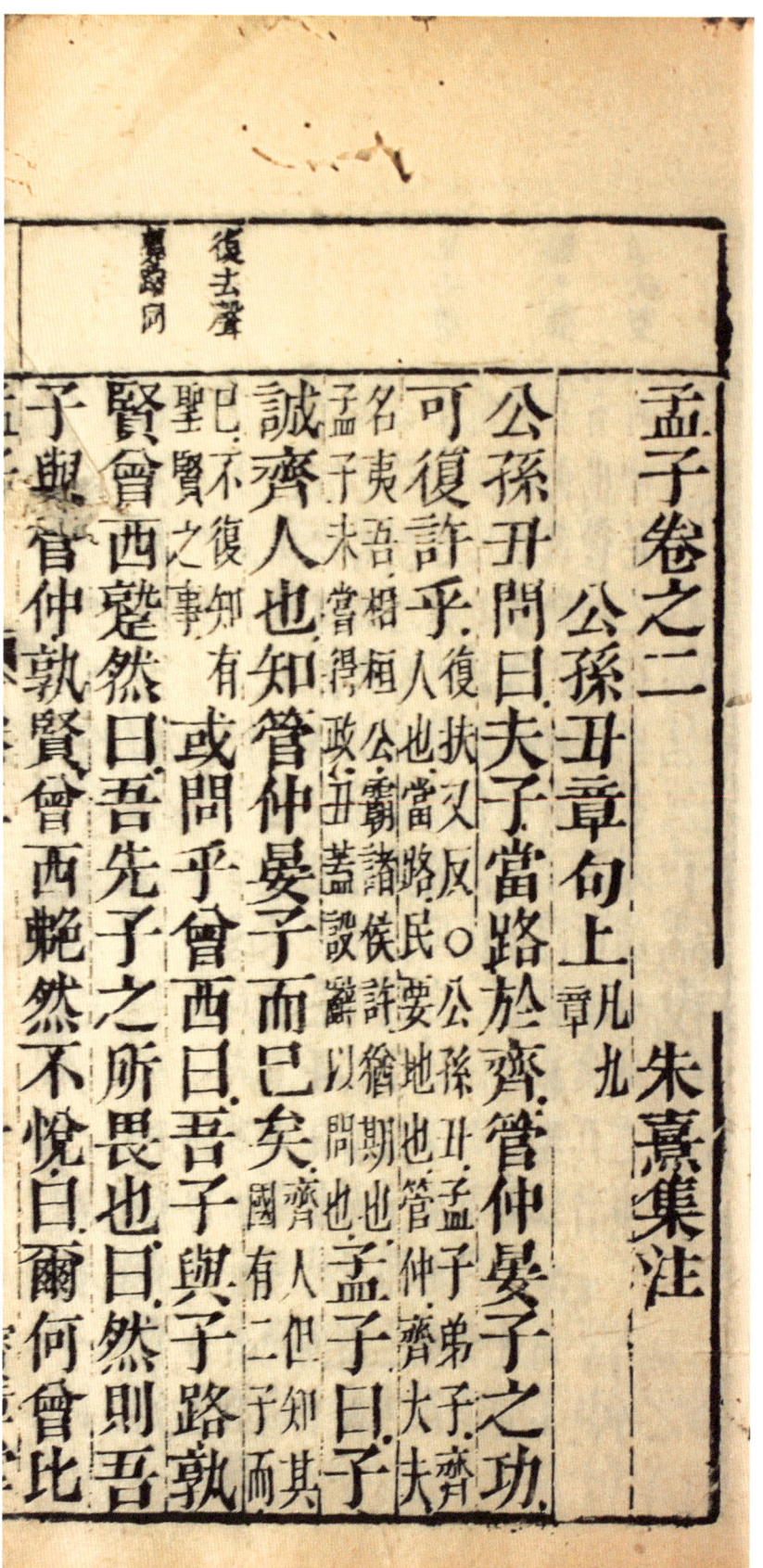

○五九 小學千家詩人生必讀二卷 （清）余晦齋集 清東甌郭文元堂刻本

框高19.7釐米，寬12.4釐米，半葉八行，行二十三字，小字雙行同，白口，左右雙邊。一册。

館藏索書號0620

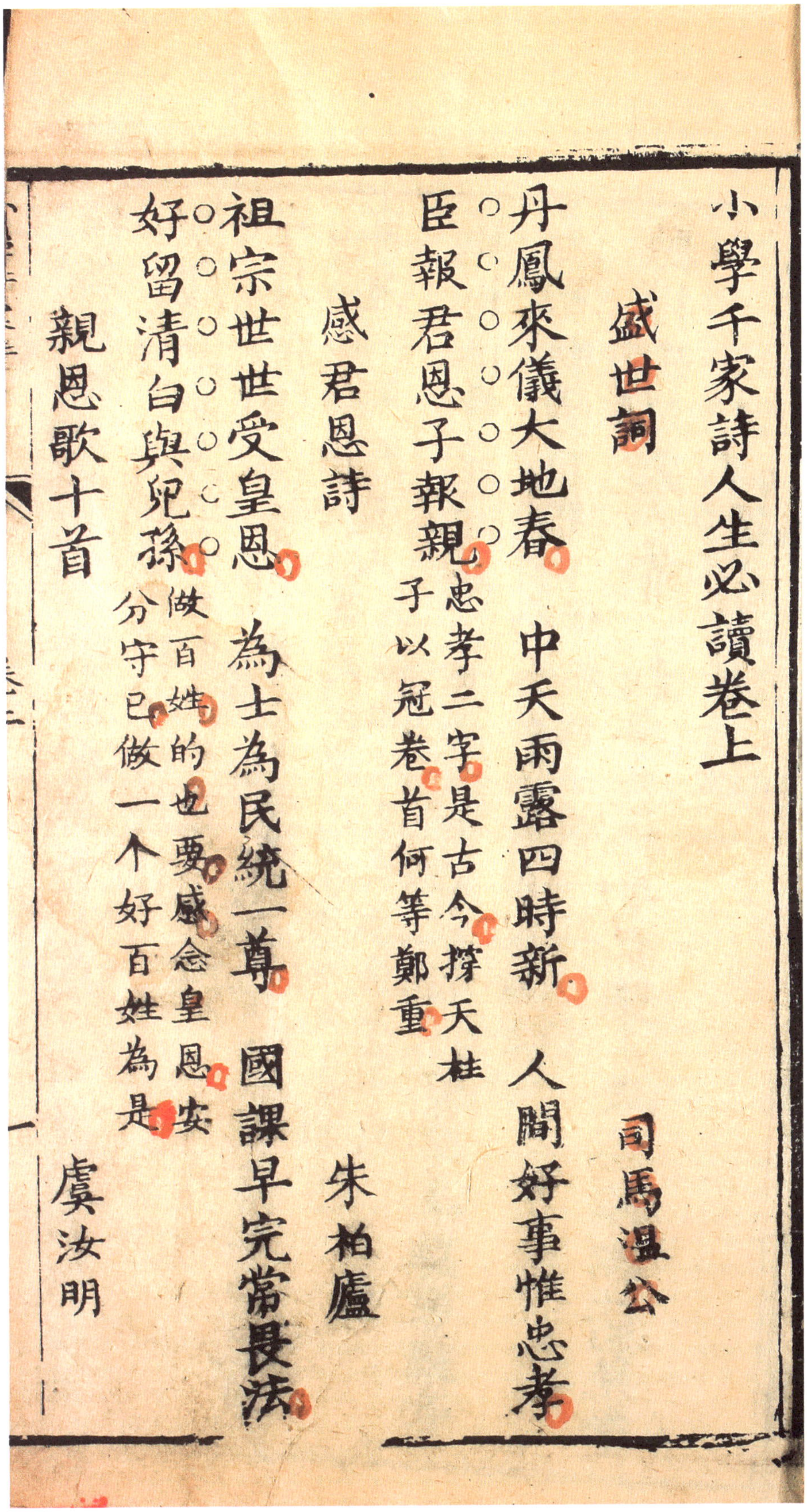

小學千家詩人生必讀卷上

盛世詞

丹鳳來儀大地春 中天雨露四時新 人間好事惟忠孝
臣報君恩子報親 忠孝二字是古今撐天柱
子以冠卷首何等鄭重　　　　　　司馬溫公

感君恩詩

祖宗世世受皇恩 為士為民統一尊 國課早完常畏法
好留清白與兒孫 做百姓的也要感念皇恩安
分守己做一個好百姓為是　　　　朱柏廬

親恩歌十首

　　　　　　　　　　　　　　　　虞汝明

○六○ 新鐫曆法便覽象吉備要通書大全三十二卷 （清）魏鑑輯 清三餘堂刻本

框高20.5釐米，寬13.3釐米，半葉十七行，行三十字，小字雙行同，白口，左右雙邊。三冊。存八卷：卷一至三、卷十二至十四、卷十七至十九。梅永吉題簽並記。館藏索書號0796

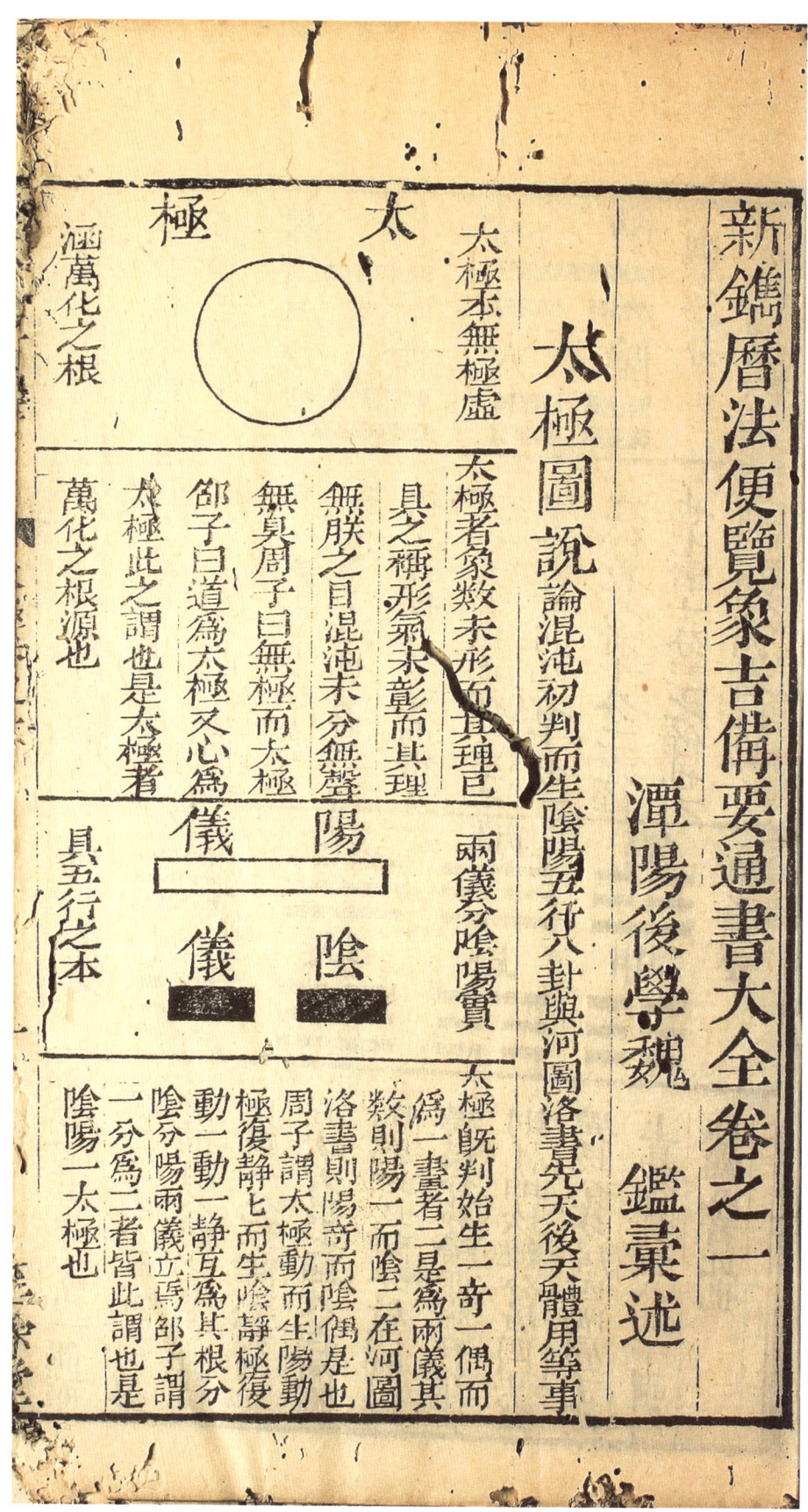

○六一 重訂增補陶朱公致富全書四卷 （明）陳繼儒輯 清杭州聚文堂刻本

框高19.1釐米，寬13.7釐米，上下兩欄，下欄半葉十二行，行二十五字，小字雙行同，白口，四周單邊。三册。存三卷：卷一、卷三至四。館藏索書號0900

重訂增補陶朱公致富全書卷之一

集種植

　耕種總論

地財莫禁勤者致富百穀有收名花維茂居然漢絵等非胚

周禮太宰以九職任萬民二曰三農生九穀三曰園圃藝草木三農平地農山農澤農也九穀黍稷秋稻麻大小豆大小麥也園圃謂在田畔樹菜蔬果蓏者李時珍曰木實曰果草實曰蓏張晏曰有核曰果無核曰蓏○楊泉物理論曰梁者黍稷之總名也稻者溉種之總名也菽者衆豆之總名也三穀各二十種爲六十種蔬果之實助穀之數揚州荊州其穀宜稻豫州幷州其穀宜五職方氏辨九穀之名百穀百穀者衆種之總名也

〇六二 **碧梧齋古文觀止十二卷** （清）吳乘權 吳大職輯 清碧梧齋刻本

框高 20.4 釐米，寬 14.6 釐米，半葉十行，行二十四字，小字雙行同，白口，四周單邊。一册。

存二卷：卷十一至十二。館藏索書號 0972

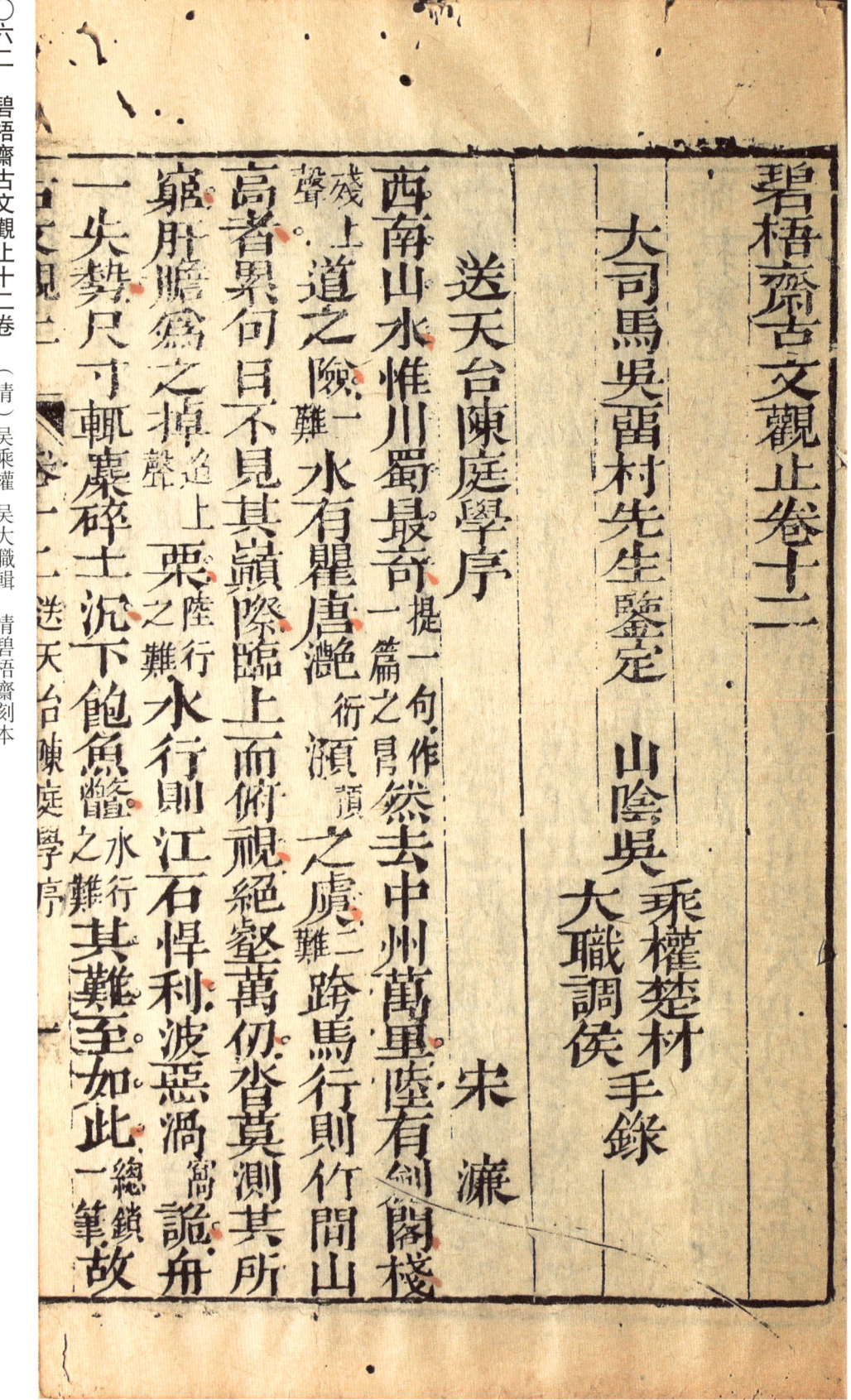

〇六三 童子問路四卷 （清）鄭之琮輯 清文明堂刻本

框高16.8釐米，寬10.0釐米，半葉九行，行二十五字，小字雙行同，白口，四周單邊。一册。存二卷：卷一至二。館藏索書號1126

〇六四　新刻辰州胡知府白扇記二卷　清黃文運堂刻本

框高15.8釐米，寬11.0釐米，半葉十二行，行二十八字，白口，四周單邊。一冊。館藏索書號1156

〇六五　新刊說唱擺花張四姐出身二卷　佚名撰　清西山堂刻本

框高16.0釐米，寬10.3釐米，半葉十二行，行二十三字，白口，四周單邊。一冊。館藏索書號1456

唱

包公得放起身去　那當前頭路不平
人朝去見至明君　一程來到開封府
活說包丞相爺聽　一程來到勤朝門外
巷孟有一个友　直入金塔見至人
變化多端打進　妖精年登十六歲之喚娘
怨恨人東京城　丹墀奏上我主今有東京城內大街小
多罪人東京來於　妖精指揮衙內放火燒了四娘神通廣大
如若是了我主　王員外一家老少我主若不差吾捉他
君王見奏心煩惱　江山被他攪亂
那晓東京出妖精　理怨當今
包公叫時忙便奏　那个亲
我主在　窺見人一國真天子
　　　　　　　　諸人吞殺社張人
　　　　　　　　无今復漏忙四姐

○六六 **監本詩經全文八卷** （宋）朱熹集傳 清刻本

框高19.2釐米，寬11.4釐米，上下兩欄，下欄半葉八行，行十八字，小字雙行同，白口，四周單邊。一冊。存卷二。季道勳題簽並記。館藏索書號0436

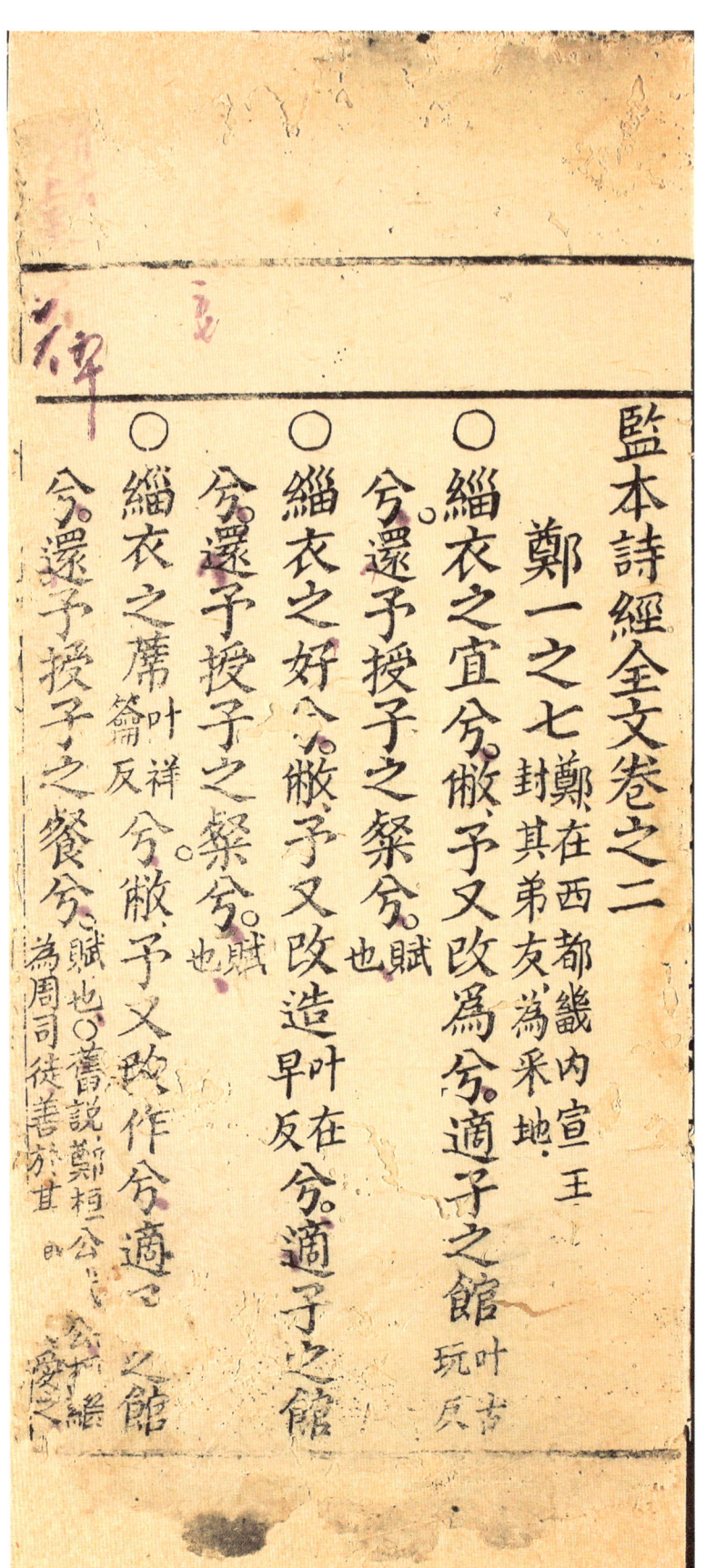

○六七 周易四卷 （宋）朱熹集傳 清刻本

框高18.0釐米，寬13.6釐米，半葉九行，行十七字，小字雙行同，白口，四周單邊。二册。存三卷：卷二至四。柳壽臻題款。館藏索書號0440

〇六八 書經集傳六卷 （宋）蔡沈撰 清刻本

框高20.8釐米，寬14.3釐米，上下兩欄，下欄半葉九行，行十七字，小字雙行同，白口，四周單邊。二册。存三卷：卷四至六。館藏索書號0443

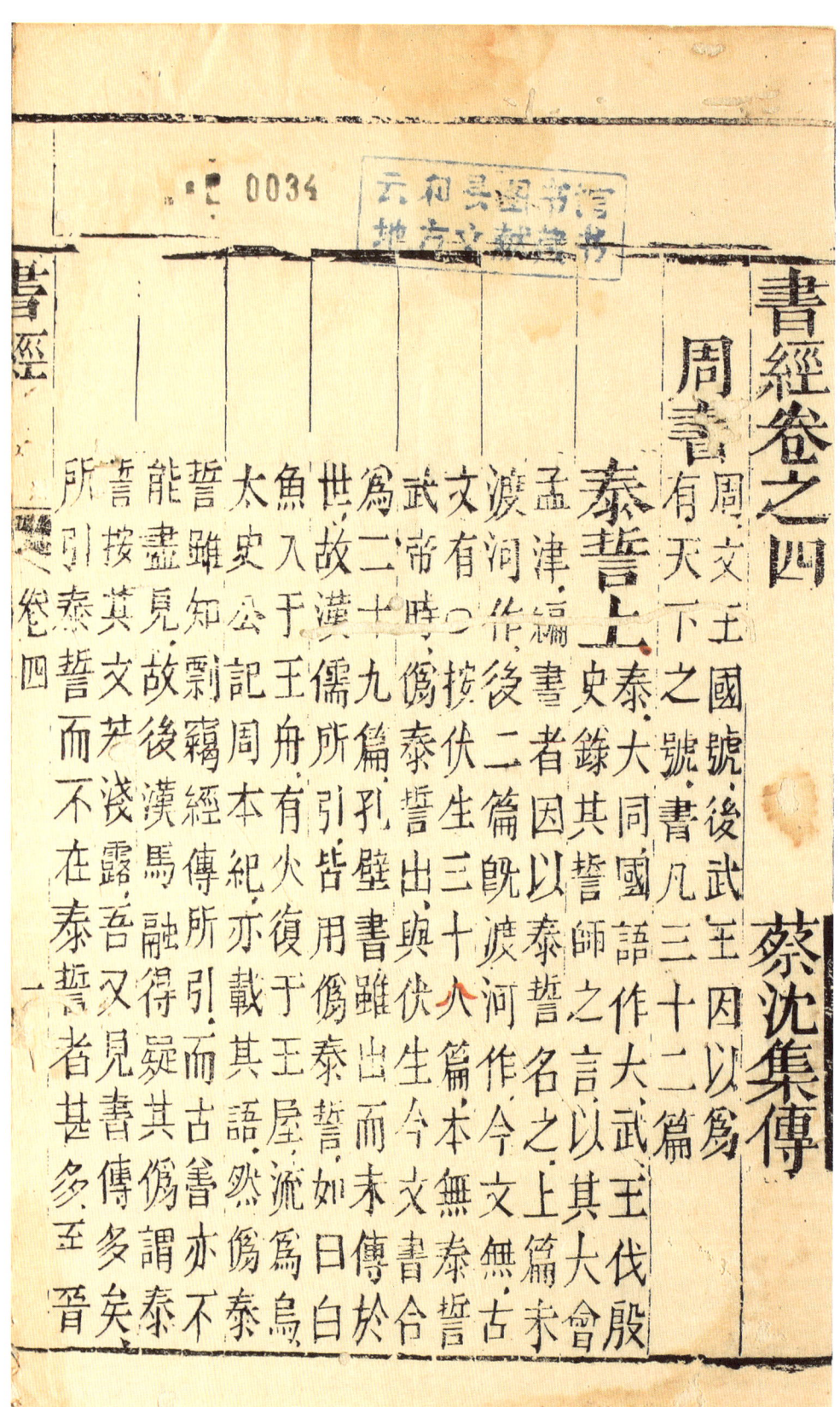

○六九 書經集傳六卷 （宋）蔡沈撰 清刻本

框高 20.6 釐米，寬 14.4 釐米，上下兩欄，下欄半葉九行，行十七字，小字雙行同，白口，左右雙邊。二册。存五卷：卷二至六。館藏索書號 0444

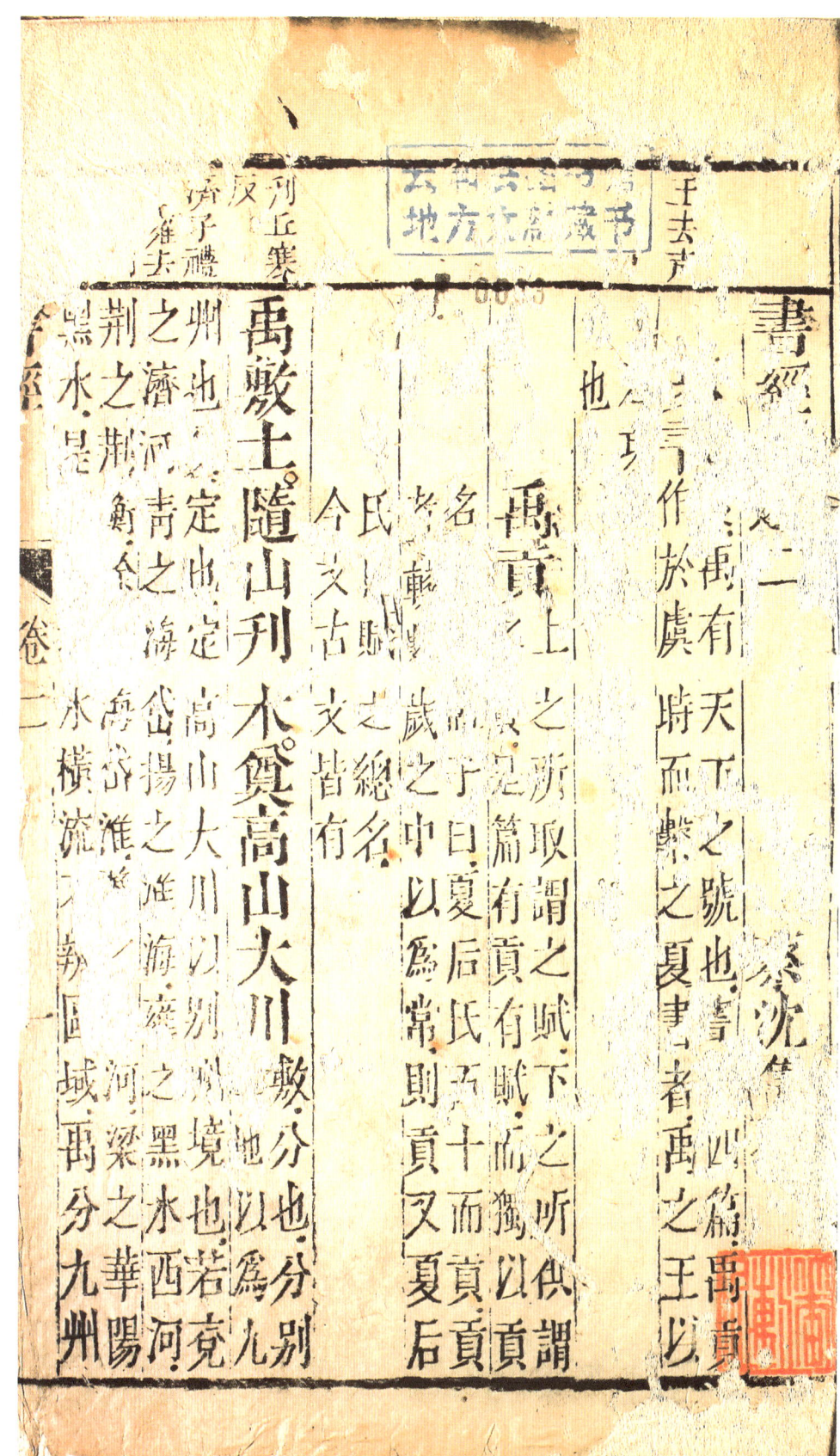

○七　書經體註大全合參六卷　（清）錢希祥纂輯　清刻本

框高20.7釐米，寬14.0釐米，上下兩欄，下欄半葉九行，行十七字，小字雙行同，白口，四周單邊。三冊。存三卷：卷二至三、卷六。館藏索書號0445

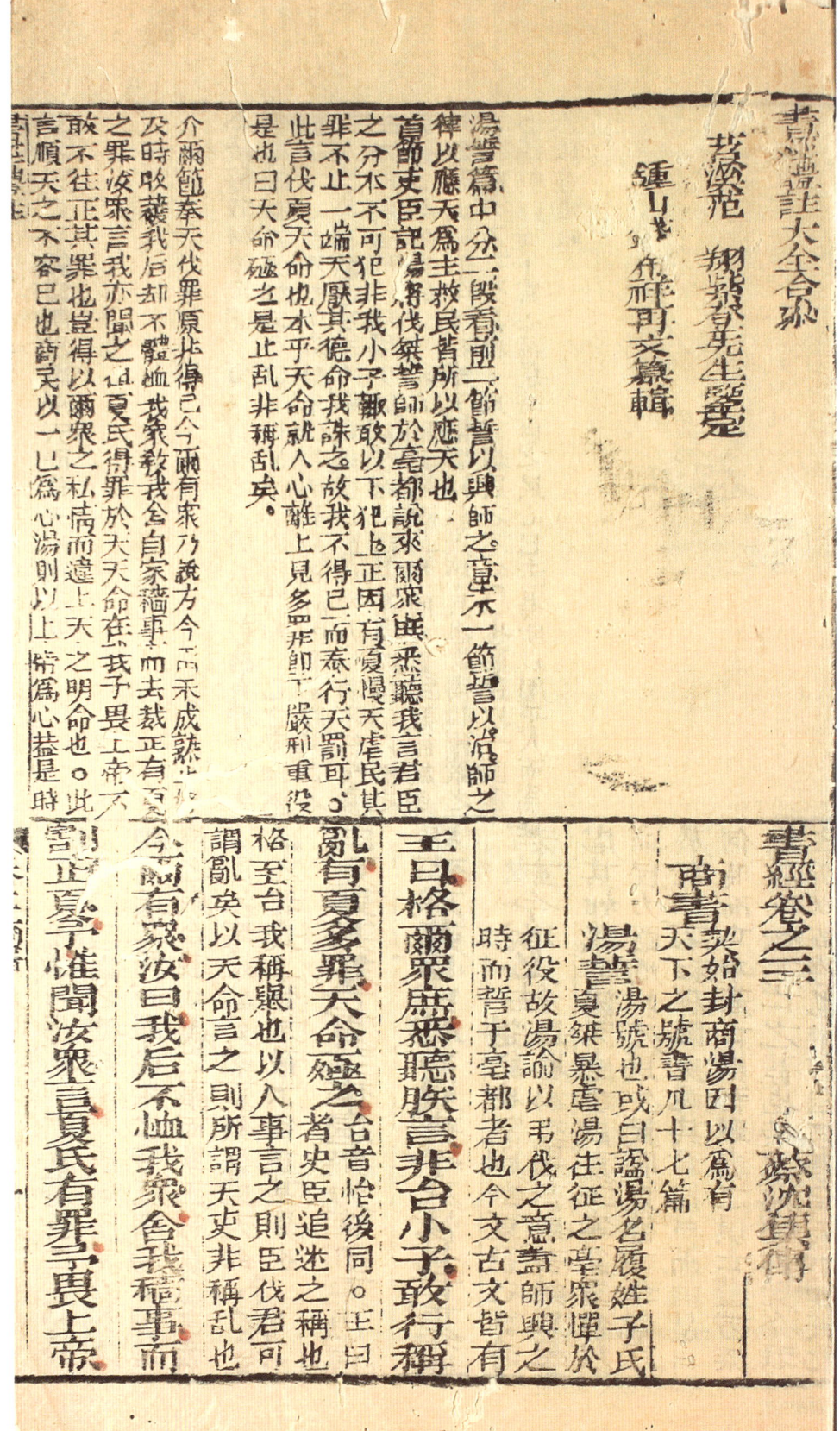

○七一 尚書離句六卷 （清）錢在培撰 清刻本

框高20.3釐米，寬18.4釐米，半葉九行，行十八字，小字雙行同，白口，左右雙邊。二冊。存三卷：卷三、卷五至六。陳占魁題款。館藏索書號0449

尚書離句卷六

周官

仁和錢在培蒼益輯解
仁和鄭　知亦愚仝訂

惟周王撫萬邦巡侯甸四征弗庭綏厥兆民六服羣辟罔不承德歸于宗周董正治官

成王以周官名之亦訓體也
成王訓廸百官史錄其言
周撫萬邦臨下以安天民巡狩侯服甸服四征之國不庭之國督正治事之聲○王曰言成王諸侯采衛并幾內之璧歸于鎬京董正治官去常制其制

若昔大猷制治于未亂

若昔大猷之世制治于未亂之先使政教

〇七二 御纂醫宗金鑑七十四卷首一卷 （清）吳謙等輯 清刻本

框高 13.4 釐米，寬 10.1 釐米，半葉十一行，行二十五字，白口，左右雙邊。六冊。存十五卷：卷五至七、卷十七至十八、卷二十一至二十二、卷四十六至四十八、卷六十三至六十四、卷六十八至七十。館藏索書號 0450

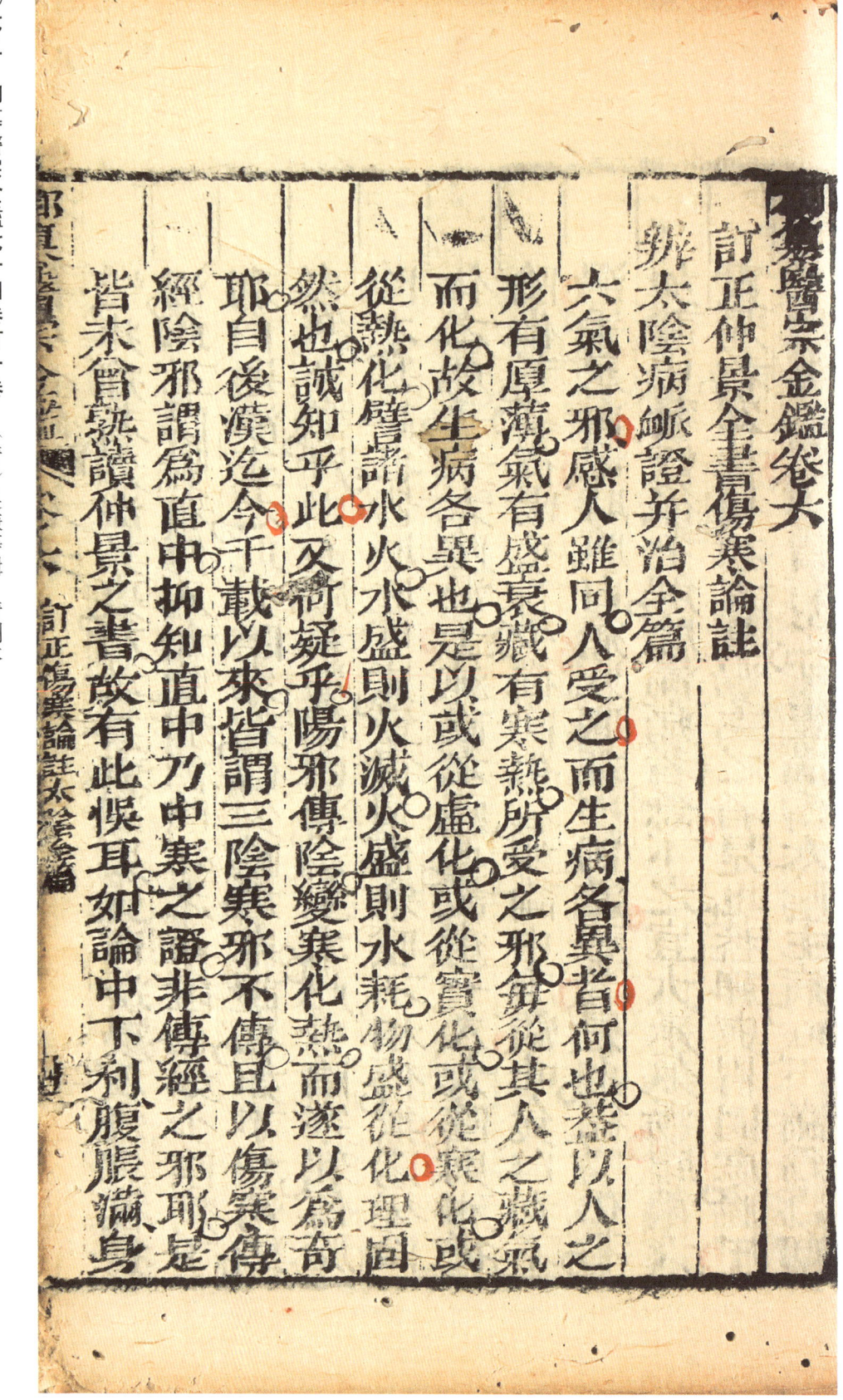

○七三 **書經體註大全合參六卷** （清）范翔鑒定 （清）張聖度訂 清刻本

框高22.6釐米，寬14.4釐米，上下兩欄，下欄半葉二十行，行二十七字，白口，四周單邊。三冊。存五卷：卷一至四、卷六。館藏索書號0024

〇七四 **春秋體註大全四卷** （清）徐寅賓撰 清刻本

框高22.0釐米，寬14.2釐米，上下兩欄，下欄半葉九行，行十七字，小字雙行同，白口，四周單邊。二册。存二卷：卷一至二。館藏索書號0457

○七五 春秋體註四卷 清刻本

框高 24.3 釐米，寬 14.2 釐米，上下兩欄，下欄半葉十一行，行十七字，小字雙行同，白口，四周單邊。一冊。存卷三。佚名批。館藏索書號 0459

〇七六 評註聊齋志異十六卷 （清）蒲松齡撰 （清）王士正批 （清）呂湛恩註 （清）但明倫評 清刻本

框高13.4釐米，寬11.4釐米，半葉九行，行二十一字，小字雙行同，白口，四周雙邊。二冊。存二卷：卷六、卷十三。館藏索書號0461

評註聊齋志異卷六

淄川 蒲松齡 留仙著 新城 王士正貽上批
　　　　　　　　　　　　　　　　 廣順 呂湛恩叔清註
　　　　　　　　　　　　　　　　 　　 但明倫雲湖評

劉海石

劉海石蒲臺人避亂於濱州時十四歲與濱州生劉滄客同函丈因相善訂為昆季無何海石失怙恃奉喪而歸音問遂闕滄客家頗裕年四十生二子長子吉十七歲為邑名士次子亦慧滄客又內邑中倪氏女大婪之

〇七七 聊齋志異新評十六卷 （清）蒲松齡撰 （清）王士正評 （清）但明倫評 清刻本

框高13.2釐米，寬10.7釐米，半葉九行，行二十一字，上黑口，左右雙邊。一冊。存卷十一。館藏索書號0462

當事者泣然流涕旁觀者極意慰藉既而相對默默殊不可堪先生久嘗此味故言之更為親切兩間不平之事極多大巡環三十五年乃一消之無可奈何幾者不知凡

言驚起泣然沫涕一人極意慰藉涕始止然相對默默殊不可堪方曰適聞大巡環張桓侯將至恐失志者之造言也不然文場尚有翻覆于聞之色喜陶尋其故曰桓侯襲德三十年一巡陰曹三十五年一巡陽世兩間之不平待此老而一消也乃起扯方俱去兩夜始返方謂陶曰君不賀五兒耶桓侯前夕至裂碎地榜榜上名字止存二之一偏閱遺卷得五兒甚喜薦作交南巡海使且晚與馬可到陶大喜置酒齋賀酒數行子問陶曰君家有閣舍否問將何為曰子苦孤無鄉士又不忍

〇七八 **聊齋志異新評十六卷** （清）蒲松齡撰 （清）王士正評 （清）但明倫評 清刻朱墨套印本

框高13.4釐米，寬10.3釐米，半葉九行，行二十一字，小字雙行同，黑口，左右雙邊。二冊。存二卷：卷十三至十四。館藏索書號0463

七九 呂氏春秋二十六卷 （漢）高誘訓解 清刻本

框高 14.4 釐米，寬 10.7 釐米，半葉十行，行二十字，小字雙行同，白口，左右雙邊。二冊。存七卷：卷十四至二十。館藏索書號 0465

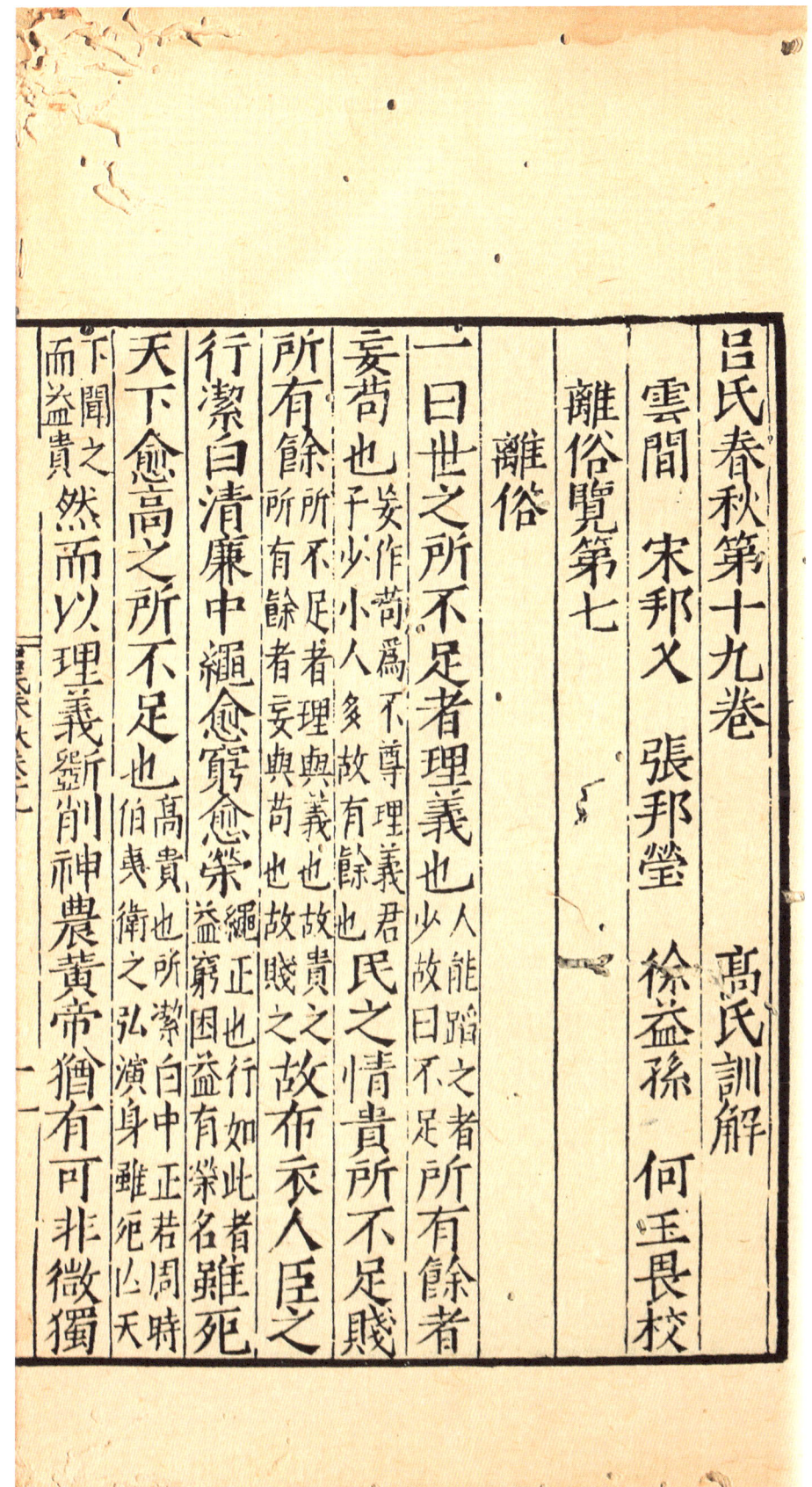

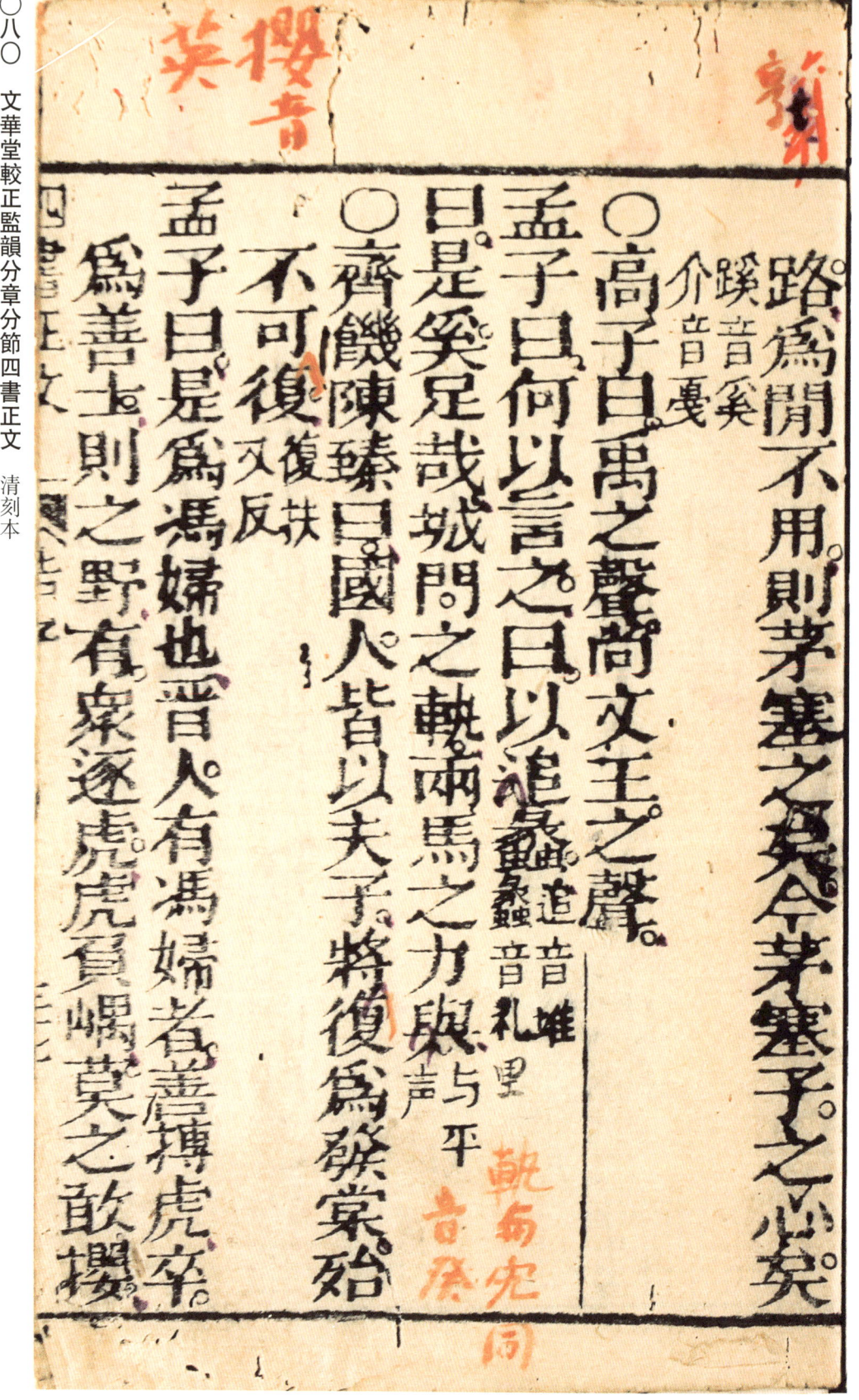

○八〇 文華堂較正監韻分章分節四書正文 清刻本

框高14.3釐米，寬10.8釐米，半葉九行，行十八字，小字雙行同，白口，四周單邊。一册。存孟子下。梅永題記。館藏索書號0585

〇八一 新鐫五言千家詩箋註二卷 （清）王相選註 清刻本

框高 18.5 釐米，寬 12.0 釐米，上下兩欄，下欄半葉十行，行十五字，小字雙行同，白口，四周單邊。一冊。存卷下。館藏索書號 0621

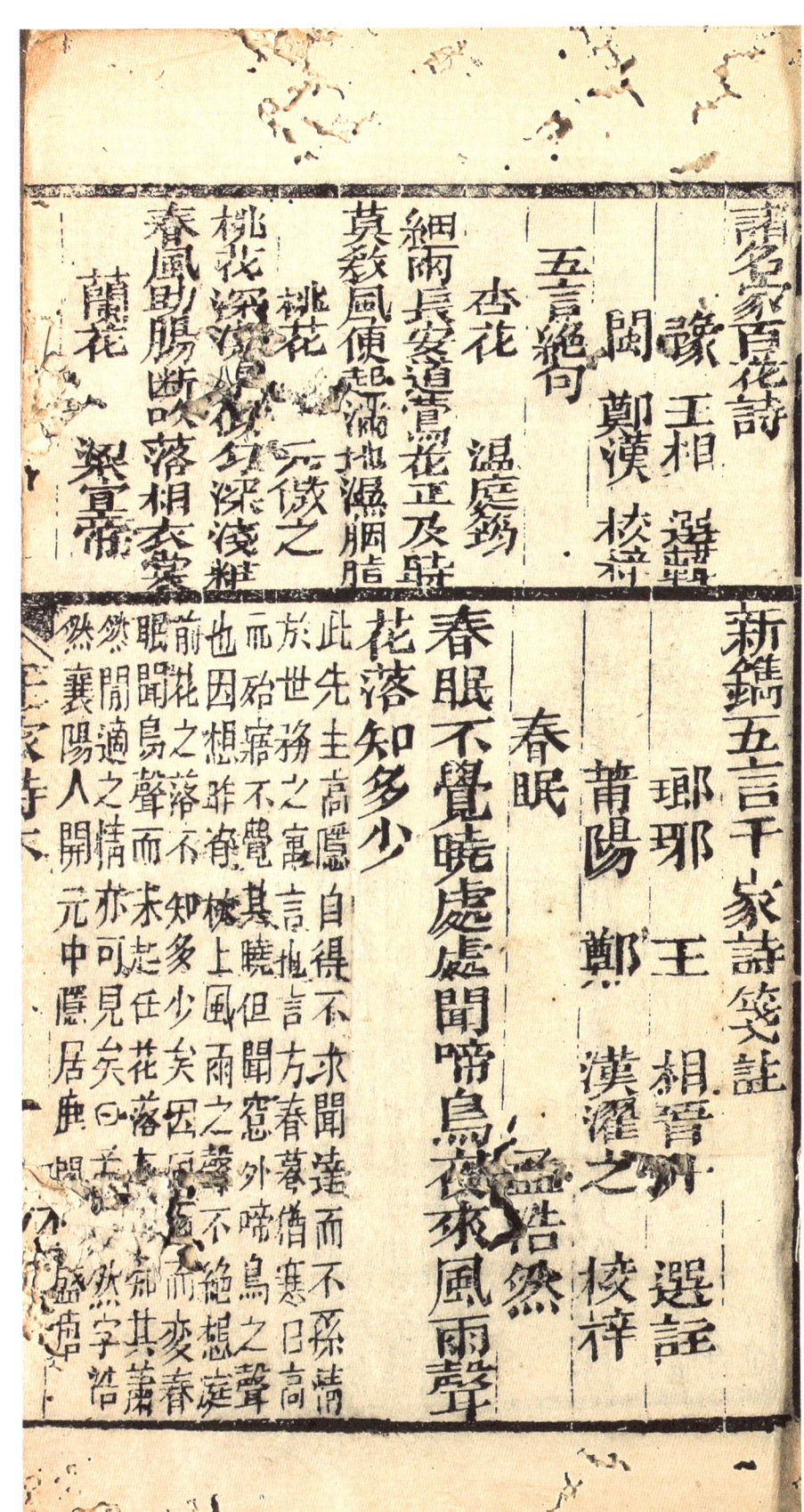

○八二 尺木堂古文觀止十二卷 （清）吳乘權 吳大職輯 清刻本

框高 16.7 釐米，寬 13.0 釐米，半葉九行，行二十二字，小字雙行同，白口，四周單邊。一冊。

存二卷：卷七至八。館藏索書號 0626

○八三 百美新詠一卷 （清）顏希源撰 清刻本

框高19.0釐米，寬12.8釐米，半葉八行，行十八字，白口，四周雙邊。二冊。館藏索書號0656

百美新詠

佳人難再得 李夫人 珍寵貯嬌宜 陳后 寶帳重重

護輕飛鸞 金蓮步步移 潘貴靚粧憑綺閣 張麗華 嚴薰

浴出湯池 楊貴妃 奉召初伸掌 鉤弋夫人 朝尊淡掃眉

統國浣溪留豔跡 西施 織室顯殊姿 夫人 綠供

夫人

主齊潤玉如肌 甘后 始掠秋蟬鬢 莫瓊樹 新裁雪

螺痕黛 吳絳仙 顏增獺髓醫 鄧夫人 助妍梅點額 壽

豐基顰 張麗勝蘭吹氣馥 麗娟 灑竹淚紋滋 女娥英皇

○八四 唐詩三百首續選一卷 （清）于慶元編 清刻本

框高16.5釐米，寬11.6釐米，半葉九行，行二十一字，小字雙行同，白口，四周單邊。一冊。

館藏索書號0669

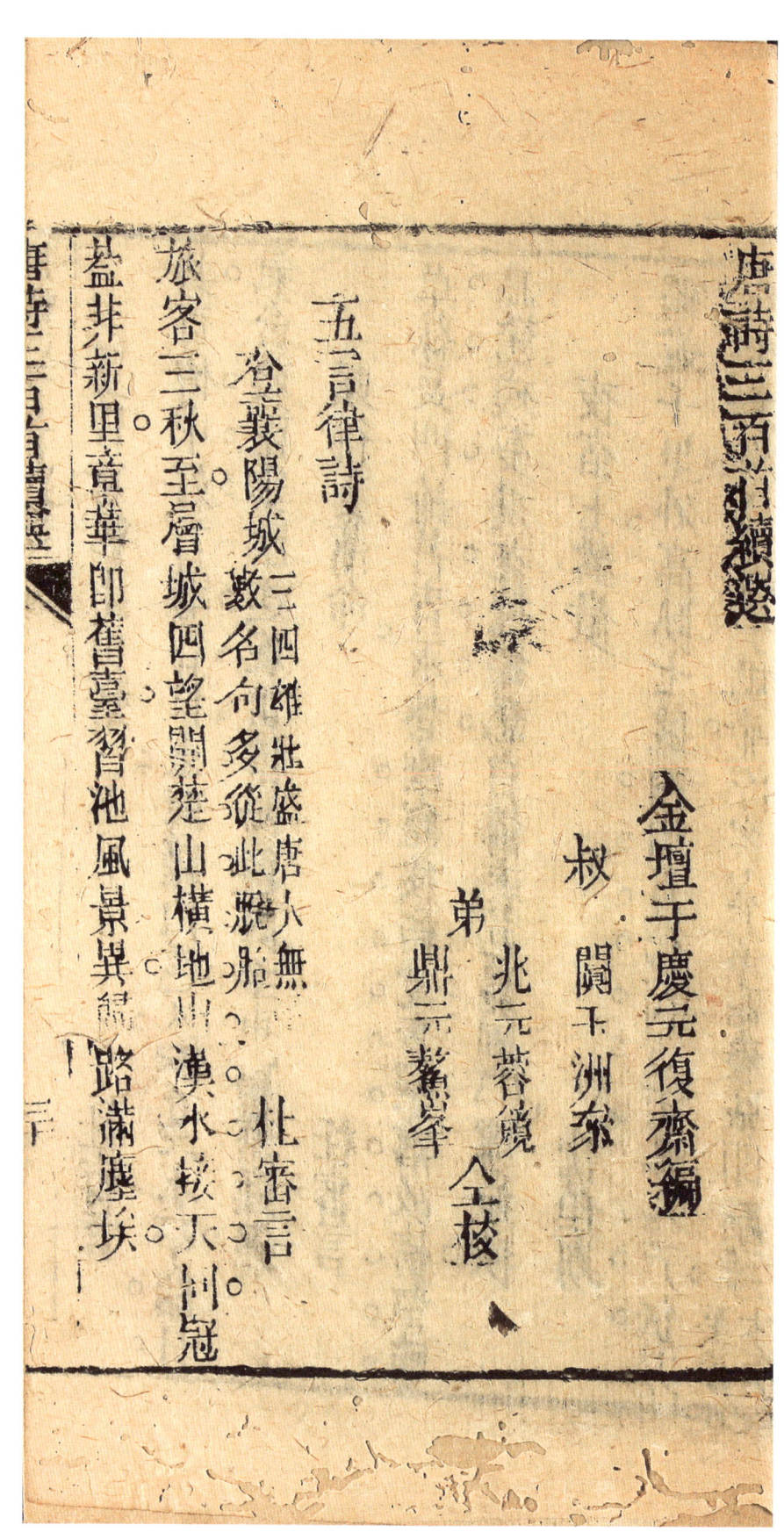

〇八五　字彙十二卷首一卷末一卷　（明）梅膺祚音釋　清刻本

框高20.5釐米，寬12.8釐米，半葉八行，行十二字，小字雙行二十四字，白口，四周單邊。一冊。存卷四。館藏索書號0697

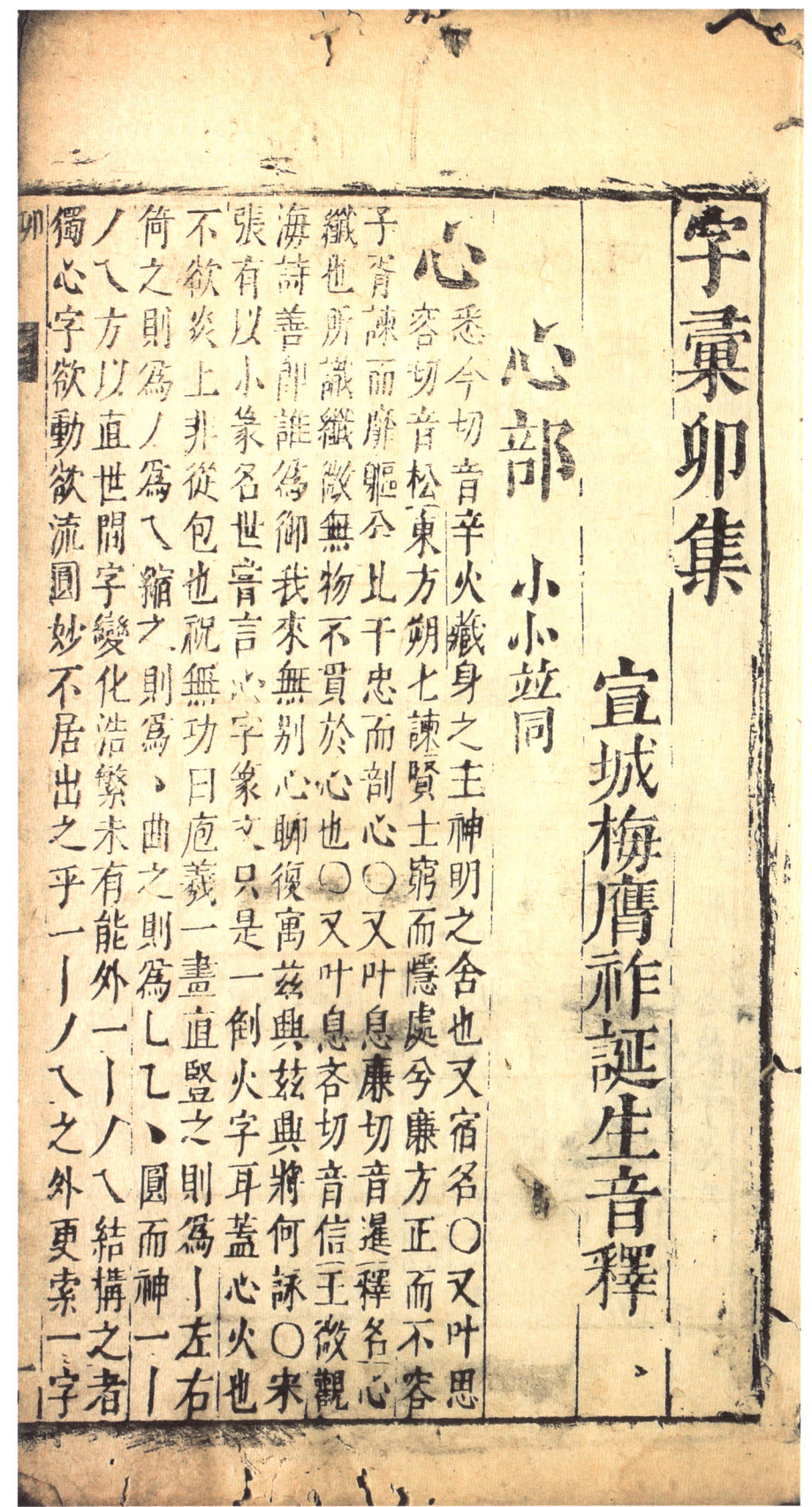

○八六 不可錄不分卷 （清）陳海曙輯 清刻本

框高12.7釐米，寬9.9釐米，半葉九行，行二十一字，黑口，左右雙邊。一册。館藏索書號

悔過案同善養生附

洪壽一日暴卒、恍惚見綠衣人引之至陰府、洪問平生食祿、綠衣人於袖中出大帙示之、已姓名下其字如蚊、不能盡閱後註云合參知政事以其年月日簽室女某人降秘閣修撰轉運副使洪悚然淚下曰奈何綠衣曰、但力行善事可也、俄而前至大溪、綠衣人推墮之恍然而悟死三日矣以心暖口動故未就殮耳、遂痛自悔過、力行善事後公以秘撰兩浙漕運甚恐後竟無他官、端明殿學士享上壽而終、則力行悔過之報矣、

○八七 新鐫曆法便覽象吉備要通書大全二十九卷 （清）魏鑑輯 清刻本

框高21.0釐米，寬13.2釐米，上下兩欄，半葉十七行，行三十字，白口，四周單邊。二冊。存二卷：卷一、卷九。館藏索書號0798。

新鐫曆法便覽象吉備要通書大全卷之一

潭陽後學魏　鑑彙述

太極圖說論混沌初判而生陰陽五行八卦與河圖洛書先天後天體用等事

太極圖

太極本無極虛

太極者象數未形而其理已

其之稱形氣未彰而其理

無朕之目混沌未分無聲

無臭周子曰無極而太極

邵子曰道為太極又心為

太極此之謂也是太極者

涵葊化之根

萬徂之根源也

兩儀分陰陽實

其五行之本

陽　陰
儀　儀

太極既判始生一奇一偶而

為一畫者二是為兩儀其

數則陽一而陰二在河圖

洛書則陽奇而陰偶是也

周子謂太極動而生陽動

極復靜上而生陰靜極復

動一動一靜互為其根分

陰分陽兩儀立焉邵子謂

一分為二者皆此謂也是

陰陽一太極也

○八八 增訂本草備要四卷 （清）汪昂撰 清刻本

框高18.4釐米，寬13.3釐米，上下兩欄，下欄半葉十行，行二十八字，小字雙行同，白口，四周單邊。四冊。館藏索書號0814

增訂本草備要卷之一

休寧汪昂訒菴若輯
弟汪框殿武泰訂
同學鄭賓廩寰同訂

草部

男汪 蘧 畱
姪汪惟寵子錫
姪婿仇 澩天二同校

黃耆 補氣固表瀉火 朱震亨號丹溪著本草補遺 汪機號石山著

補氣固表瀉火

甘溫生用固表無汗能發有汗能止 補陽虛自汗若
炙用補中益元氣溫三焦壯脾胃 生血生肌 溫分肉實腠理瀉陰火解肌熱
脾胃緩和則肺氣旺而肌表固實補中故能內托癰疽痘症亦然
耆用補中益元氣溫三焦壯脾胃生金則肺氣先絕者服此又能自汗
表虛有邪發汗不出者服此又能自汗
脾胃一虛上不能生血生肌氣血充則為長肌
日血排膿內托瘡癰聖藥 膿者死不治毒氣盛而元氣衰也

○八九 三彈子傳心□□卷 （唐）何令通撰 （明）劉青川釋 清刻本

框高20.5釐米，寬13.9釐米，半葉九行，行二十二字，白口，左右雙邊。一册。存二卷：鐵彈子上、下。館藏索書號0843

鐵彈子靈城精義傳心三集下卷

南唐何令通先生著
明劉青川先生釋
後學許榮九一果卷訂
男顯 再雍 同閱
福曾 又易

理氣章正訣

地無精氣以星光為精氣地無吉凶以星氣為吉凶

夫今之論堪輿家者類以形體為體天星為用甚至以形體為實天星為虛而竟置星學于不講豈知宇宙間

○九○ 感應篇直講一卷首一卷 清刻本

框高 11.3 釐米，寬 18.3 釐米，半葉十六行，行二十二字，黑口，左右雙邊。一冊。館藏索書號 0873

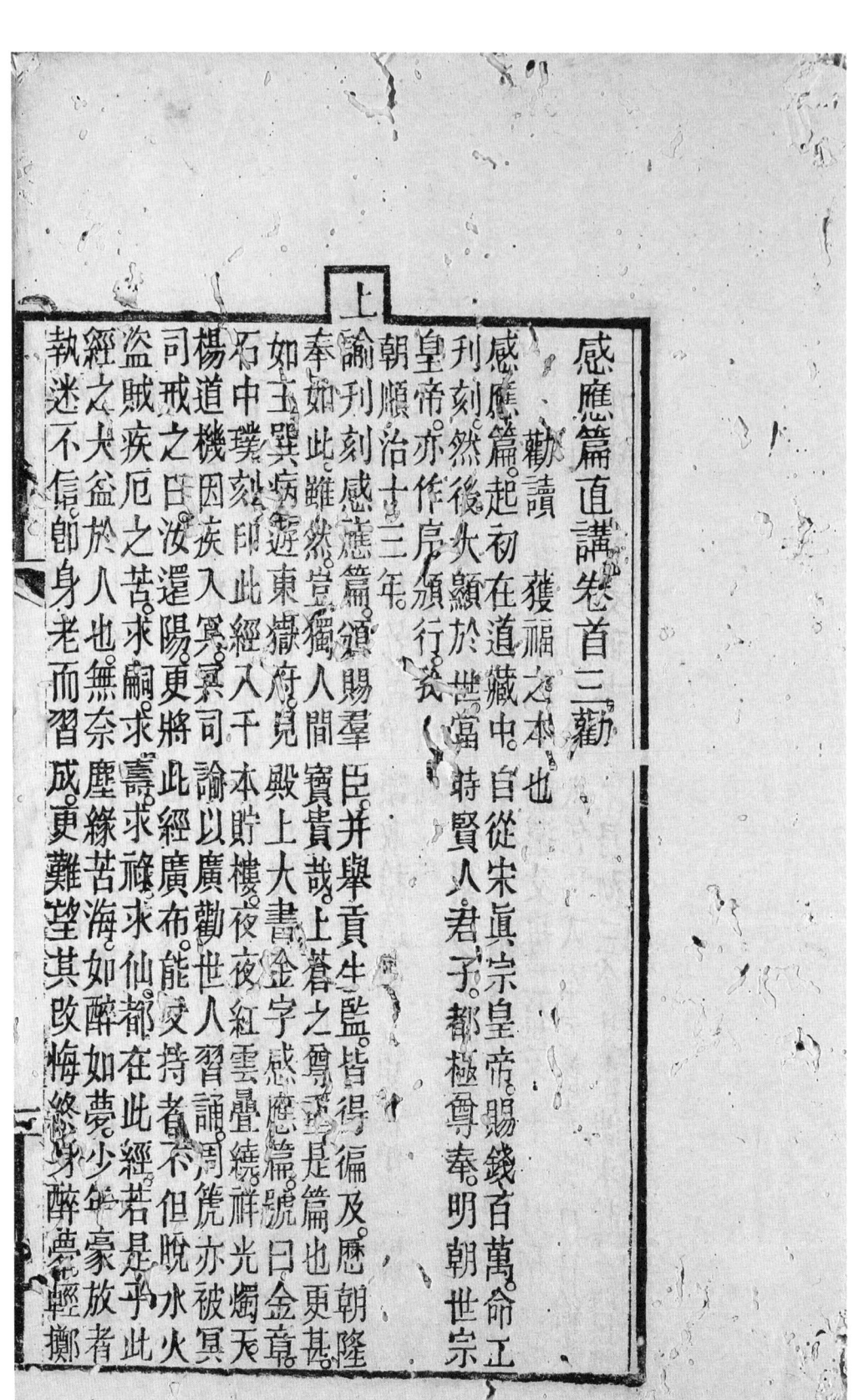

○九一 喉科枹指四卷 （清）包永泰撰 清刻本

框高18.9釐米，寬13.7釐米，半葉九行，行二十二字，白口，四周單邊。三冊。存三卷：卷一至三。館藏索書號0936

喉科枹指

卷一

咽喉大綱論

邢東包永泰鎮魯氏著
男福成嚮五氏校

夫咽喉者左為咽右為喉生於肺胃之上操乎出納之權司呼吸主升降乃一身之總要百節之關防呼吸出入之所也然咽與喉不同咽者胃脘水穀之道路主納而不出長一尺六寸重十兩喉者肺脘呼吸之門戶主出而不納凡九節長一尺六寸重十二兩咽雖與喉並行其實不同

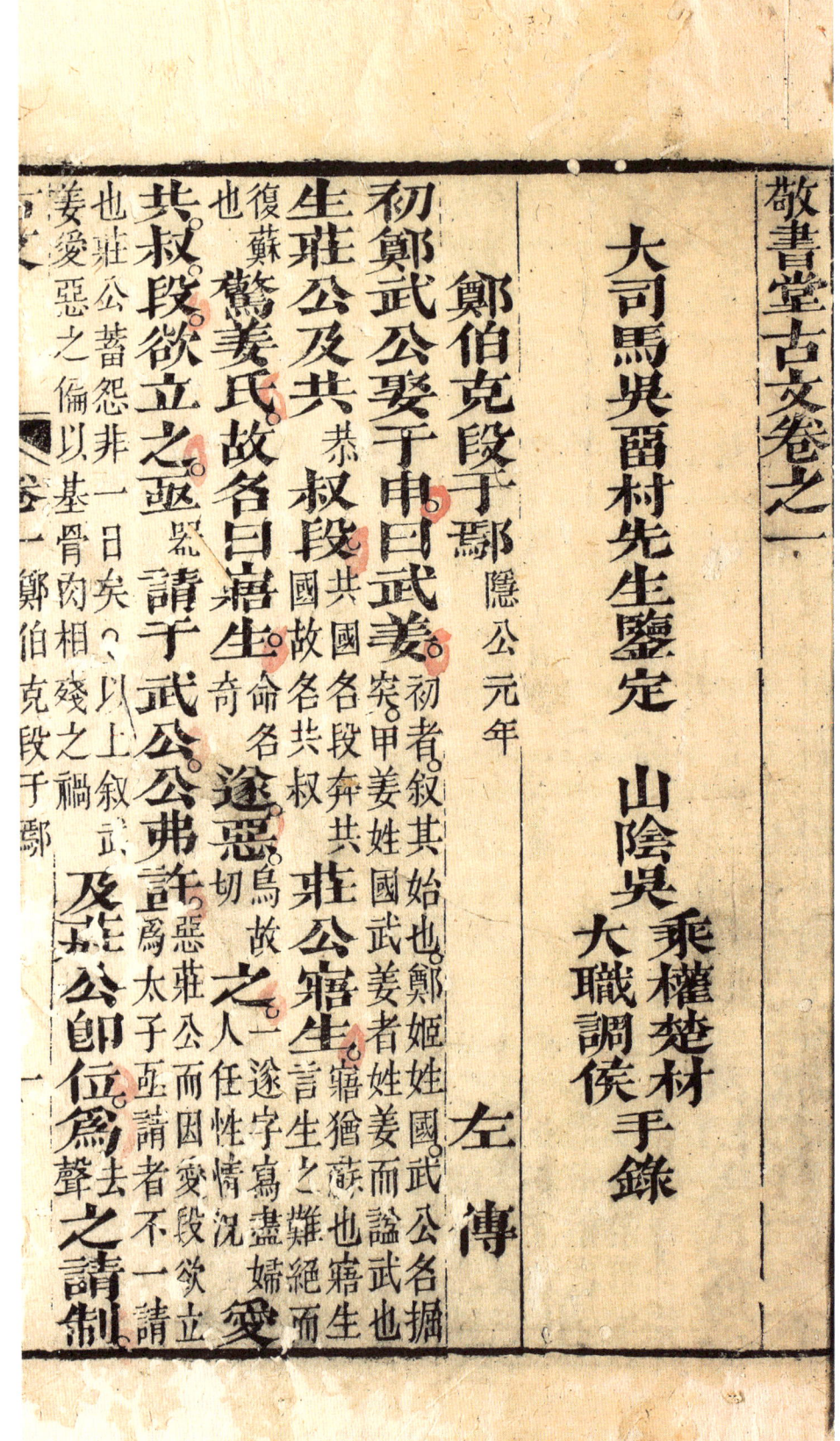

○九二 **敬書堂古文十二卷** （清）吳乘權 吳大職輯 清刻本

框高 20.5 釐米，寬 14.7 釐米，半葉十行，行二十四字，小字雙行同，白口，四周單邊。二冊。

存四卷：卷一至二、卷十一至十二。館藏索書號 0949

○九三 **竹書紀年二卷** （南朝梁）沈約注 （明）吳琯校 清刻本

框高13.3釐米，寬10.0釐米，半葉八行，行十八字，小字雙行同，白口，四周單邊。一冊。存卷一。林鵬翥批。館藏索書號0969

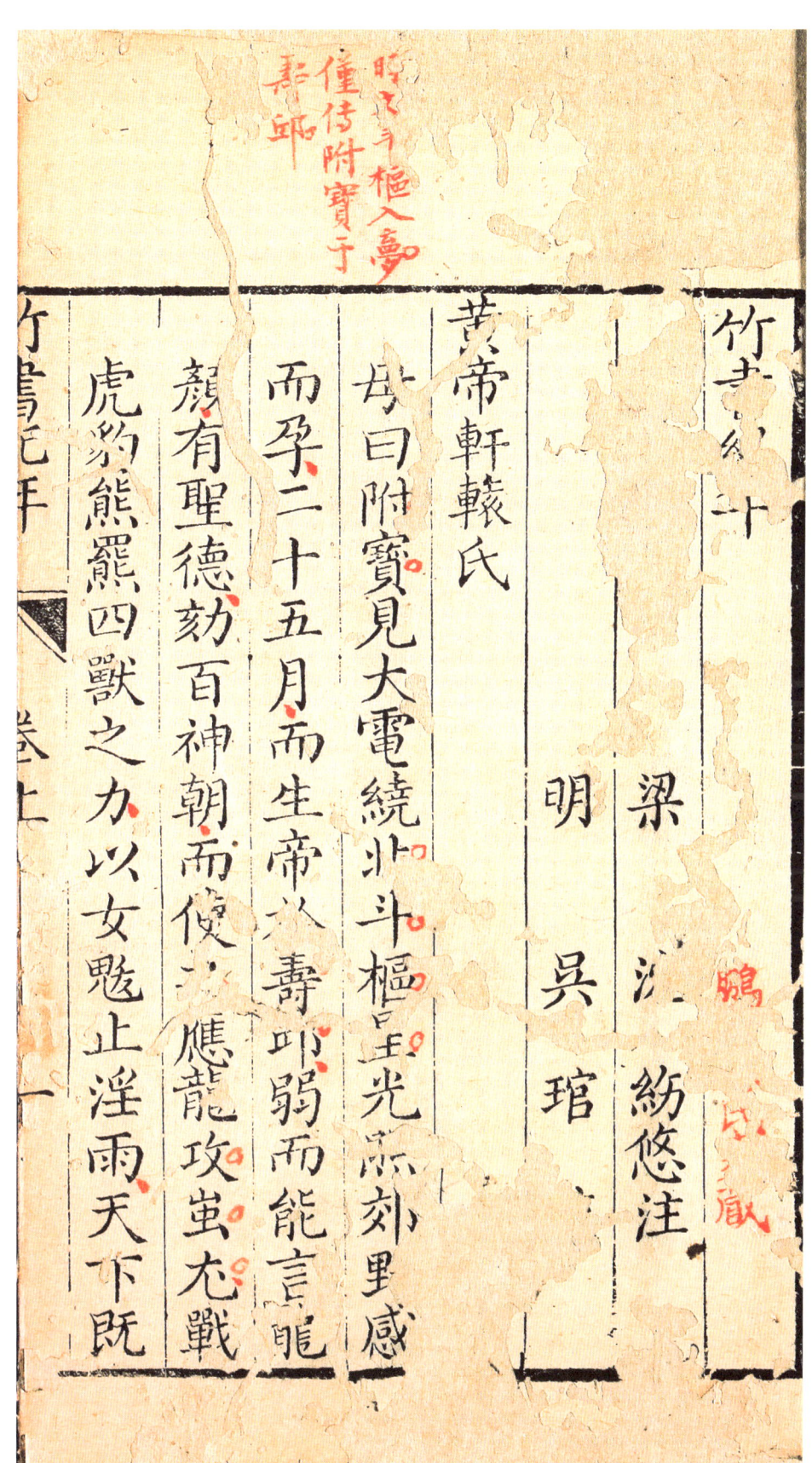

○九四 **詩林韶濩選二十卷** （清）顧嗣立編 （清）周煌重選 清刻本

框高19.5釐米，寬13.6釐米，半葉十行，行二十四字，白口，左右雙邊。二册。存四卷：卷九至十、卷十四至十五。館藏索書號1002

○九五 羅經指南撥霧集三卷 （明）吳天洪批點 清刻本

框高19.1釐米，寬14.0釐米，半葉九行，行二十一字，白口，左右雙邊。一册。存卷一。館藏索書號1046

羅經指南撥霧集卷之上

　　　　　　　新安望崗吳天洪批點
　　　　　　　海昌郭廷彦達父定
　　　　　　　　鄧宦振屐父梓

羅經正盤總說

羅經層數多至五十餘層卦例五行多至數十餘種學者望洋而無從抑知經盤之用不過八卦十二支天星三者而已其餘層數皆所以佐輔此三者之用也三者猶正文餘層如註疏古今談經盤者咸祖玄女謂立玄

〇九六 **羅經指南撥霧集三卷** （明）吳天洪批點 清刻本

框高18.6釐米，寬13.2釐米，半葉九行，行二十一字，白口，四周單邊。一冊。存卷一。館藏索書號1047

羅經指南撥霧集卷之上

　　　　　　　新安望國 吳天洪批點
　　　　　　　海昌郭廷彥頴逵㕘定
　　　　　　　鄞　　　宮振展父㕘閱

羅經正盤總說

羅經層數多至五十餘層卦例五行多至數十餘種學者望洋而無從抑知經盤之用不過八卦十二支天星三者而已其餘層數皆所以佐輔此三者之用也三者獨正文餘層如註疏古今談經盤者咸祖立女謂立女

○九七 續太平廣記八卷 （清）陸壽名撰 清刻本

框高12.3釐米，寬9.6釐米，半葉九行，行二十字，黑口，四周雙邊。二册。存二卷：卷三至四。

館藏索書號1113

續太平廣記卷三

古吳陸壽名虛實父集

妖怪部

王彥大

臨安人王彥大家甚富有華屋頤指如意忽欲航海營柏貨舟楫既具以妻方氏妙年美色不忍輕捨久之始決既行歷歲弗反音書斷絕當春月杭人日遊湖山方氏素廉靜獨不肯出散步舍後小園野曠幽間花叢中見一少年衣紅羅裳戴鏃金帽肌如傳粉

○九八 **孟搭從新七卷** （清）述舊齋主人輯 清刻本

框高11.6釐米，寬8.1釐米，半葉九行，行二十五字，白口，左右雙邊。二冊。鈐『邦楨陳印』、『惠周』印。館藏索書號1114

○九九　字學舉隅不分卷　（清）龍啓瑞輯　清刻本

框高13.2釐米，寬9.6釐米，半葉八行，行字數不等，小字雙行字數不等，白口，四周雙邊。一冊。館藏索書號1130。

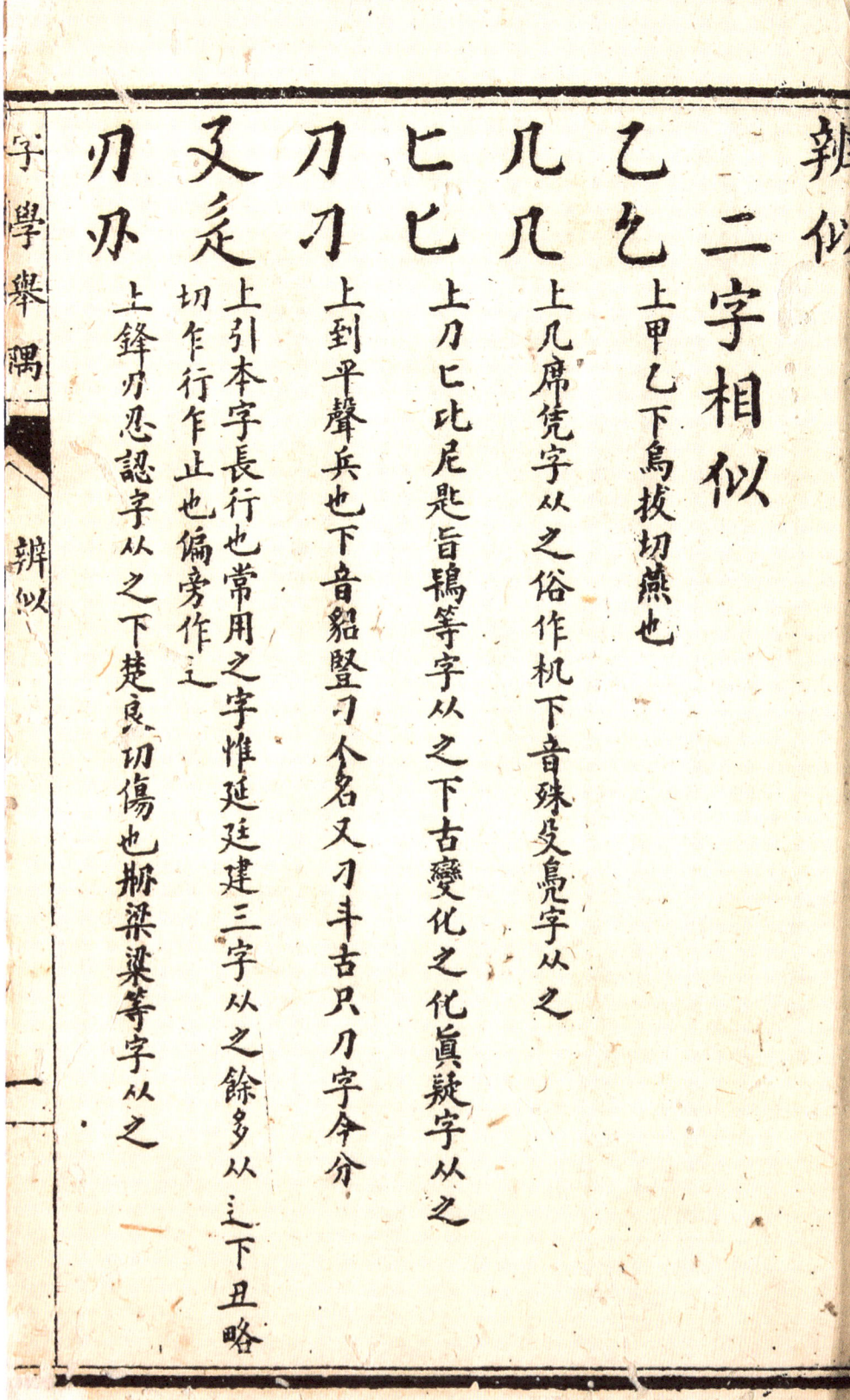

辨似

二字相似

乙乞　上甲乙下烏拔切燕也

几凢　上几席凭字从之俗作机下音殊殳鳧字从之

匕比　上刀匕比尼匙旨鴇等字从之下古變化之化真疑字从之

刀刁　上到平聲兵也下音貂豎刁人名又刁斗古只刀字今分刀刁忍認字从之

又廴　上引本字長行也常用之字惟延廷建三字从之餘多从之下楚良切傷也掀梁樑等字从之

刃仞　上鋒刃忍認字从之下丑略切作行止也偏旁作之

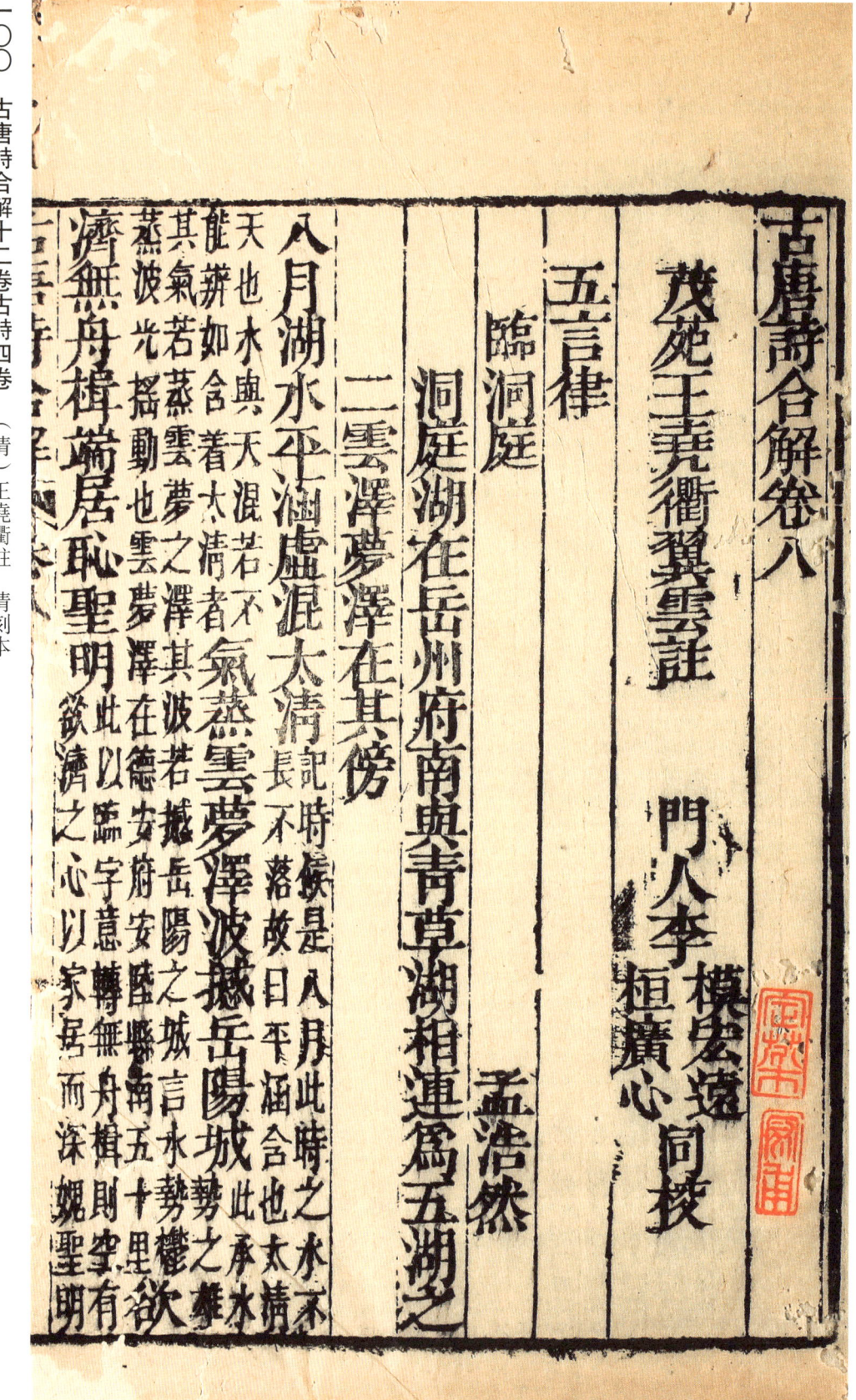

100 古唐詩合解十二卷古詩四卷 （清）王堯衢註 清刻本

框高19.2釐米，寬13.9釐米，半葉十一行，行二十一字，小字雙行同，白口，左右雙邊。一册。存二卷：卷八至九。館藏索書號1165

101 雪心賦正解四卷　（唐）卜應天撰　清刻本

框高 19.5 釐米，寬 13.1 釐米，半葉九行，行二十字，小字雙行同，白口，四周單邊。一冊。存卷一。館藏索書號 1175

雪心賦正解卷之一

唐　　章貢　卜應天則巍甫著
　　　　宛陵　孟　浩天其甫註
　　　　歷陽　張　　鎧文持甫訂
　　　　　　　趙延芳繩玉甫校

蓋聞者卜氏自述所聞以起語也闢與開同峙與
立也流行也二氣陰陽也一理一元之理理卽太極
也悖相反也融會也結凝聚也精微理之極致
也○此卜氏欲敍地理之所由起故遡天地之開

蓋聞天開地闢山峙川流二氣妙運於其間一理金

行而不悖氣當觀其融結理必達於精微

一〇二 **目耕齋二刻不分卷** （清）徐楷撰　清刻本

框高11.6釐米，寬7.9釐米，半葉九行，行二十五字，白口，左右雙邊。一册。館藏索書號

為人君止．二句　　　　　　　吳廷琛

古聖立君臣之極知仁敬自有真也夫為君宜仁、為臣宜敬固也得所止者惟文王仁敬豈易言與嘗思臨民以子惠為先立朝以靖其為匪或以行誼所就歸於境遇之適然者非也古聖人凡命作伯出則諸侯之長入則天子之吏其德溥其節光後之人於此觀學問焉使第泥境遇以求之抑末矣知此者可與論文王之止矣然而修意修文中主之盡心非所謂文有君也策名委贄云有臣也宜無不盡其為之責矣然而修意修文中主之盡心非所謂文有君也策名委贄云有臣也宜無不盡其為之今夫建邦啟土云有君也策名委贄云有臣也宜無不盡其為之旅退具臣之荗職非所論於利貞用晦之朝古今來播誠和之德

一〇三 知愧軒尺牘十六卷 （清）管士駿撰 清刻本

框高15.1釐米，寬10.6釐米，半葉九行，行二十字，白口，四周雙邊。一册。存四卷：卷九至十二。館藏索書號1334

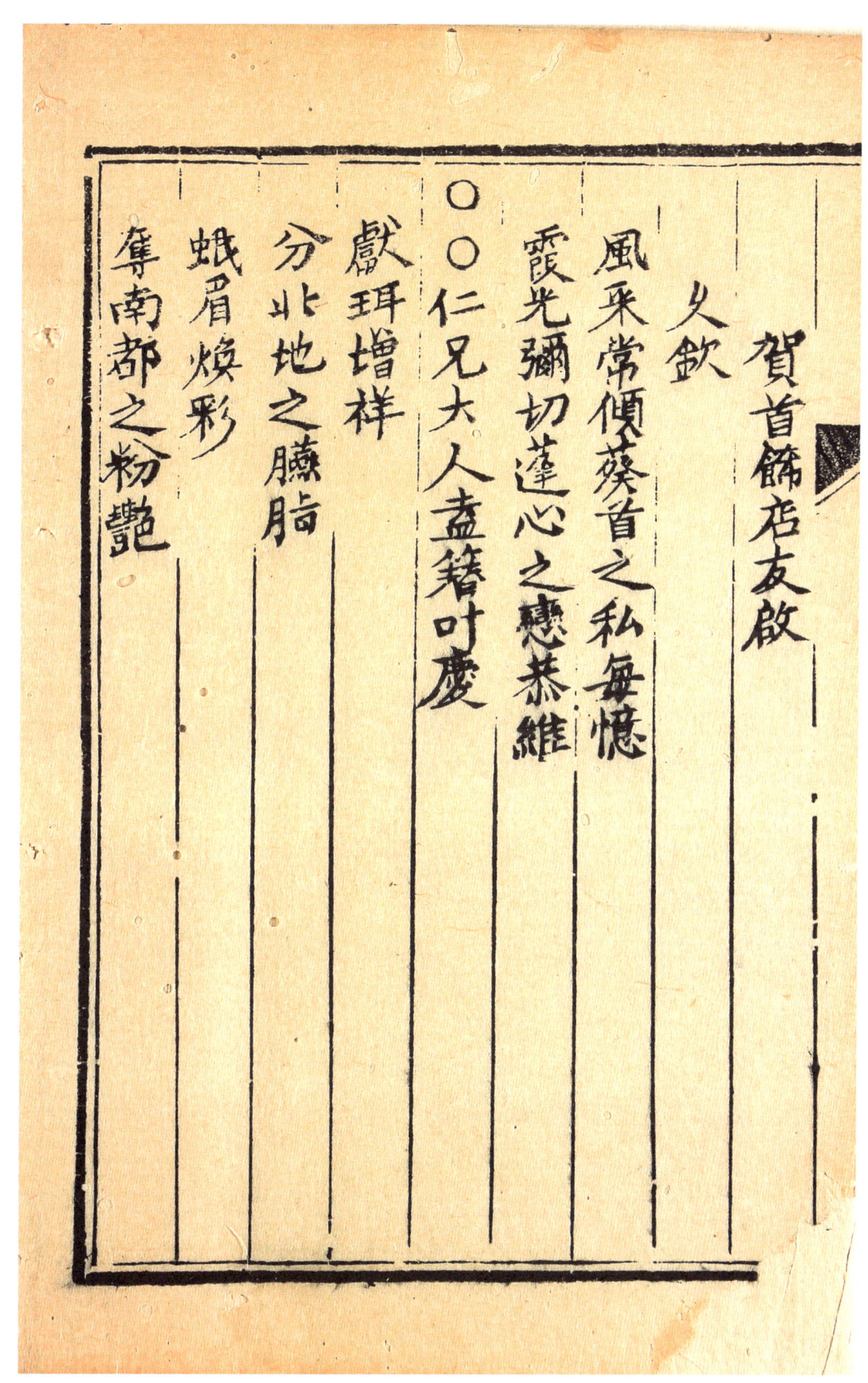

一〇四　再重訂傷寒集註十卷附五卷　（清）舒詔撰　清刻本

框高19.4釐米，寬13.2釐米，半葉十行，行二十二字，小字雙行同，白口，四周單邊。二册。存五卷：卷二至三、卷七至九。館藏索書號1348

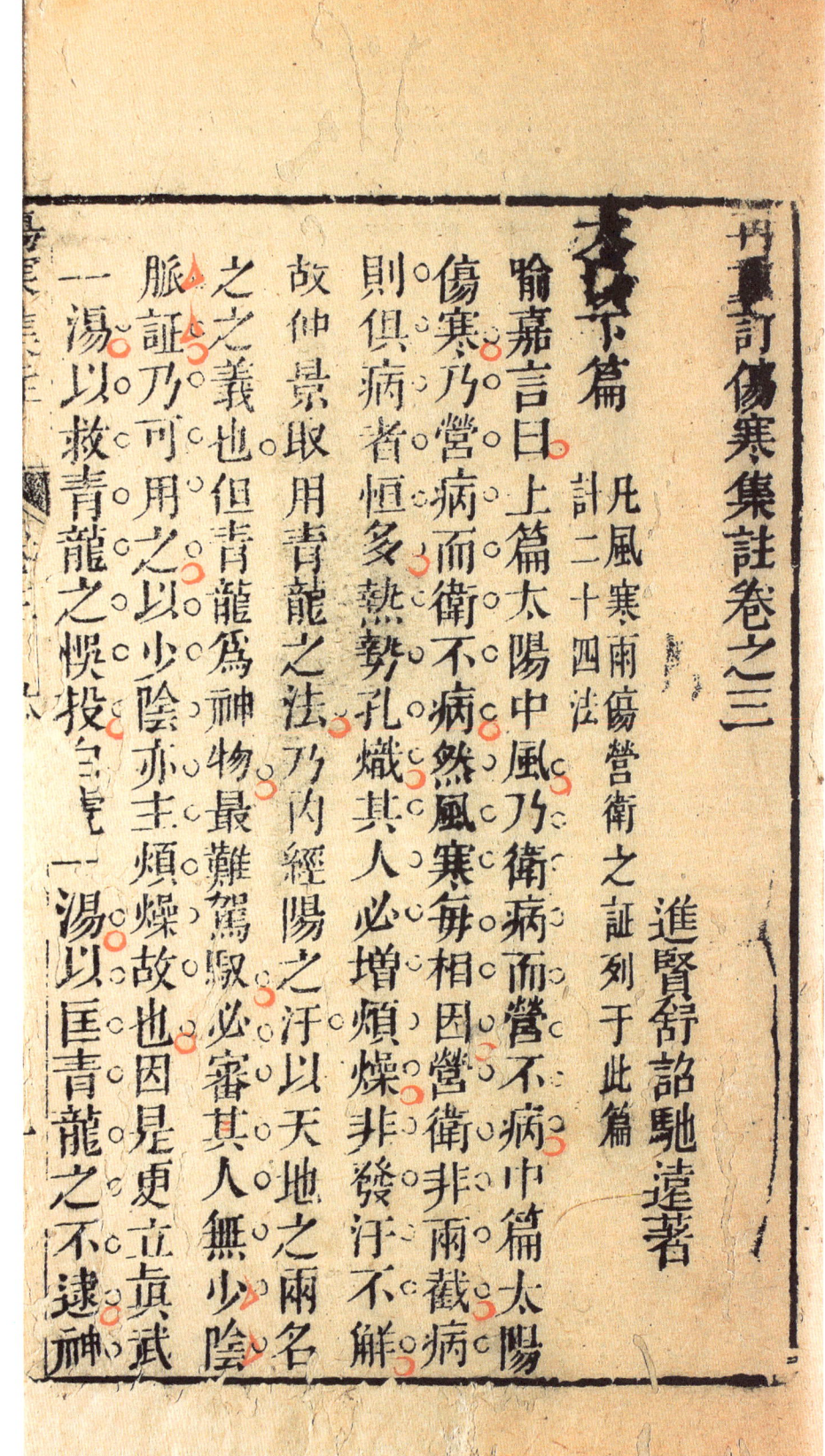

一〇五 新刻石函平砂玉尺經三卷 （元）劉秉忠述 （明）劉基解 （明）賴從謙發揮 清刻本

框高18.1釐米，寬12.7釐米，半葉十一行，行二十二字，白口，四周單邊。二册。存二卷：卷一至二。陳玉賢題記。館藏索書號1352

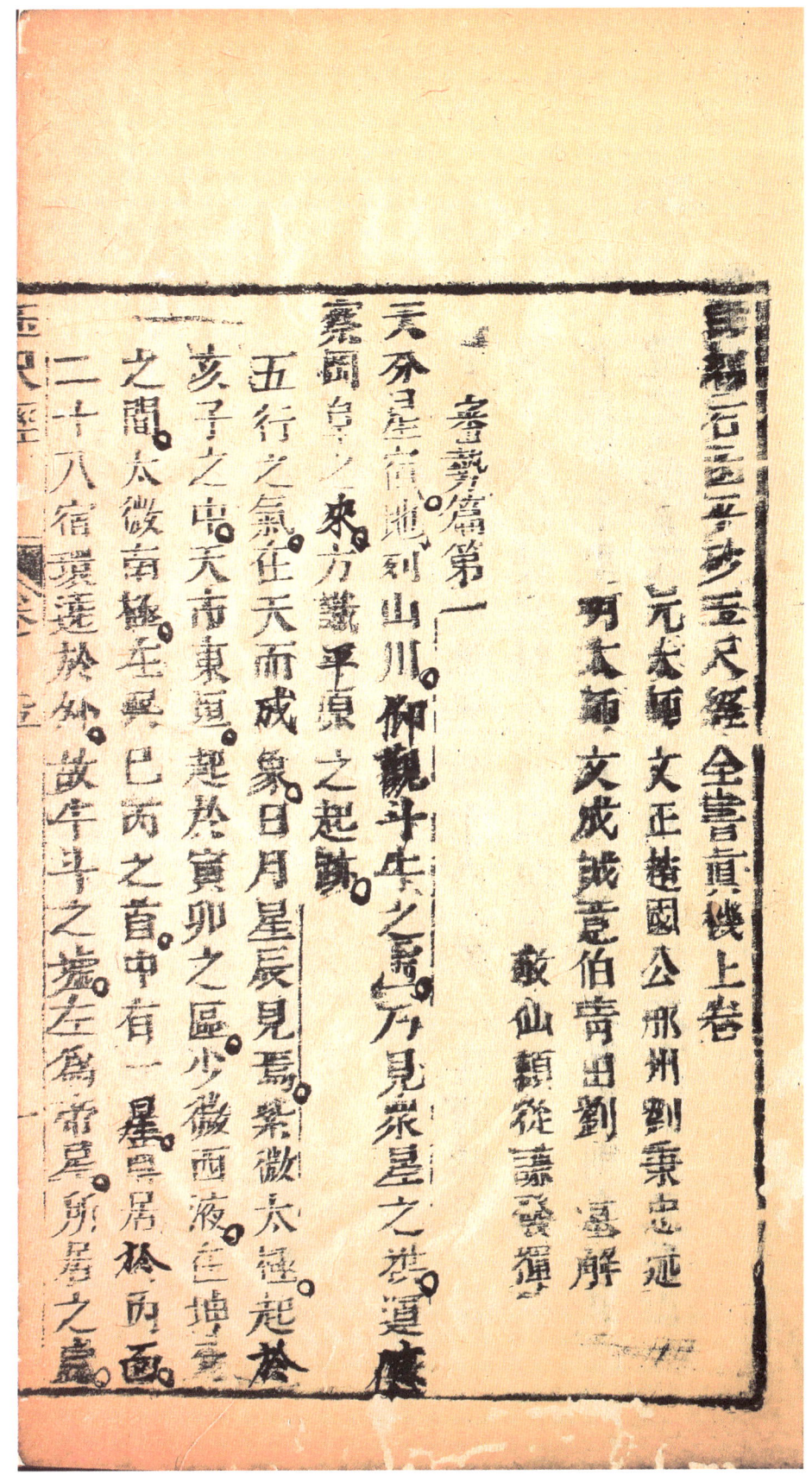

一〇六 **孟子文椒七卷** 佚名撰 清刻本

框高11.4釐米，寬8.1釐米，半葉九行，行二十五字，白口，左右雙邊。四冊。存四卷：卷一至四。

館藏索書號 1353

白鳥鸛鶴 二句　　　　許彭身

飛鳥知馴可更覩王之在沼矣其與鳥之鶴鶴無殊獸之濯濯也，內在囿而思之王不更有在沼時乎且聖王之御宇也丹鳳翔郊、儀乎白麟群藪而牝囿牡池之樂概置而弗講焉鸛鳴女牀之繹鶴舞龐岺之交會飛翔飲啄而咸若其性者聖人所以行化而育流也度宏規而大起坎流泉以爲沼決瀦洿而俔俯彌遠者聖人所以沛月而騁懷也如靈囿之鹿旣蓄彼其所謂伏巳旣巷者有所灌灌巳吾思囿之中有所謂刷湯濟瀾者有所灌灌淡羽儀隨波容與者夫詎特麋鹿咸馴羣友於左郊

一〇七 近科館律詩鈔不分卷 （清）王先謙編輯 清刻本

框高11.5釐米，寬8.4釐米，半葉九行，行二十五字，白口，左右雙邊。一冊。館藏索書號1356

近科館律詩鈔

染藍琢玉

有石皆攻玉無青不出藍染從薰汋化城與切磋參術拾盈
襜是深殘縕匵堪受應兼采五刻豈待年三其爾悲絲八憑
誰抱樸甘素期爲絢用眂謝掩瑜憼柳汁科名助蔥珩縕氣
含儲材通藝事服佩荷

玉筍班

記詠霓裳曲光陰信等閒重來聯玉筍名底舊列仙班節植金

易堂倭

一〇八　繪圖四書正文　佚名撰　清刻本

框高16.1釐米，寬11.2釐米，半葉十二行，行二十五字，白口，四周單邊。一冊。存孟子中。

館藏索書號1377

一○九 國朝分體文約不分卷 佚名撰 清刻本

框高19.2釐米，寬11.2釐米，半葉九行，行二十五字，白口，四周單邊。一冊。館藏索書號1387

一一〇 **鑄史駢言十二卷** （清）孫玉田編 清刻本

框高10.8釐米，寬7.6釐米，半葉九行，行二十四字，小字雙行同，白口，四周雙邊。一冊。存二卷：卷一至二。館藏索書號1436

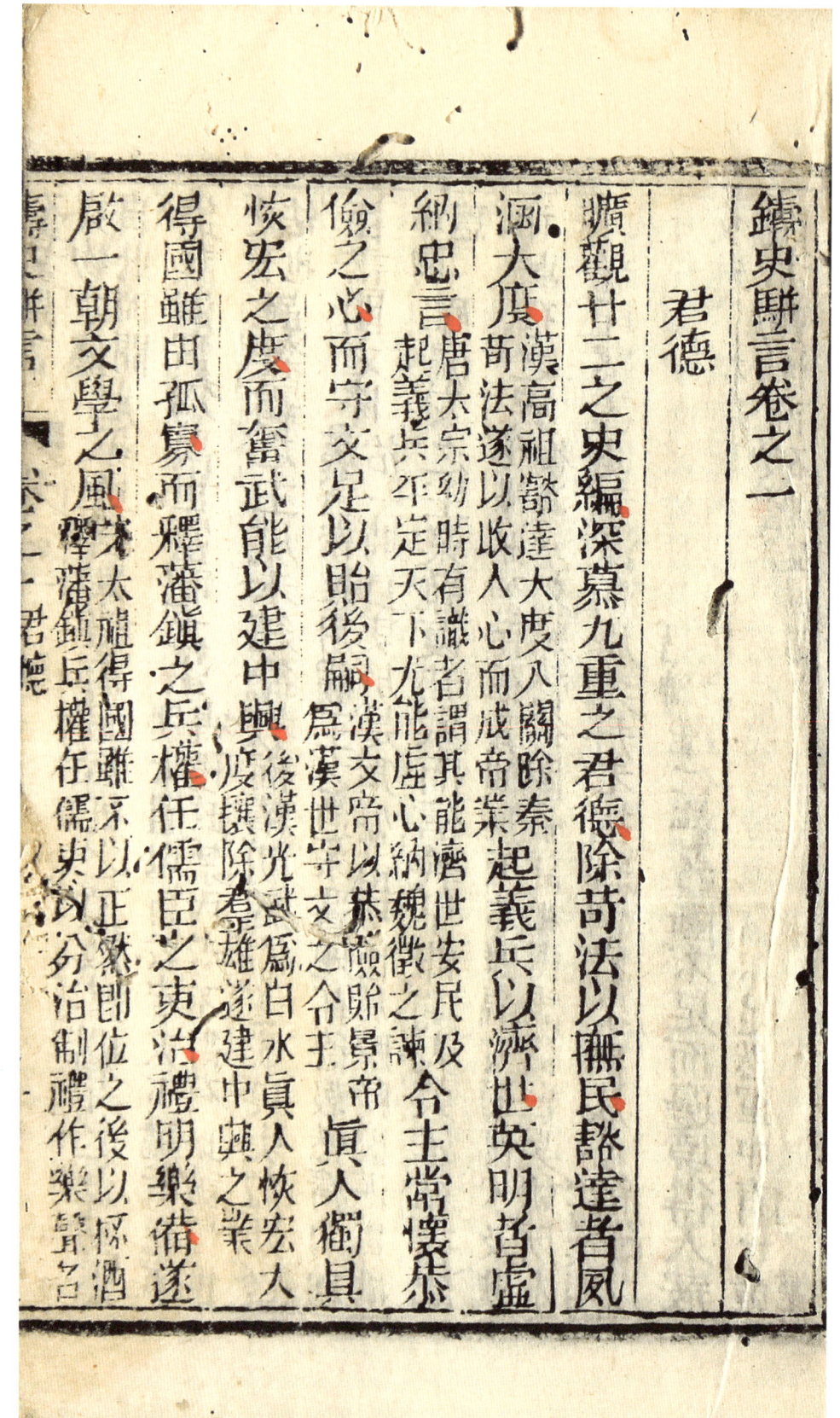

一一一 曠視山房制藝二集四卷 （清）丁守存撰 清刻本

框高 11.9 釐米，寬 7.8 釐米，半葉九行，行二十五字，白口，左右雙邊。一冊。存卷一。館藏索書號 1538

一二二 **蘭雪集二卷後附一卷** （宋）張玉娘撰 清刻本

框高17.6釐米，寬11.2釐米，半葉八行，行十八字，白口，四周雙邊。一冊。館藏索書號

一一三 監本詩經全文四卷 （宋）朱熹集傳 清末鼎邑文成堂刻本

框高19.1釐米，寬11.4釐米，上下兩欄，半葉八行，行十八字，小字雙行同，白口，四周單邊。一冊。存卷三。徐師儒題款。館藏索書號0430

一一四 賦得鳳凰來儀一卷 清抄本

開本高 24.2 釐米，寬 13.8 釐米，半葉六行，每行字數不等。一冊。館藏索書號 1753

一一五　高機與吳三春一卷　清抄本

開本高25.8釐米，寬15.4釐米，半葉八行，行二十一字。一冊。館藏索書號1780

清間郎君几時轉　新綉一玉轉屋泉　三春聽說笑盈ㄠ
量出白米七八升　又包蘸糖並蓍　送保高家做点心
高郎樓過笑盈ㄠ　謝別少妹吳三春　我送高哥臺門外
水路順風到温城　　　　　思想高郎配成婚
高郎思想心不定　那有心思轉家門　眼光厄泉水避ㄠ
船車上馬落到處州　　　　船車上塗到青田
清田条水間東流　處州条水浪連ㄠ　何羊便静来憤憶
　見天明到平陽　船車上塗到温州　天后廟裡做戲文
　　　　　　　平陽澤豆天后廟

一一六 **監本詩經八卷** （宋）朱熹集傳 清末處郡鄭錦春齋刻本

框高 16.0 釐米，寬 11.3 釐米，上下兩欄，下欄半葉九行，行十八字，小字雙行同，白口，四周單邊。二冊。存三卷：卷三至五。館藏索書號 0432

一一七 孔氏家語十卷 （三國魏）王肅注 清書業堂刻本

框高18.5釐米，寬13.7釐米，半葉十一行，行二十四字，小字雙行同，白口，左右雙邊。一册。存五卷：卷一至五。館藏索書號0471

孔氏家語卷二

致思第八

王肅注

孔子北遊於農山子路子貢顏淵侍側孔子四望喟然而歎曰於斯致思無所不至矣言思無所不至子路進曰由願得白羽若月赤羽若日鐘鼓之音上震於天旍旗繽紛下蟠于地委蟠一隊而敵之必也攘地千里攘塞旗執饑塞取也取敵之旍旗唯由能之使二子者從我焉夫子曰勇哉子貢復進曰賜願使齊楚合戰於漭瀁之野漭瀁廣大之類兩壘相望塵埃相接挺刃交兵賜著縞衣白冠兵凶事故陳說其間白冠服也推論利害釋二國之患唯賜能之使夫二子者從我焉夫子曰辯哉顏回退而不對孔子曰回來汝奚獨無願乎顏回對曰文

一一八 **新訂四書補註備旨十卷** （明）鄧林撰 （清）杜定基增訂 清末文奎堂刻本

框高21.7釐米，寬13.7釐米，上中下三欄，下欄半葉十一行，行三十二字，小字雙行同，白口，四周雙邊。四冊。存三卷：論語卷一至二、孟子卷三。魏達興題記。館藏索書號0532

一一九 新訂四書補註備旨十卷 （明）鄧林撰 （清）杜定基增訂 清末文奎堂刻本

框高21.8釐米，寬14.5釐米，上中下三欄，下欄半葉十一行，行三十二字，小字雙行同，白口，四周單邊。三冊。存三種四卷：大學一卷、中庸一卷、孟子卷三至四。王步雲題簽並記。館藏索書號0535

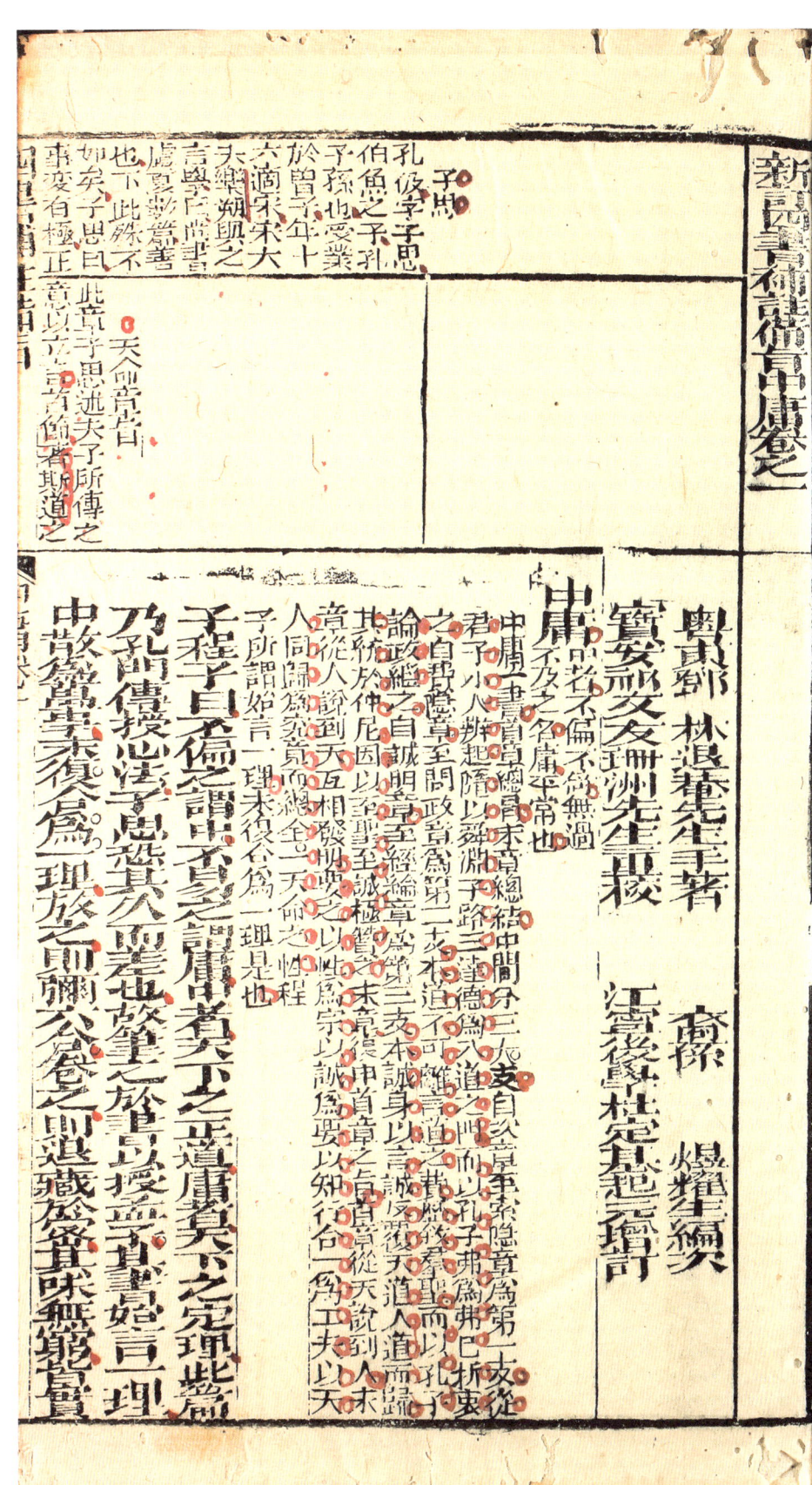

1120 學源堂四書體註合講十九卷 （清）翁復輯 清末文奎堂刻本

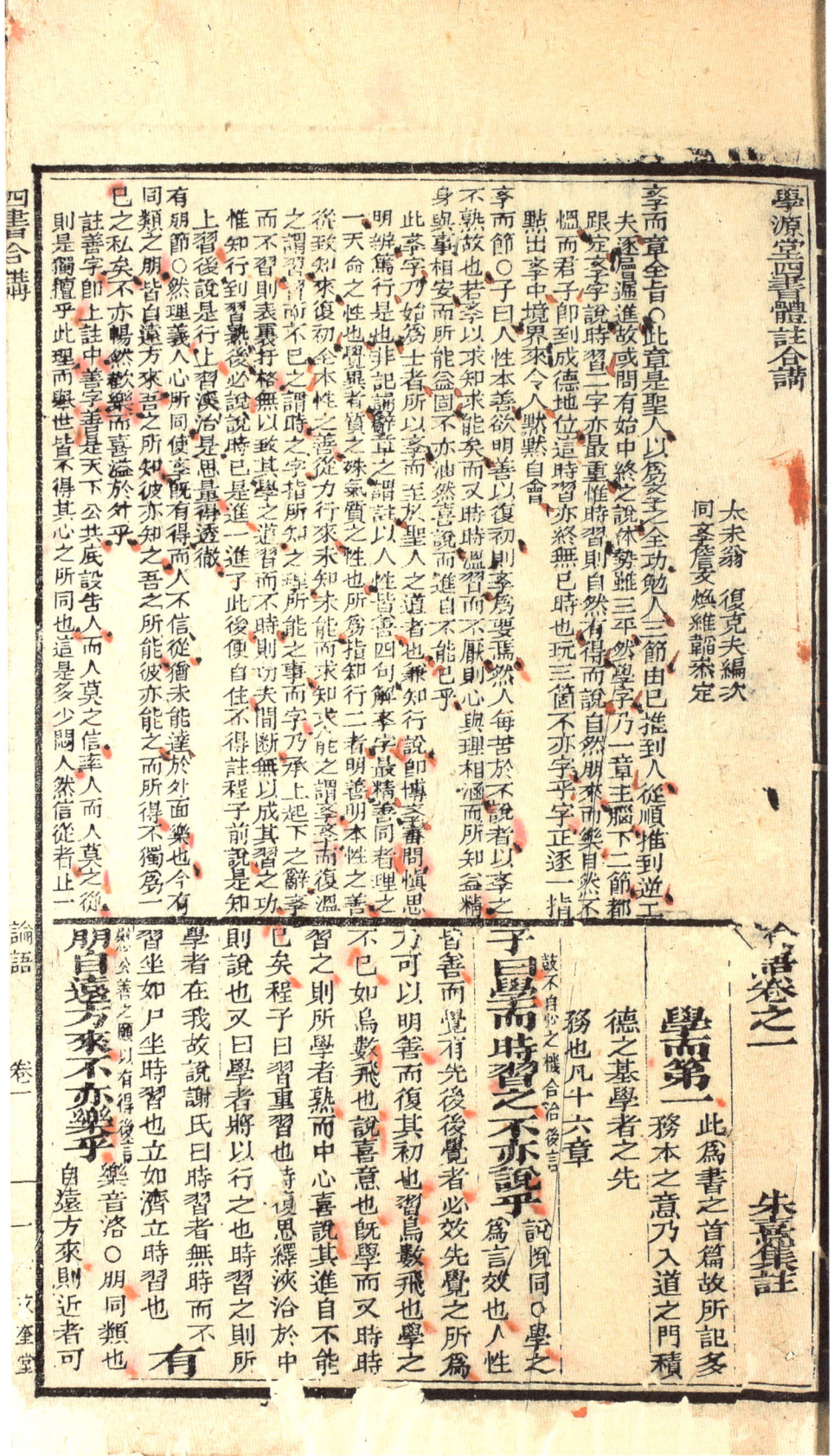

框高23.9釐米，寬16.4釐米，上下兩欄，下欄半葉九行，行十七字，小字雙行同，白口，四周雙邊。一冊。存一種五卷。論語卷一至五。館藏索書號0538

一二一　四書便蒙正文七卷　清末甌城黃魁元堂刻本

框高15.8釐米，寬10.8釐米，半葉九行，行二十一字，小字雙行同，白口，四周雙邊。二册。存孟子上。錢慶良題簽並記。館藏索書號0562

一二一 四書正文 清福州集新堂刻本

框高18.0釐米，寬12.0釐米，上下兩欄，下欄半葉十行，行十九字，小字雙行同，白口，四周單邊。一冊。存孟子中。徐茂宸題記。館藏索書號0571

一二三 新鎸部頒監本四書正文 清末鼎邑文成堂刻本

框高19.1釐米，寬11.3釐米，上下兩欄，上欄半葉九行，行十八字，小字雙行同，白口，四周雙邊。四冊。存二種三卷：論語上、下，孟子下。徐可鑣題簽並記。館藏索書號0573

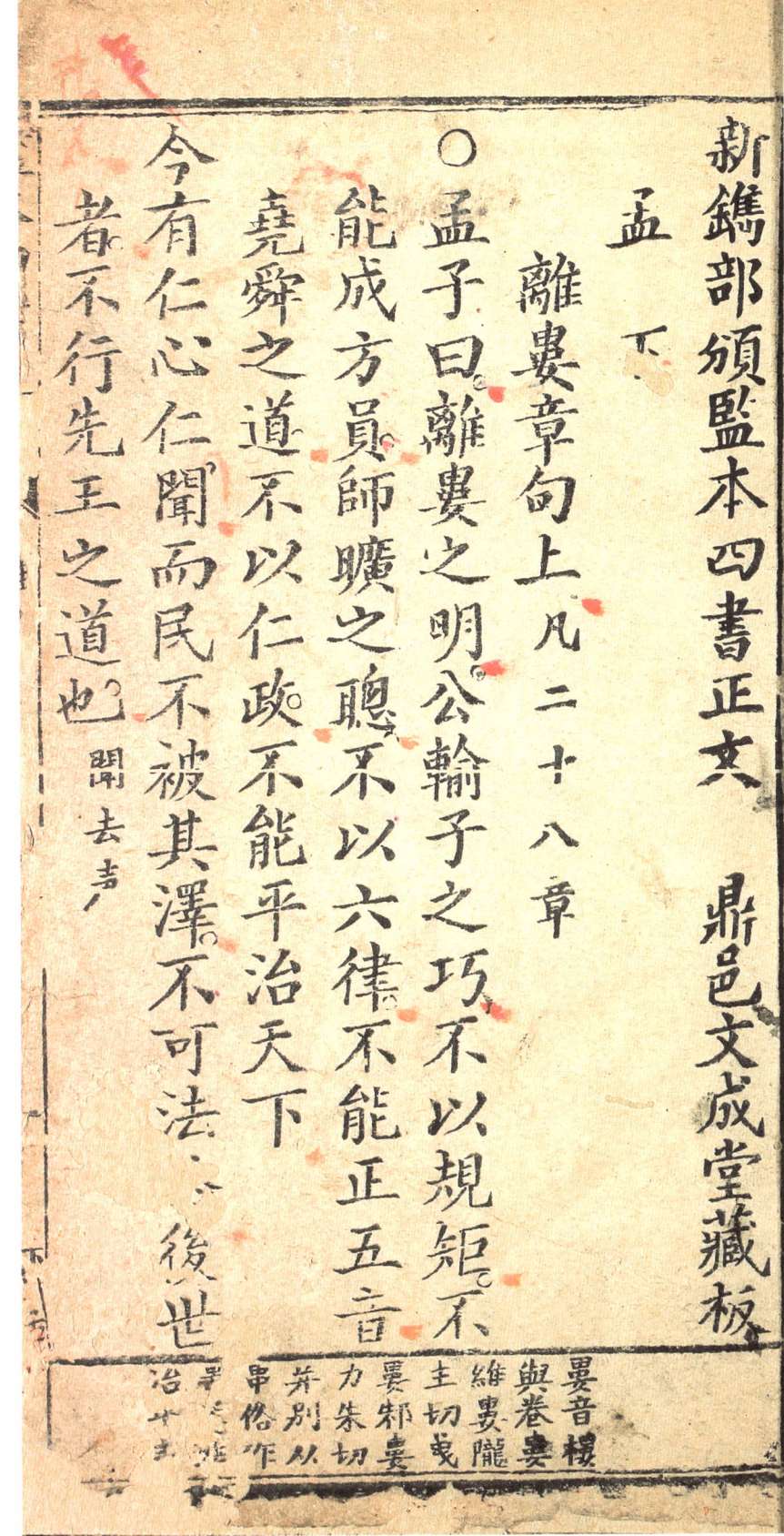

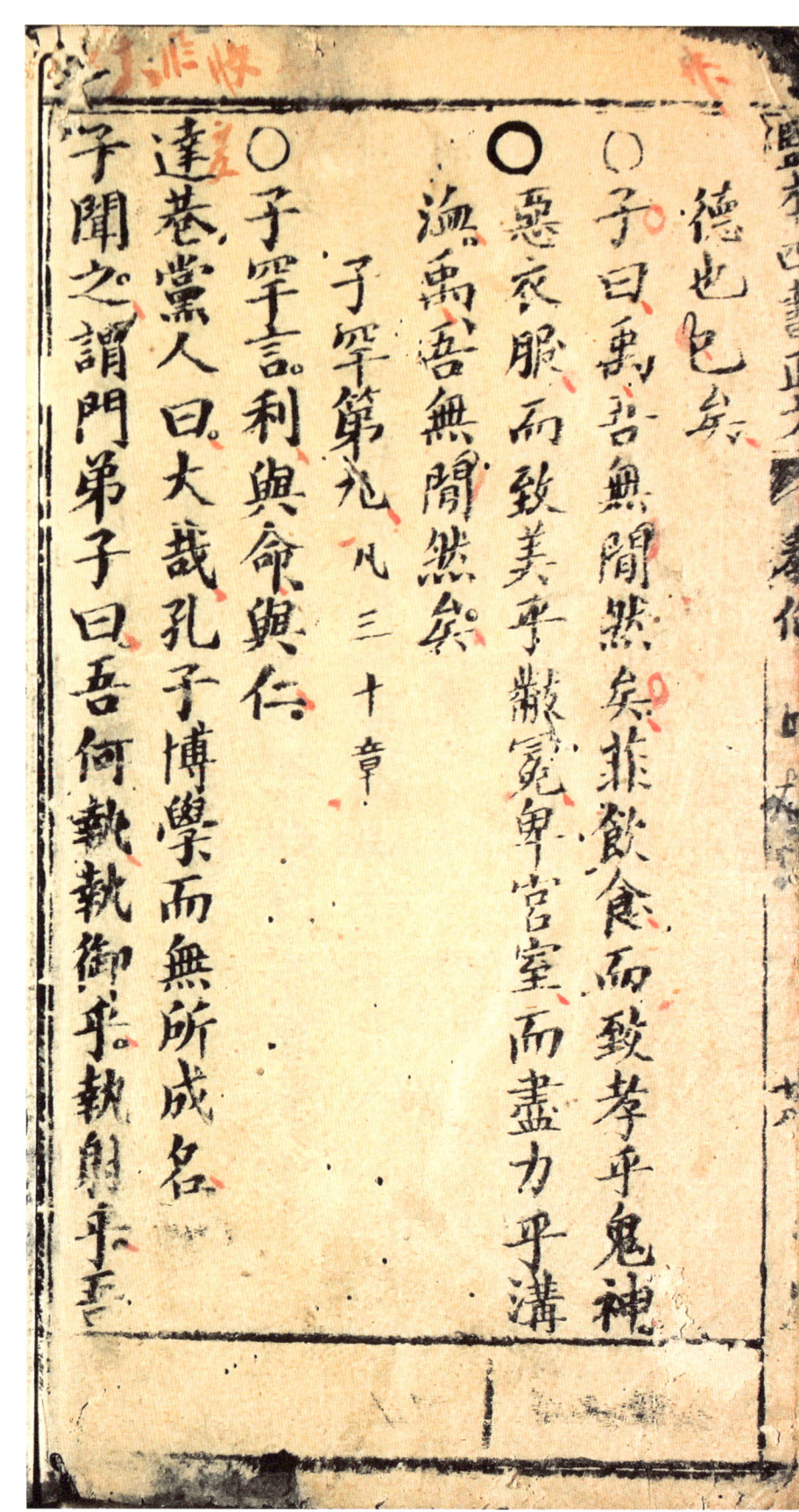

一二四 監本四書正文 清末鼎邑文成堂刻本

框高17.7釐米，寬11.1釐米，上下兩欄，上欄半葉八行，行十八字，小字雙行同，白口，四周雙邊。二冊。存一種二卷：論語上、下。館藏索書號0575

一二五 處郡鄭錦春較正監韻分章分節四書正文 清末錦春齋刻本

框高16.4釐米，寬11.4釐米，半葉九行，行十八字，小字雙行同，白口，四周單邊。一冊。存孟子上。藍君子題簽並記。館藏索書號0590

一二六 **孟子集註旁訓七卷** （宋）朱熹集注 （清）張鳳藻旁訓 清末二酉堂刻本

框高 20.5 釐米，寬 14.3 釐米，上下兩欄，下欄半葉九行，行十七字，小字雙行同，旁訓加行，行三十四字，白口，四周單邊。一册。存二卷：卷六至七。館藏索書號 0604

一二七 唐詩三百首註疏六卷 （清）蘅塘退士編 （清）章燮註 清末掃葉山房刻本

框高16.5釐米，寬11.5釐米，半葉八行，行二十字，小字雙行同，白口，四周雙邊。六冊。

館藏索書號0671

唐詩三百首註疏卷之一

蘅塘退士手編　建德雲仙氏章燮象德註

仁和孫孝根先生校正

五言古詩

感遇四首　張九齡

感遇詩　王堯衢曰感思也思其有幸遭遇一云感之於心寓之於言發於中而寄於言如莊子寓言之類是也

雜選詩十有餘篇今從三百錄其二又從合選其五正其衢云以見其奇託之遠洗華

一二八 何仙姑寶卷二卷　佚名撰　清末上海翼化堂刻本

框高19.3釐米，寬11.1釐米，半葉十行，行二十六字，白口，四周單邊。一册。鈐有『周勇』印。館藏索書號1330

勸世歌

心不光明點甚燈。意不明來莫誦經大斗小秤吃甚素不孝父母齋
甚僧妙藥難醫冤業病橫財不富命窮人利己害人促壽算積德修
身旺子孫人惡人怕天不怕人善人欺天不欺善惡分明天有報遠
在兒孫近在身守口莫談人過短自短何曾說與人生事事生君莫
怨害人人害汝休瞋欺心折盡平生福行短天教一世貧

呂祖師度何仙姑因果卷

　　點化凡人寶卷開　　　　名山洞裏眾仙來
　　男女混雜　　閑談私地
　　烈火乾柴　　也須仔細

一二九 監本詩經八卷 （宋）朱熹集傳 清末處郡鄭錦齋刻本

框高15.4釐米，寬11.2釐米，半葉九行，行十八字，小字雙行同，白口，四周單邊。一冊。存二卷：卷四至五。館藏索書號1394

一三〇 **趨避通書一卷** （清）洪應奎撰 清末繼成堂刻本

框高17.5釐米，寬9.5釐米，半葉行數不等，字數不等，小字雙行不等，白口，四周雙邊。一冊。

館藏索書號1458

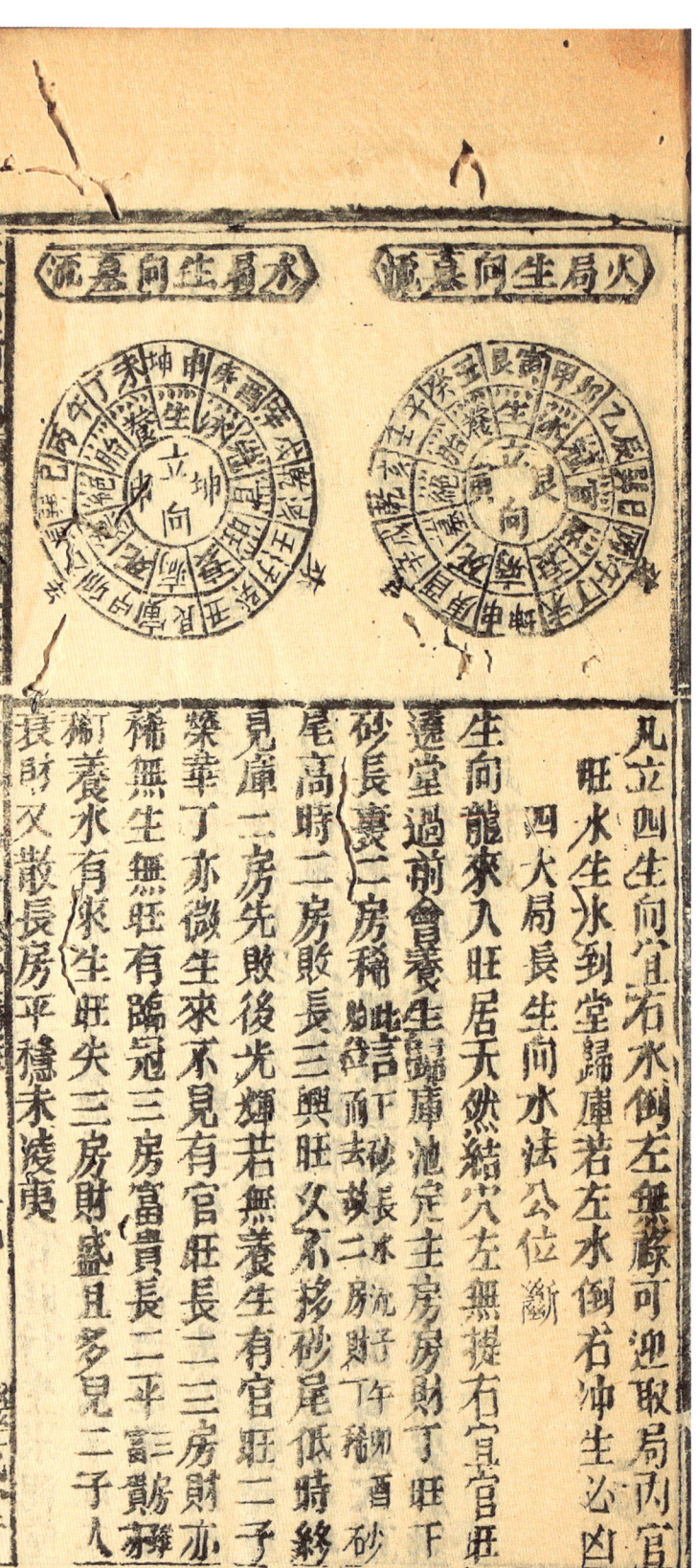

一三一 易經大全會解四卷 （清）來爾繩纂 清末刻本

框高12.7釐米，寬9.3釐米，上下兩欄，下欄半葉九行，行十七字，小字雙行同，白口，四周單邊。一冊。存二卷：卷三至四。館藏索書號0441

四書人物類典串珠卷第三十八

上元臧志仁訂瘵氏編輯

姪銘西園
男鋸冶田 氏校字

鱗介類

龍

鱗蟲三百六十而龍為之長。戴龍有鱗曰蛟。有翼曰應龍有角曰虬龍無角曰螭龍。虞龍水之神物也乘水則神失水則廢管龍以為畜則魚鮪不淰運禮是故蟄於龍龍為陽德之精見象於旗杜存身於蟄下繫非風不舉大戴無雲弗靈韓詩宮沼運能細能巨能幽能明能長能短說龍能屈能伸龍之小者如

一三三三 四書典制類聯音註三十三卷 （清）閆其淵編輯 清末刻本

框高11.6釐米，寬8.2釐米，半葉十行，行二十五字，小字雙行同，白口，四周雙邊。一冊。存四卷：卷十二至十五。館藏索書號0600

四書典制類聯音註性情部卷之十五

命

乾元資始，乾上帝降衷湯誥豐悴有時邵盈虛有數《書》哲在初服本《名》福曰考終《本》洪範所《禱》天永命《召誥》樂天知命《詞》定命以則成十三年《受命》以道毅梁莊公元年命即命不失《公羊》舍命不渝《鄭風》任其自然本朱莊公欣於所遇文自貽哲命詔告各正性命乾動作威儀以定命成十三窮理盡性以至命卦說性者天之命也董仲舒傳理曰人修之於天不可違本朱數曰天生之而人不能易子而天不可知於天要必精其識於天而後堅其力於已理與數已聽其命者理與數有分焉者知其合故有俟命之素知其分故有

一三四　**制藝鎔裁十六卷**　清末刻本

框高11.5釐米，寬8.0釐米，半葉九行，行二十五字，白口，四周單邊。五冊。存三卷：上論卷五至六、卷八，下論卷三、卷八。館藏索書號0602

一三五 說詩晬語二卷 （清）沈德潛撰 清末刻本

框高12.9釐米，寬10.2釐米，半葉八行，行十八字，小字雙行同，白口，半葉四周雙邊。一冊。存卷一。館藏索書號0842

說詩晬語卷一

長洲沈确士先生著

新吳陳步曾

弟　何上遊　較

古筠何化南錄

詩之為道可以理性情善倫物感鬼神設教邦

國應對諸侯之流衍靡曼也秦漢以來樂府代

興六代繼之有唐而聲律日工託

興漸失徒視為嘲風雪弄花草遊歷燕衎之具

一三六 有正味齋詩集十六卷 （清）吳錫麒撰 清末刻本

框高13.5釐米，寬10.5釐米，半葉十行，行二十二字，小字雙行同，黑口，四周單邊。一册。

存三卷：卷九至十一。館藏索書號0954。

一三七 類纂精華□□卷 （清）吳壽昌 高大爵 吳壽國纂 清末刻本

框高15.3釐米，寬10.0釐米，半葉九行，行二十三字，小字雙行同，白口，左右雙邊。四册。存二十卷：卷六至二十五。館藏索書號0971

一三八 八指頭陀詩集十卷補遺一卷 （清）釋敬安撰 清末刻本

框高17.4釐米，寬13.6釐米，半葉十行，行二十一字，小字雙行同，白口，左右雙邊。一冊。存五卷：卷一至五。館藏索書號1045

八指頭陀詩集卷一

釋敬安寄禪

祝髮示弟 癸酉補作

人間火宅不可住我生不辰淚如雨母死我年方七歲
我弟當時猶哺乳撫棺尋母哭失聲我父以言相慰撫
道母已逝猶有父自能為汝怙那堪一旦父亦逝
惟弟與我其荒宇悠悠悲恨久難伸搔首問天天不語
竊思有弟繼宗支我學浮屠弟其許豈為無家乃出家
歎息人生如寄旅此情告弟弟勿悲我行我法弟繩武

泊空船嚴上杜公亭：

一三九 韻蘭集賦鈔六卷 （清）陸雲槎輯選 清末刻本

框高14.2釐米，寬10.7釐米，半葉九行，行二十一字，小字雙行同，白口，左右雙邊。一冊。存二卷：卷五至六。館藏索書號1180

韻蘭集賦鈔卷五

何晉梓琢堂

腹笥賦以先生書臥弟子私朝爲韻

敬軼聞于漢史溯教授之名賢傳碑銘于千百載留著作之十五篇簠筩紛然思抽乙乙胸懷洞若腹見便便佇肴負笈來遊蕘蒲儔於邊氏漫訏探囊可取飽經術于孝先兩其青氈日暖絳帳風淸心原成誦吾亦能耕煮菽粱而入夢撫碧蘆以怡情不比郝隆曬花陰而高臥錯疑王勃屬草藁而未成會無腹負之虛笑貽太尉不料腹誹之起嘲出門生笈乃假寐非虛篾聽忽遇辨若懸河文加

一四〇 亦陶書室新增幼學故事羣芳四卷 （清）程允升撰 （清）周達用增訂 清末刻本

框高21.0釐米，寬13.0釐米，上下兩欄，下欄半葉十行，行二十六字，小字雙行同，白口，四周單邊。一冊。存卷三。館藏索書號1382

亦陶書室新增幼學故事羣芳卷之三

昌 程允升先生原本
閩汀 周達用增訂

人事

大學首重夫明新小子真先於應對〔曲禮〕大學之道在明明德在新民。〔禮記〕待坐於先生先生問焉終則對侍坐於君子君子問更端則起而對詔之則掩口而對。其容固宜有度必凛凛有章智欲圓而行欲方膽欲重手容恭足容重目容端口容正聲容靜頭容直氣容肅立容德色容莊其容不改出言有章容不改出言有章

大而心欲小出孫悉閣下足下並稱人之辭不佞無淺生皆自謙之〔縣語〕古者三公稱閣而郡此諸侯亦稱閣故有閣下之稱○介子推隱於綿山文公求之不出命人赭其山推抱樹而死文公以其所抱之樹為屐著之每顧屐輒痛曰悲乎足下○不佞小人自稱曰鯫生忿足曰罪目寬罕漸

文武品級序

昔先王命官分職而等威於以辨者稱呼亦爰是而定焉夫文武不相兼品級有六小使雖稱呼亦爰是而定焉夫文武不相兼品級有六小使混而同之非惟失其稱呼亦且昧其人之職而且昧其人之職而且昧其人之職而同之非惟失其職之名則捫之仕進職之名則捫之仕進也明矣如文武別容肅立容德色容莊其容不改出言有章也明矣如文武之別自一品而降其中等級紛紛亦稱名各別千故集為一處核職定名無少差誤俾世之仕進者便于觀覽而家猶言無才也樂毅書云

一四一 試讀立誠編不分卷 佚名撰 清末刻本

框高19.6釐米，寬11.4釐米，半葉九行，行二十五字，白口，左右雙邊。五冊。存浙江、安徽、江西。館藏索書號139]

一四二 **绿野仙踪不分卷** （清）李百川撰 清末刻本

框高14.5釐米，宽10.4釐米，半叶九行，行二十一字，白口，左右双边。一册。馆藏索书号

一四三 策學纂要正續編十六卷 （清）萬年茂 （清）戴第元輯 清末刻本

框高9.5釐米，寬7.3釐米，半葉十四行，行二十六字，白口，左右雙邊。一冊。存五卷：卷十二至十六。館藏索書號1448。

策學纂要正續編卷十三

萬雨先生原本
戴第

歷代兵制異同得失

兵制肇自軒轅至成周而大備考周禮所載有鄉遂之兵有邱甸之兵其制因井田而制軍賦方里而井井十為邱邱十為終終十為同同十為封封十為畿有賦稅以足食賦以足兵鄉遂之民以五起數每一家出一人為兵故五家為比五比為閭閭五為族族五為黨黨五為州州五為鄉鄉遂為鄙鄙五為酇酇五為鄙鄙五為縣縣五為遂遂之制也五家為隣五隣為里里為鄙酇縣遂此遂之制也一鄉一遂各為一軍天子六鄉六遂侯國以大小而殺注疏謂天子六鄉六遂合十有二軍又遂人之職而周官止曰王六軍何也蓋六鄉為正軍六遂為副倅王家所用常六軍也甸之民以四起數每七家出一人為兵故四井為邑四邑為邱

一四四 文昌帝君天戒錄一卷 清末刻本

框高12.4釐米,寬9.9釐米,半葉九行,行二十一字,白口,四周單邊。一册。館藏索書號

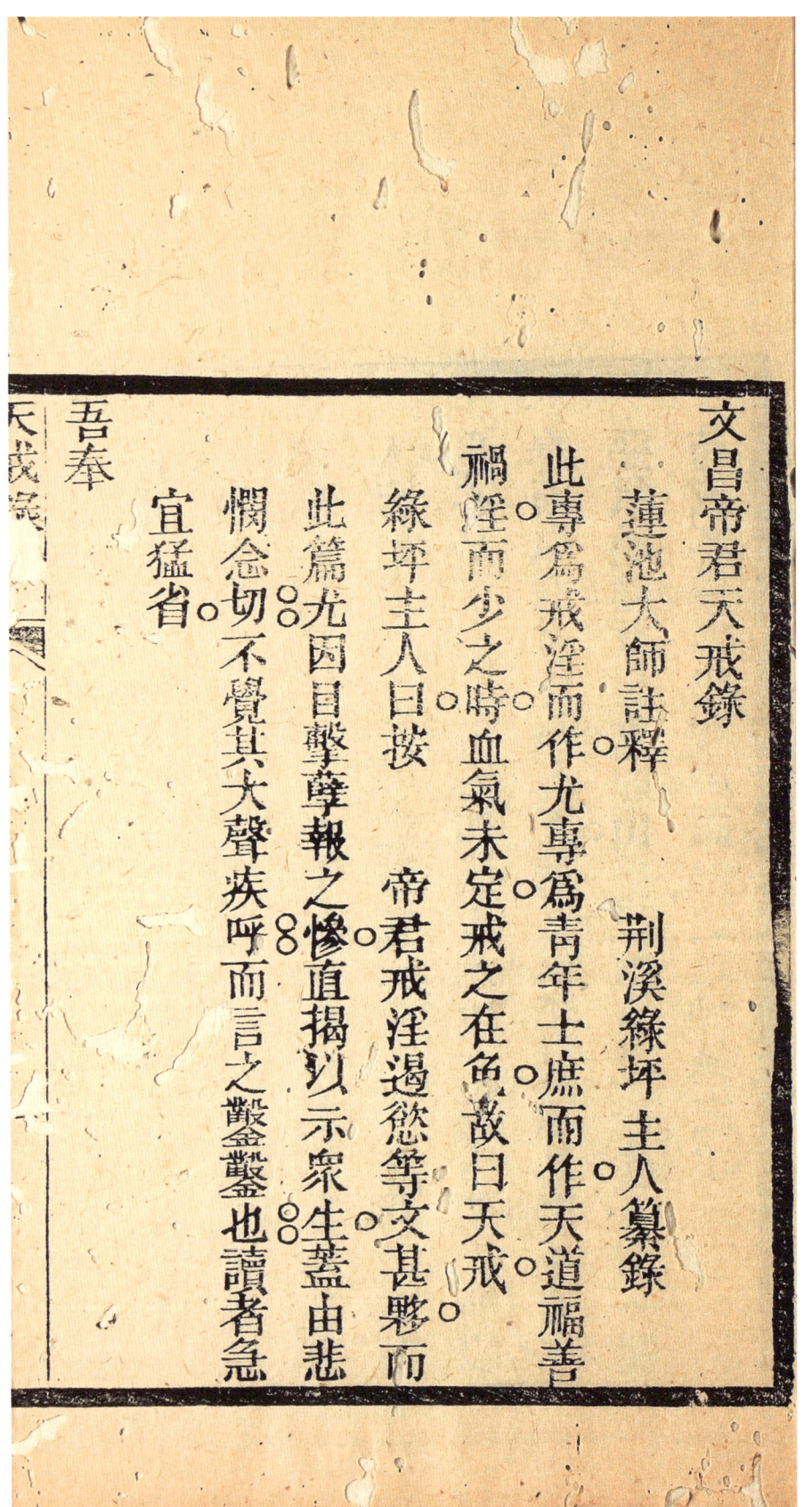

一四五 帝君救劫章等一卷 清末刻本

框高19.7釐米，寬13.8釐米，半葉九至十一行，行十九至三十三字，白口，左右雙邊。一冊。

館藏索書號1501

文昌帝君勸敬字紙文

士之隸吾籍者皆自敬重字紙中來。如宋朝王沂公。其父見字紙遺墜必綴拾。以香湯洗燒之。一夕夢宣聖拊其背曰。汝何敬重吾字紙之勤也。恨汝老矣。無可成就他日當令曾參來汝家受生。顯大門戶。未幾果生一男。遂命名曾及狀元第。此事雖遠可以為證。予竊怪今世之人名為知書而不能惜書。視夫釋老之文非特萬鈞之重其於吾六經之字。有如鴻毛之輕。或以背屏。或以裹物。或以糊

一四六 蘇秦張儀合論等不分卷 清末刻本

框高 16.6 釐米，寬 12.4 釐米，半葉九行，行二十五字，小字雙行同，白口，左右雙邊。一冊。

館藏索書號 1506

蘇秦張儀合論

永嘉正塲一名葉寶䬸

德霸德衰論力天下大勢所由駸駸乎易春秋爲戰國也蘇儀崛生一時英爲從衡術俱出於鬼谷子論者必知秦主從儀主衡二人以此顯名造議儀與秦其學同其操權之猛儒識量之巧䊵皆同然我獨以爲儀之學不若秦之才不若秦之才䇿之辯論操權人皆䊵秦而巧儀我獨猛秦而儒儀論識量人皆䊵秦而巧儀也即起儀非敢有襃夫秦貶夫儀厚夫秦薄夫儀也即起儀不及者矣於何知之於其任霸與力知之當今之世苟力者強尙

一四七 金剛波若波羅密經淺解旁註一卷 清末刻本

框高23.4釐米,寬15.7釐米,半葉四行,行十四字,小字雙行二十八字,白口,半葉四周單邊。一冊。館藏索書號1509

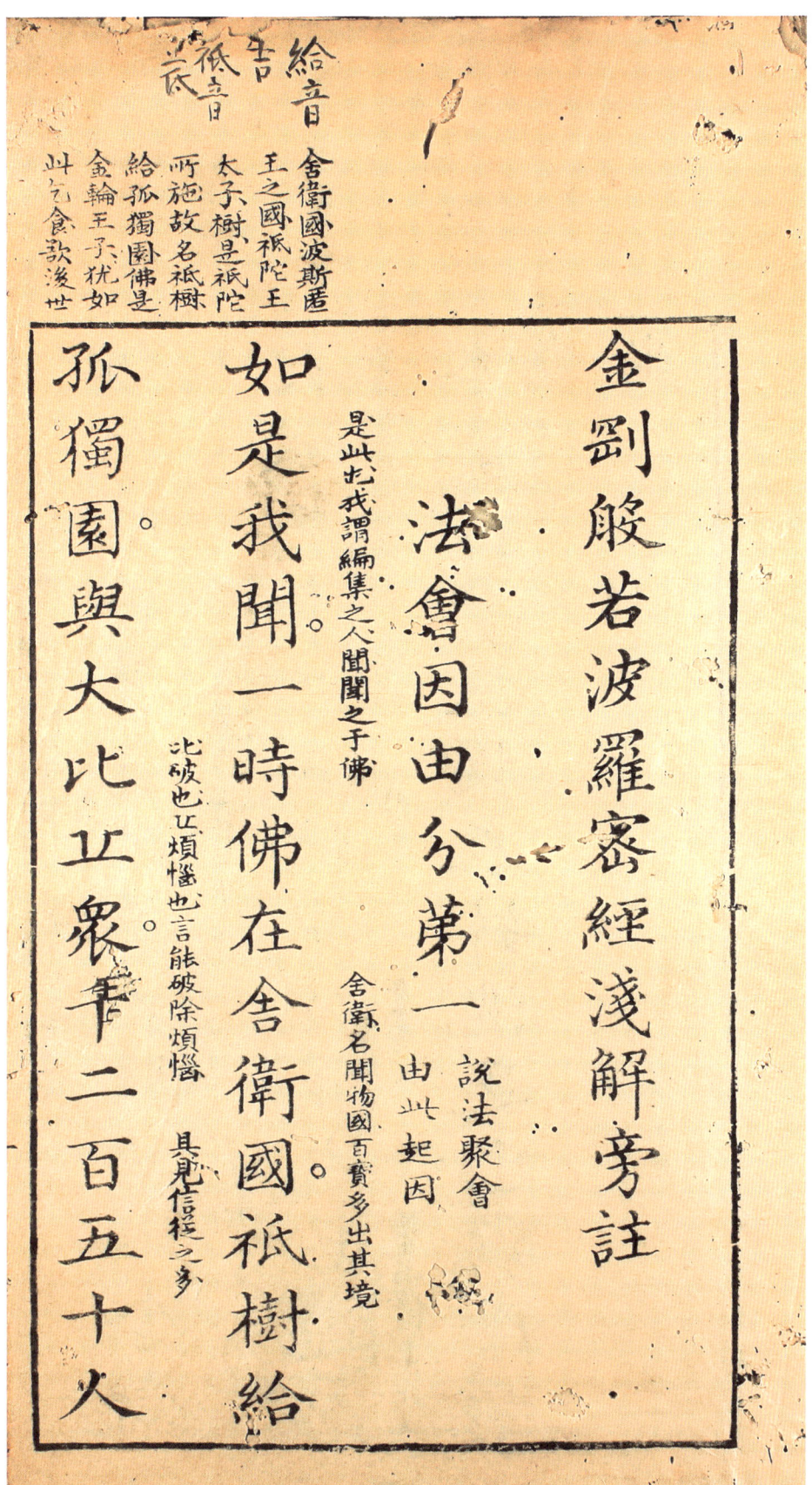

一四八 金剛經一卷 清末刻本

框高21.6釐米，寬9.8釐米，半葉四行，行十一字，白口，上下雙邊。一册。經折裝。館藏

索書號1584

一四九 考課吏治一卷 清末刻本

框高13.4釐米，寬10.3釐米，半葉十一行，行二十二字，白口，四周單邊。一册。館藏索書號1775

貢舉

匠石斵規矩以較群林后夔調律以諧眾音皆有不容易之法而況朝廷取士其法可以不精密乎所慮者上之設科離章析句以為題而使士日逐於穿鑿補綴傳以為問而使士日逐於正道應利者不求合於經旨先求合於主司之意不求通於義理朱求通於時好此之文具至自剡舉里選之法廢而科目以興雖歷代遞更大抵自漢至陳惟行孝廉秀才科自隋至元明惟行進士明經科而進士尤重得人亦盛説者謂科目之設徒為束縛英豪之具而貢舉所試專論文藝而不論德行又以長浮薄之風不知廢之而行鄉舉里選廢士習可端而人材可得然知

貢舉

一五〇 孟子集註七卷 （宋）朱熹撰 清末石印本

框高16.6釐米，寬11.8釐米，半葉十三行，行二十二字，小字雙行三十三字，白口，四周單邊。二冊。存五卷：卷一至三、卷六至七。館藏索書號0615

[一五] 各州府地名録 一卷　清末抄本

框高 16.0 釐米，寬 12.3 釐米，半葉九行，每行字數不等，紅口，四周雙邊。一冊。館藏索書號 1610

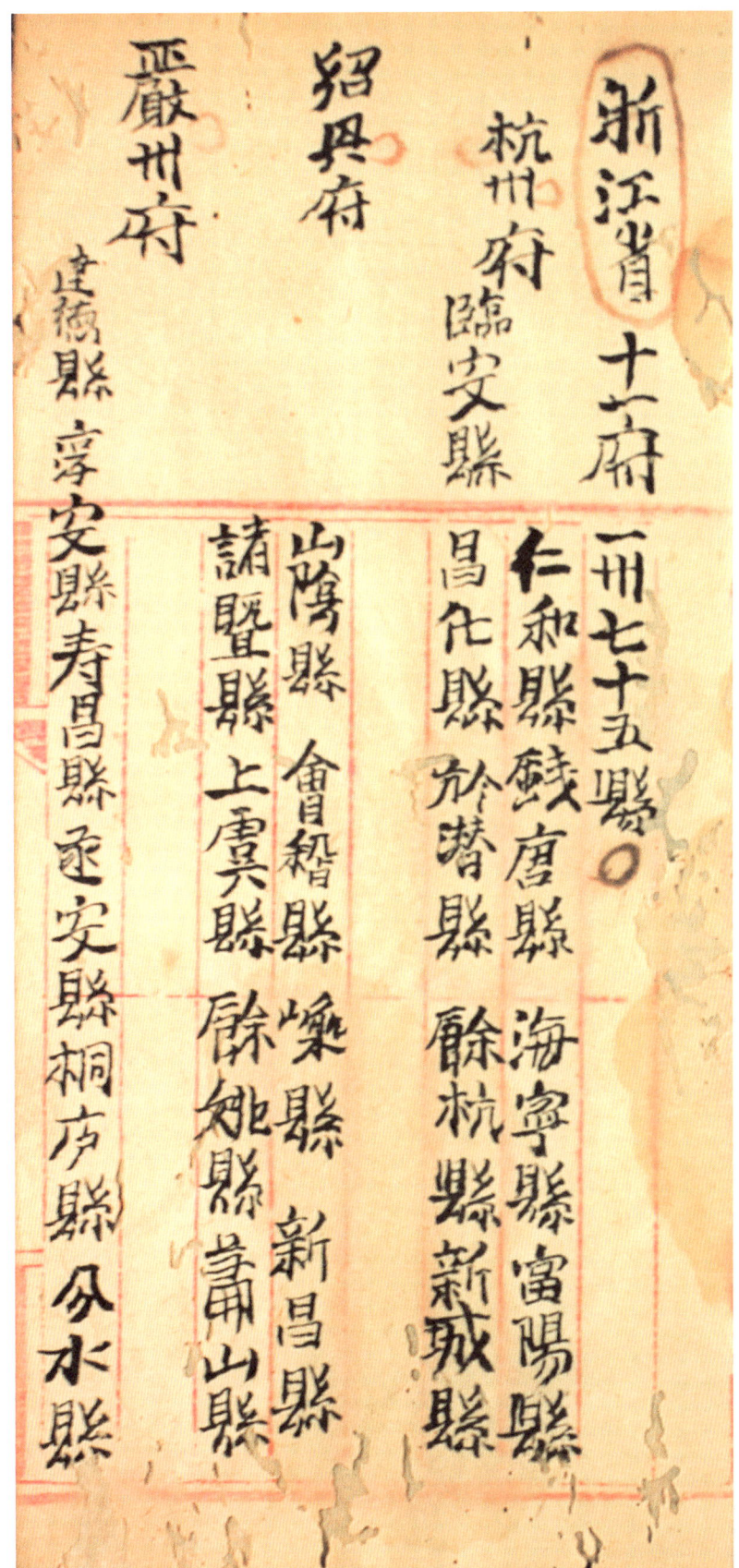

浙江省 十一府七十五縣

杭州府　仁和縣　錢唐縣　海寧縣　富陽縣　昌化縣　於潛縣　餘杭縣　新城縣　臨安縣

紹興府　山陰縣　會稽縣　嵊縣　新昌縣　諸暨縣　上虞縣　餘姚縣　蕭山縣

嚴州府　建德縣　淳安縣　壽昌縣　遂安縣　桐廬縣　分水縣

一五二 百家姓帖一卷 清末抄本

開本高18.5釐米,寬12.4釐米,半葉六行,行十二字,小字雙行二十四字。一册。館藏索書號1644

一五三 詳註聊齋志異圖詠十六卷首一卷 （清）蒲松齡撰 （清）呂湛恩註 民國二年（1913）
上海天寶書局石印本

框高18.2釐米，寬12.5釐米，半葉二十四行，行五十字，小字雙行同，白口，四周雙邊。二
冊。存五卷：卷首、卷一至二、卷七至八。館藏索書號0464

一五四 增補蘇批孟子二卷附年譜一卷 （宋）蘇洵撰 （清）趙大浣增補 民國三年（1914）上海會文堂書局石印本

框高14.0釐米，寬10.4釐米，半葉十行，行二十四字，小字雙行同，白口，左右雙邊。一冊。

存二卷：孟子上、年譜一卷。館藏索書號0527

一五五 新訂四書補註備旨十卷 （明）鄧林撰 （清）杜定基增訂 民國三年（1914）上海鴻寶書局石印本

框高17.7釐米，寬12.0釐米，上中下三欄，下欄半葉十五行，行二十四字，小字雙行四十八字，白口，四周雙邊。七冊。存四種九卷：大學一卷、中庸一卷、論語卷一至三、孟子卷一至四。張炘題記，鈐有『張炘圖章』印。館藏索書號0531

一五六 短篇文選三卷 雷瑨編輯 民國三年（1914）上海掃葉山房石印本

框高17.5釐米，寬12.0釐米，半葉十一行，行二十五字，白口，四周雙邊。四册。張猷題記。

館藏索書號 0662

短篇文選卷一

華亭雷瑨君曜編輯

對楚王問

宋玉

楚襄王問於宋玉曰先生其有遺行與何士民眾庶不譽之甚也宋玉對曰唯然有之願大王寬其罪使得畢其詞客有歌於郢中者其始曰下里巴人國中屬而和者數千人其為陽阿薤露國中屬而和者數百人其為陽春白雪國中屬而和者數十人引商刻羽雜以流徵國中屬而和者不過數人而已是其曲彌高其和彌寡故鳥有鳳而魚有鯤鳳凰上擊九千里絕雲霓負蒼天足亂浮雲翔乎杳冥之上夫藩籬之鷃豈能與之料天地之高哉鯤魚朝發崑崙之墟暴鬐於碣石暮宿於孟諸夫尺澤之鯢豈能

157 修訂浙江全省輿圖並水陸道里記不分卷 (清)宗源瀚等纂 徐則恂修訂 民國四年(1915)杭州武林印書館石印本

框高21.1釐米,寬13.8釐米,半葉十四行,行三十六字,小字雙行同,白口,四周單邊。七冊。存杭州府、台州府、嘉興府、嚴州府、紹興府、溫州府、處州府水陸道里記。端木彧題記。

館藏索書號0666

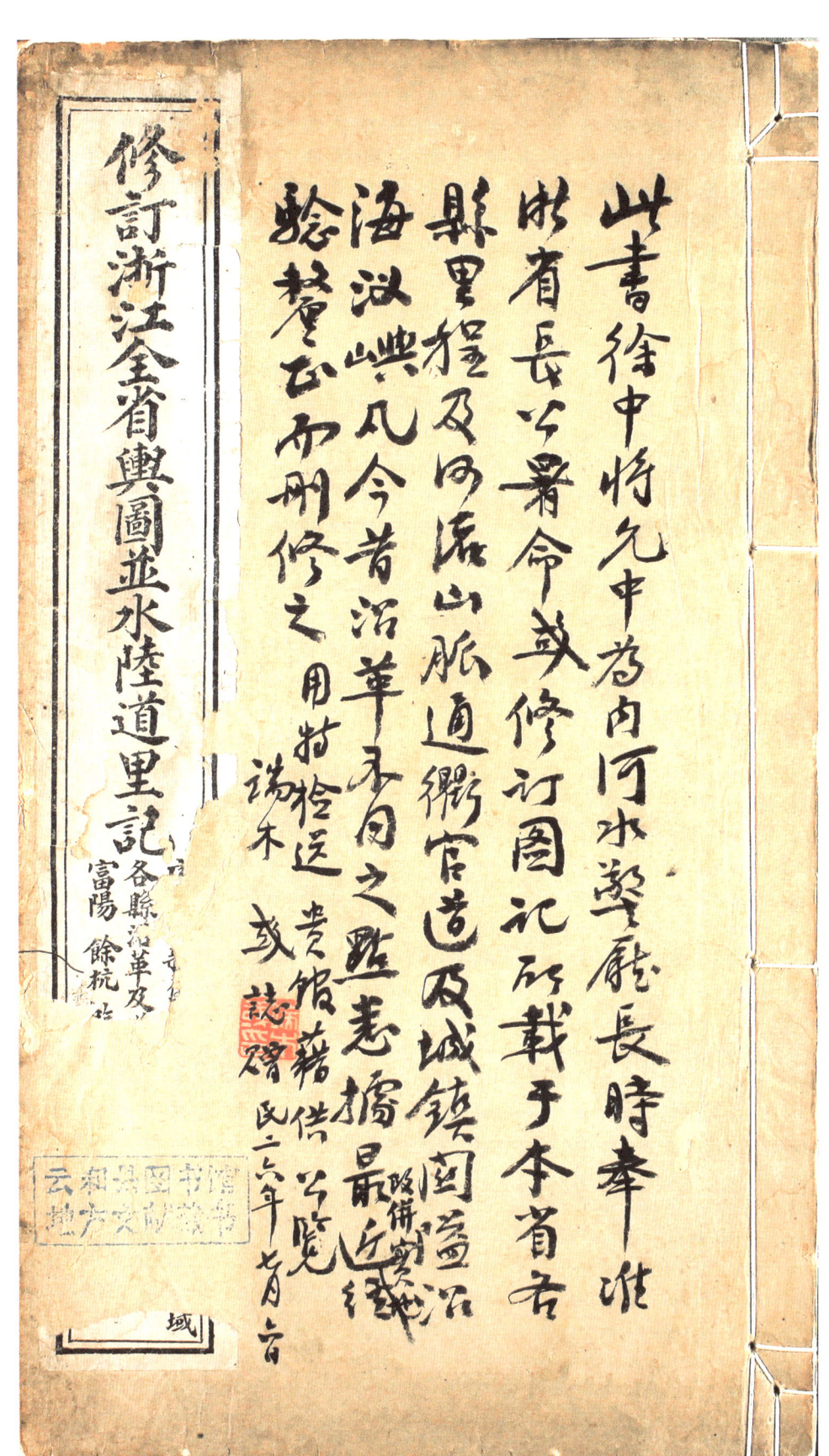

一五八 韓文起十二卷 （清）林雲銘評註 民國四年（1915）上海會文堂石印本

框高15.8釐米，寬11.6釐米，半葉十三行，行二十八字，小字雙行同，上下黑口，左右雙邊。六冊。館藏索書號0710

一五九 張三丰先生全集九卷 （清）李西月輯 民國八年（1919）上海江左書林石印本

框高17.2釐米，寬12.1釐米，半葉二十行，行四十字，小字雙行同，白口，四周雙邊。二冊。

存四卷：卷一至二、卷七至八。館藏索書號0850

張三丰先生全集卷之一

漢嘉長乙山人李西月重編

閬中朱道生晚成子歙刊

姪　張道淵子深氏敬書
　　朱　瑛春城
男　　　瓚素園全校字
　　　　璜磻溪

明天順皇帝勅封誥命

奉

天承運皇帝制曰朕惟仙風道骨得天地之真元祕典靈文集陰陽之正氣顧長生久視之學成超凡入聖之功曠世一逢奇跡罕見爾真人張三丰芳姿穎異雅志孤高得仙籙之秘訣餌金鼎之靈膏去來倏忽實得造化之機隱顯微芒玆特贈爾為通微顯化真人賜之誥命以示褒崇尚期指教

式惠來英

寶誥一

元朝名士天師後昆鶴骨珊珊龍髯拂拂非百里之小才得一官而勇退出遼東而訪道入終南而遇師笠穿衲徹寒暑不侵果熟丹成縱橫自在記歌詞而談響徹雲霄藉塵垢而隱真人稱邈遇玉樞宣詔金殿飛身玄妙無方隱顯莫測大忠大孝大慈大悲南極會上羣仙領袖玄玄演正武當繼武真君

寶誥二

始青一炁教闡十方積功勳於大明度眾生於塵市遇天龍而細參至道入武當而調養谷神混俗和光經緯五載入山面壁考齡九年大廷朝駕顯飛昇名山古洞留仙蹟方方開化處處設壇演金科流傳萬世證金丹度盡後學大悲大願大慈大仁至靈至聖至公至明羣真一元始祖廣慈普度真君通微顯化天尊

一六〇 新註四書白話解說三十六卷　江希張註　民國十一年（1922）刻本

框高19.0釐米，寬13.7釐米，半葉八行，行十八字，小字雙行同，白口，四周雙邊。十二冊。

存四種三十四卷：大學一卷、中庸一卷、論語二十卷、孟子卷一至二、卷五至十四。魏亦元題記，鈐有「魏亦元記」印。館藏索書號0518

一六一 漢碑範八卷 （清）張祖翼選臨 民國十二年（1923）上海文明書局石印本

框高20.9釐米，寬13.6釐米，半葉六行，行字不等，白口，四周單邊。一冊。鈐有『葉印鳴九』印。存四卷：卷五至八。館藏索書號0454

一六二　評註昭明文選十五卷首一卷末一卷　（清）于光華編次　民國十二年（1923）上海掃葉山房石印本

框高16.2釐米，寬11.8釐米，半葉十四行，行三十一字，小字雙行同，白口，四周雙邊。十三冊。存十四卷：卷首至二、卷四至五、卷七至十二、卷十四至末。館藏索書號0633

一六三 新編評注刀筆菁華四卷 襟霞閣主纂 秋痕樓主評 民國十二年（1923）鉛印本

書號 0711

框高15.4釐米，寬10.6釐米，半葉十三行，行三十一字，下黑口，四周單邊。四冊。館藏索

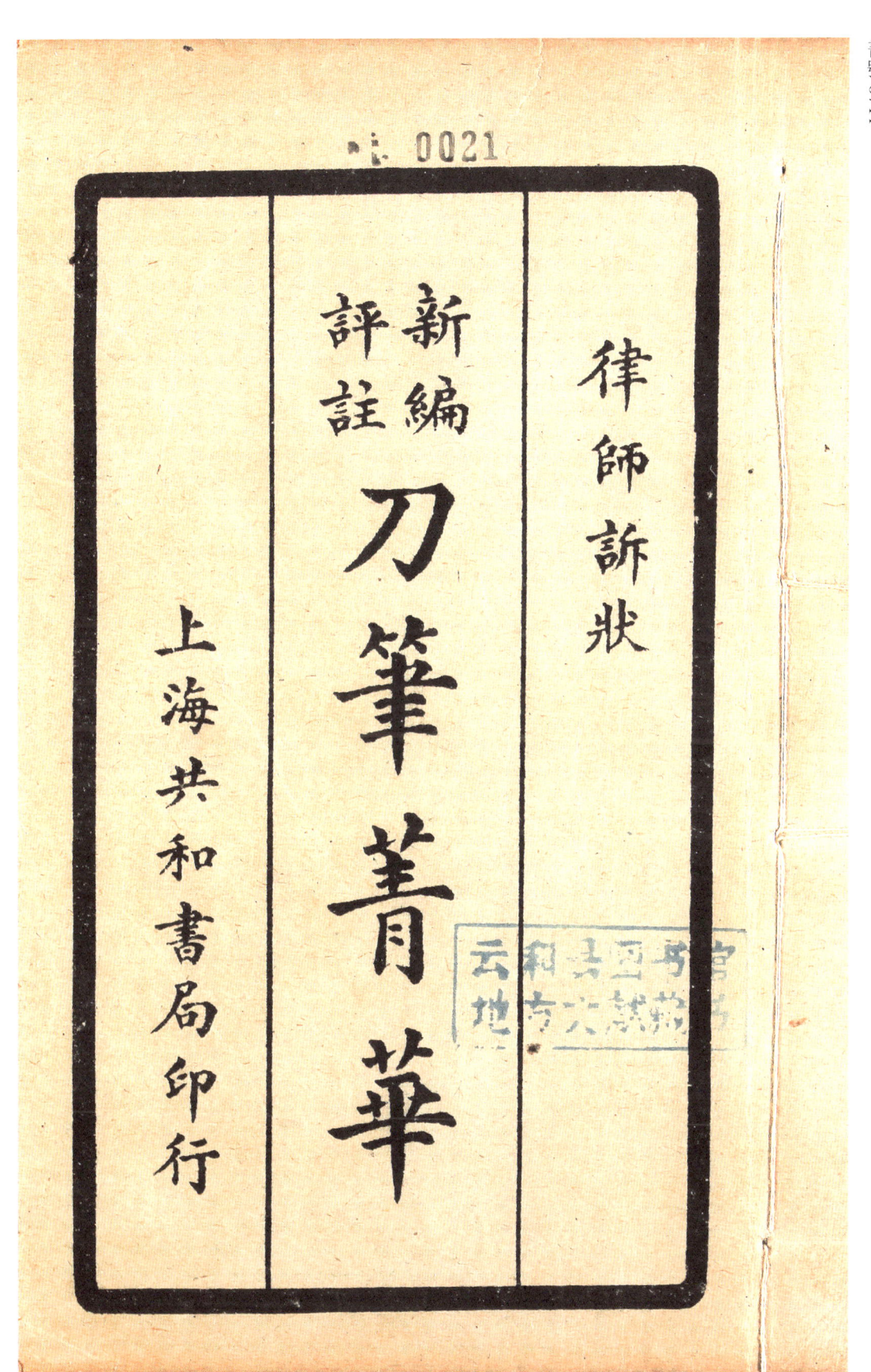

一六四　言文對照史記評註讀本三卷　秦同培選輯　民國十四年（1925）上海世界書局石印本

框高 16.5 釐米，寬 11.3 釐米，半葉十四行，行三十二字，小字雙行四十一字，下黑口，四周單邊。二册。存二卷：卷二全三。館藏索書號 0648

一六五 近代文評註讀本三卷 王文濡評選 沈鎔注釋 民國十八年（1929）上海文明書局鉛印本

框高16.5釐米，寬11.3釐米，半葉十一行，行二十九字，小字雙行四十二字，下黑口，四周單邊。二冊。存二卷：卷中、卷下。館藏索書號0638

近代文評註讀本 中冊

書牘

與陳碩甫先生書 碩甫，名奐、長洲人，少師事段玉裁，初舉孝廉方正，有毛詩傳疏、毛詩說文、咸豐

姚 諶 見序 跋

姚諶 切切是吟 叩頭碩甫先生侍者竊惟先生以鉅人長德昌明絕學負儒林重望四十有餘年諶童子時幸嘗得共里閈 翰 音 承高風舊矣顧以幼劣未敢求通而鄙野之姿不足以望門牆侍几席攬君子之光輝年既益長涉歷世途與都人士游處因得備聞先生行誼之純一學術之淵深最後得所為毛詩傳疏而讀之私益無緣得達左右諶之蹇拙固陋獨行而無徒發言而罕助道遠區區之私益無緣得達左右諶之蹇拙固陋獨行而無徒發言而罕助道遠區區之私益向慕願得執經受業於門而時已去蘇而反湖州之居每竊自惟學之無成則亦已矣束髮受經治之十餘年而不得其津要中間又

雲和縣圖書館古籍普查登記圖目

一六六 鏡蓉詩鈔一卷 葉鏡蓉撰 民國二十年（1931）麗明印刷局鉛印本

框高17.9釐米，寬12.4釐米，半葉十行，行十八字，白口，四周雙邊。一冊。館藏索書號

一六七　諸親友惠賜□儀登記一卷　民國二十年（1931）寫本

開本高 22.7 釐米，寬 14.3 釐米，半葉行字數不等。一冊。館藏索書號 1719

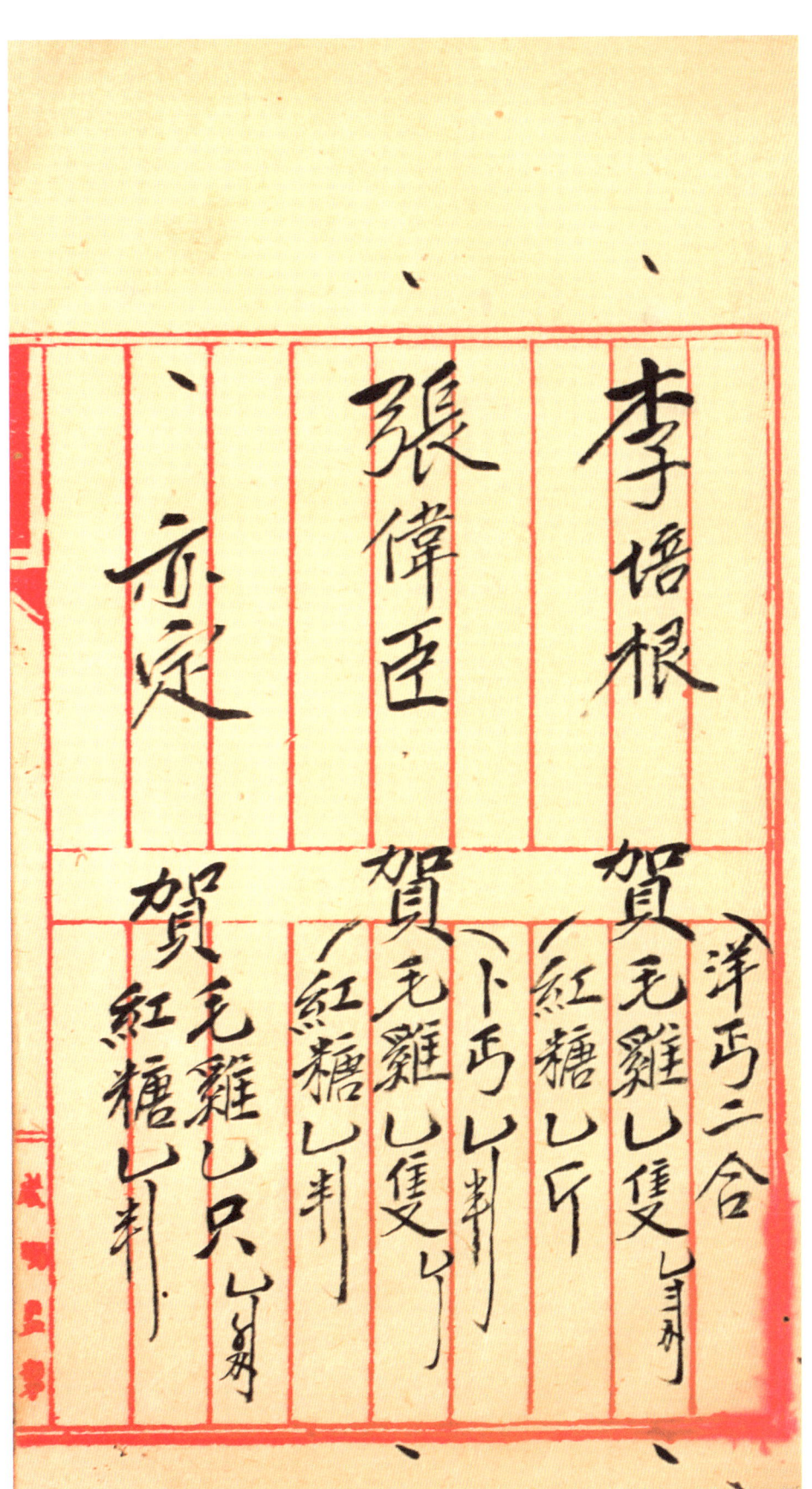

一六八 清文評註讀本四卷　王文濡評選　沈秉鈞、郭希汾注釋　民國二十一年（1932）上海文明書局鉛印本

框高 16.6 釐米，寬 11.3 釐米，半葉十一行，行二十九字，小字雙行四十二字，下黑口，四周單邊。四冊。葉立三題記。館藏索書號 0639

清文評註讀本　第一冊

論辨

武庚論　武庚、殷紂之子，武王克殷，封為殷後，武王崩，與管叔蔡叔作亂，成王命周公誅之。

朱一是　字近修，號欠庵，浙江海寧人，明崇禎舉人，著有為可堂集。

今夫取人國殺人父欲其子北面事讐其子必庸闇婾（諧）弱無人情者如安樂公陳留王輩乃可也否則墮亡國之涙大復讐之義苟乘瑕釁鼓動拔起成為復興之少康敗為誅死之武庚雖幸不幸殊焉感憤蓄志一也余觀武庚固人傑也何傑乎周之國殷而封武庚也疑而設監固知武庚非庸人夬（去聲）之張義旗倡大難（佩）其君而輔武庚則武庚實能移三叔之心所以致其然者也乃疑其親背也不他使使管若霍若蔡亦以三叔之才能制武庚爾卒也監之而適以輔監不他使使管若霍若蔡亦以三叔之才親成王叔父周公之兄及弟之張義旗倡大難

一六九　積善堂堂志□卷積善堂正宗譜□卷　朱得三主修　民國二十二年（1933）木活字印本

1793

框高25.2釐米，寬15.6釐米，半葉九行，行二十二字，白口，四周雙邊。二冊。館藏索書號

普一　普現　普同　普米

〇縉南上平普敬公名下分派南鄉金梅亭

〇普意公發脉老太太妻丁氏 法名普厚

子丁頂達 法名普應　媳丁周氏 法名普梯

〇金梅亭普意公名下發脉南鄉石覓庄登名

丁孫壠 法名普意公發脉

鄧昌貴 法名普接　鄧王氏 法名普大

葉天富 法名普玉　葉齊氏 法名普全

鄧文祥 法名普民　鄧葉氏 法名普氺

鄧葉氏 法名普子　鄧正賢 法名普雲

一七〇　刪亭文集二卷續集二卷　周同愈撰　民國二十四年（1925）無錫周氏鉛印本

框高17.8釐米，寬12.9釐米，半葉十行，行二十二字，小字雙行三十三字，下黑口，四周單邊。一冊。館藏索書號0660

刪亭文集卷一

無錫周同愈進之

文訣一首贈一青 戊戌

予友張子一青劬於學薄祿利之文不屑為就予徵作文之法予曰文之為道行乎其所當然者而已一青曰昔孫可之自言為文有訣其訣輾轉得自韓退之且江湖之人皆有訣何獨文而無訣予曰可之自謂得訣而所作不如退之遠甚江湖炫技其訣專為誑人地耳曾作文亦效誑人之為乎然一青之意銳不可無以貞之姑以予之心所得者為一青告焉大凡欲求文之可傳必求文之可

一七一 船山遺書三百六十八卷 （清）王夫之撰 民國二十四年（1935）鉛印本

框15.5高釐米，寬10.8釐米，半葉十三行，行三十一字，小字雙行四十字，黑口，四周單邊。八十册。存周易內傳六卷，周易內傳發例一卷，周易大象解一卷，周易稗疏四卷，周易考異一卷，周易外傳七卷，書經稗疏四卷，尚書引義六卷，詩經稗疏四卷，詩經叶異一卷等七十一種。館藏

索書號 0665

周易內傳卷一

衡陽王夫之譔

周易上經

伏羲氏始畫卦未有易名夏曰連山商曰歸藏猶筮人之書也文王乃本伏羲之畫體三才之道推性命之原極物理人事之變以明得吉失凶之故而易作焉易之道雖本於伏羲而實文王之德與聖學之所自著也易者互相推移以摩盪之謂周易之書乾坤並建以為首易之體也六十二卦錯綜乎三十四象而交列為易之用也純乾純坤未有易也而相峙以立立則易之道在而立乎至足者為易之資屯蒙以下或錯而幽明易其位或綜而往復易其幾互相易於六位之中則天道之變化人事之通塞盡焉而醞酢萬事進退行藏質文刑賞之道即於是而失則相易而得得則相易而失神化不測之妙即在庸言庸行之中大哉易之為道天地不能違之以成化而況於人乎陰陽者定體也確然隤然為二物而不可易者也而陰變陽

周易內傳 卷一 周易上經 一 太平洋書店印行

一七二 周易本義四卷圖說一卷 （宋）朱熹撰 民國二十五年（1936）鴻文書局石印本

框高16.2釐米，寬11.1釐米，半葉十三行，行二十七字，小字雙行五十四字，白口，四周雙邊。一册。館藏索書號0446

一七三 銅版精印四書集註 （宋）朱熹撰 民國二十八年（1939）上海鴻文書局石印本

框高15.9釐米，寬11.8釐米，半葉十三行，行二十四字，小字雙行四十八字，白口，四周雙邊。一冊。存一種七卷：孟子卷一至七。館藏索書號0529

孟子卷之二

公孫丑章句上 凡九章

公孫丑問曰。夫子當路於齊管仲晏子之功。可復許乎。復扶又反○公孫丑孟子弟子 齊人也當路居要地也管仲齊大夫名夷吾相桓公霸諸侯許猶期也孟子未嘗得政丑蓋設辭以問也

曰子誠齊人也知管仲晏子而已矣。齊人但知其國有二子而已不復知有聖賢之事

曰吾子與管仲孰賢曾西蹴然曰吾子與子路孰賢曾西蹵然 蹵子六反蹴音拂又音勦曾並音增 蹵不安貌先子曾子也蹵愀色也曾西曾子之孫 子路孟子引曾西與或人問答如此

曰管仲曾西之所不為也而子為我願之乎。子為之為去聲○曰管仲曾西之所畏也曰爾何曾比予於是。

曰爾何曾比予於管仲管仲得君如彼其專也行乎國政如彼其久也功烈如彼其卑也爾何曾比予於是。曾則也烈猶光也桓公獨任管仲四十餘年是專且久也管仲不知王道而行霸術故言功烈之卑也楊氏曰孔子言子路之才千乘之國可使治其賦也使其見於施為如是而已其於九合諸侯一匡天下固有所不逮也然則曾西推尊子路如此而羞比管仲者何哉譬之御者耳曾西仲尼之徒也故不道管仲之事

曰管仲以其君霸晏子以其君顯管仲晏子猶不足為與。顯顯名也

曰以齊王由反手也。王去聲由猶通○反

曰若是則弟子之惑滋甚且以文王之德百年而後崩猶未

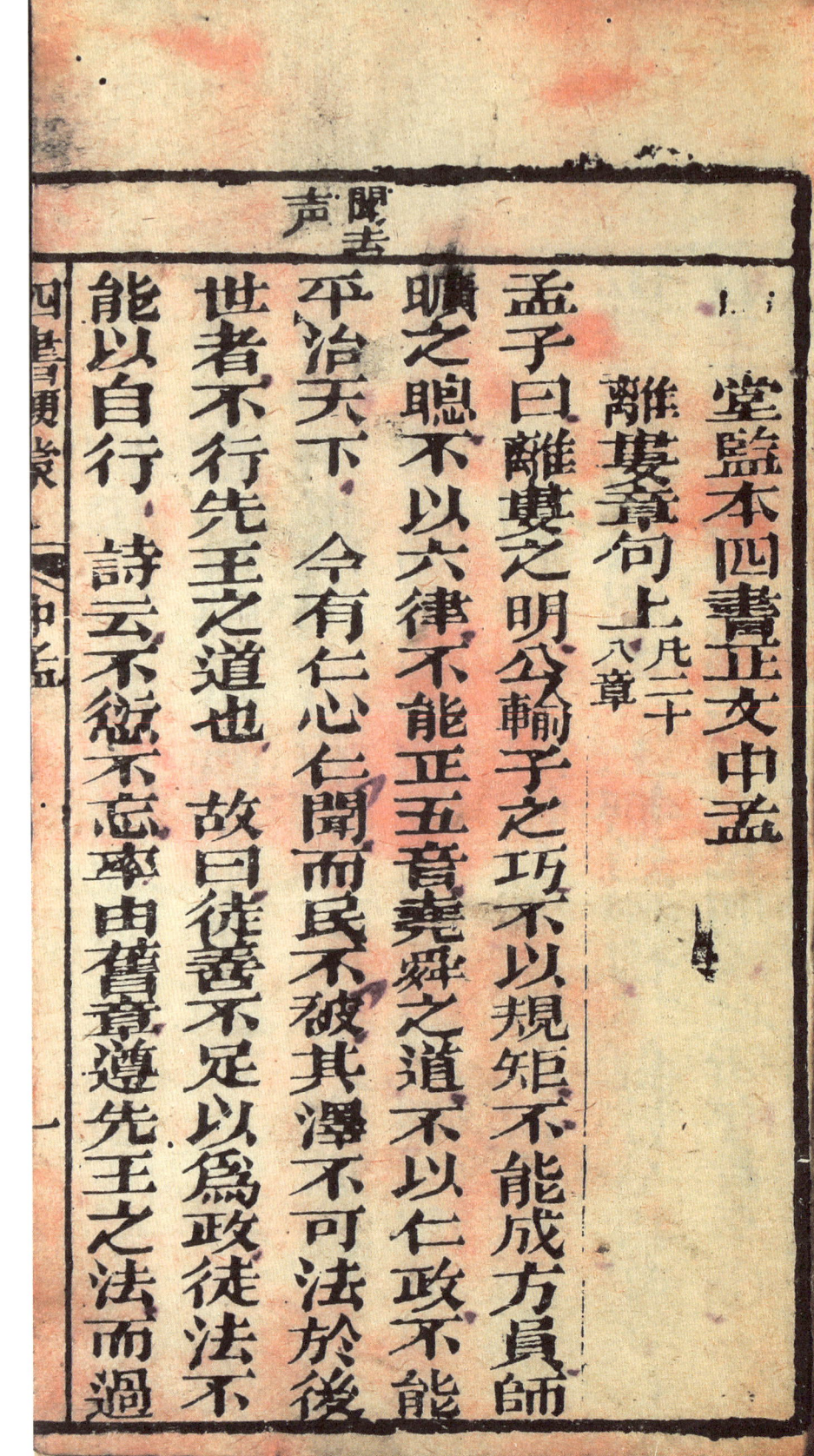

一七四 四書便蒙七卷　民國刻本

框高16.7釐米，寬10.5釐米，上下兩欄，下欄半葉七行，行二十二字，小字雙行四十四字，白口，四周單邊。一冊。存孟子中。楊正昌題簽並記。館藏索書號0564

一七五 三聖感應經三卷 民國刻本

框高17.5釐米，寬11.1釐米，半葉九行，行二十字，白口，四周雙邊。一冊。館藏索書號0859

太上感應篇

太上曰禍福無門、惟人自召善惡之報如影隨形、是以天地有司過之神、依人所犯輕重以奪人算算減則貧耗多逢憂患人皆惡之、刑禍隨之吉慶避之惡星災之算盡則死又有三台北斗神君在人頭上錄人罪惡奪其紀算又有三尸神在人身中每到庚申日輒上詣天曹言人罪過月晦之日竈神亦然凡人有過大則奪紀小則奪算其過大小有數百事欲求長生者先須避之是道則進非道則退不履邪徑不

一七六 詳註聊齋志異圖詠十六卷 （清）蒲松齡撰 （清）呂湛恩註 民國上海廣益書局石印本

框高18.2釐米，寬12.4釐米，半葉八行，行六十四字，小字雙行同，白口，四周雙邊。二冊。存四卷：卷三至四、卷七至八。館藏索書號0469樂生題記，鈐有『雲和鳴九葉鶴生』印。

一七七　大字校正白文四書　民國上海萃英書局石印本

框高18.0釐米，寬12.5釐米，半葉十三行，行二十四字，小字雙行同，白口，四周雙邊。一冊。存孟子上。館藏索書號0530。

孟子

梁惠王上 凡七章

孟子見梁惠王王曰叟不遠千里而來亦將有以利吾國乎孟子對曰王何必曰利亦有仁義而已矣王曰何以利吾國大夫曰何以利吾家士庶人曰何以利吾身上下交征利而國危矣萬乘之國弒其君者必千乘之家千乘之國弒其君者必百乘之家萬取千焉千取百焉不為不多矣苟為後義而先利不奪不厭未有仁而遺其親者也未有義而後其君者也王亦曰仁義而已矣何必曰利

孟子見梁惠王王立於沼上顧鴻鴈麋鹿曰賢者亦樂此乎孟子對曰賢者而後樂此不賢者雖有此不樂也詩云經始靈臺經之營之庶民攻之不日成之經始勿亟庶民子來王在靈囿麀鹿攸伏麀鹿濯濯白鳥鶴鶴王在靈沼於牣魚躍文王

一七八 楚辭十七卷 （漢）王逸章句 （宋）洪興祖補注 民國大一統圖書局石印本

框高16.2釐米，寬11.9釐米，半葉十二行，行二十二字，小字雙行三十字，下黑口，左右雙邊。三册。存十一卷：卷一至八、卷十五至十七。館藏索書號0616

一七九 湘綺樓書牘八卷　王闓運撰　民國上海廣益書局鉛印本

框高16.0釐米，寬11.8釐米，半葉十四行，行三十二字，黑口，四周單邊。二冊。存四卷：卷三至六。館藏索書號0630。

湘綺樓書牘卷三

長沙湘潭王闓運壬父著

致張梁山

楚珩仁兄大人閣下。前過棠疆渥承供帳頃披薇簡。兼寄疏籙遠襲仁風坐喻清晝。松厓在望荷遽交深但物產徵求有累廉吏。又當續製門堂各種今未蒙示價故不便再開尺寸樣式有暇乞飭店工照來式疏密議定每尺價錢以便續製耳顧公已暫留瀝局緣治見重上司期滿周星並當酌補實缺想賢者不以久暫勤怠然。循續無不聞之理惟希勉崇威惠。無慮甑塵也秋初尚欲迎婕再當有託。

致李藩臺

申夫仁兄先生道席。前歲寓書無報昨由轎班帶呈李繡堂官牘私函未作別簡以為知聞勝於箋啟仍保定之故事也毛公昨來傳道近狀甚詳並承寄聲問二事龍安既三年一考回信似覺太遲真不能不勞煙墨矣東行幾困聾公貢心非篤弟鳴鼓千圓不可得此草蛇灰線之一君知之乎尊經院中日虛席以待高朋君知之乎劉景韓來致意讒相責以解鈴自效會丁憂不果君知之乎累清售以操持費游資

一八〇 文心雕龍十卷 （南朝梁）劉勰撰 （清）黃叔琳注 （清）紀昀評 民國上海文瑞樓石印本

框高16.2釐米，寬11.0釐米，半葉十二行，行二十五字，小字雙行同，白口，四周雙邊。二册。存四卷：卷一至四。館藏索書號0637

文心雕龍卷第一

梁 劉勰 撰

北平 黃叔琳 注

河間 紀昀 評

原道第一

文之爲德也大矣與天地並生者何哉夫玄黃色雜方圓體分日月疊璧以垂麗天之象山川煥綺以鋪理地之形此蓋道之文也仰觀吐曜俯察含章高卑定位故兩儀既生矣惟人參之性靈所鍾是謂三才爲五行之秀實天地之心 一本實生有人字心下有生字 心生而言立言立而文明自然之道也傍及萬品動植皆文龍鳳以藻繪呈瑞虎豹以炳蔚凝姿雲霞雕色有踰畫工之妙草木賁華無待錦匠之奇夫豈外飾蓋自然耳至於林籟結響調如竽瑟泉石激韻和若球鍠故形立則章成矣聲發則文生矣夫以無識之物鬱然有彩有心之器其無文歟人文之元肇自太極幽贊神明易象惟先庖

據時序篇此書實成於齊代令題曰梁蓋後人所追題猶玉臺新詠成於梁而本題陳徐陵耳漢以來論文者罕能及此彥和以此發端所見在六朝文士之上〇文以載道明其當然道明其本然文原於道明道之常存乎其本乃不遂其末首揭文體之尊所以截斷衆流歸於至當齊梁文潭曰

一八一　宋元人說部書　商務印書館輯　民國上海商務印書館鉛印本

框高14.5釐米，寬10.2釐米，半葉十三行，行二十五字，小字雙行三十七字，上黑口，四周單邊。十册。存七種六十三卷：東原錄一卷，民國十五年（1926）上海商務印書館鉛印本；東坡志林五卷，民國十六年（1927）上海商務印書館鉛印本；嬾真子錄五卷，民國十五年（1926）上海商務印書館鉛印本；老學庵筆記十卷，民國十五年（1926）上海商務印書館鉛印本；齊東野語二十卷，民國十五年（1926）上海商務印書館鉛印本；蘇黃門龍川略志十卷別志二卷，民國十四年（1925）上海商務印書館鉛印本；梁溪漫志十卷，民國九年（1920）上海商務印書館鉛印本。館藏索書號0652

一八一 三大聖經不分卷 民國浙江杭州迦音社鉛印本

框高15.8釐米，寬11.3釐米，半葉十行，行二十一字，小字雙行二十六字，下黑口，四周單邊。

一冊。館藏索書號0889

太上感應篇

此故以感應名篇。

太上曰。祖就是李老君。禍福無門惟人自召。斷無有個一定說人一生下來。就大響。斷無有打而不響之理。善惡禍福之報亦如形。一般。一步都不離的。善惡之報如影隨人算。看所犯罪過之輕重定奪除壽算數之多少。人活百日為一算。依人所犯輕重以奪人算減則貧耗多逢憂患神的神靈。此言人之一生。都有神明鑒察。是以天地有司過之刑禍隨之。凡刑罰災禍。都跟隨這惡人。算盡則死壽數一減盡。這就要死了。又有三

該入禍與人福的門路只在人自己作惡便招得禍行善便招得福召是招來的意思。形身也。說邪報應。就如人之影比善惡。就有影比善惡形身也。一些都有專主查人罪過則就也。說作惡之人把壽數一減。家內就要貧窮。百物都耗散憂愁禍患。也多遇著。人皆惡之。然見了惡人。都厭惡的。惡人又何處容身。

惡星災之災害跟隨這惡人。吉慶避之事。都躲避

何謂感應譬如打鐘。必隨打而響。小打就小響。大打

一八三　三字經不分卷　民國龍泉林文堂刻本

框高13.8釐米，寬10.4釐米，上下兩欄，下欄半葉八行，行六字，白口，四周單邊。一册。館藏索書號0894

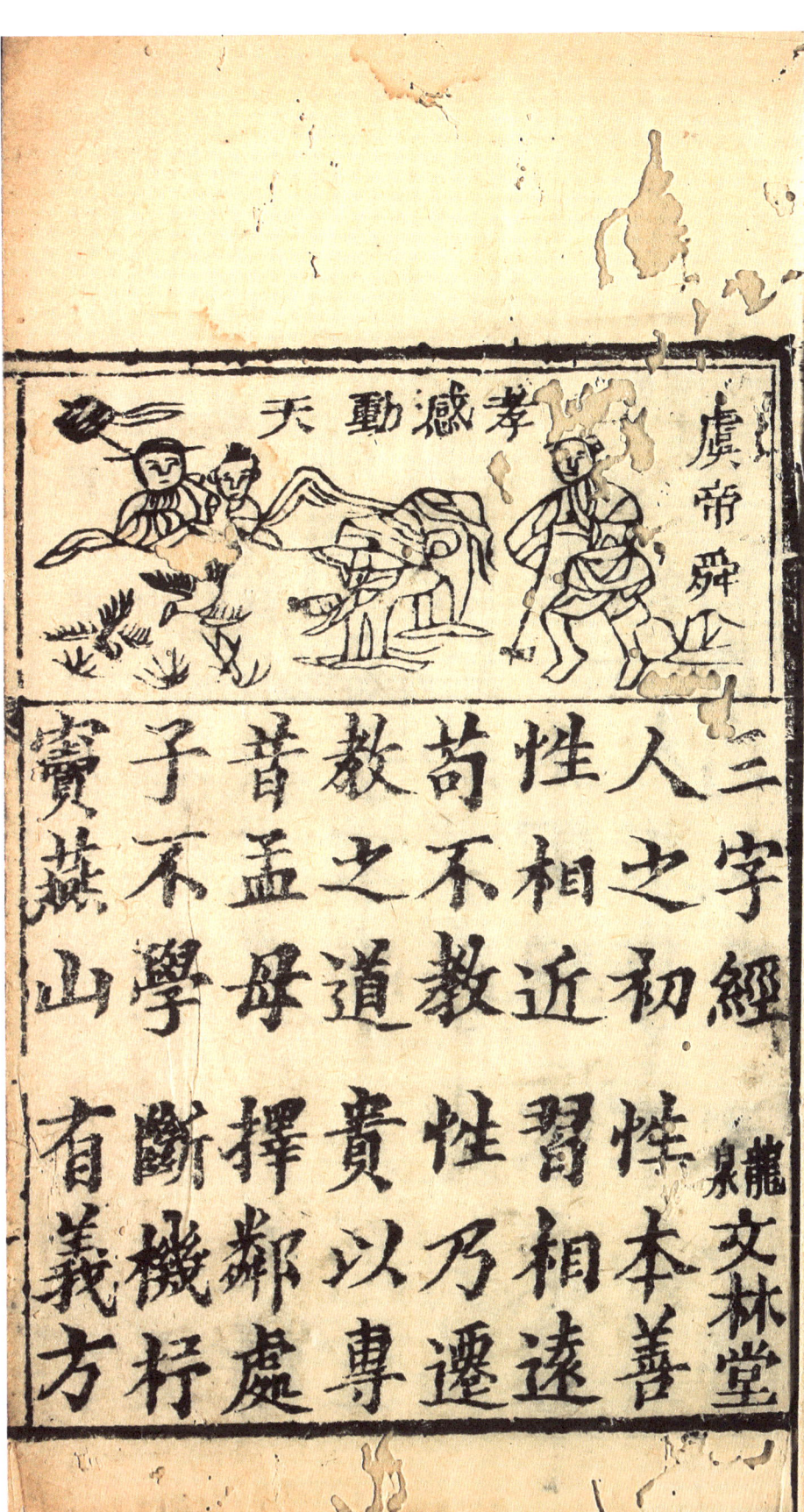

一八四 達生編二卷 （清）亟齋居士撰 民國麗水啓明印刷局鉛印本

框高 16.7 釐米，寬 11.1 釐米，半葉十二行，行三十二字，白口，四周雙邊。一册。館藏索書號 0925

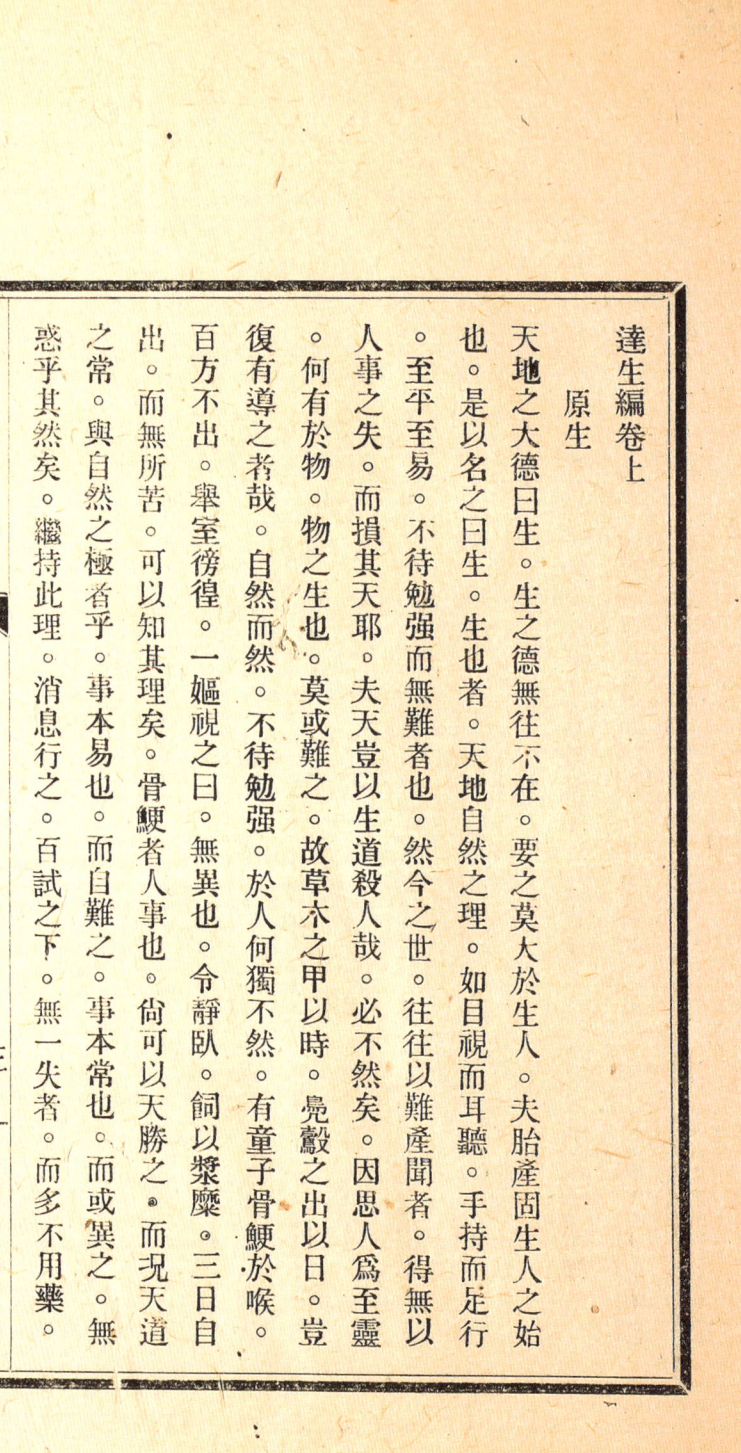

達生編卷上

原生

天地之大德曰生。生之德無往不在。要之莫大於生人。夫胎產固生人之始也。是以名之曰生。生也者。天地自然之理。如目視而耳聽。手持而足行。至平至易。不待勉強而無難者也。然今之世。往往以難產聞者。得無以人事之失。而損其天耶。夫天豈以生道殺人哉。必不然矣。因思人為至靈。何有於物。物之生也。莫或難之。故草木之甲以時。鳥鷇之出以日。豈復有導之者哉。自然而然。不待勉強。於人何獨不然。有童子骨鯁於喉。百方不出。而無所苦。舉室傍徨。一嫗視之曰。無異也。令靜臥。飼以漿糜。三日自出。與自然之極者乎。事本易也。而自難之。事本常也。而或異之。無惑乎其然矣。繼持此理。消息行之。百試之下。無一失者。而多不用藥。骨鯁者人事也。尚可以天勝之。而況天道之常。可以知其理矣。

一八五 高等小學論說文範四卷 邵伯棠撰 民國三年（1914）上海會文堂書局石印本

框高16.0釐米，寬11.3釐米，半葉八行，行十九字，小字雙行同，白口，四周單邊。三冊。存三卷：卷一至三。鈐有『雲和鳴九葉鶴生』印。館藏索書號0937。

高等小學論說文範卷一

惜分陰說

晉陶侃之言曰。大禹聖人尚惜寸陰。至於吾儕當惜分陰。旨哉言乎。夫人之學問事業皆由分陰而出。積分陰而數之。而日而月而歲不為少矣。勿世之玩忽者謂人生以百歲為衡。次亦七八十耳次亦五六十耳區區者而竟不吾假乎庸詎知今日假焉明日假焉光陰去而不來志願萎而不振

直起

不為少矣
句須有功
夫能安放
得穩
假寬假也
學生之屢
請假者讀
此懍然

一八六 龍文鞭影初集二卷二集二卷 （明）蕭良有纂輯 （明）楊臣諍增訂 （清）李恩綬校補 民國上海昌文書局石印本

框高 16.9 釐米，寬 11.5 釐米，上下兩欄，上欄半葉九行，行四字，白口，四周單邊。一冊。

存初集卷二。館藏索書號 0956

一八七 新刻葉臺山先生纂集六字直言不分卷 （清）葉向高集 （清）葉聯高釋 民國魏恒興刻本

框高18.9釐米，寬12.0釐米，半葉七行，行十八字，白口，四周單邊。一册。徐可有題簽。

館藏索書號0992

新刻葉臺山先生纂集六字直言

福清臺山　葉向高集
　　　　　　葉聯高釋

堯舜
浦城光乾
慶遷唐虞錢世　四海兆民有賴
　　　　　　幸逢至德明君
山林容我修真　榮華並不驚心
　　　　　　是非俱無計較　不愛鳴珂帝闕
門迎風月交　屋傍水竹爲鄰
但恒午脫瓦塵　或駕泛艇而問津

一八八 佛教問答不分卷　海屍道人編纂　民國佛學研究會石印本

框高16.3釐米，寬11.7釐米，半葉十二行，行三十二字，白口，四周雙邊。一冊。館藏索書號1009

佛教問答

海屍道人編纂

問先生信仰何教。答信仰佛教。
問信仰佛教首作何式。答應先皈依三寶皈與歸同。
問何謂三寶。答三者為佛法僧以能利益世間希有難遇故嘅稱寶。
問何者為佛。答佛者得無上正遍智之人教主之德號其義為覺者所謂自覺覺他覺行圓滿也。
問何者為法。答法者救世度人之道載在藏經者佛之所以教也其義為軌持所謂任持自性軌生物解也。
問何者為僧。答僧者學佛言行傳佛教化之人其義為和合衆所謂解脫同證身同住口無諍意同悅見同解戒同修利同均也。
問皈依之式若何。答在佛僧前焚香禮拜長跪合掌至心發願誓言弟子某皈依佛皈依法皈依僧如是三稱又言弟子某皈依佛竟皈依法竟皈依僧竟如是三稱。

佛學研究會印

一八九 弟子規一卷 （清）李子潛撰 民國杭州同道善書印刷局石印本

框高22.5釐米，寬11.6釐米，半葉三行，行六字，白口，四周雙邊。一册。館藏索書號1095

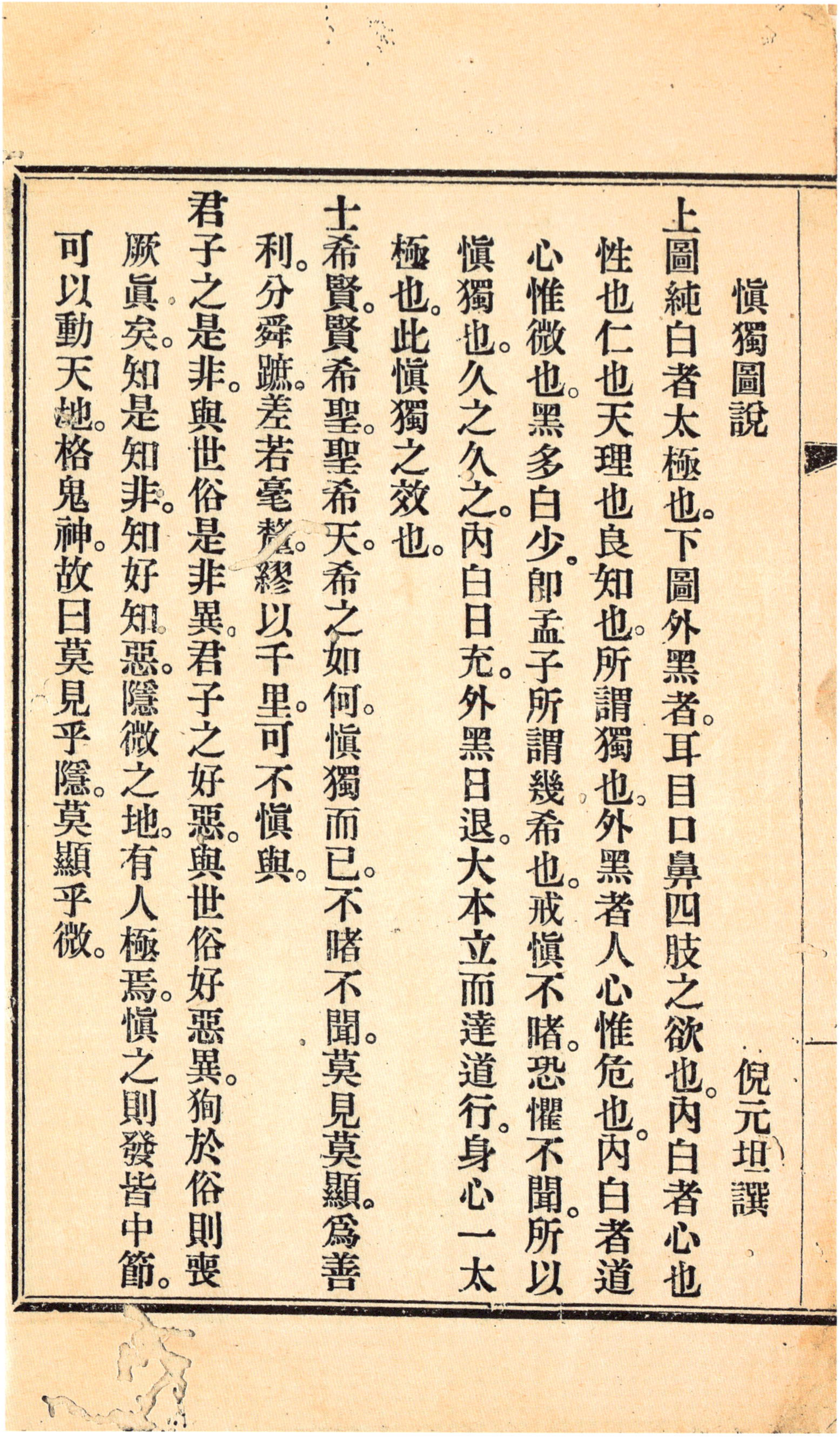

慎獨圖說

倪元坦譔

上圖純白者太極也。下圖外黑者耳目口鼻四肢之欲也內白者心也性也仁也天理也良知也所謂獨也外黑者人心惟危也內白者道心惟微也黑多白少卽孟子所謂幾希也戒慎不睹恐懼不聞所以慎獨也久之久之內白日充外黑日退大本立而達道行身心一太極也此慎獨之效也。

士希賢賢希聖聖希天希之如何慎獨而已不睹不聞莫見莫顯。

君子之是非與世俗君子之好惡與世俗好惡異狗於俗則喪厥眞矣。知是知非知好知惡隱微之地有人極焉慎之則發皆中節。可以動天地格鬼神故曰莫見乎隱莫顯乎微。

利分舜蹠差若毫釐繆以千里可不慎與。

一九〇 儒門圖說一卷 （清）倪元坦撰 民國鉛印本

框高15.9釐米，寬11.8釐米，半葉十一行，行二十七字，白口，四周雙邊。一册。吳成周題記。館藏索書號0897。

一九一 中國寓言四卷 民國鉛印本

框高15.0釐米，寬10.4釐米，半葉十行，行二十二字，小字雙行同，黑口，四周雙邊。一冊。存卷四。館藏索書號0938。

中國寓言卷一

苛政比虎

孔子過泰山側，有婦人哭於墓者而哀。夫子式而聽之，使子路問之曰。子曰何為者。吾舅死於虎，吾夫又死焉，今吾子又死焉。夫子曰小子識之，苛政猛於虎也。〈檀弓記〉

五十步笑百步

梁惠王曰寡人之於國也，盡心焉耳矣。河內凶則移其民於河東〈河內河東皆魏地〉，移其粟於河內。河東凶亦然。察鄰國之政，無如寡人之用心者，鄰國之民不加少，寡人之民不加

一九二 言文對照廣註寫信必讀不分卷　民國石印本

框高 16.9 釐米，寬 10.9 釐米，半葉十六行，行三十四字，小字雙行四十四字，下黑口，四周單邊。一冊。館藏索書號 0963

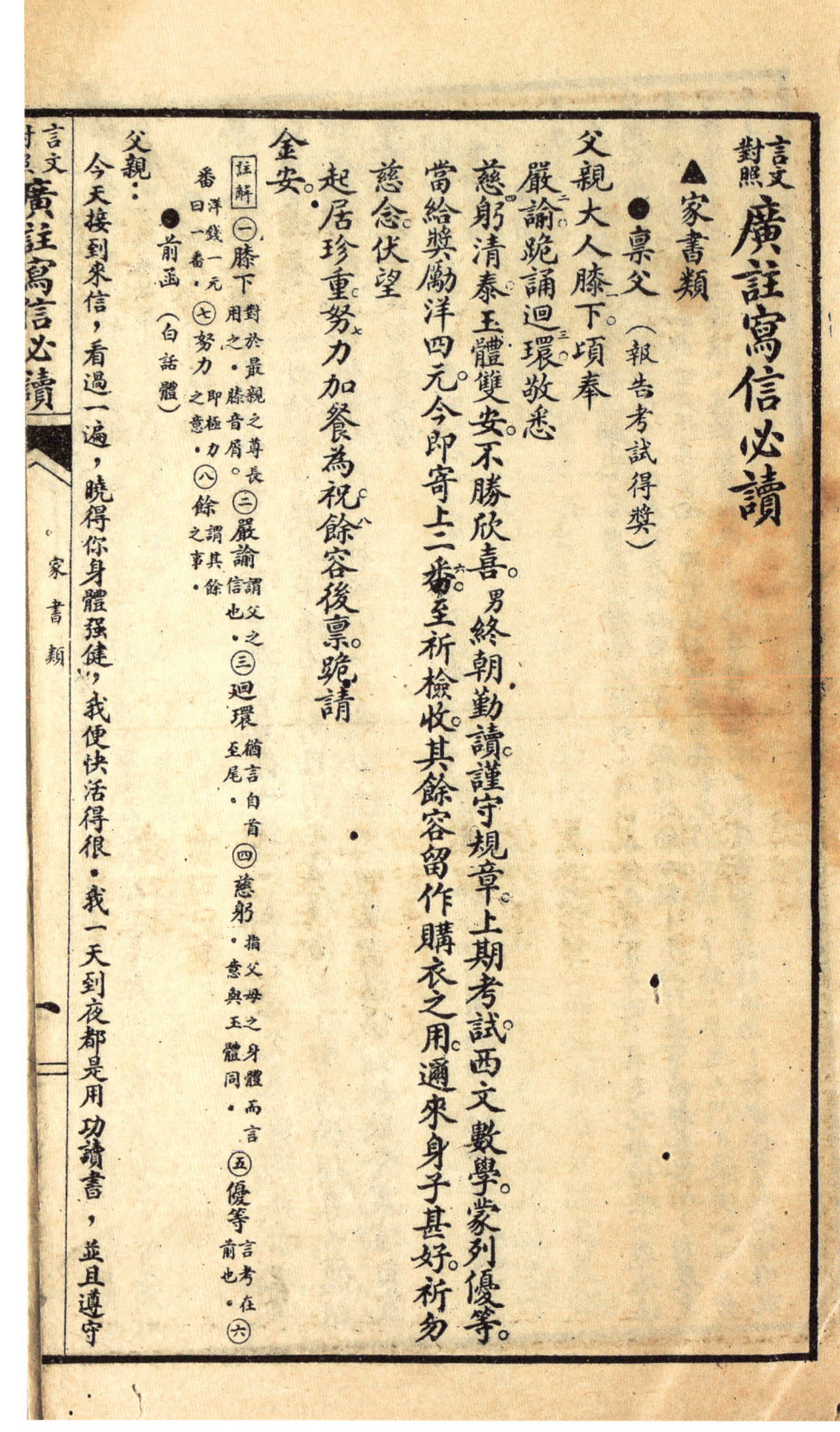

一九三 言文對照廣註四書讀本 民國石印本

框高 16.8 釐米，寬 11.0 釐米，半葉十四行，行三十二字，小字雙行六十四字，下黑口，四周單邊。一冊。存孟子卷三。館藏索書號 0528

粥。面深墨即位而哭百官有司莫敢不哀先之也上有好者下必有甚焉者矣君子之德風也小人之德草也草尚之風必偃是在世子然友反命世子曰然是誠在我五月居廬未有命戒百官族人可謂曰知及至葬四方來觀之顏色之戚哭泣之哀弔者大悅

【註】（一）滕定公（二）薨的呼號叫做薨諸侯（三）然友是文公的先生（四）大故名叫大故父母大故（五）齊疏縗齊音資衣下邊緝的叫做齊（六）飦粥稀飦諸粥稀粥延切就是稠粥饘粥就是稠粥（七）宗國是同宗的國家（八）冢宰的宰就是後世宰相（九）歠飲川悅切作深墨就是深墨色（十）偃的意思就是倒轉（圡）廬的偏指中門外屋說的即位是前去

●白話講演

滕定公死了他的兒子滕文公告訴然友道「從前孟子在宋國曾經同我講過性善的道理，到現在心裡終究不忘記如今沒有幸運遭了這大喪事我想派你去問明了孟子然後再辦喪事呢」然友就到鄒邑去把世子的意思問孟子孟子道「現在諸侯都不講究喪禮滕世子卻肯講究喪禮還叫你來問這不是很好了嗎？不過居父母的喪原只是盡自己的心道「父母生存的時候要事奉他合著禮到後來祭祀的時候也要合著禮這纔可以算得孝了」至於諸侯應該用的禮法我卻沒有學過不過我也曾經聽見講的父母死了應該要穿三年的喪服著下面不緝邊的粗布衣吃稀粥稠粥當飯從皇帝一直到百姓都是一樣的就是夏商周三代也是相同的」然友回來還報了世子的命令滕文公就定著要

一九四　磨盾集不分卷　王景遴撰　民國石印本

框高16.2釐米，寬9.4釐米，半葉九行，行二十字，小字雙行同，白口，四周單邊。一册。

館藏索書號0781

磨盾集

永嘉王景遴敬身著

送嘯園歸揚州

歸卧揚州月虹橋正好春清漳分袂先為濯車塵

其二

蠻瘴愁孤旅高歌又送君卜鄰如可踐莫靳半湖雲

春望

北郭舒春望殊方物候新灌園虛甕牘失歲苦風塵

竿牘生涯拙江山歌泣真時危執闕慮惟在白頭親

一九五 清夜鐘一卷 （清）王維翰輯 民國石印本

框高11.2釐米，寬8.3釐米，半葉八行，行十六字，黑口，四周雙邊。一冊。館藏索書號1332。

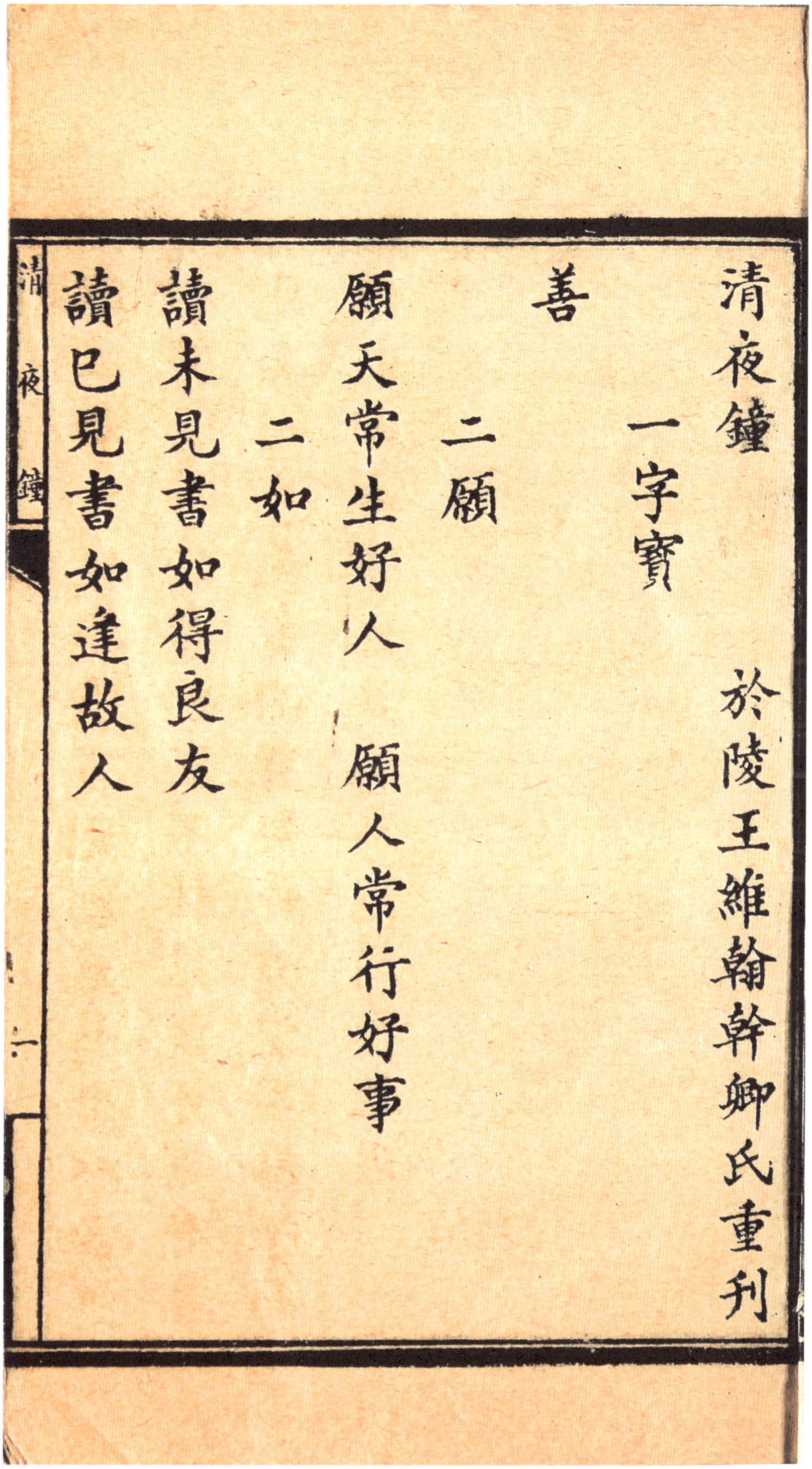

清夜鐘　　於陵王維翰幹卿氏重刊

一字寶

善

　二願

願天常生好人　願人常行好事

　二如

讀未見書如得良友

讀巳見書如逢故人

196 積古齋鐘鼎彝器款識十卷 （清）阮元編錄 民國影印本

框高16.2釐米，寬12.4釐米，半葉十二行，行二十四字，白口，四周單邊。一册。存二卷：卷五至六。館藏索書號0664

積古齋鐘鼎彝器款識卷六　　揚州阮氏編錄

周敦

兄敦

重屋形 已

右兄敦銘二字據宋王氏款識揚本摹入案舊釋兄字非
是博古圖云此器葢上有一犀兄之形故以兄名之薛氏
款識亦云上爲屋室之形今按其文明是宗廟重屋之形
吳侃叔云下一字薛氏書一器作ㄧ與此同四器並作㠯
卽已字已古通祀易已事遄往虞本已作祀祀已也訓見
釋名此廟中祀器也

一九七 寫真秘訣一卷 民國寫本

框高18.4釐米，寬16.7釐米，半葉十三行，行二十字。一冊。館藏索書號1683

起稿論

起稿之法，並無定格。式大如人，或小如豆，要不外乎一理，只在臨時立意。上從巔頂下至地邊，左右耳門照樣一圈，從中分半，上為天下為地，中立日月之基。再造土星，以中宮生出之，配合蘭臺廷尉，屏蔽成則主星定矣。下接人中潤窄，加海口之厚薄，相宜以應。承漿地閣之方位，再生法令，托出兩頤，完地庫之輕肥。然後句之右目上眼皮一筆，再對左目上眼皮一筆，以定五部之數，而後添卧蠶，安日月上蓋眉山，排眼堂定陰陽格局，下襯淚堂，存陽光決陰隲之基，其顴如岳對彩霞，拱印堂為中正，邊城上接髮際，貫巔頂，雲而透及魚尾以貫山林，分太陽位，拱出天庭，托凌下通地邊，托北岳，推頸項而止於頷口，然後安兩耳。

一九八　朱夫子治家格言一卷　民國抄本

開本高 19.1 釐米，寬 14.3 釐米，半葉五行，行七字。一册。館藏索書號 1692

朱夫子治家格言
黎明即起灑掃庭
除要內外整潔既
昏便息關鎖門戶
必親自檢點一粥

一九九 香讚總科一卷 清陳法成抄本

開本高23.9釐米，寬12.9釐米。半葉五至六行，每行字數不等。書口題『芹齋筆』。一冊。

館藏索書號0004

淨心神呪

太上台星，應變無停，驅邪縛魅，
保命護身，智慧明淨，心神安寧，
三魂永久，魄無喪傾，
丹朱口神，吐穢除氛，

淨口神呪

舌神正倫，

二〇〇 太上慈悲功德焰口真科一卷 清光緒二十二年（1896）陳法成抄本

開本高 25.2 釐米，寬 13.3 釐米。半葉六行，行十五字。版心題『法成』。一册。館藏索書號 00005

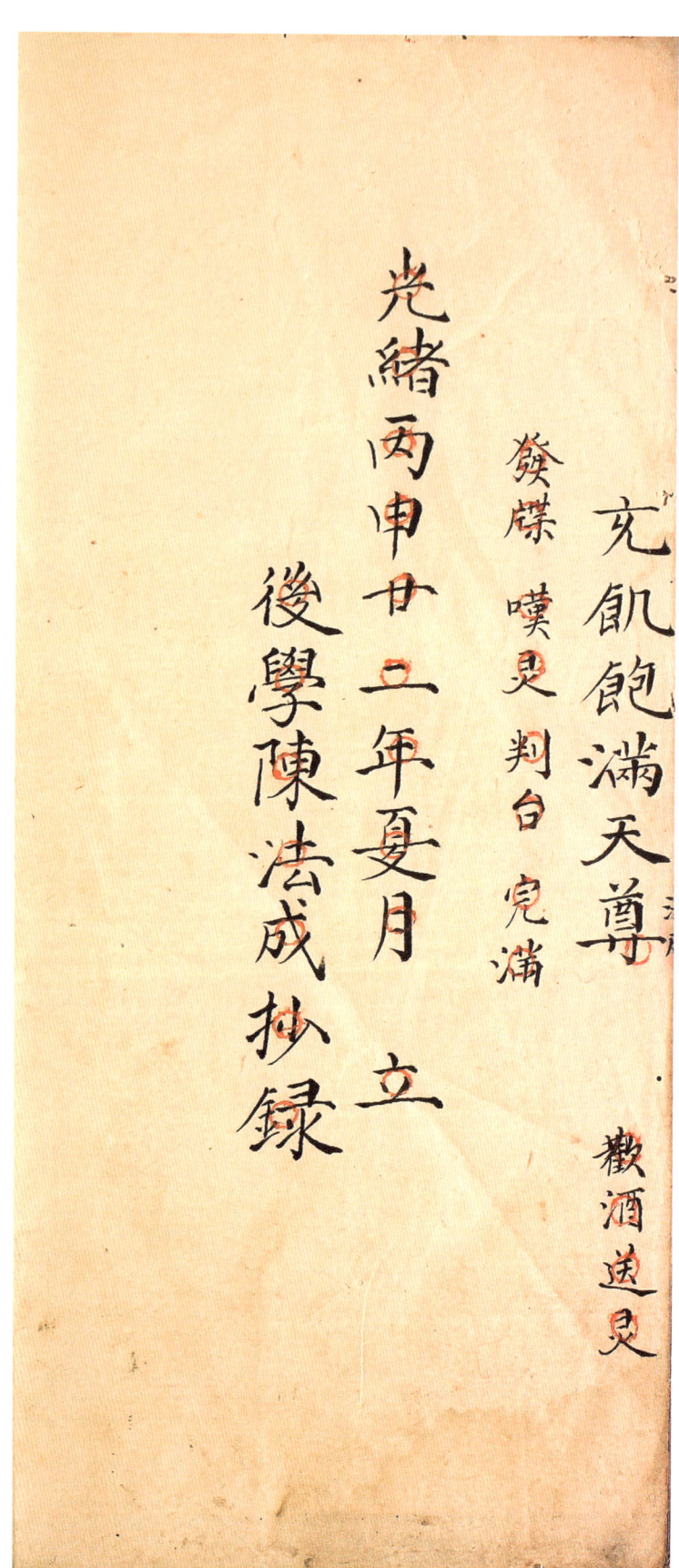

二〇一 各處地頭簿一卷 清陳法成抄本

開本高27.6釐米，寬14.6釐米。半葉五行，每行字數不等。一冊。館藏索書號0006

處州府城隍大王
雲和縣城隍尊
十九寺院護法正神
勑封兵部晉國公
林乂姐林八娘
麗陽殿三仙師
通天護國平水大王
四山白鶴大羅仙聖
何氏任氏二位夫人
林小九法官東嶽

二〇二　三夜關燈科一卷　清光緒二十二年（1896）陳法成抄本

開本高 23.9 釐米，寬 13.0 釐米。半葉六行，行十六字。書口題：『芹齋筆』。一冊。館藏索

書號 0007

臣三天門下弟子依教典行至奏逗脩關
燈薦亡保安事臣陳法成誠惶誠恐稽首
頓首百拜焚香蓺焚道香德香無為清浄
自然香妙道真香靈寶慧香金炉煙起氣
氤氳玉華散慶雲繚繞上達三境至三天
下達九泉并九地十方三界悉聞知無量

二〇三 太上三官真經全卷 清光緒二十六年（1900）陳法成抄本

開本高 23.5 釐米，寬 12.5 釐米。半葉六行，每行字數不等。書口題『法成』、『芹齋筆』。一冊。館藏索書號 0009。

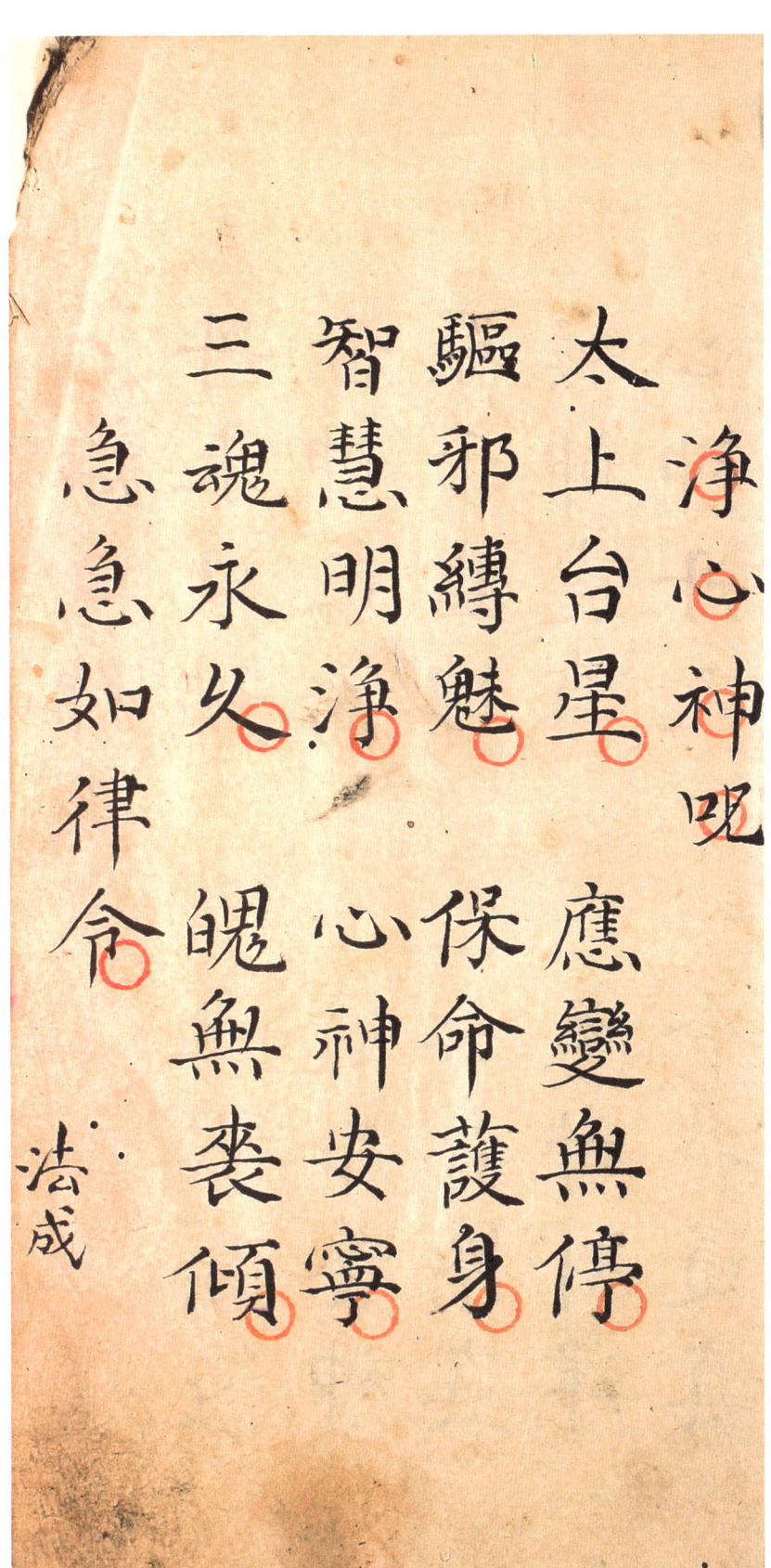

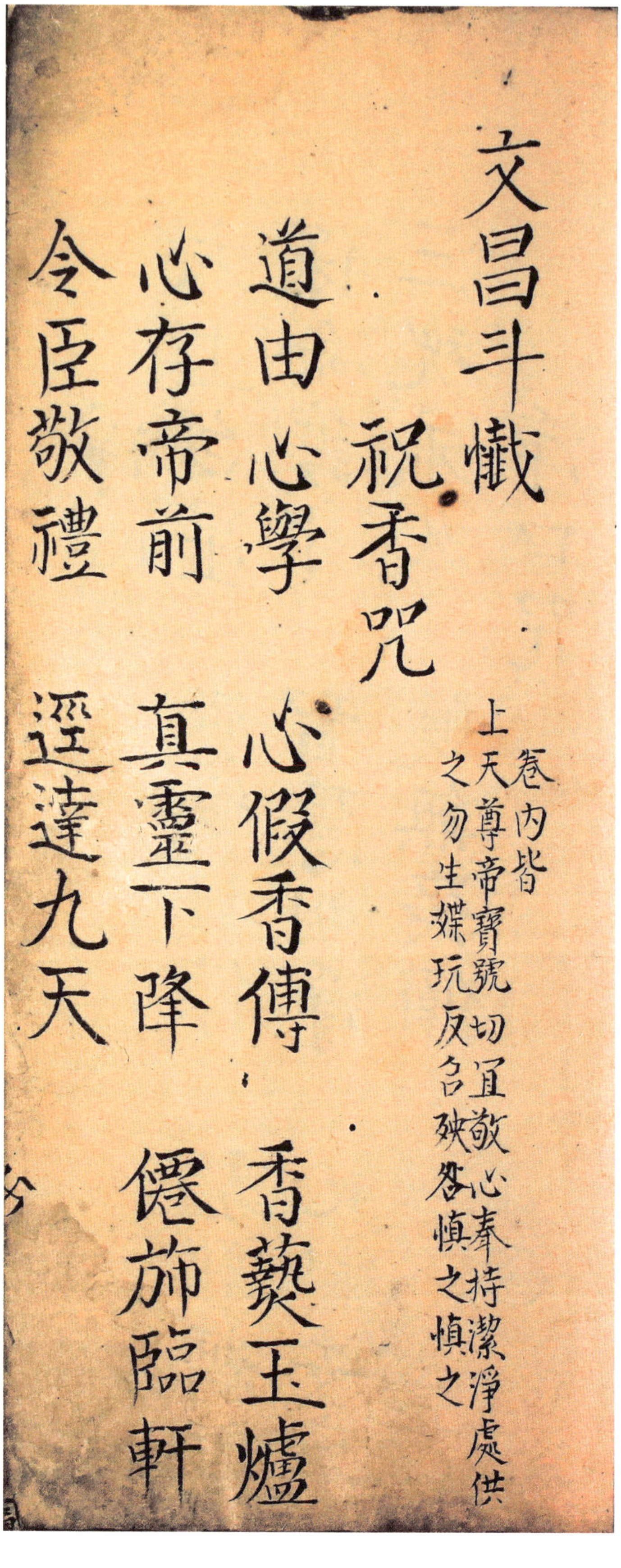

二〇四 文昌斗懺 一卷 清楊雷震抄本

開本高23.5釐米，寬11.7釐米。半葉五行，行十五字。一冊。館藏索書號0010

文昌斗懺

卷內皆上天尊帝寶號，切宜敬心奉持潔淨處供之，勿生媟玩，反各殃咎，慎之慎之

祝香咒

道由心學　心假香傳
心存帝前　真靈下降
令臣敬禮　逕達九天

香蓺玉爐　儼旆臨軒

二〇五 煉火接神法書一卷 清光緒十年（1884）李根琴抄本

開本高21.4釐米，寬11.4釐米。半葉六行，每行字數不等。一冊。館藏索書號0066

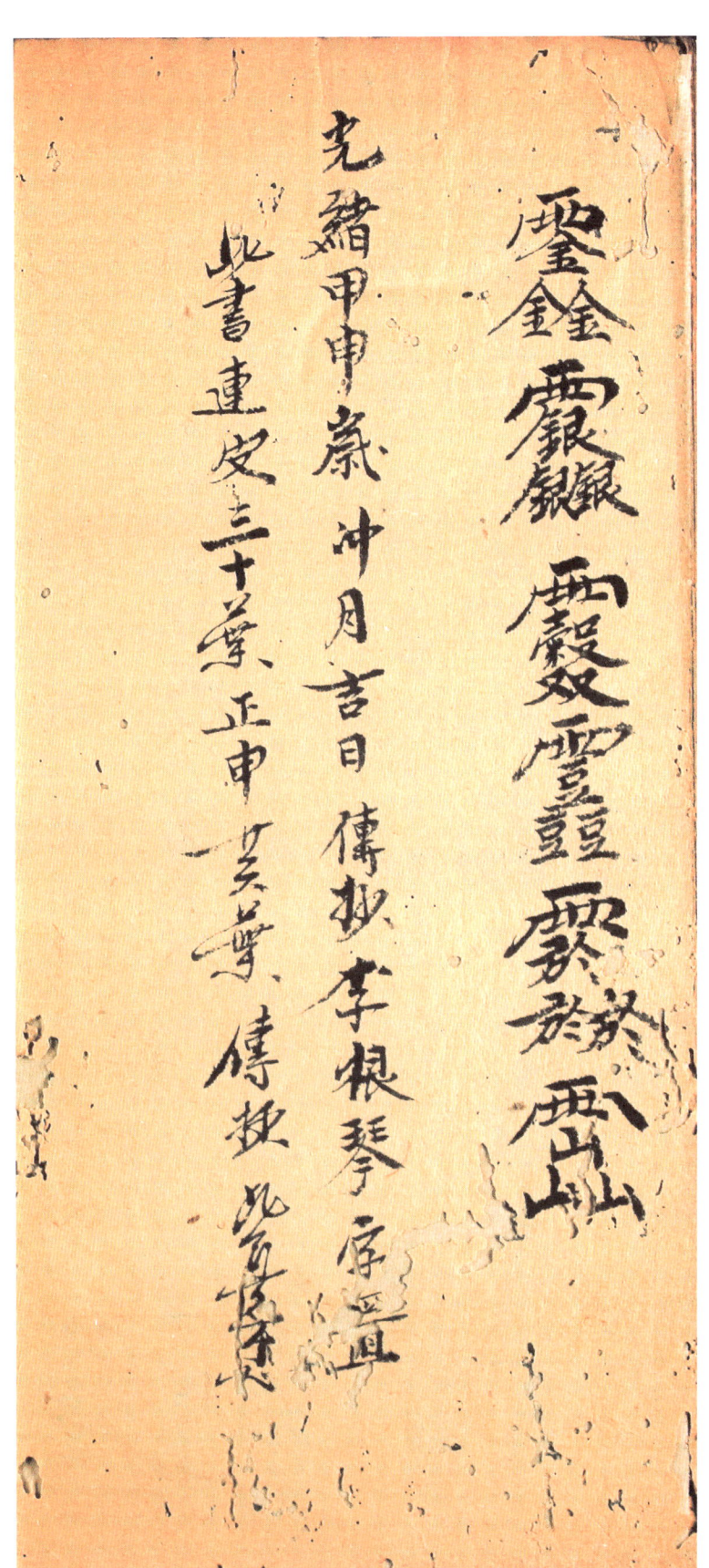

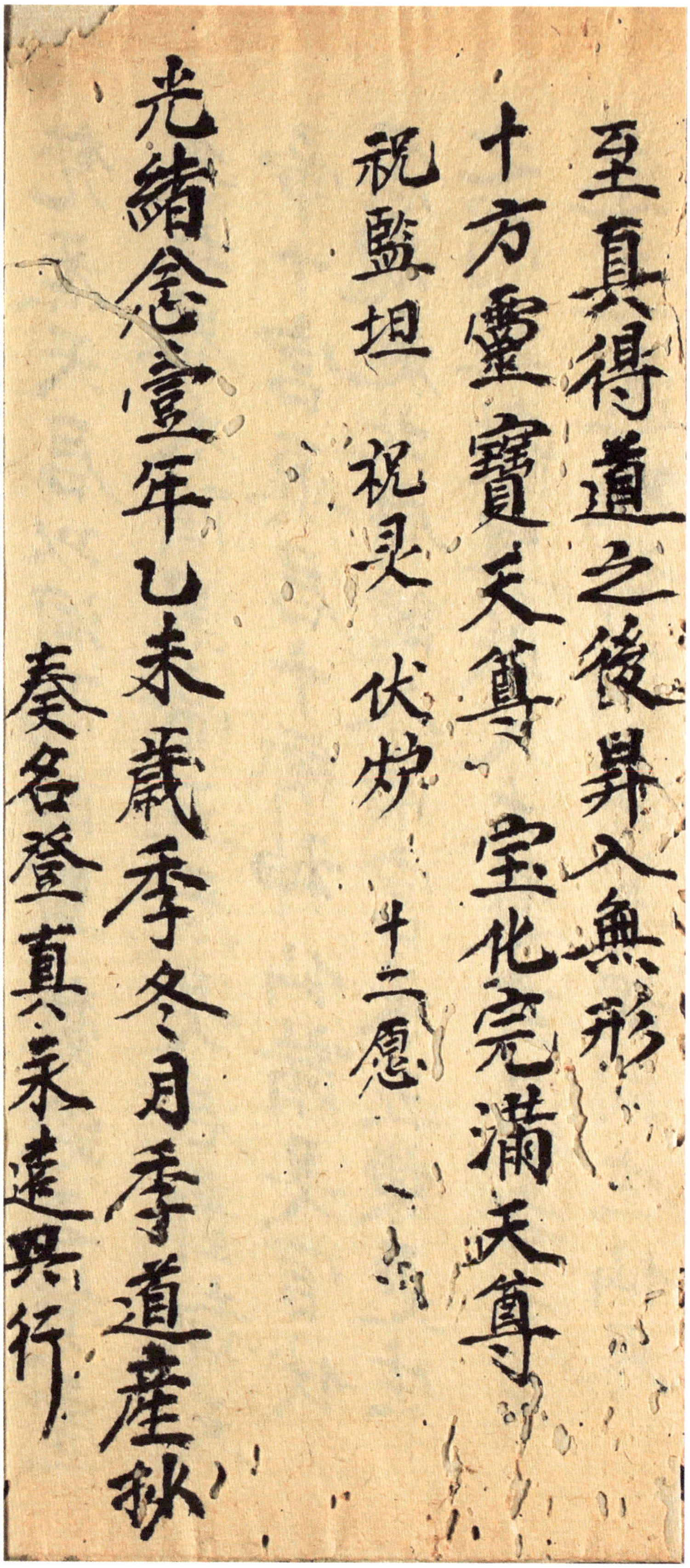

二〇六 早午二朝科一卷 清光緒二十一年（1895）季道產抄本

開本高 21.3 釐米，寬 12.2 釐米。半葉六行，每行字數不等。一冊。館藏索書號 0067

至真得道之後昇入無形
十方靈寶天尊 寶化完滿天尊
祝監壇 祝灵 伏炉 十二愿
光緒念壹年乙未歲季冬月季道產秋
奏名登真永遠興行

二〇七 天師懺科書一卷 民國二年（1913）張玉正抄本

開本高21.2釐米，寬11.5釐米，半葉六行，每行字數不等。一冊。館藏索書號0068

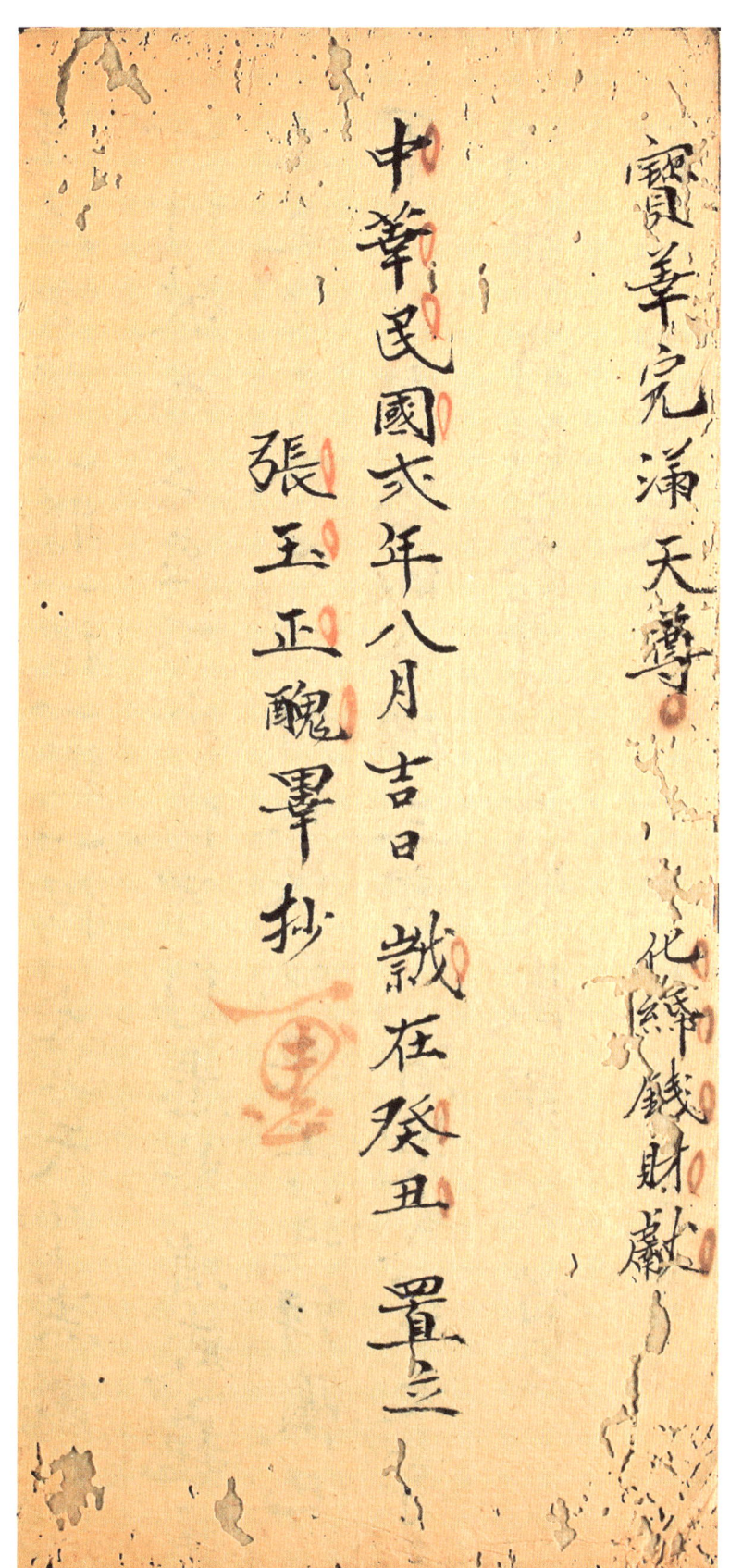

二〇八 欄街表簿一卷 清抄本

開本高 20.7 釐米，寬 11.2 釐米，半葉 5-6 行，每行字數不等。一冊。館藏索書號 0069

滌穢表　祖師真君几前
　　　　祖師玉三天扶教輔元大法師正一靜應
　　　　真君六合無窮高明上帝

欄街
用此　慶星表　紫微帝闕玉陛下
　　　　　　　中天星主北極紫微大帝

　　朝駕表　三清九御御前
　　　　　　　三清九御十極高真

　　慶賀表　九天玉闕聖前
　　　　　　　敕封九天玉闕上仙致虛守一懿順淵
　　　　　　　靜感應馬氏夫人

七夕
用此　遣玉表　昊天金闕玉陛下
　　　　　　　太上昊天金副玉皇上帝
　　　　　九天玉闕聖前
　　　　　　　敕封九天玉闕上仙致虛守一懿順淵
　　　　　　　靜感應馬氏夫人

二〇九 水宮符過關疏式誠意科一卷 清乾隆五十一年（1786）吳得真抄本

開本高24.5釐米，寬11.7釐米，半葉五至六行，每行字數不等。一册。館藏索書號0071

神首循黑道真子超靈瞻明朝望陽
德瞄陰精 高鎮黃旛闕 予軾耀霜
鈴至心俟多埶首諷真經君乞為奉
年月日良時告下右臣等真承詔奉行
辮色延壽天尊
乾隆五十一年丙午太歲詞法吳得真用

二一〇 誠意一卷 清嘉慶十九年（1814）徐輝山抄本

開本高 21.7 釐米，寬 12 釐米，半葉六行，每行字數不等。一冊。館藏索書號 0075

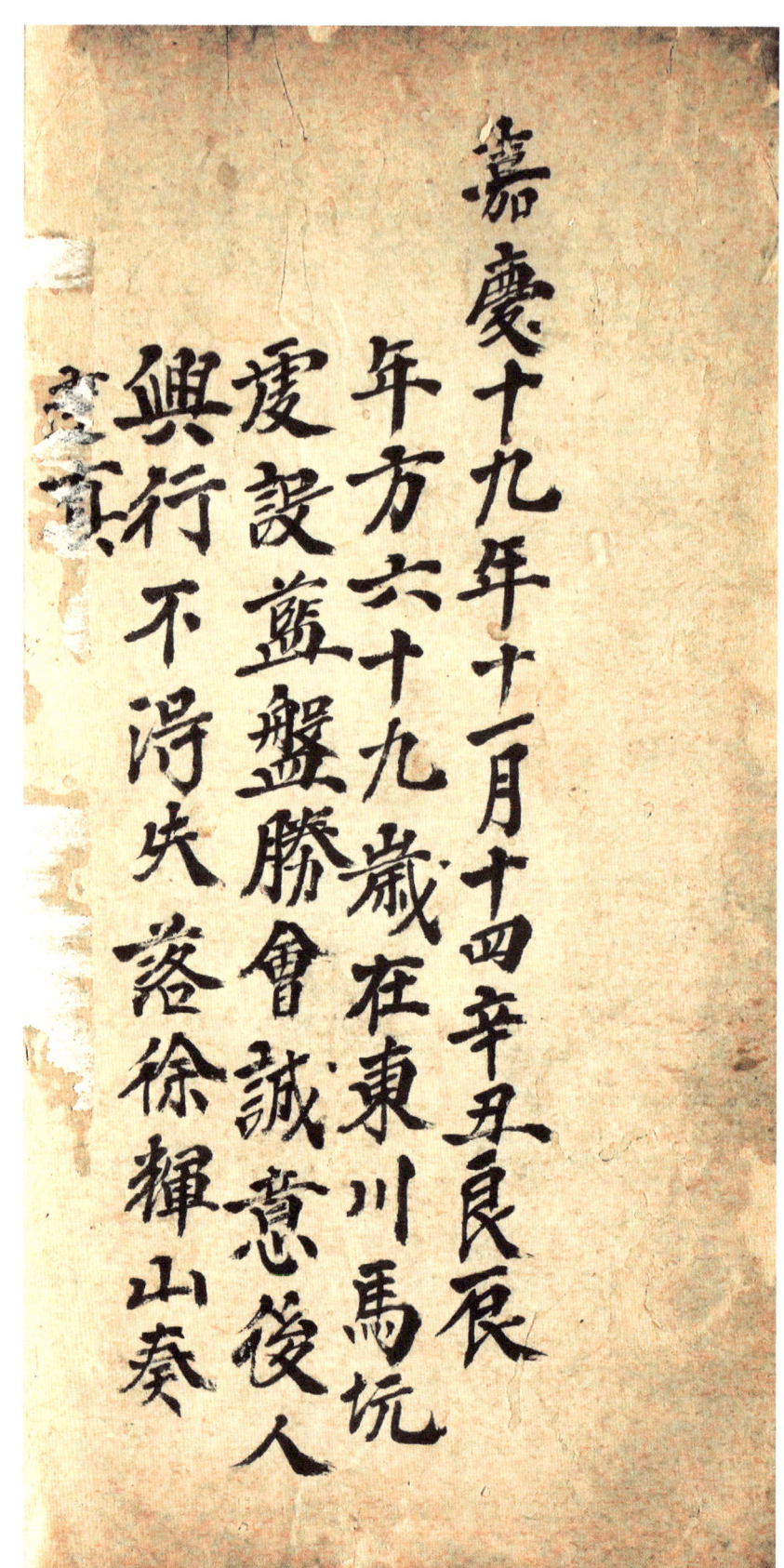

二一二 太上靈寶冶煉座頭斛科 一卷 清光緒十一年（1885）林道貞抄本

開本高 24.5 釐米，寬 13.5 釐米，半葉六行，每行字數不等。一册。館藏索書號 0072

太上靈寶冶煉座頭斛科　指座

九頭獅座對靈前　萬道霞光照大千

煉度亡魂無滯碍　承茲道力上丹天

莫教踏着玄光動　整術先天一片根

高臺御座 天尊　祝香再 高陞御座天尊

　二 念上去上真 靈寶

志心初念上香香至玉清勝境元始天尊前供粮

三 太仙道德

二一二 **過關科書一卷** 清咸豐七年（1857）陳法耀抄本

開本高25.3釐米，寬13.0釐米，半葉六行，每行字數不等。一册。館藏索書號0084

過關科書

右奉

玉清撿押妖氣真符謹當告下
臣懺受三天門下弟子依教典行主奏度星蓋宮
保安事臣陳法耀 誠惶誠恐稽首頓首拜上奏
恭焚道香 香靈室慮香祕洞真香伏此信
香百拜虔誠一心奉請 上座大羅三清三境

二一三 功德符告疏式一卷 清光緒二十四年（1898）抄本

毛裝。開本高21.5釐米，寬12.0釐米，半葉六行，每行字數不等。一冊。館藏索書號0085

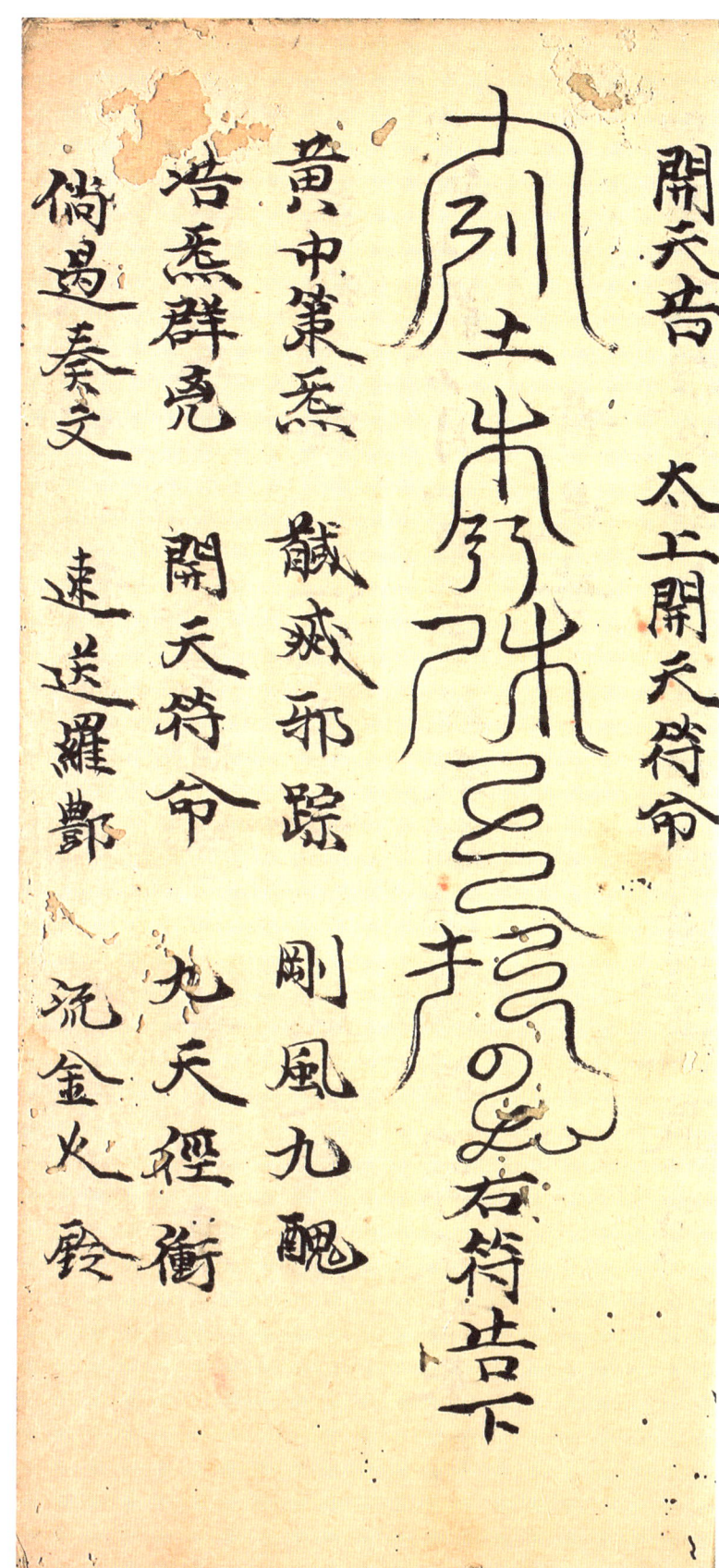

二一四 **廟靈經書一卷** 清嘉慶十六年（1811）藍氏抄本

開本高 20.7 釐米，寬 10.8 釐米，半葉八行，每行字數不等。一冊。館藏索書號 0086

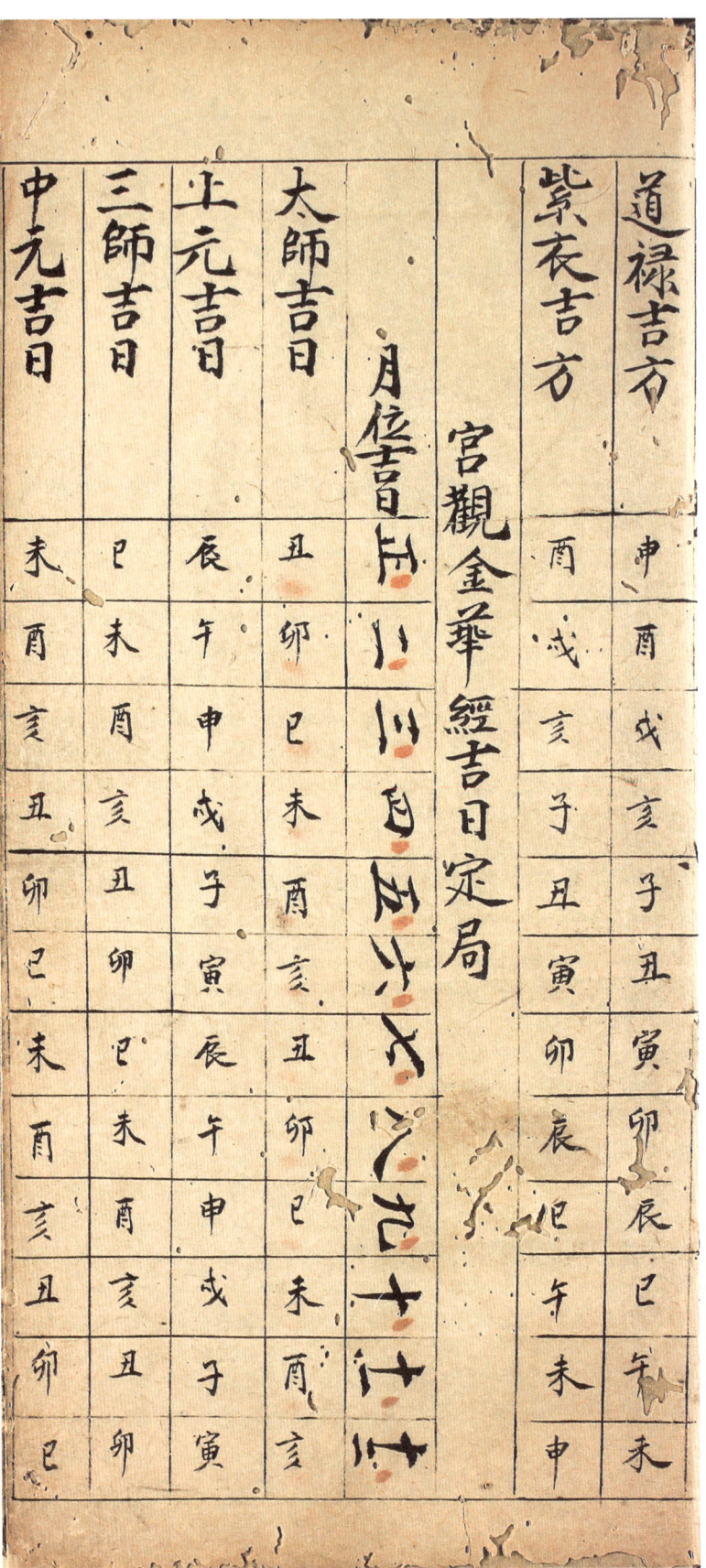

二一五 看怪書一卷 民國三十七年（1948）雷振亮抄本

毛裝。開本高16.8釐米，寬13.6釐米，半葉行數不等，每行字數不等。一冊。館藏索書號

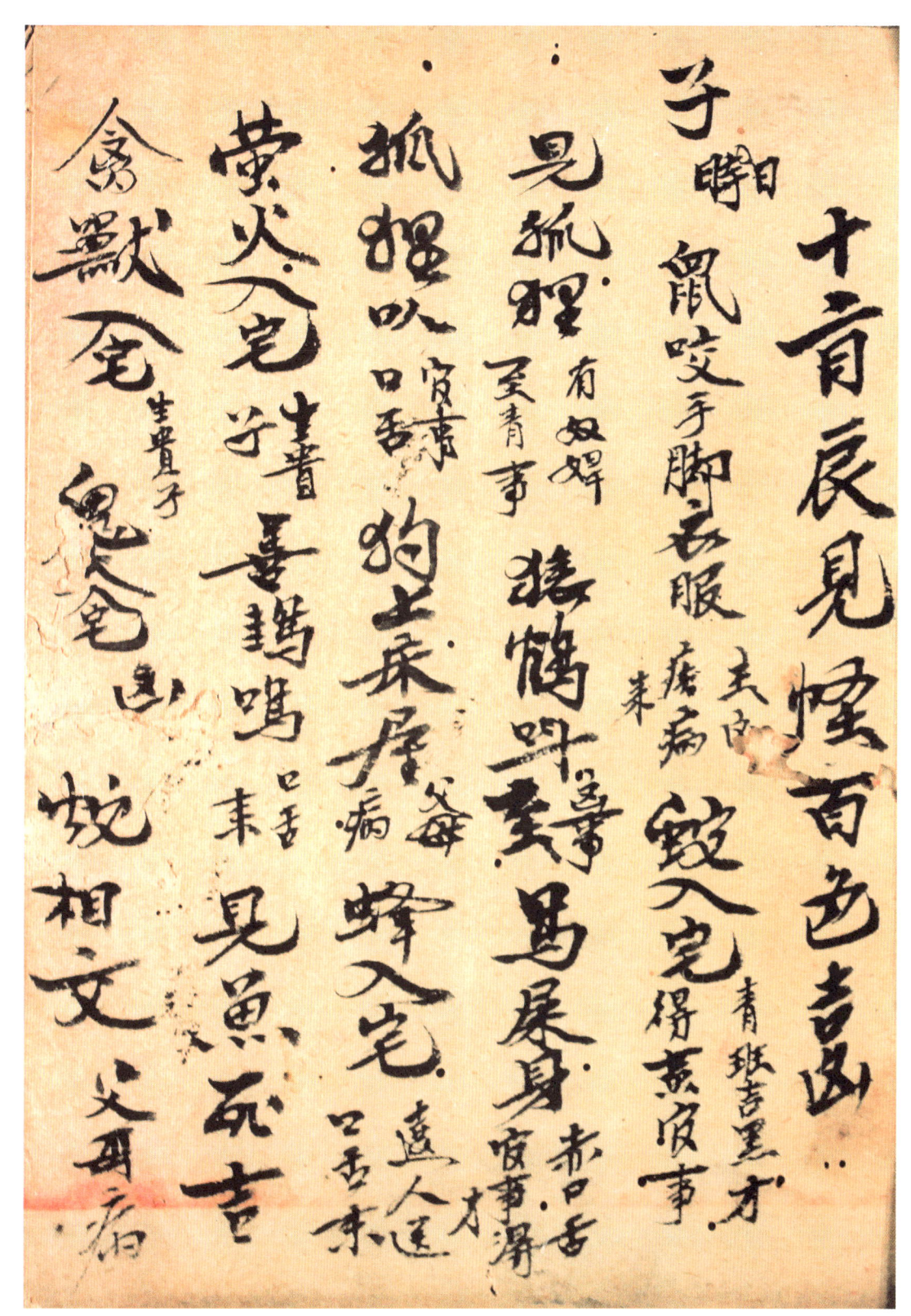

二一六 清醮發奏科一卷 清嘉慶二十四年（1819）吳顯真抄本

毛裝。開本高 21.4 釐米，寬 12.0 釐米，半葉五行，每行字數不等。一冊。館藏索書號 0088

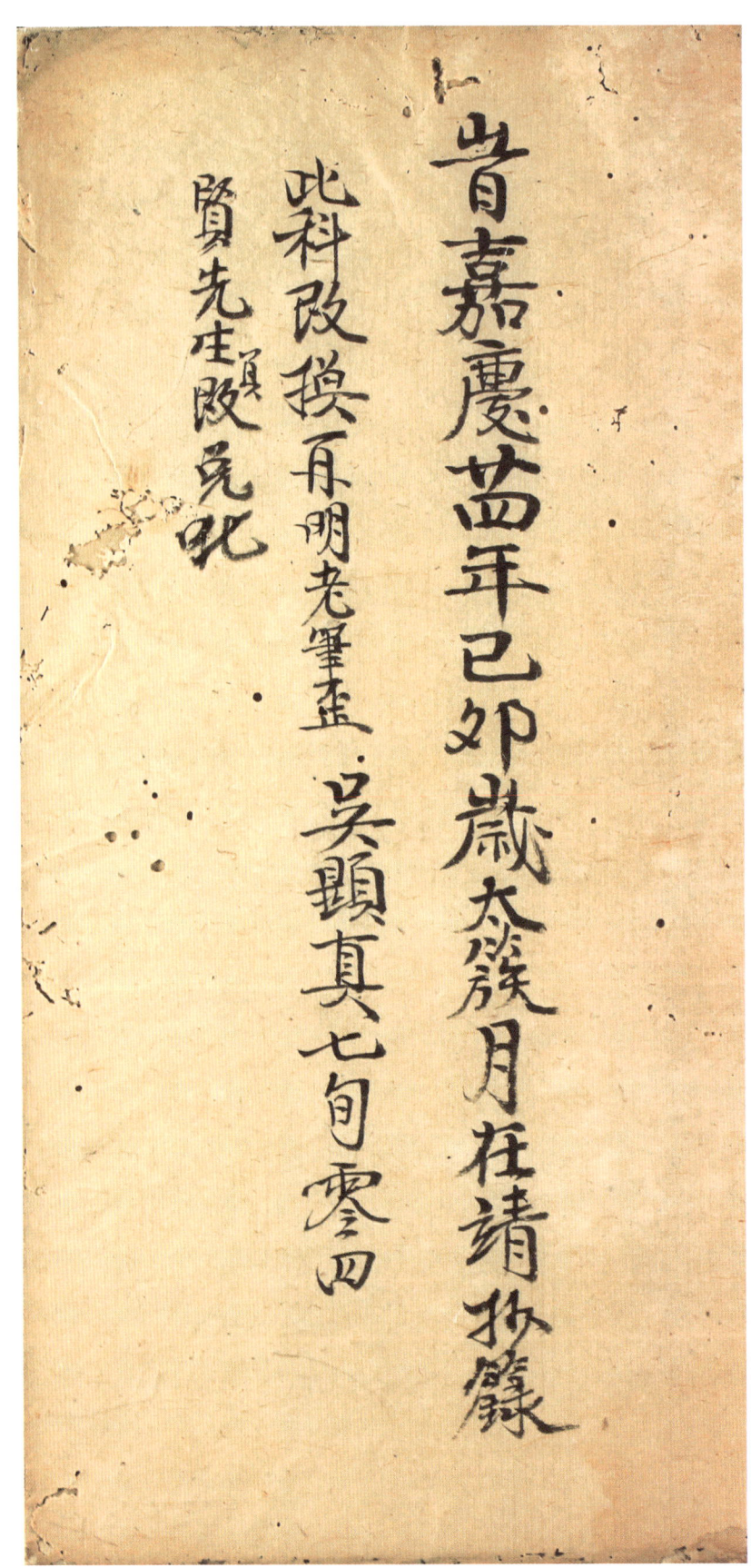

二七 祈禳過關科書一卷 清同治四年（1865）洪法進抄本

開本高 21.4 釐米，寬 12.0 釐米，半葉五行，每行字數不等。一冊。館藏索書號 0089

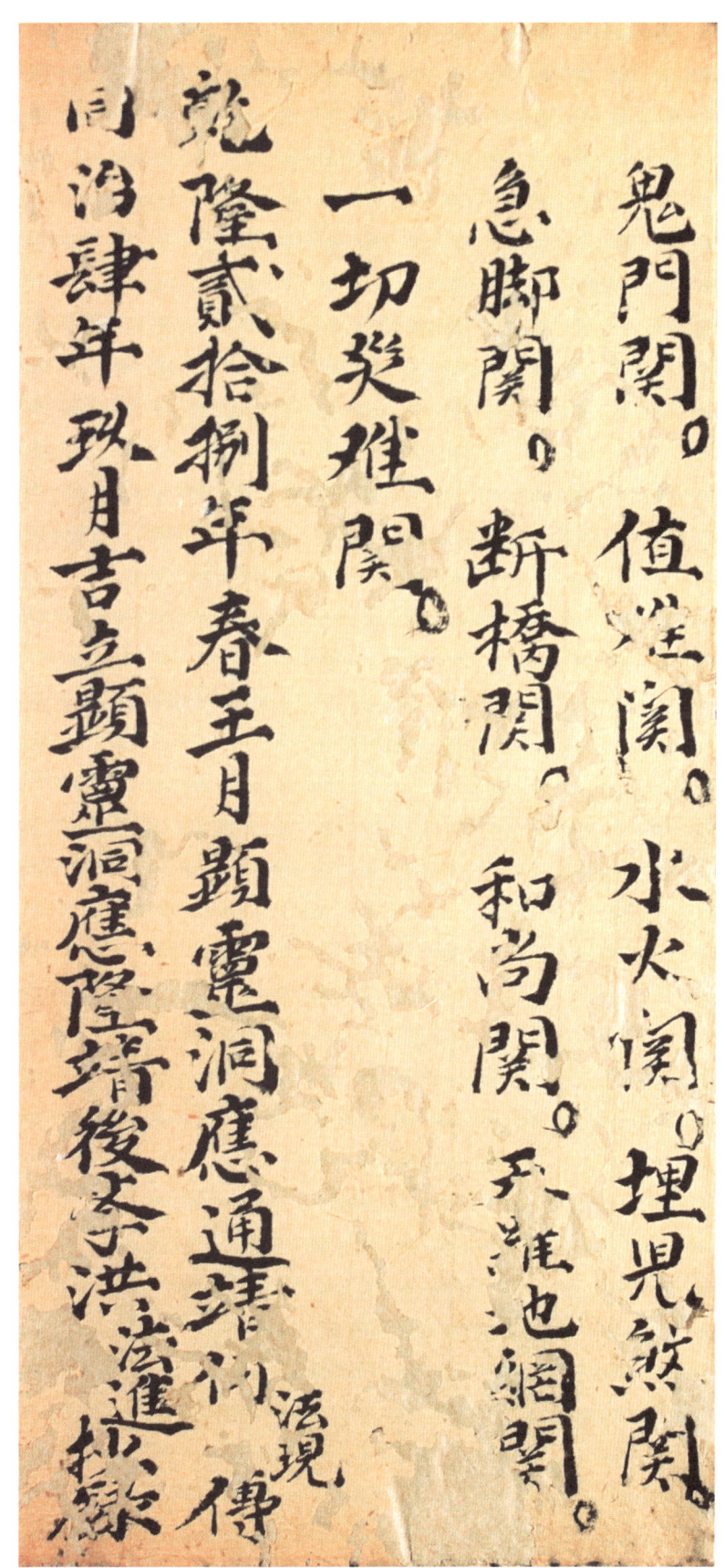

二一八 論宅開門放水經拆水進益斷訣一卷 清光緒二十八年（1902）雷震聲抄三十四年（1908）蘭新清補抄本

毛裝。開本高 24.5 釐米，寬 11.5 釐米，半葉八行，每行字數不等。一册。館藏索書號 0102

二一九 經本1卷 清光緒二十三年（1897）雷元京抄本

開本高21.0釐米，寬11.8釐米，半葉六至七行，每行字數不等。一册。館藏索書號0099

家中父母諒楮壽諒福添壽休安寧
孝子一步拜三拜 彌陀佛 一步三拜謝娘恩
母前有呪咀未過赦 南無阿彌陀佛 天堂地獄保安康
孝子一步拜三拜 彌陀佛 一步三拜謝娘恩 南無阿彌陀佛

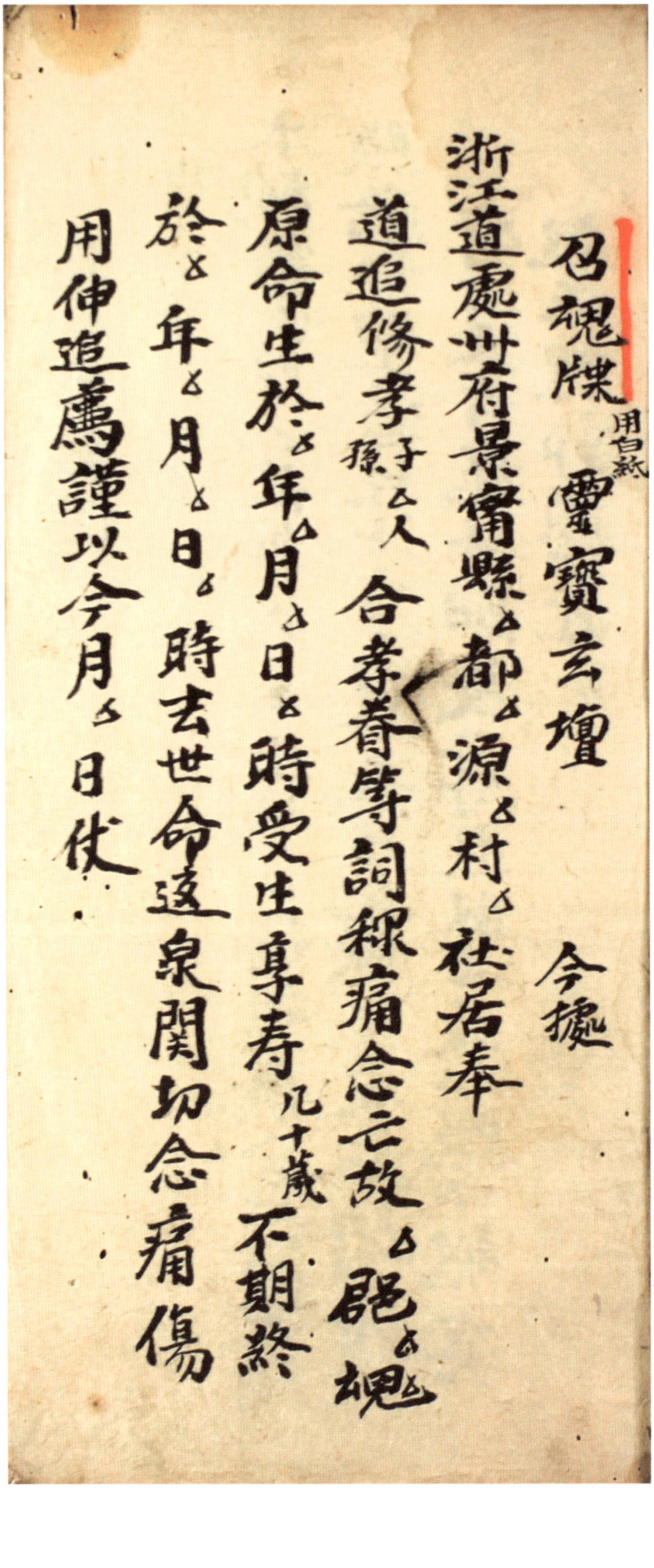

二二〇 召魂牒靈寶玄壇一卷　清光緒七年（1881）吳龍興抄本

毛裝。開本高24.4釐米，寬13.0釐米，半葉四至七行，每行字數不等。一冊。館藏索書號0100

召魂牒　靈寶玄壇　今據用白紙

浙江道處州府景寧縣△都△源△村△社居奉

道追修孝子孫△人

合孝眷等詞稱痛念亡故△鷠△魂

原命生於△年△月△日△時受生享壽几十歲不期終

於△年△月△日△時去世命遂泉關切念痛傷

用伸追薦謹以今月△日伏

二三二 七夕慶賀玄科一卷 清乾隆五十九年（1794）林增元抄本

毛裝。開本高25.6釐米，寬11.4釐米，半葉六行，每行字數不等。一冊。館藏索書號0116

之夕慶賀玄科 八壇起首

太極分高厚 輕清上濁天人能修正真
真石作神仙 行溢三千數 而登四萬年
卅臺開寶啓 金口為流傳 洒淨交食
玉山金闕 降 望萬靈降駕 諸真臨軒
傾光呷駕 自言 監真度生 流真玉光

二三二 **九經書一卷** 清道光二十七年（1847）藍新玉抄本

毛裝。開本高21.6釐米，寬11.1釐米，半葉六行，行十字。一冊。館藏索書號0118

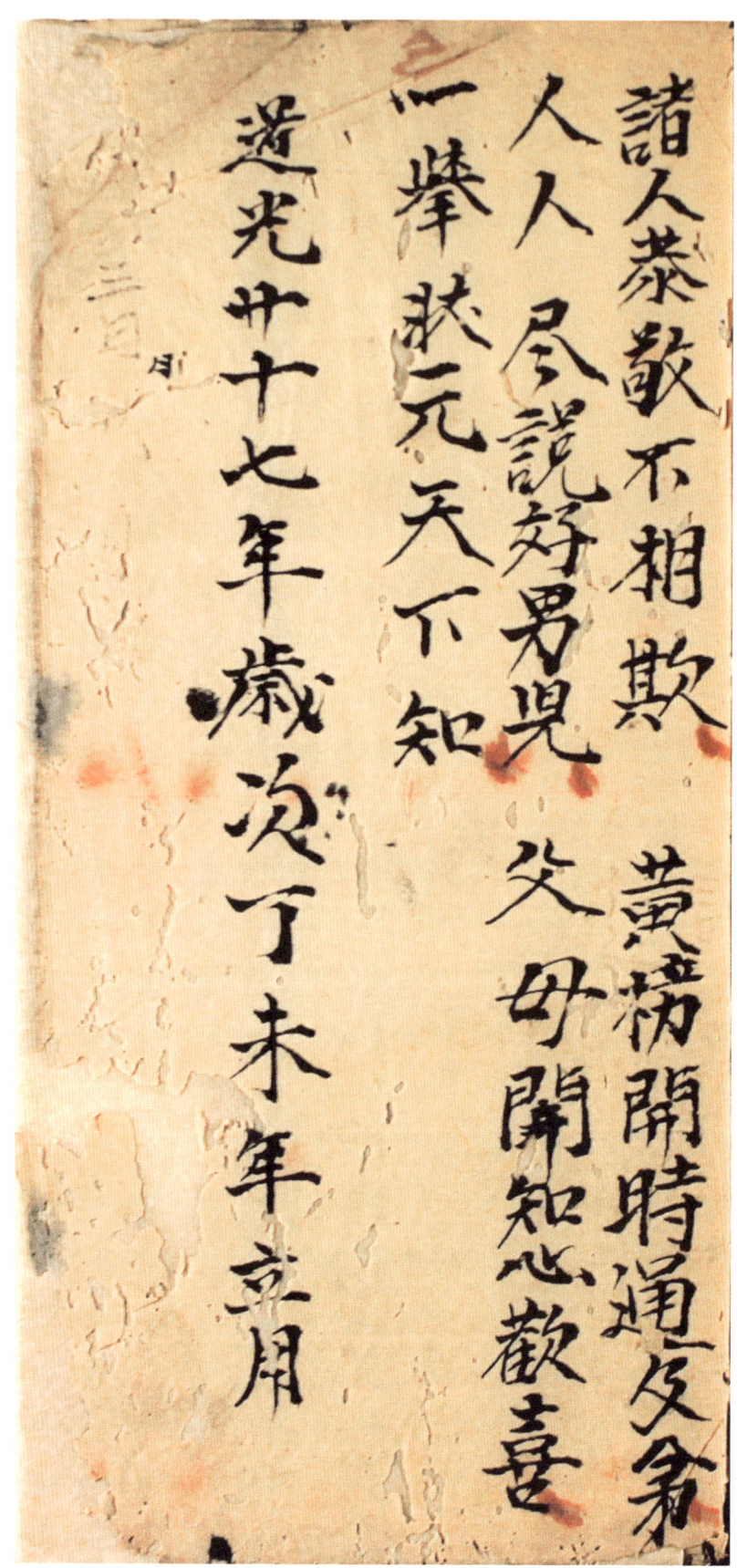

二二三 **普唵祖師咒** 一卷 清道光五年（1825）王法興抄本

毛裝。開本高21.7釐米，寬11.5釐米，半葉五至六行，每行字數不等。一冊。館藏索書號0126

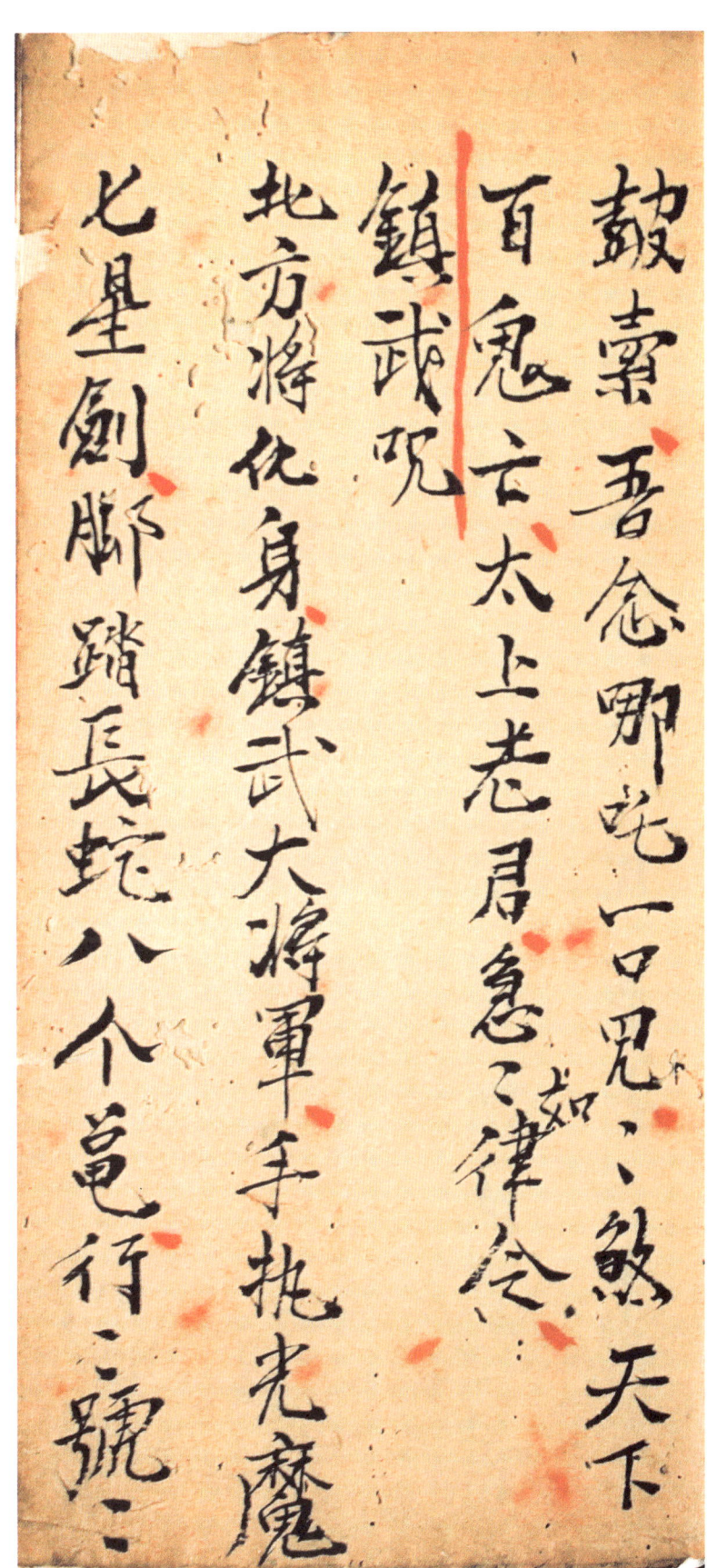

敕棗吾念哪吒一口咒、敕天下百鬼亡、太上老君急急如律令。

鎮武咒

北方將佐身鎮武大將軍手執光魔七星劍腳踏長蛇八个邕行三號

二二四 **打奈橋書一卷** 清乾隆五十八年（1793）葉顯真抄本

毛裝。開本高21.3釐米，寬11.6釐米，半葉六至七行，每行字數不等。一冊。館藏索書號0121

自從盤古立乾坤　五嶽明山立大川
九州五岳立宮廟　低則為阜高則尊
李四張三分曲直　陰陽者是一般殺㬢香
陰陽指掌殺㬢存　郡家住宅不依原
化依黄泉諸地府　弟家州縣鬼鄉村
二十四司曹吏局　立嶺告走六門宴

二二五 伏龍醮科一卷 一九五〇年季景翔抄本

開本高19.9釐米，寬13.1釐米，半葉八行，每行字數不等。一冊。館藏索書號0143

伏龍醮科 入壇科 水瀝淨 中篇 消災祈求 變花具位入科

道然郎寶人慈尊

燈光普照大尊尊

太乙佐無自然無根一大道太上道君太

上老君太上昊天金闕至尊玉皇上帝

中天北光星主北極紫微大帝太微上

宮勾陳星主天皇大帝后德沉太厚地

祇，共皇長生大帝東壺宮中元八黃，仁者

太乙救苦大慈尊

廻龍紀氣大慈尊

二三六 **靈寶天皇醮科一卷** 清康熙四十一年（1702）嚴達昉抄本

毛裝。開本高24.4釐米，寬10.8釐米，半葉四行，每行字數不等。一冊。館藏索書號0146

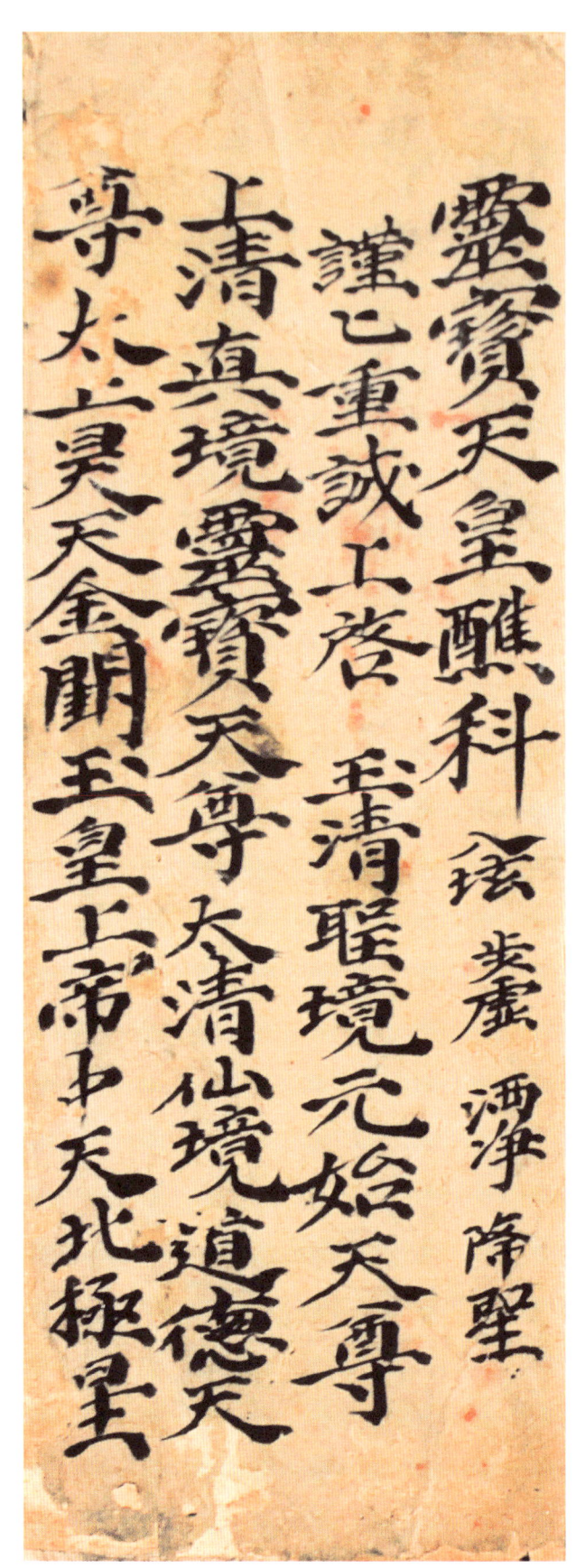

二二七 藏身禁房變花圓法書一卷 清宣統元年（1909）張玉正抄本

開本高 22.1 釐米，寬 11.2 釐米，半葉六行，每行字數不等。一冊。館藏索書號 0183

長生亦仙人 鬼來火坑上面過

一堅义落旋陽大火坑

禁房完畢 出外變百花園

宣統元年己酉歲孟秋月吉日 抄陣

張玉正醜筆、

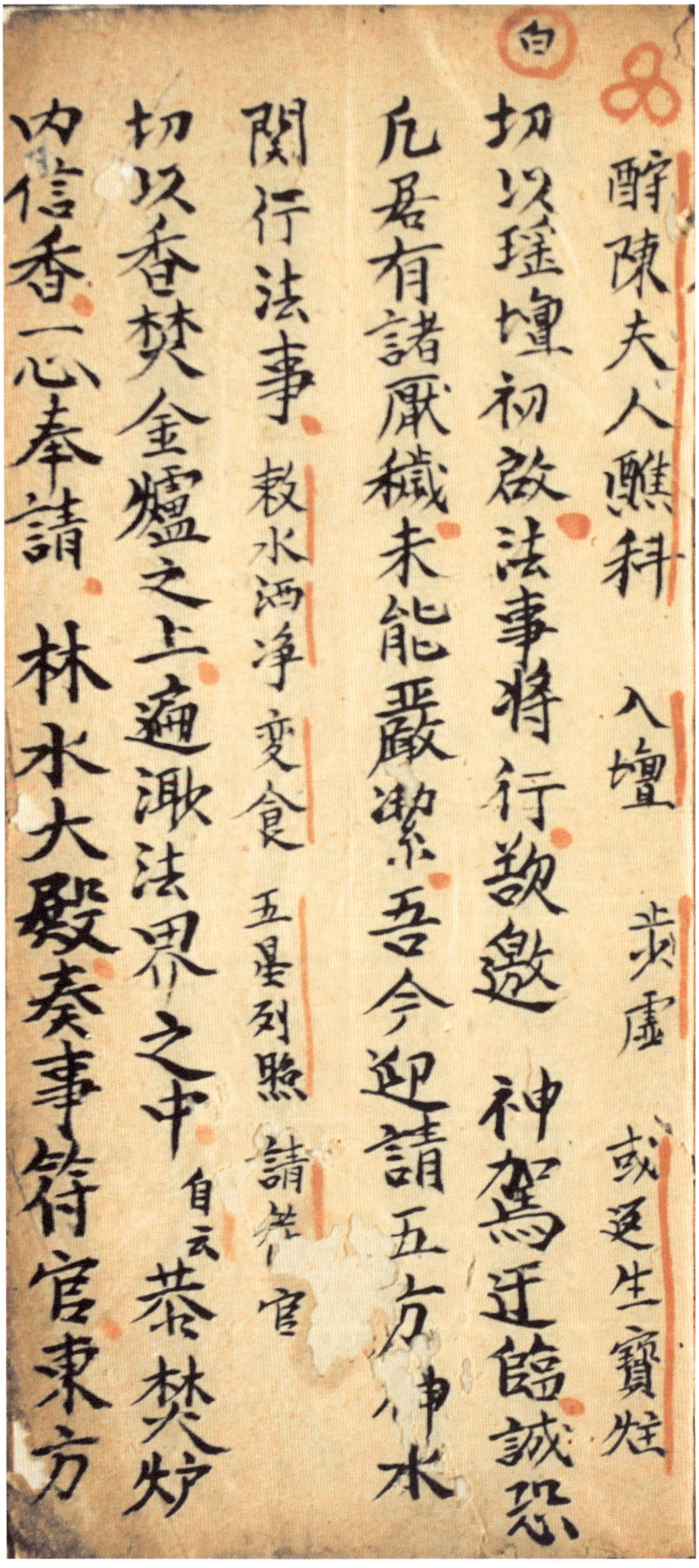

二二八　醇陳夫人醮科一卷　清抄本

毛裝　開本高21.0釐米，寬11.0釐米，半葉六行，每行字數不等。一冊。館藏索書號0184

醇陳夫人醮科　入壇　步虛　或迎生寶燭

切以瑤壇初啟法事將行歆邀　神駕迂臨誠恐

凡吾有諸厭穢未能嚴潔吾今迎請五方神水

闌行法事　敕水洒淨變食　五星列照　請荼官

切以香焚金爐之上遍澈法界之中　自云荼焚爐

內信香一心奉請　林水大殿奏事符官東方

二二九　度星疏式一卷　清吳世琛抄本

毛裝。開本高23.7釐米，寬13.3釐米，半葉六行，每行字數不等。一册。館藏索書號0190

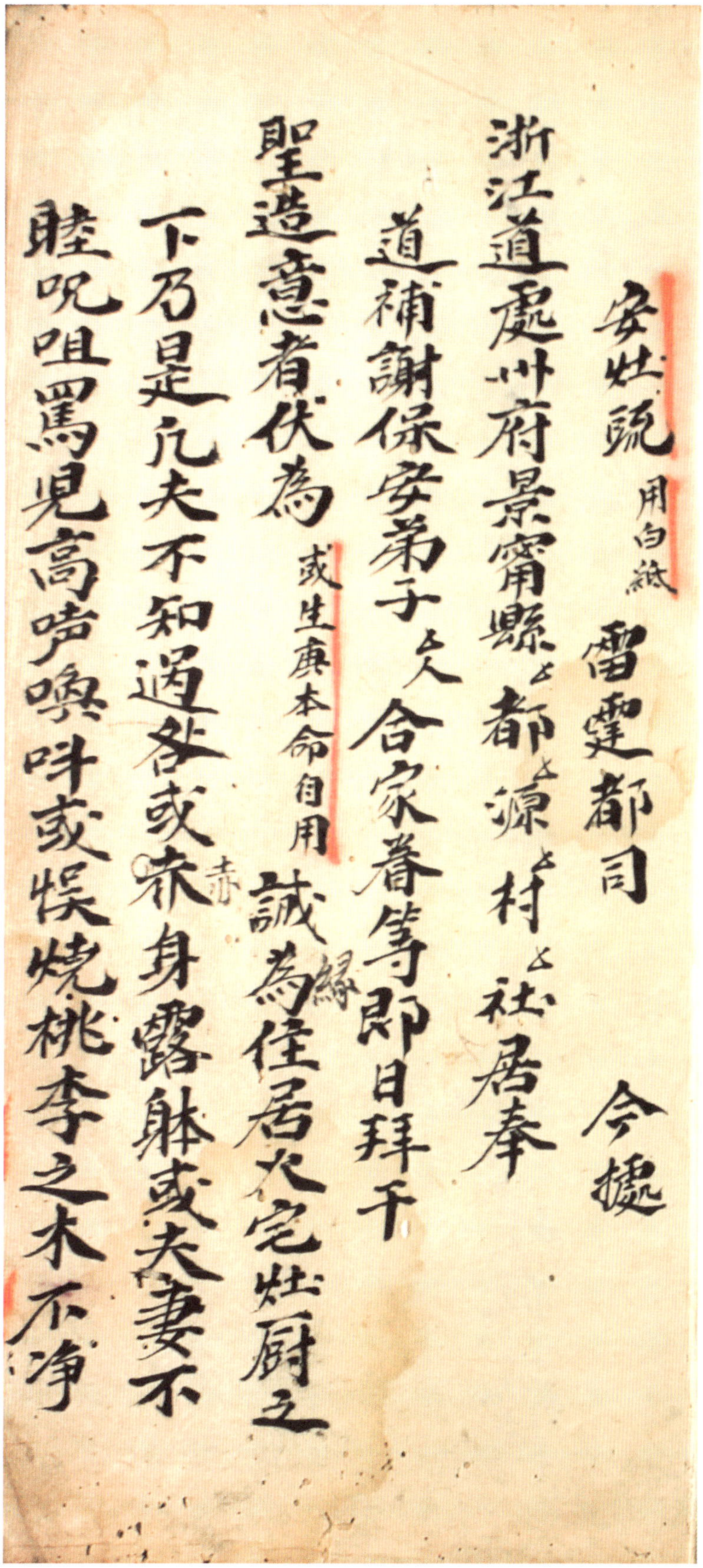

安灶疏　用白紙

浙江道處州府景寧縣㕥都㵪村㕥社居奉

雷霆都司　今據

道補謝保安弟子久合家眷等即日拜干

聖造意者伏爲　或生庚本命自用

下乃是凡夫不知過咎或赤身露躰或夫妻不

睦呪咀罵兒高呼喚叫或㷭燒桃李之木不淨

誠爲住居大宅灶厨之緣

二三〇 斬長蛇法書一卷　民國抄本

毛裝。開本高19.8釐米，寬11.7釐米，半葉六行，每行字數不等。一冊。館藏索書號0195

斬長蛇法書

請祖師借法具角詩起首照書行
用長蛇十二枝披糖材背用六人抬法場斬

壇前灯火結成花　孝堂裏面哭和和
沙皇排兵一時至　排兵列陣斬長蛇
此板元是出山林　魯班巧上造完成
本是凡人來作用　酬答亡人上西天
六十津丁長八寸　変化存為鉄籠王

二三二 祈雨奏章變樓語一卷 清道光三十年（1850）張廷蘭抄本

毛裝。開本高21.2釐米，寬11.2釐米，半葉六行，每行字數不等。一冊。館藏索書號0212

祈雨奏章變樓語

臣今存變作仙壇岿在虛無飄渺間或化須彌
三峯頂又為蓬萊八仙山樓臺殿閣無重數
內有仙宮一所闕用聖人力斧砍天宮日月
已圓花園常明無晝夜中和今是一乾坤
一層寶林一層樓一百宝粧成掛玉勾四畔黄龍遶

二三三一　**梨園疏式一卷**　清光緒三十年（1904）吳應真抄本

毛裝。開本高 21.0 釐米，寬 12.5 釐米，半葉六行，每行字數不等。一冊。館藏索書號 0221

謝恩表

太上三五都功經籙傳習梨園正教嗣師右王吳
以真誠惶誠恐稽首頓首百拜
上言王聞凡情懇祷設心望賜反思麻
帝具慈悲及熟垂鑒必育俯伸下悃
師賣神明俱言奏懇

二三三二　迎仙出宮歸宮正科　一卷　清乾隆三十八年（1773）吳元真抄本

開本高 19.5 釐米，寬 12.0 釐米，半葉八行，每行字數不等。一册。館藏索書號 0238

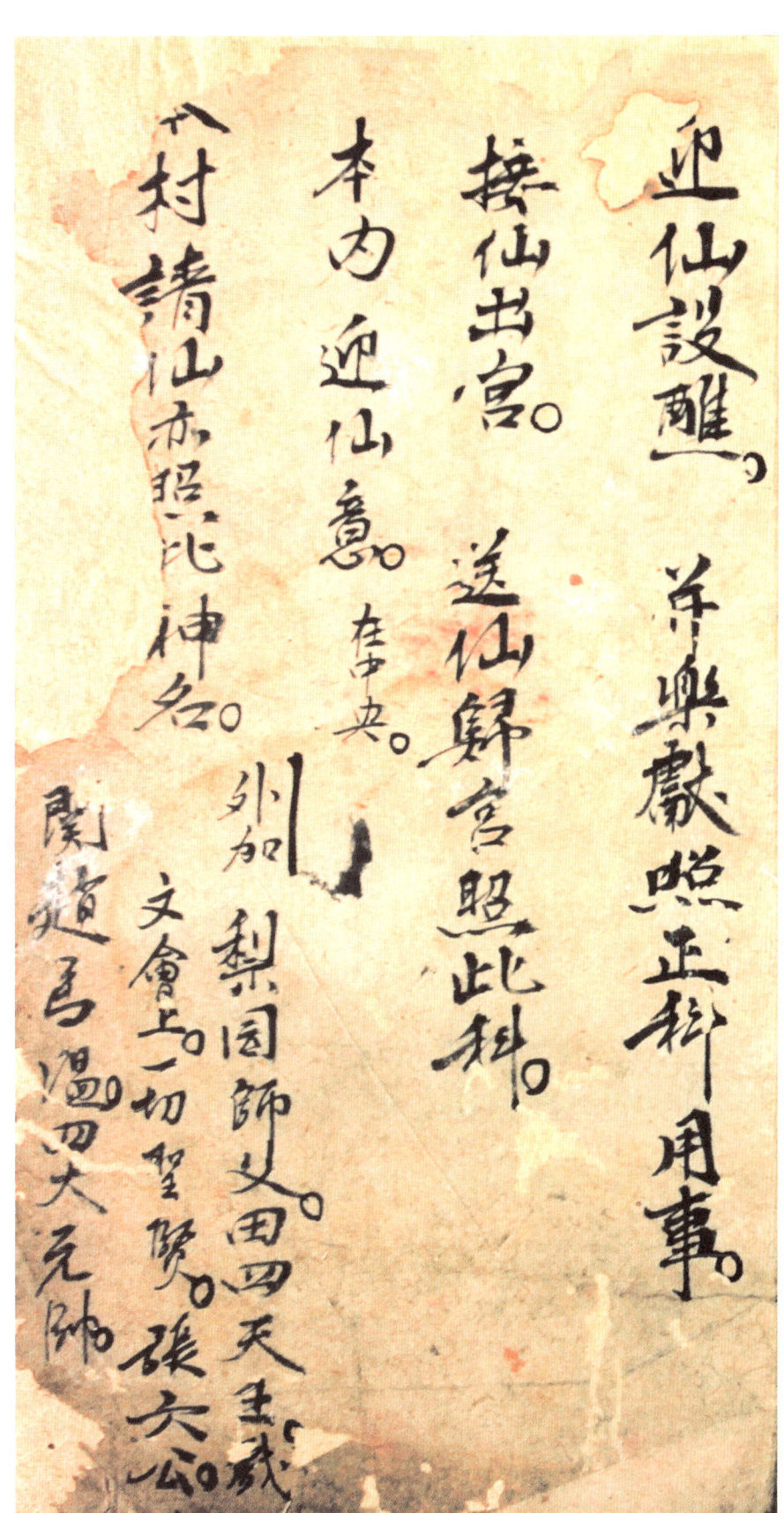

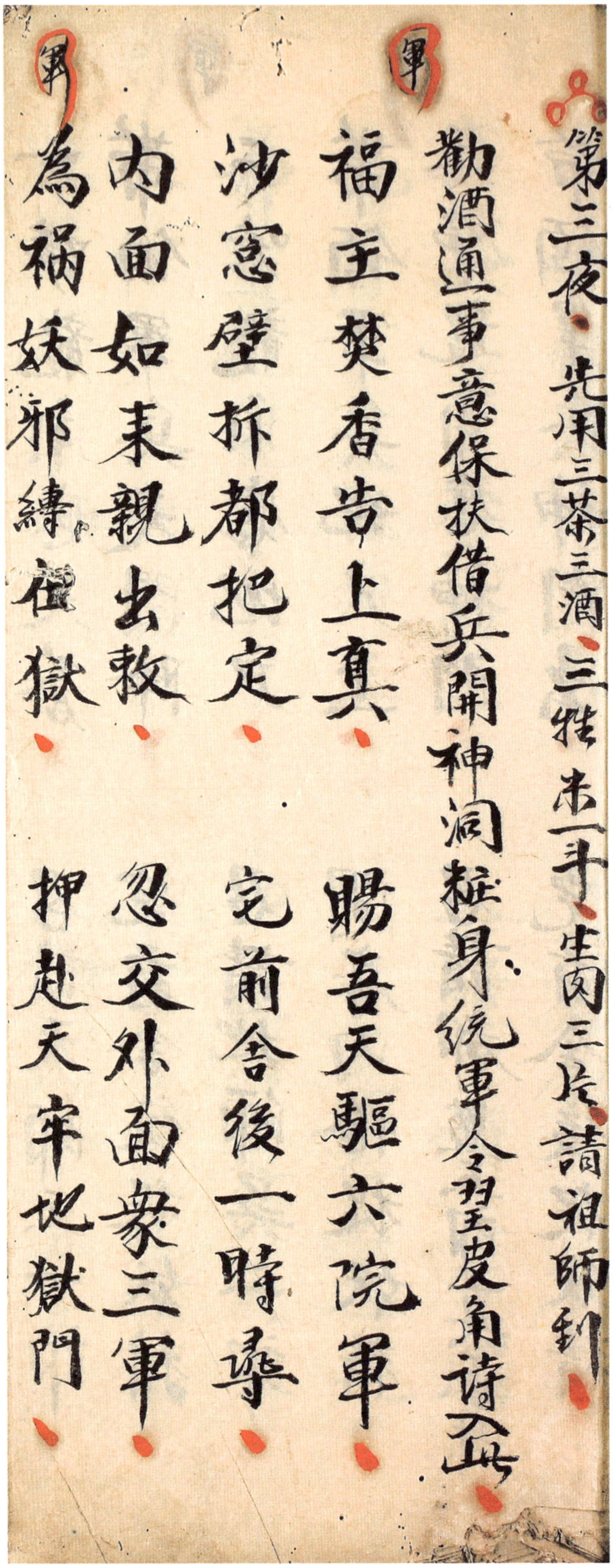

第三夜,先用三茶三酒三牲束一斗生肉三片請祖師釘

勸酒通事意保扶借兵開神洞梃身統軍令望度角詩△

福主焚香告上真,

賜吾天驅六院軍

沙窓壁拆都把定,

宅前舍後一時尋

肉面如來親出救,

忽交外面象三軍

為禍妖邪縛在獄,

押赴天牢地獄門

二三四　第三夜科書一卷　清咸豐十年（1860）潘大庫抄本

開本高 23.5 釐米，寬 11.0 釐米，半葉六行，每行字數不等。一册。館藏索書號 0239

二三五　送星白虎科一卷　民國二十六年（1937）吳應真抄本

毛裝。開本高21.5釐米，寬13.1釐米，半葉五行，每行字數不等。一冊。館藏索書號0275

車高萬丈腳踏雷鼓响蒼冬若
人持誦雷聲號天下鬼神不敢
當急之知老祖天師律令敕
五方結界天尊　施食
丁丑年十二月吳應真秘籙

二三六　鎮妖符式一卷　民國十九年（1930）季道鴻抄本

毛裝。開本高20.6釐米，寬11.8釐米，半葉六行，每行字數不等。一冊。館藏索書號0290

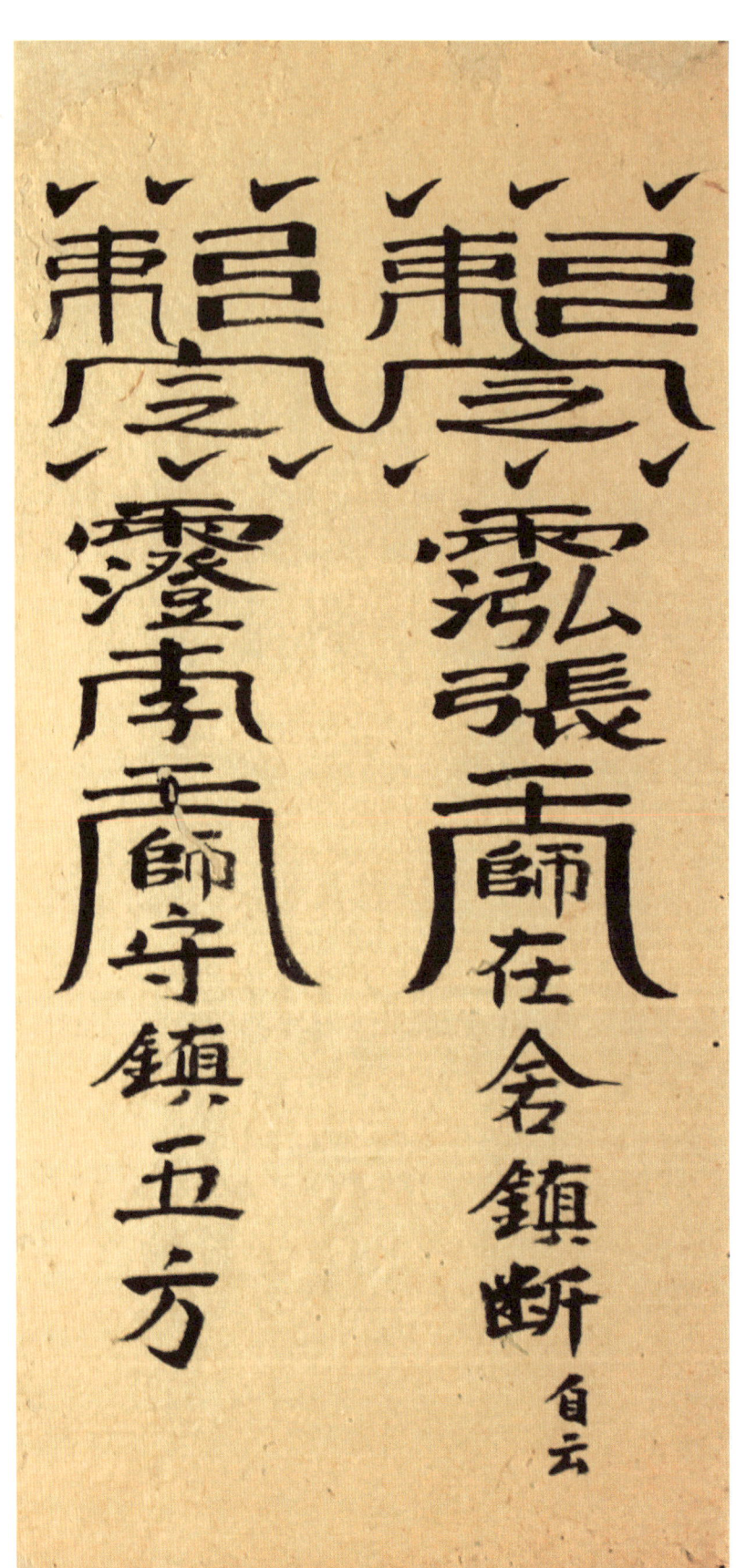

一二三七 靈寶地獄懺一卷 民國七年（1918）吳應真抄本

毛裝。開本高23.7釐米，寬12.3釐米，半葉六行，每行字數不等。一冊。館藏索書號0291

二三八　設醮接太子玄科一卷　清光緒二十四年（1898）梅定真抄本

毛裝。開本高 22.6 釐米，寬 11.6 釐米，半葉六行，每行字數不等。一冊。館藏索書號 0302

二三九 六字經一卷 民國十七年（1928）藍金樑抄本

毛裝。開本高21.7釐米，寬14.5釐米，半葉八行，行十五至十七字。一冊。館藏索書號0994

偶逢蘇氏勸語。求來改正增新。添入好語數百。流傳永保後覽。人稟天地之氣乃為萬物之靈。叨生中華夷大地。倫理切要分明。治家即如治國。敬重天地龍神常年時節忌日。虔誠祭祀宗親竭力孝養父母。劬勞恩似海深。夫婦最宜和睦。兄弟須同一心。男女必要才拘束。奴婢亦當教訓。小心恭敬叔伯忠厚接待鄉鄰。度量務要寬洪。

二四〇 玉清勝境元始天尊一卷 清乾隆五十七年（1792）林培金抄本

毛裝。開本高25.3釐米，寬11.8釐米，半葉八行，行十六字。一冊。館藏索書號1264

玉清勝境元始天尊 上清真境靈寶天尊
太清仙境道德天尊 祖師三天扶教輔
元天法天師正一靜應真君 六合無窮高
明上帝靈寶六師真君 泰玄樞機三
省列位上相天君 日宮太陽帝君 月
府太陰皇君 天罡大熊節度尊星帝君 二十
三台華蓋星君 十二宮一大星君 二十八
宿星君 周天纏度列耀星君 慶州

二四一　長遣試一卷　清光緒三十四年（1908）吳法盛抄本

毛裝。開本高20.4釐米，寬11.5釐米，半葉六行，每行字數不等。一冊。館藏索書號1408

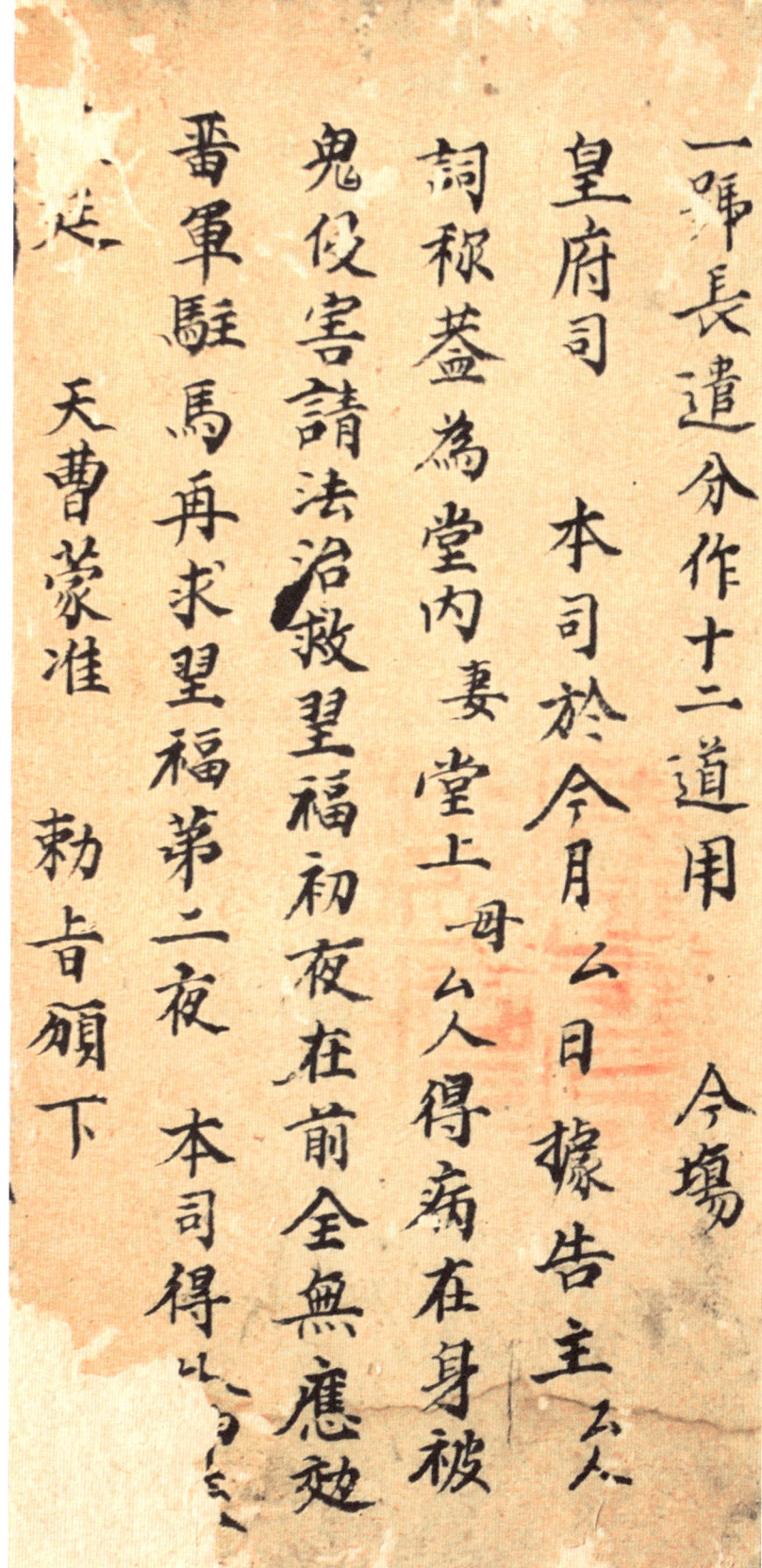

三緣會卷第二

秋風陣陣葉飛　最苦私情要別離
財子佳人天主就　要想再逢難會期按開唐詩有一揣 且得正事說端詳
夏至前後日正長　高机龍泉轉面鄉　龍泉係水浪悠悠
我今歸家走一值　免得爹娘把我愁　處州係水浪連之　船車上落到處州
青田本是小縣道　宦員來往人如烟　青田係水與東流　船車上落到青田
温州金城三十里　把筆號落是東甌　麻行寶門又个塔　太陰殿內龍搶珠
双門有个太師坊　江心鉄賞軍黃龍　江心双塔定藏龍 南針　大南門外棱官亭

二四二　三緣會四卷　民國抄本

開本高21.1釐米，寬11.3釐米，半葉六至七行，行二十一字。一冊。館藏索書號1465

二四三 玉樞懺科一卷觀音懺科一卷 清同治三年（1864）葉正真抄本

毛裝。開本高21.0釐米，寬11.0釐米，半葉六行，每行字數不等。一册。館藏索書號1469

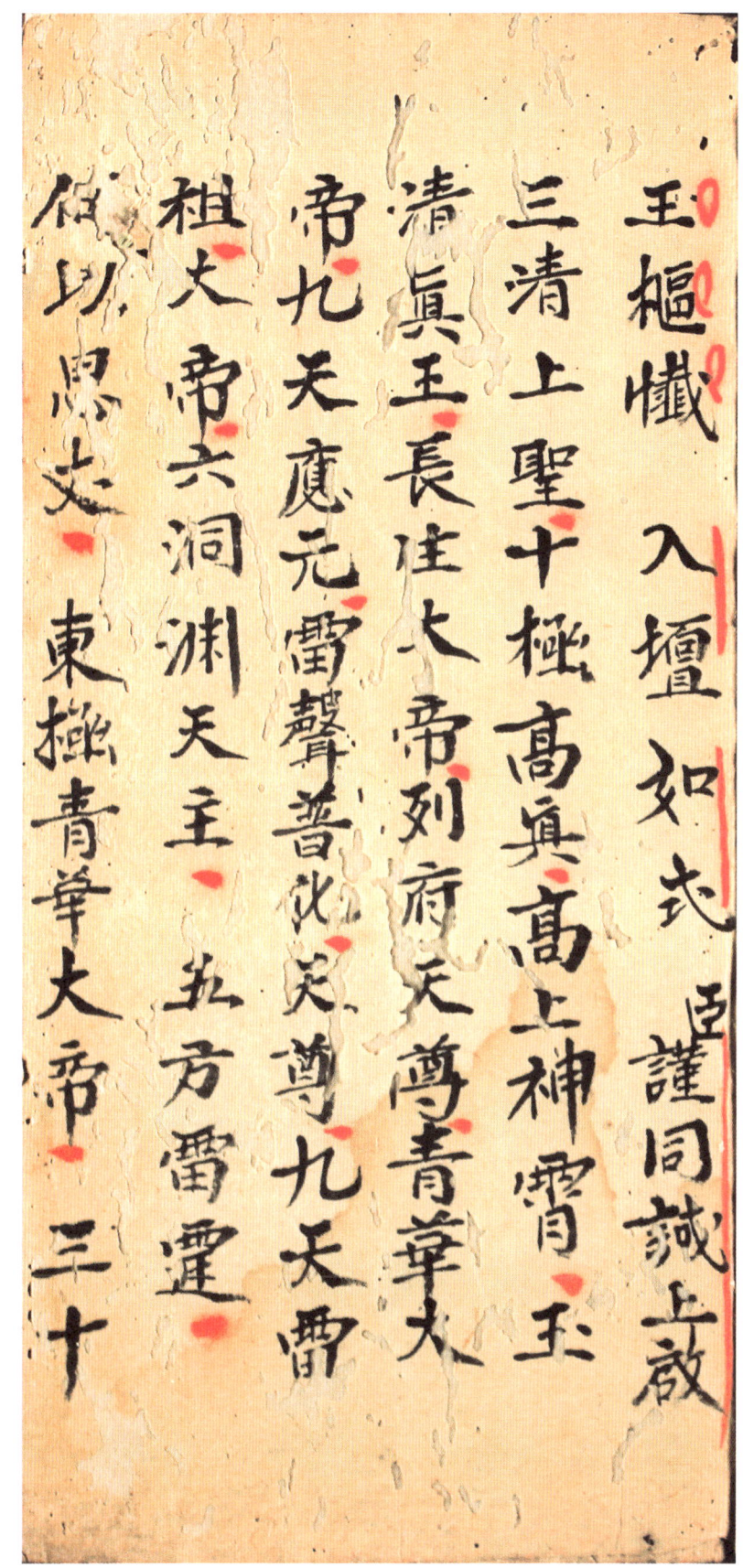

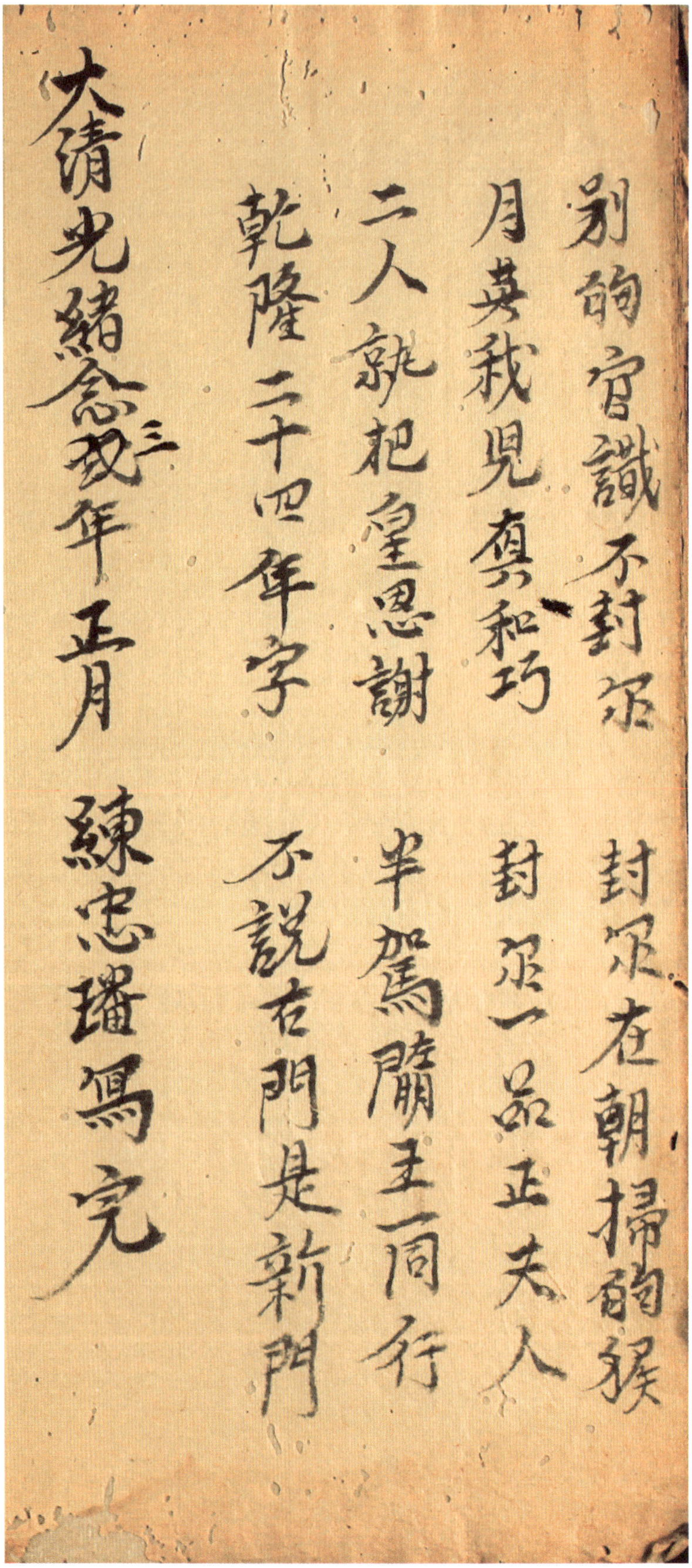

二四四 玉帶記一卷 清光緒二十三年（1897）練忠璠抄本

開本高21.0釐米，寬11.0釐米，半葉六行，行十四字。一冊。館藏索書號1495

別的官識不封众 封众在朝掃餂撰
月英我見真和巧 封众一品正夫人
二人就把皇恩謝 半駕隨王一同行
乾隆二十四年字 不說右門是新門

大清光緒念亥年三月 練忠璠寫完

二四五 山歌本明第二十號一卷 民國十六年（1927）藍月堂抄本

毛裝。開本高 20.8 釐米，寬 12.3 釐米，半葉六行，行十四字。一冊。館藏索書號 1573

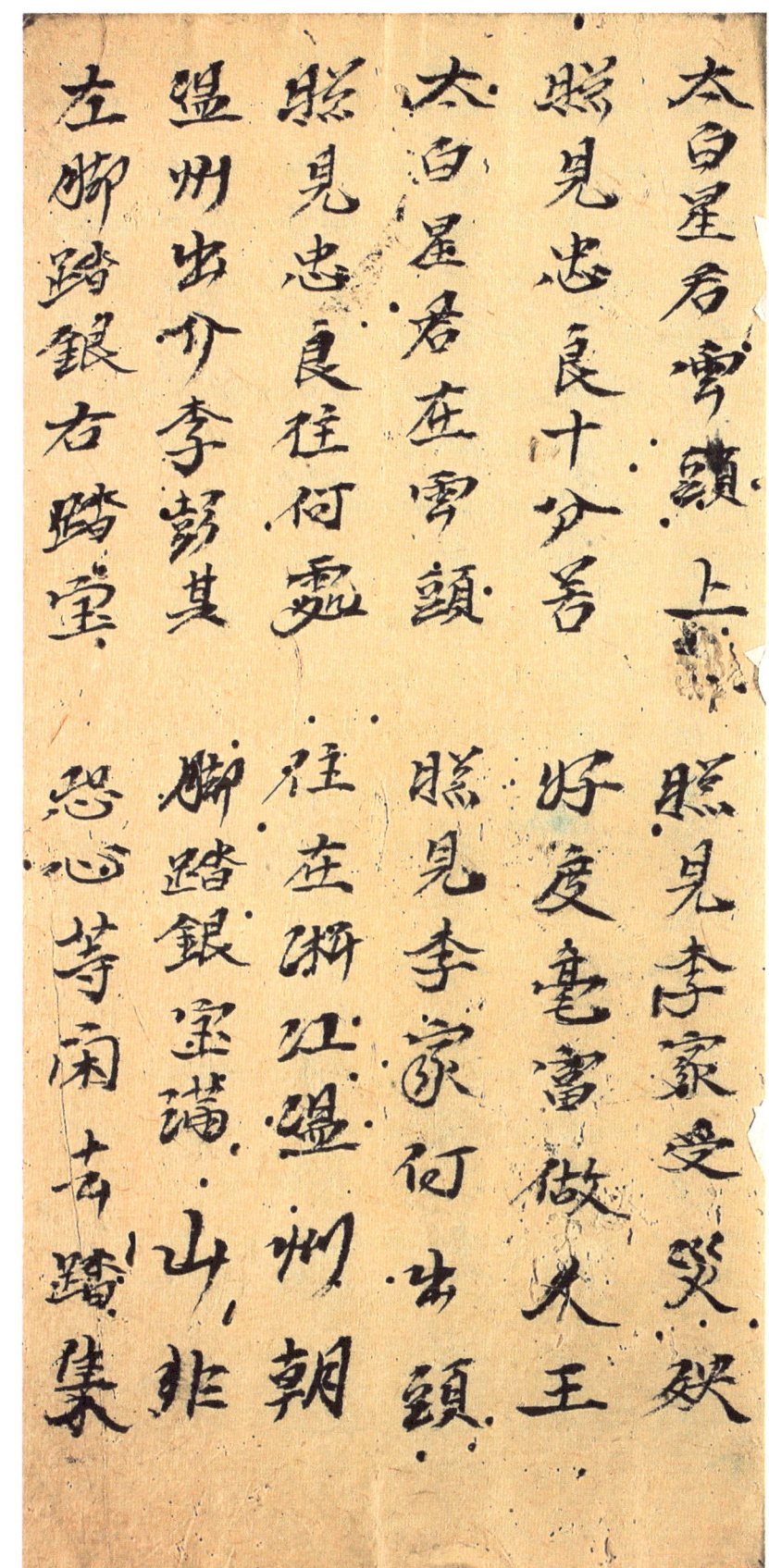

二四六 孟姜女一卷 民國三十六年（1947）劉楊高抄本

毛裝。開本高19.0釐米，寬13.5釐米，半葉八行，行十四字。一册。館藏索書號1599

正月梅花獨占先 家家戶戶過年新
人家夫妻團圓敍 我知明月缺半邊
二月春分柳色新 百草排芽遍地青
杏花帶雨流紅溪 你皆扲家痛傷心
三月桃花是清明 雙双燕子扲巢哥
雙來双去多歡樂 孟姜獨自路上行
四月薔薇蒲賀香 千里尋夫女孟姜
丈夫長城無音信 不知死活興存亡

二四七　擂鼓罵曹一卷　清抄本

毛裝。開本高20.0釐米，寬11.0釐米，半葉六行，每行字數不等。一册。館藏索書號1602

二四八　姜太公遁水晶宮秘法科一卷　清抄本

開本高21.5釐米，寬11.2釐米，半葉六行，每行字數不等。一冊。館藏索書號1606

姜太公遁水晶宮秘法科　入壇念太極分高厚云

洒淨　變食　降聖　伏爐　稱請官位具職右臣具意

奏啟　太上無極大道虛無自然玉清聖

誠惶誠恐稽首頓首百拜謹謹重誠上啟

境元始天尊上清真境靈寶天尊太清儱

境道德天尊太上昊天金闕玉皇上帝中

二四九 請五姓一卷 清光緒三十年（1904）闕法賜抄本

開本高20.0釐米，寬13.9釐米，半葉六行，行十八字。一册。館藏索書號1607

請五姓

坐上界灵寿山燃燈老佛释迦如耒王光菩薩
妙药天尊藥王菩薩藥上真人天醫先生收
毒收气將軍坐中界華光畢仙主灵耀天王金
花水烟銀花五方五斗星君東方木德星君南
方火得星君西方君德星君北方水德星君

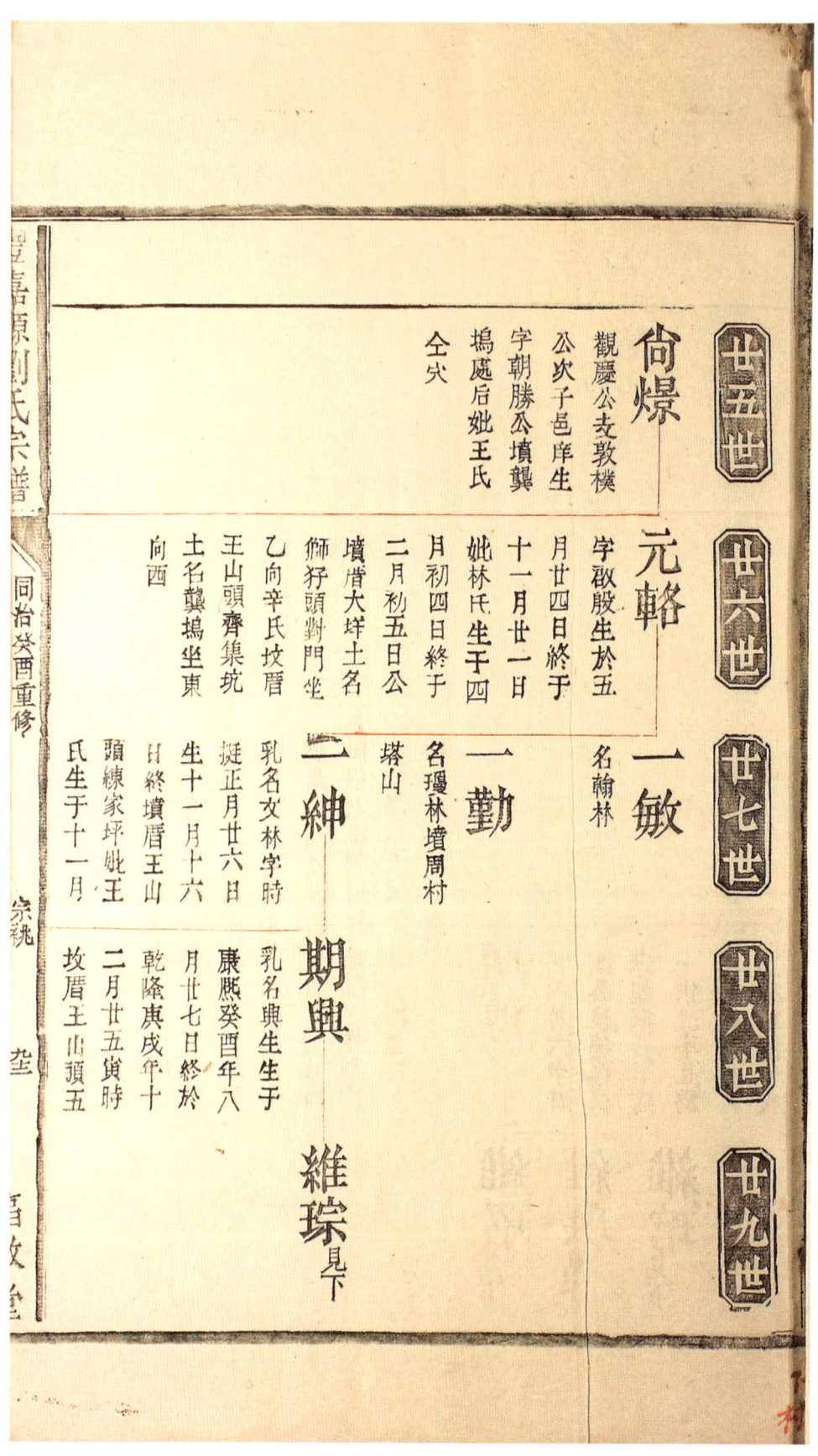

二五〇 [浙江雲和]豐源劉氏宗譜二卷 （清）王芳桂纂修 清同治十二年（1873）活字本

框高29.3釐米，寬21.3釐米，半葉十行，行二十四字，白口，四周雙邊。二冊。館藏索書號

二五一 [浙江青田]故沛劉氏宗譜三卷 (清)劉家治等纂修 清嘉慶二十年(1815)修道光四年(1824)陳煜廷增修本

框高28.3釐米，寬18.0釐米，半葉八至九行，行二十一至二十二字，白口，四周雙邊。一冊。

館藏索書號0016

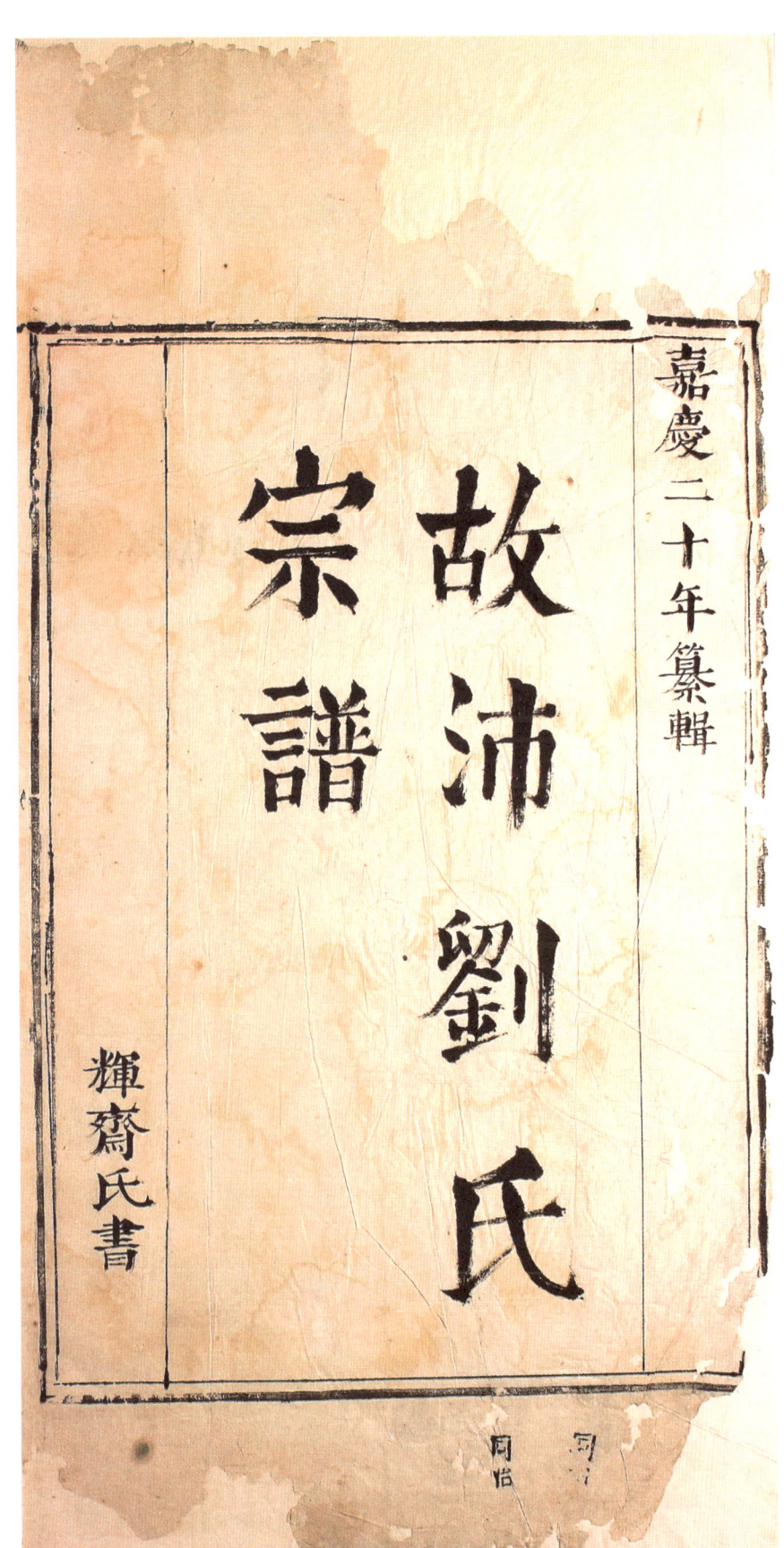

二五二 【浙江龍泉】劉氏家譜不分卷 明崇禎抄本

框高 21.7 釐米，寬 24.7 釐米。半葉十二行，每行字數不等。白口，上下雙邊。一冊。館藏索書號 0315

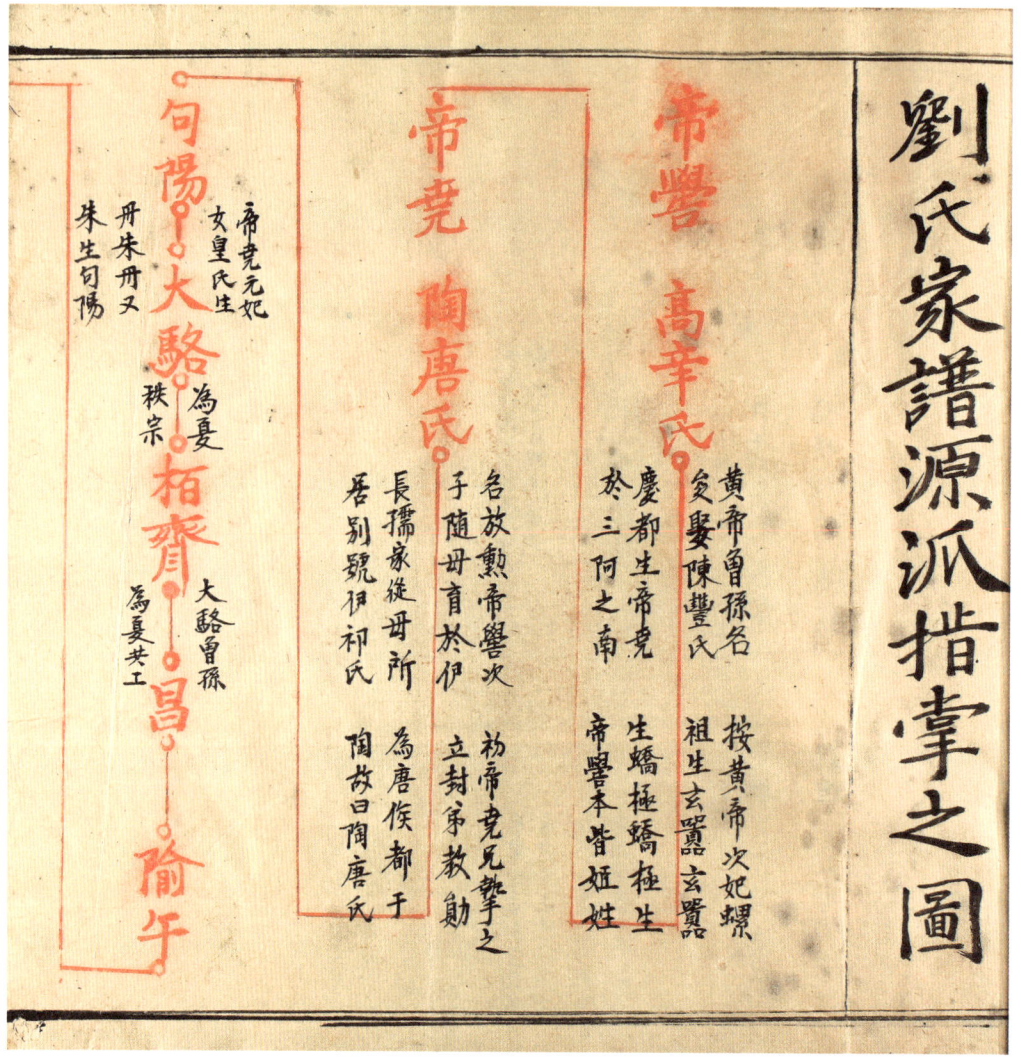

二五三 【浙江景寧】續添劉氏宗譜不分卷　清末敬業堂抄本

框高 30.8 釐米，寬 26.5 釐米，半葉十二至十三行，行十九字，白口，四周雙邊。一册。鈐有「鶴西南岸」、「吳邦俊印」等印。館藏索書號 0318

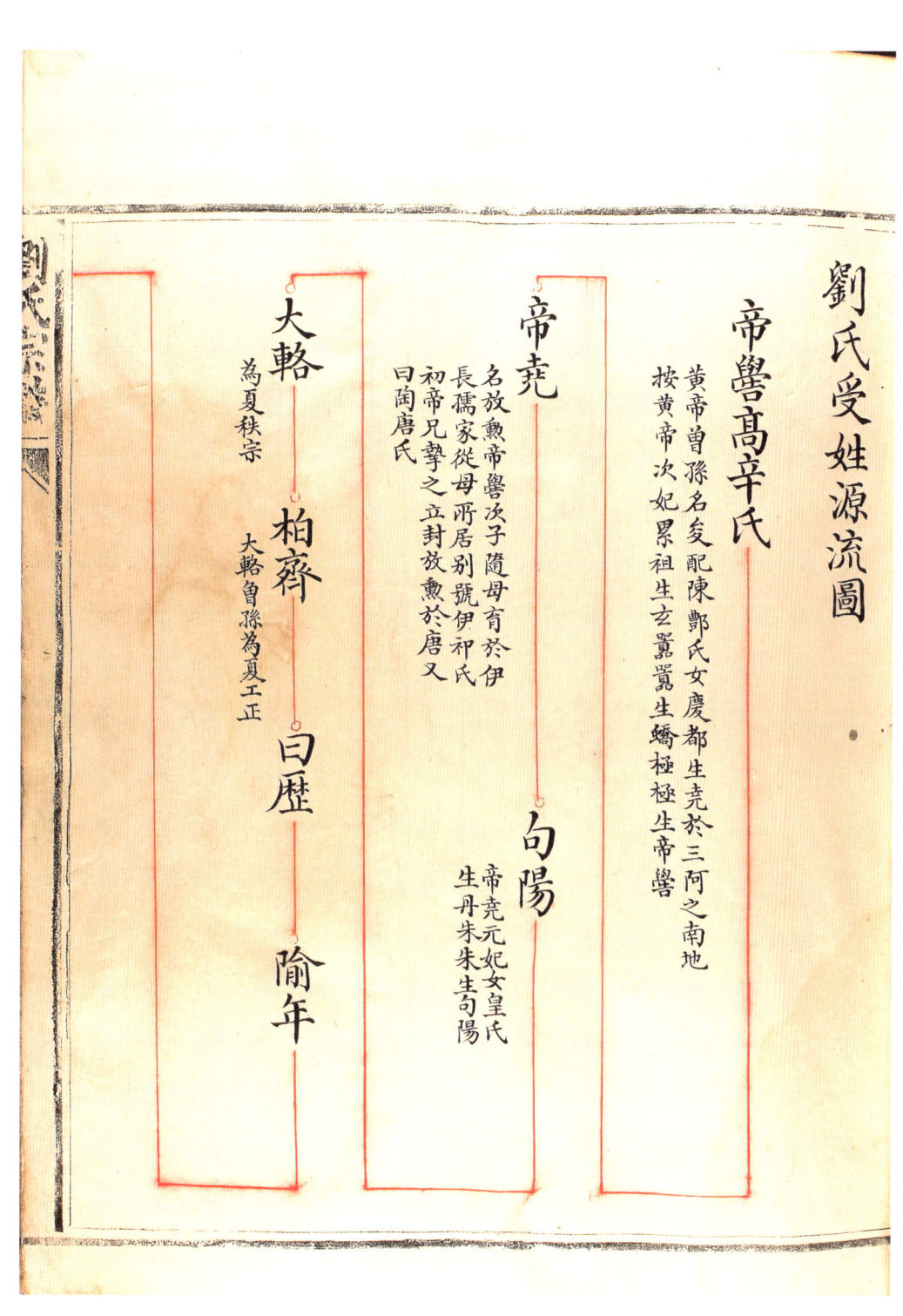

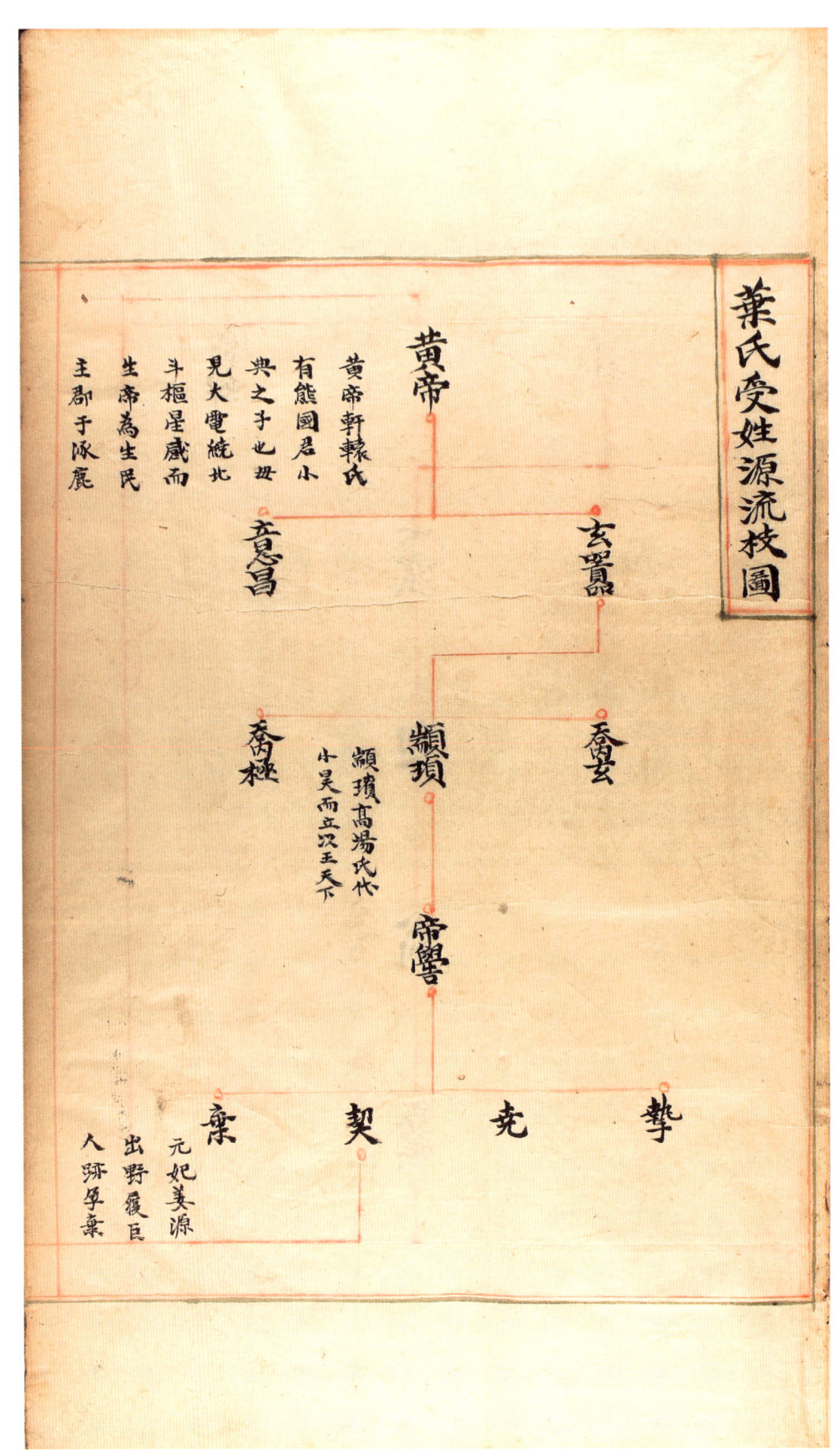

二五四 [浙江景寧] 葉氏宗譜不分卷 （清）張之齡纂修 清康熙四十二年（1703）稿本

框高31.7釐米，寬24.9釐米，半葉十二行，行十九字，白口，四周雙邊。一冊。館藏索書號

遷居坑下世系圖

漢材公長子支

十七世　　十八世　　十九世　　廿世　　廿一世

輝　　昌洋　　家昇　　聲恒　　日太

十七世 輝
- 分居坑下
- 邑庠生
- 厝墓坪父坟下
- 配張氏吳
- 配李氏
- 羅均女
- 厝坑下屋外店
- 基後

十八世 昌洋
- 木耳口女
- 公與妣全厝坑
- 下屋浚岡三角
- 坑后坐巽
- 子七 女一井
- 姑遷楊山頭余
- 吳林

十九世 家昇
- 厝櫓碓坛下
- 配錢氏戚
- 大畔女
- 厝砠碎田后
- 子四 女二
- 金姑遷葉村葉
- 百榮

廿世 聲恒
- 乳廣川
- 厝藏岡路下坐東
- 配范氏聰
- 官舖垟女
- 厝藏岡岡尾田
- 后坐東

廿一世 日太

四姑遷炉山吳
維斌

二五六 [浙江景寧] 葉氏續修宗譜不分卷 （清）葉梁纂修 清嘉慶十六年（1811）抄本

框高29.8釐米，寬25.6釐米，半葉十行，行二十字，白口，四周單邊。一冊。館藏索書號0328

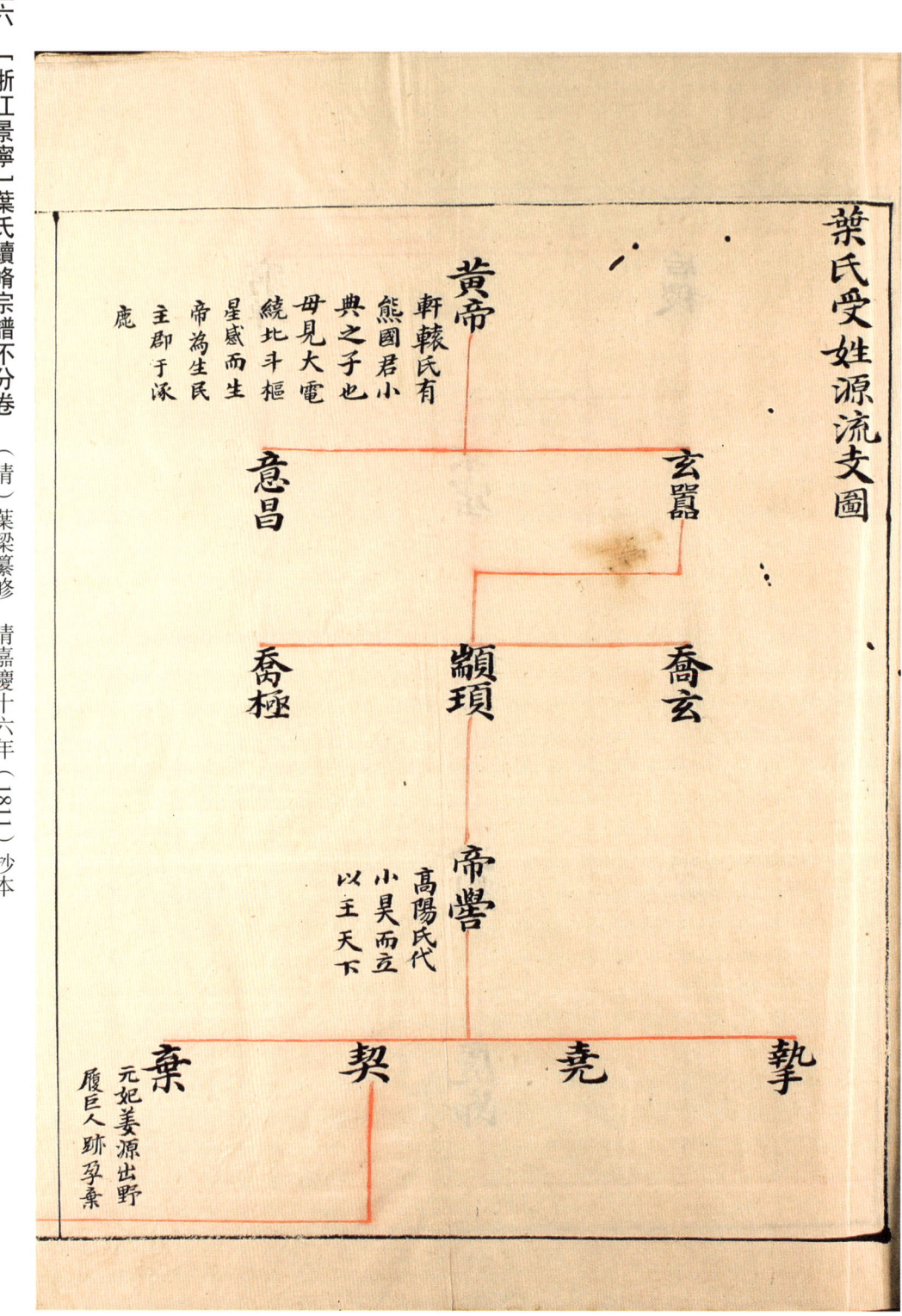

二五七 〔浙江景寧〕隆川林氏宗譜三卷 吴師祈 吴邦彦纂修 民國九年（1920）稿本

框高30.0釐米，寬19.5釐米，半葉九至十行，每行字數不等，白口，四周雙邊。二册。館藏

索書號0333

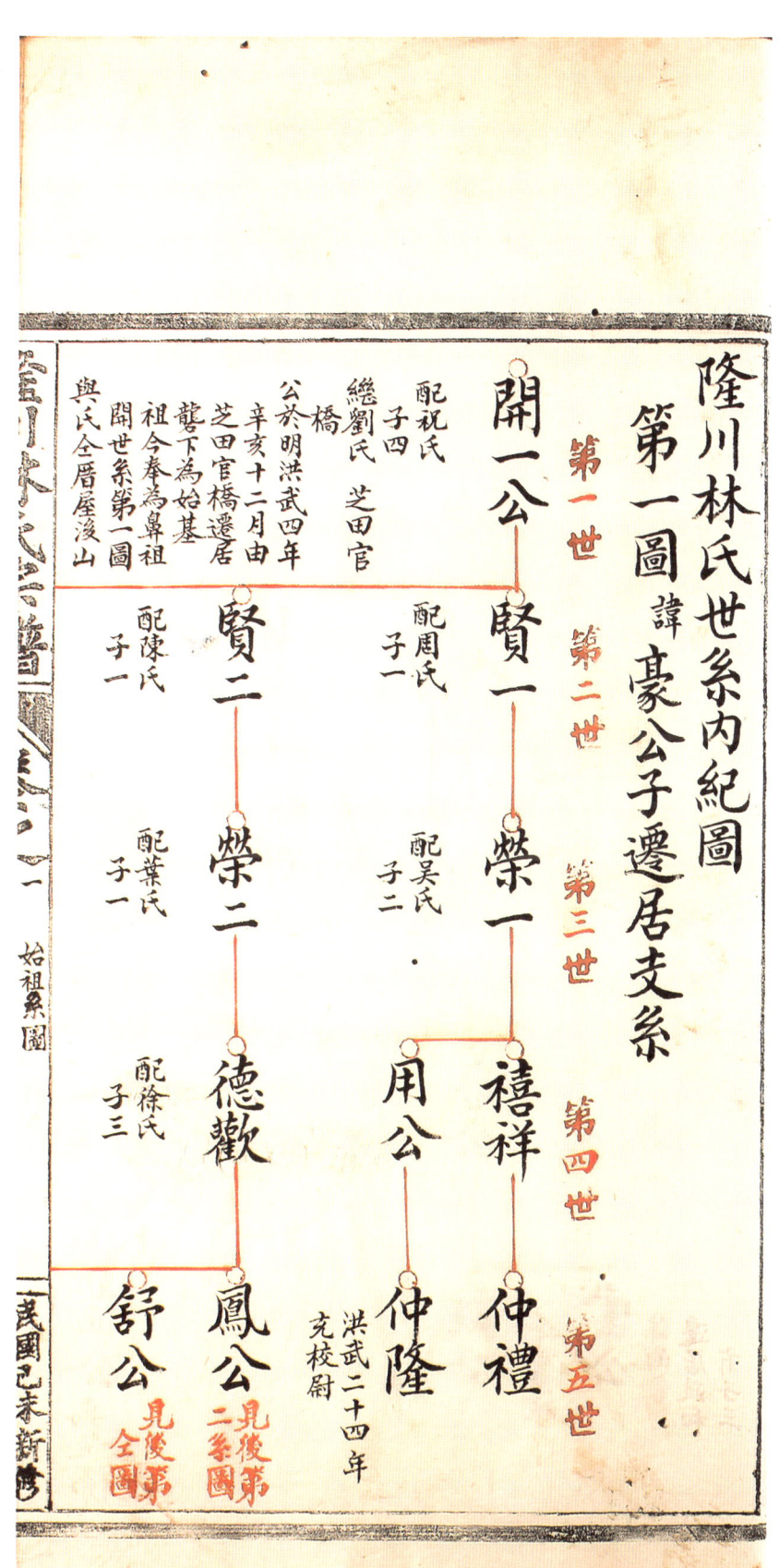

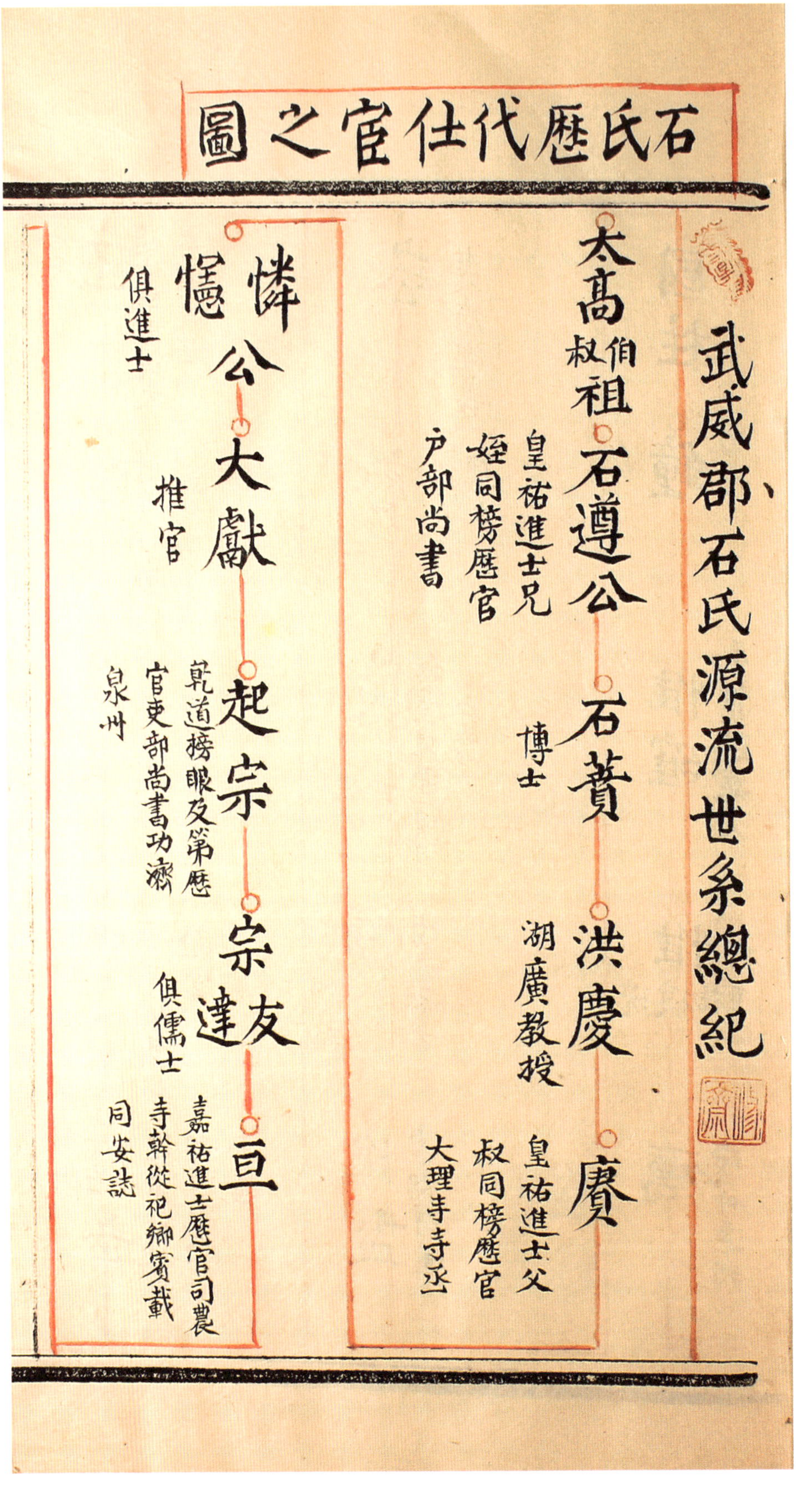

二五八 [浙江雲和]武威郡石氏宗譜不分卷 劉獻勛輯 民國十一年（1922）抄本

框高31.0釐米，寬21.0釐米，半葉十行，行十六至二十字，白口，上下雙邊。一冊。館藏索書號0344

石氏歷代仕官之圖

武威郡石氏源流世系總紀

太高伯叔祖 石遵公 — 石贄 — 洪慶 — 賡
- 石遵公：皇祐進士兄 戶部尚書
- 石贄：姪同榜歷官 博士
- 洪慶：湖廣教授 皇祐進士父 叔同榜歷官
- 賡：大理寺寺丞

憐公 — 大獻 — 起宗 — 宗達 — 亘
- 憐公 大獻：俱進士 推官
- 起宗：乾道榜眼及第歷官吏部尚書功勳 泉州
- 宗達：俱儒士 寺幹從祀鄉賓載同安誌
- 亘：嘉祐進士歷官司農

二五九 【浙江景寧】徐氏家譜三卷 （清）徐延壽纂修 清抄本
開本高24.6釐米，寬21.6釐米，半葉行字數不等。一册。館藏索書號0345

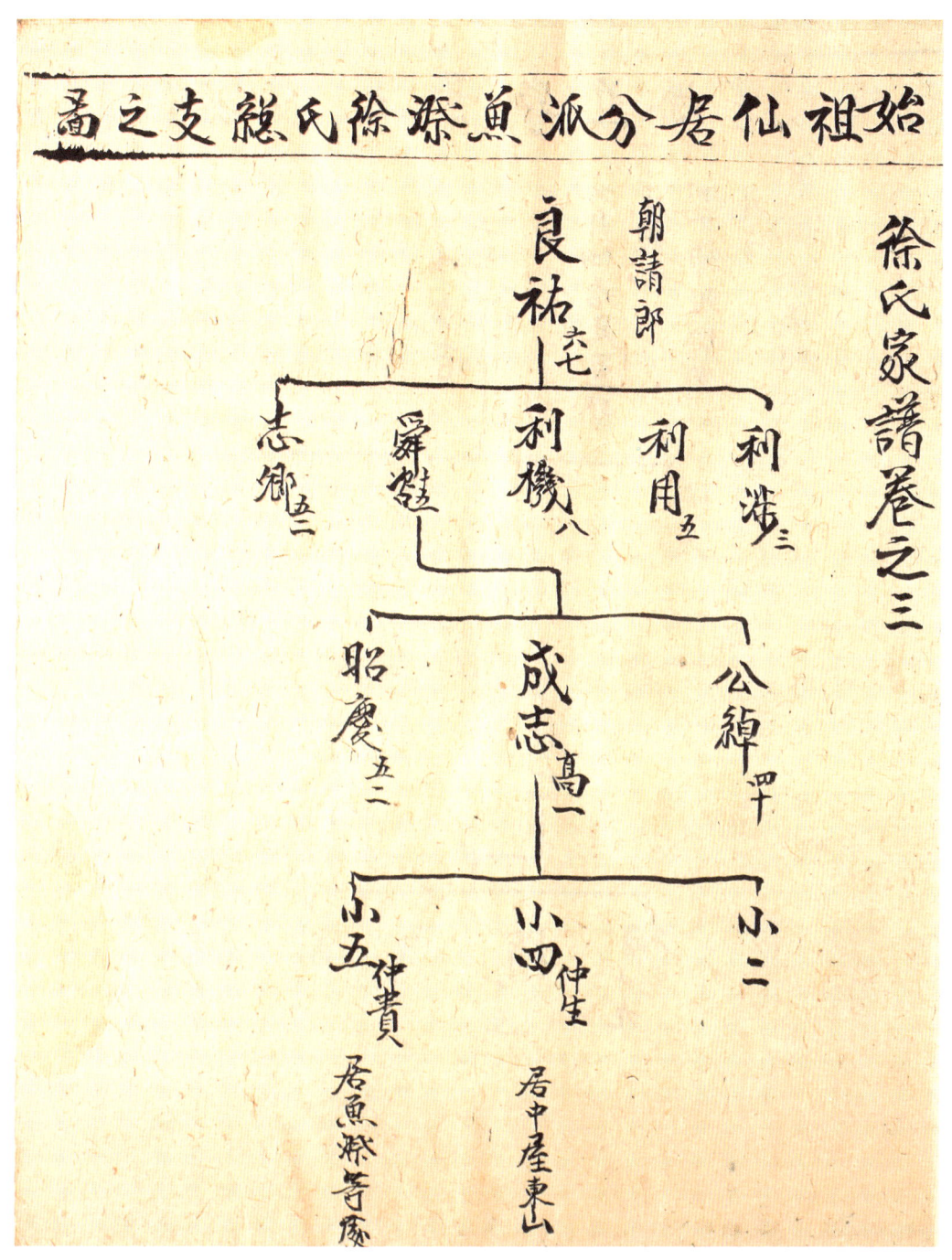

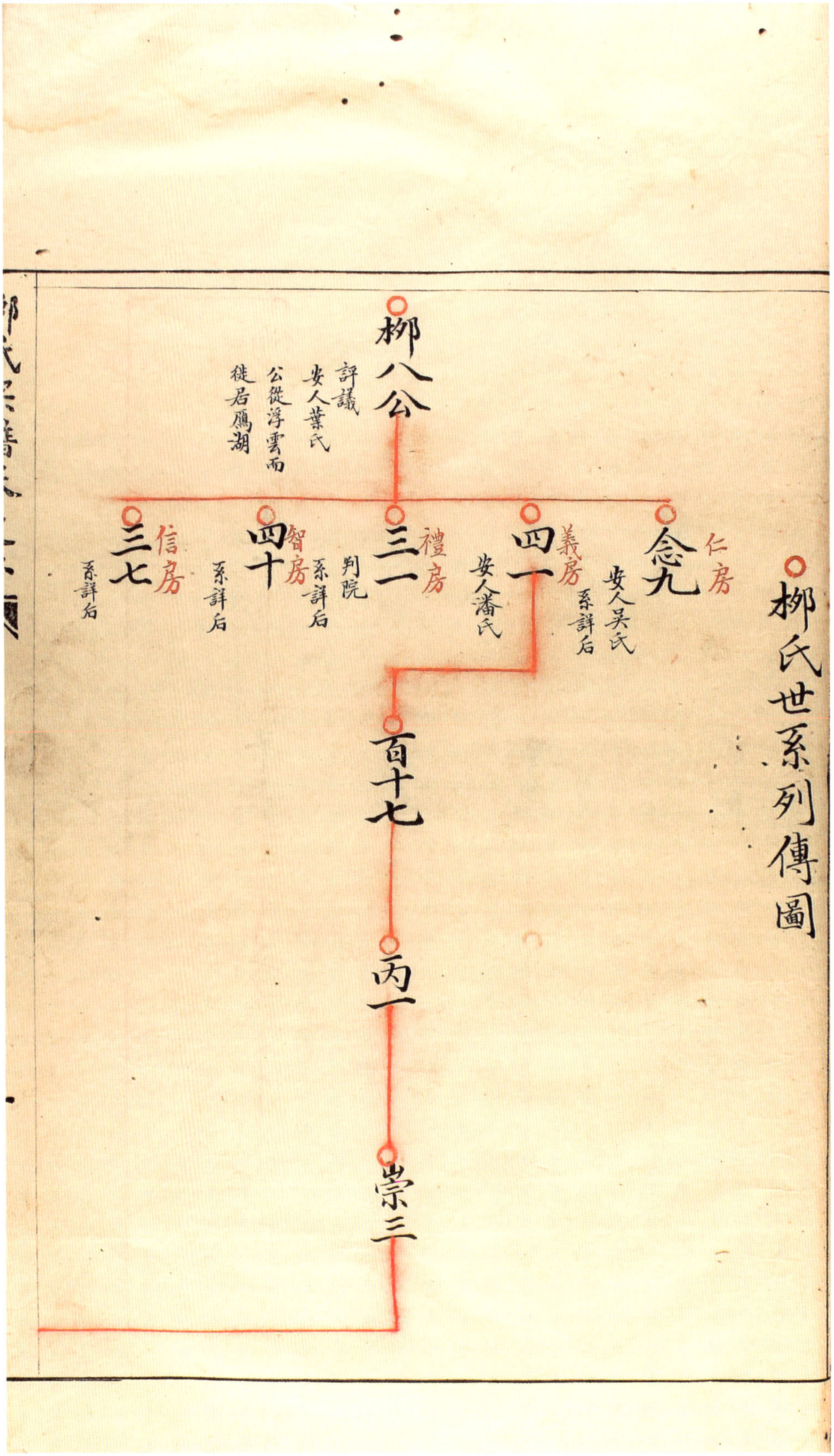

二六〇 [浙江景寧] 柳氏宗譜五卷 （清）林茂纂修 清嘉慶十四年（1809）抄本

框高 32.2 釐米，寬 24.8 釐米，半葉十二行，行二十一至二十四字，白口，四周單邊。一冊。

館藏索書號 0347

柳氏世系列傳圖

柳八公
評議
安人葉氏
公從浮雲而
徙居鴈湖

仁房
念九
安人吳氏

義房
四一 系詳后
安人蕃氏

禮房
三一
判院
系詳后

智房
四十
系詳后

信房
三七
系詳后

百十七

丙一

崇三

二六一 [浙江雲和] 鄭氏宗譜不分卷　林占春纂修　民國二十三年（1934）抄本

框高 30.2 釐米，寬 27.1 釐米，半葉十行，行十九字，白口，上下雙花紋邊。一册。館藏索書號 0348

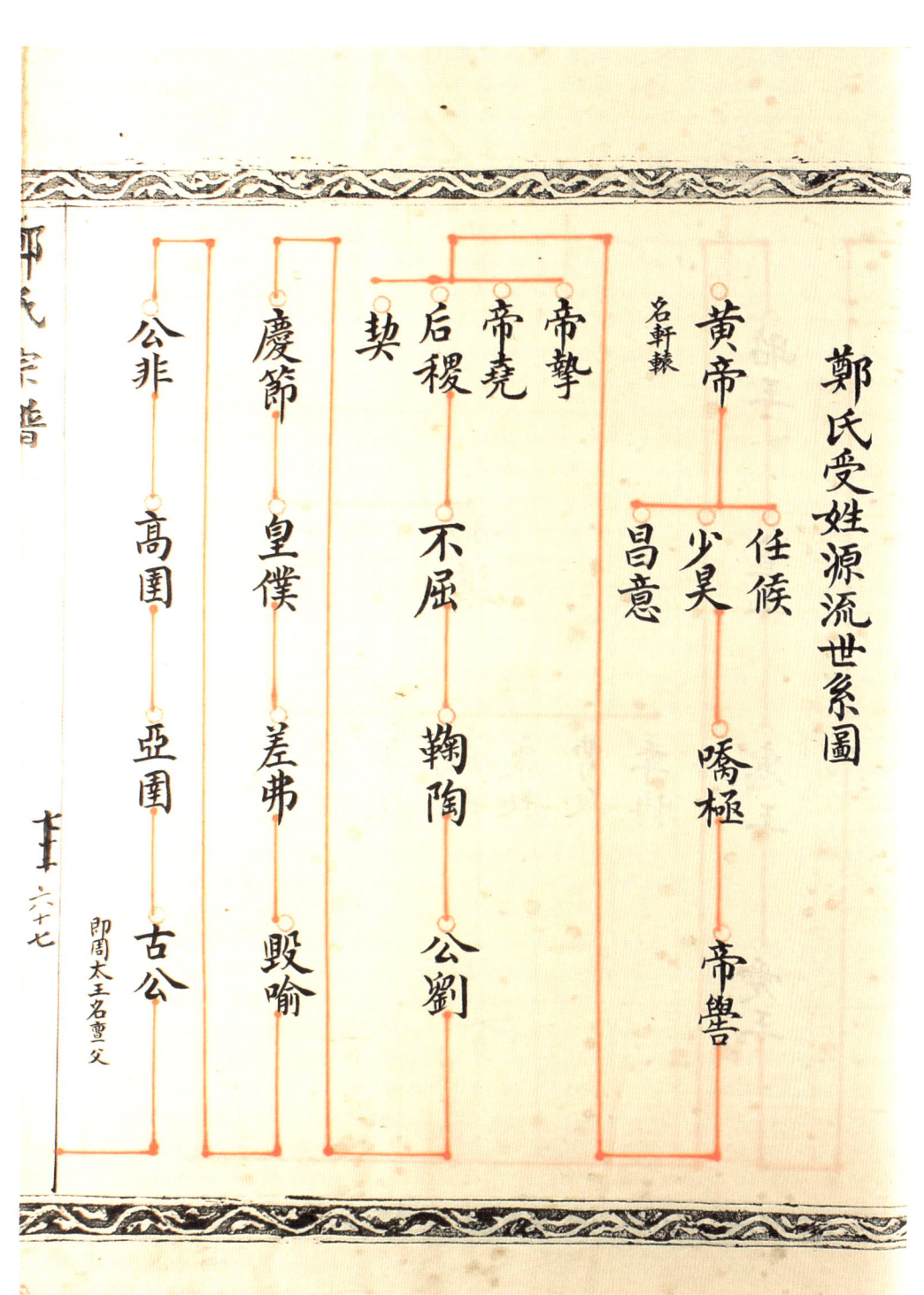

二六二 [浙江雲和] 楊氏宗譜三卷

清同治十三年（1874）修光緒三十一年（1905）增修本

框高33.3釐米，寬27.8釐米，半葉十六行，行二十字，白口，上下雙邊。一冊。館藏索書號0349

楊氏宗譜卷之三

源遠流長根深枝茂始基爛坭經營堂
構貽孫翼子為讀為耕蟬聯而繼世澤
無更誌宗祧

第一世	第二世	第三世	第四世	第五世

○明泰　○昌貴　○盛興　○正思　○大祧

明泰：公之資稟敏哲器度恢宏識青囊之秘相地利之宜自江西省贛州府會昌縣戊時終坟厯本村土名圳垱路吉勷鄉常安堡增坊四所屯官塘尾甲嶺背於乾隆三年徙浙江處州府雲和縣三都左管大爛坭開基叔業則公實為始遷之鼻祖也康熙丁……

昌貴：乾隆壬申年十一月初十日未時生乾隆甲寅年正月十四日戌時終坟厯本都坑頭娛本都吊坑花樹員娘乾隆癸酉年十一月廿五日長時生嘉慶壬申年四月初八日午時終坟厯二都貴溪後

盛興：姚氏希碇翁女生一女長劉姑適本都沙溪循次廷英適本都清坑葉英文德橋陳德順坟墜二都官山降腳田後撒坐辛立盛福弟四子為嗣

正思：乳名光清道光庚寅年十月初五日寅時生姚二都沙溪林氏葉英文德翁女道光壬長元年十一月初三日郊時終坟厯丑年八時同治元二都清秋寺後九先後山墶生一男

二六三 [浙江景宁] 葛山刘氏宗谱四卷 （清）林森纂修 清光绪十年（1884）木活字本 四册。馆藏索书号 0317

框高 24.2 厘米，宽 18.5 厘米，半叶十一行，行二十字，小字双行三十字，白口，四周双边。

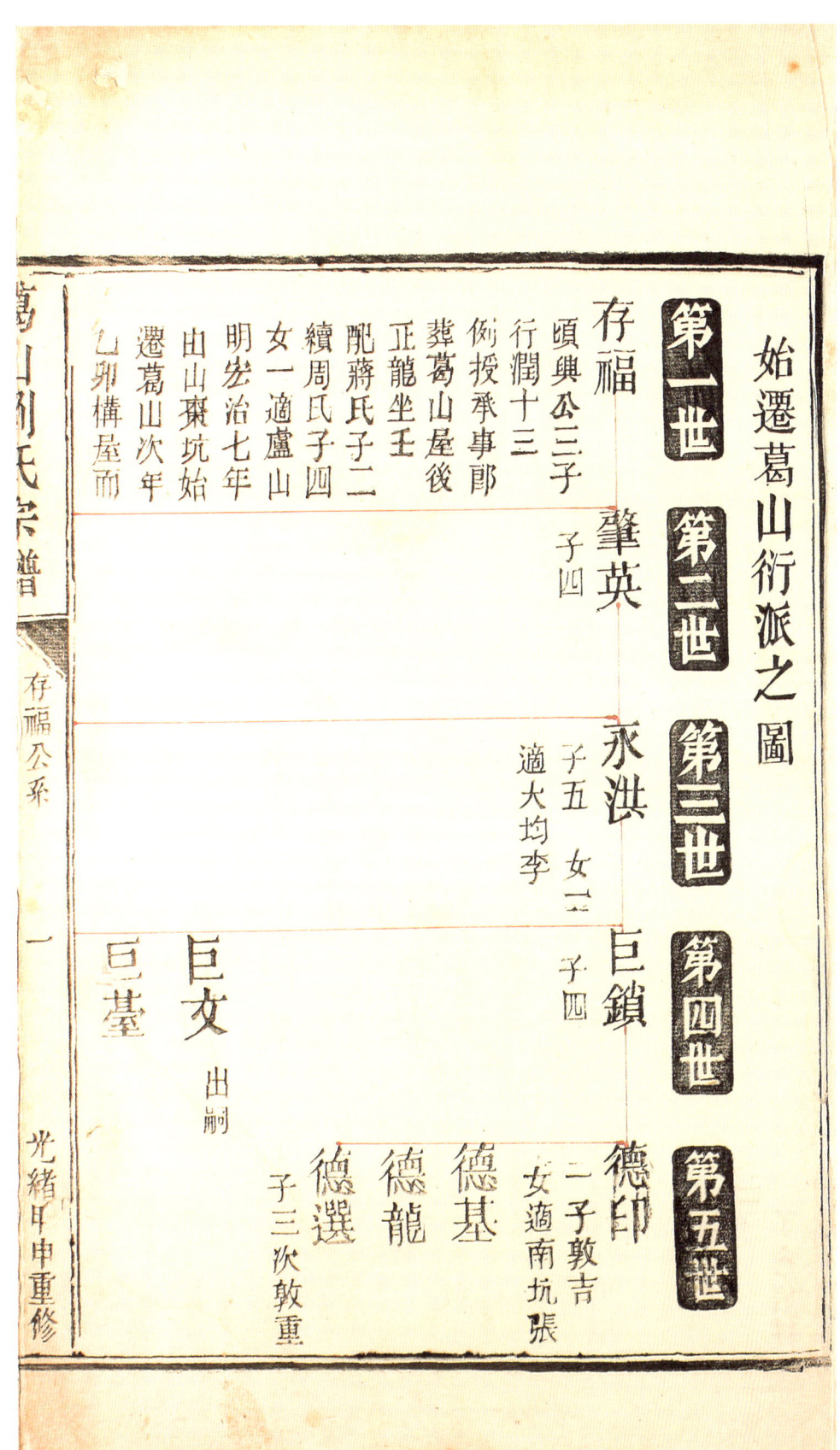

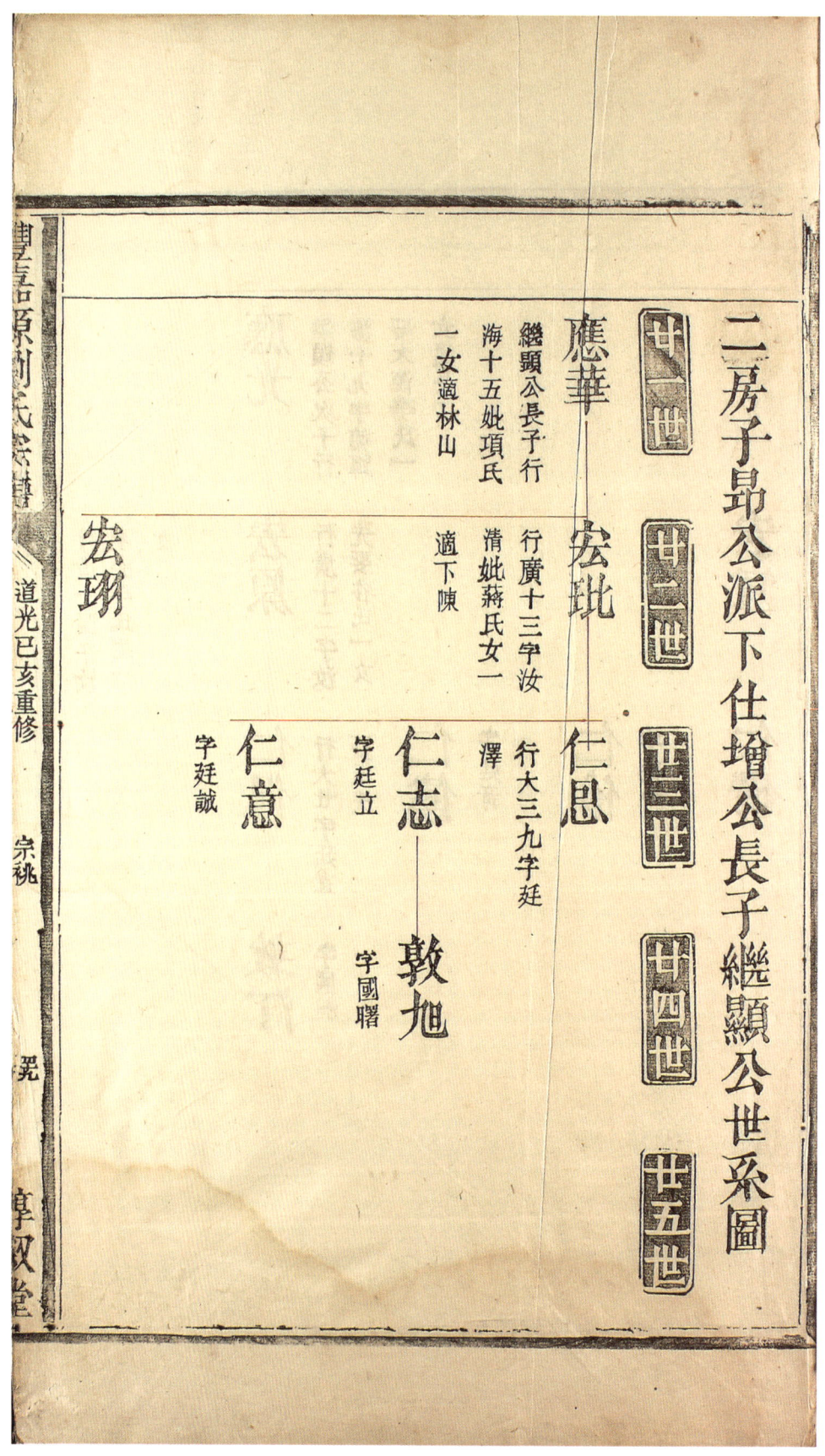

二六四 [浙江雲和] 豐嘉源劉氏宗譜二卷　清道光十九年（1839）惇敘堂木活字本

框高 29.7 釐米，寬 21.7 釐米，白口，四周雙邊。一册。館藏索書號 0321

二六五 [浙江雲和]豐源劉氏宗譜四卷 （清）藍文蔚纂修 清光緒三十二年（1906）木活字本

框高28.6釐米，寬21.0釐米，半葉十行，行二十四字，白口，四周雙邊。四册。館藏索書號0322

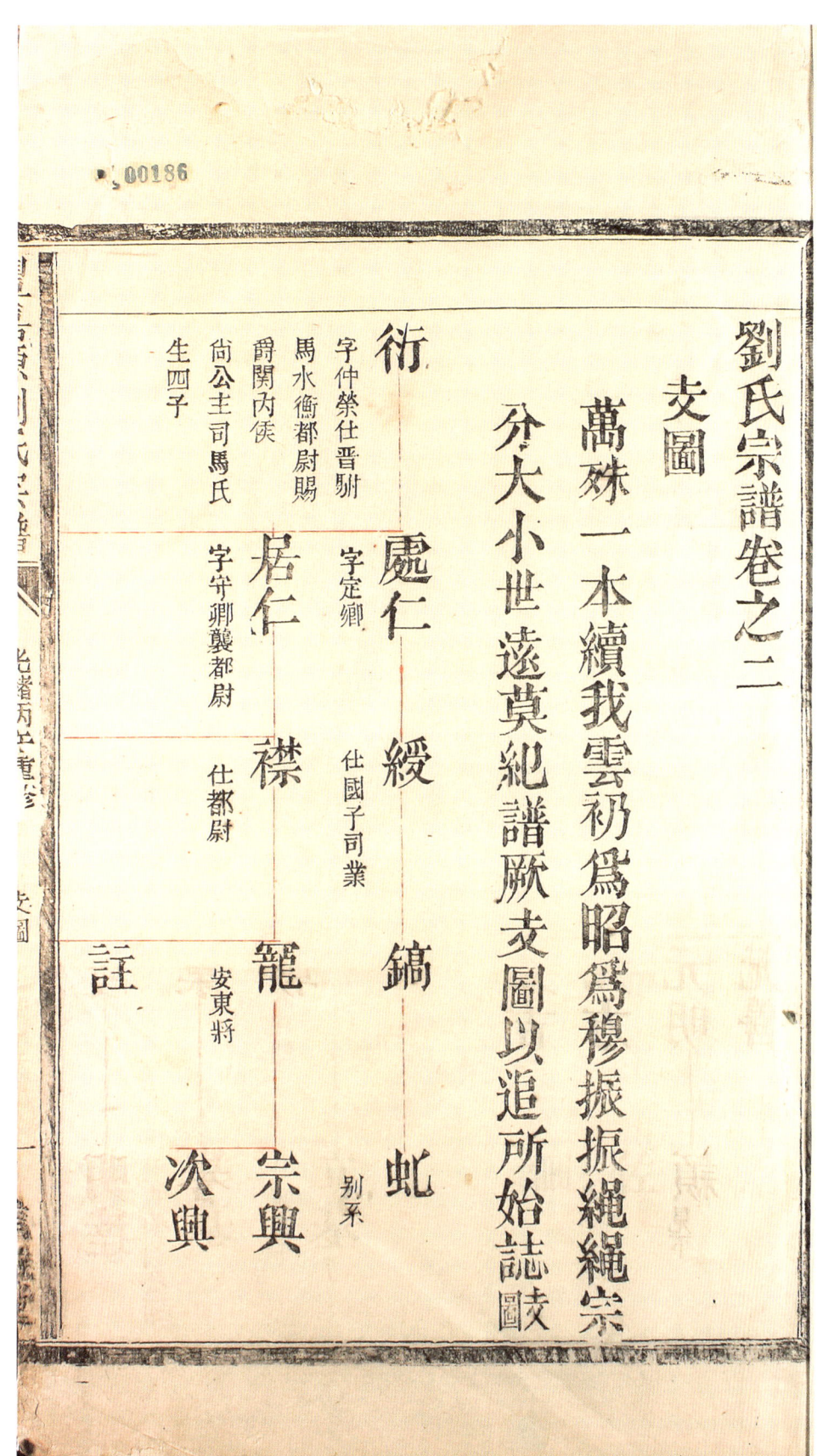

劉氏宗譜卷之二

支圖

萬殊一本續我雲初爲昭爲穆振振繩繩宗分大小世遠莫紀譜欷支圖以追所始誌歐

衍　處仁　綬　鎬　虱
字仲榮仕晉駙　字定卿　仕國子司業　別系
馬水衡都尉賜
爵開內俟　居仁　祾　寵　宗與
尚公主司馬氏　字守卿襲都尉　仕都尉　安東將　次與
生四子　　　　　　　　　　　　　註

二六六 〔浙江雲和〕南陽葉氏宗譜十卷首一卷末一卷 葉承恩主修 民國十年（1921）三六軒木活字印本

框高31.3釐米，寬21.9釐米，半葉十行，行二十二字，小字雙行四十四字，白口，四周雙邊。

四冊。館藏索書號0325

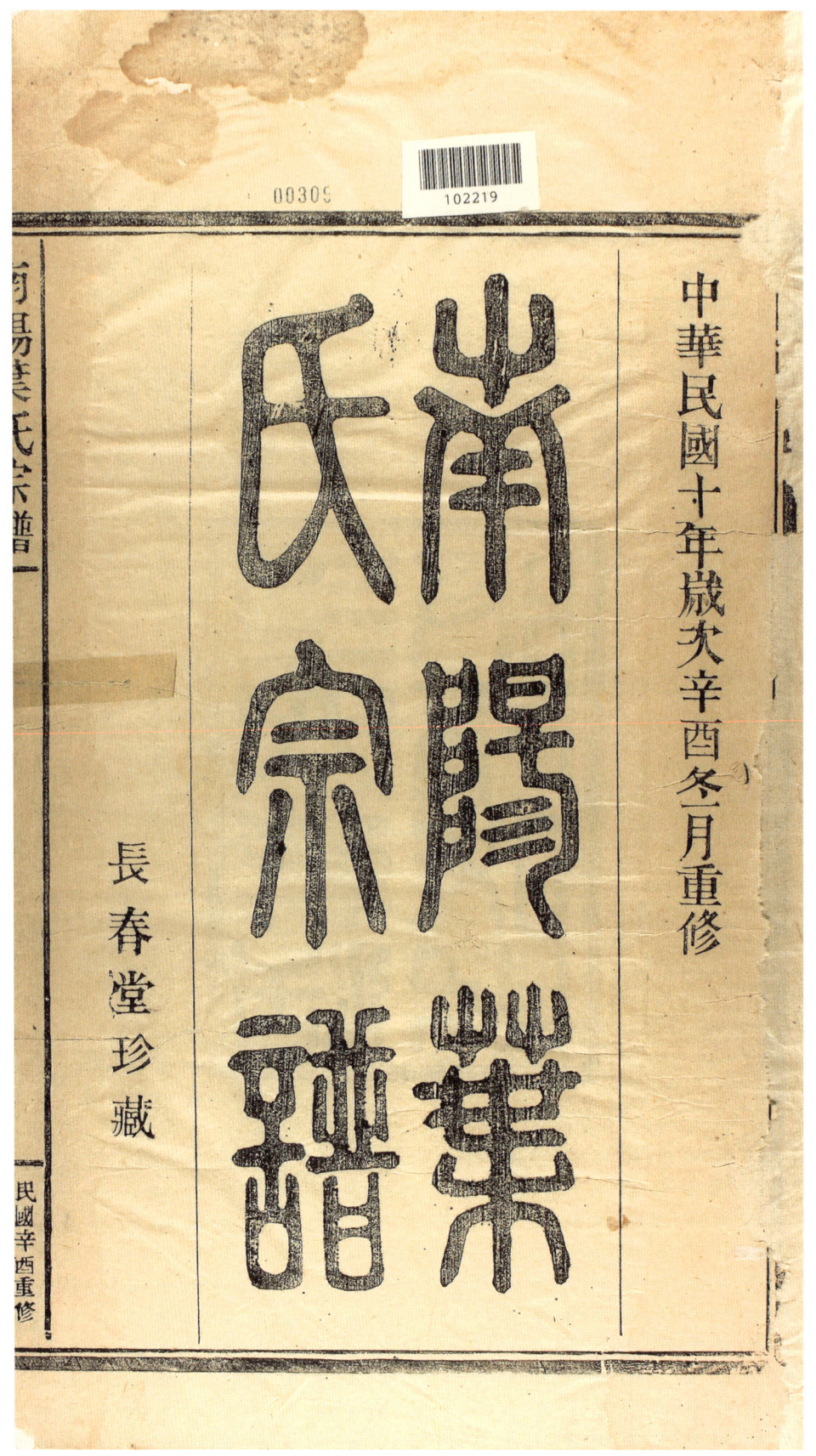

二六七 [浙江雲和]下邳余氏宗譜四卷 （清）余桂茂 （清）余宗海纂修 清同治十一年（1873）木活字印本

框高27.5釐米，寬19.7釐米，半葉十一行，行二十四字，白口，四周雙邊。二冊。館藏索書號0341

二六八 【浙江雲和】龍門徐氏宗譜不分卷　張焜纂修　民國二十二年（1933）木活字印本

框高31.1釐米，寬21.4釐米，半葉十一行，行二十六字，白口，四周雙邊。一冊。館藏索書號0343

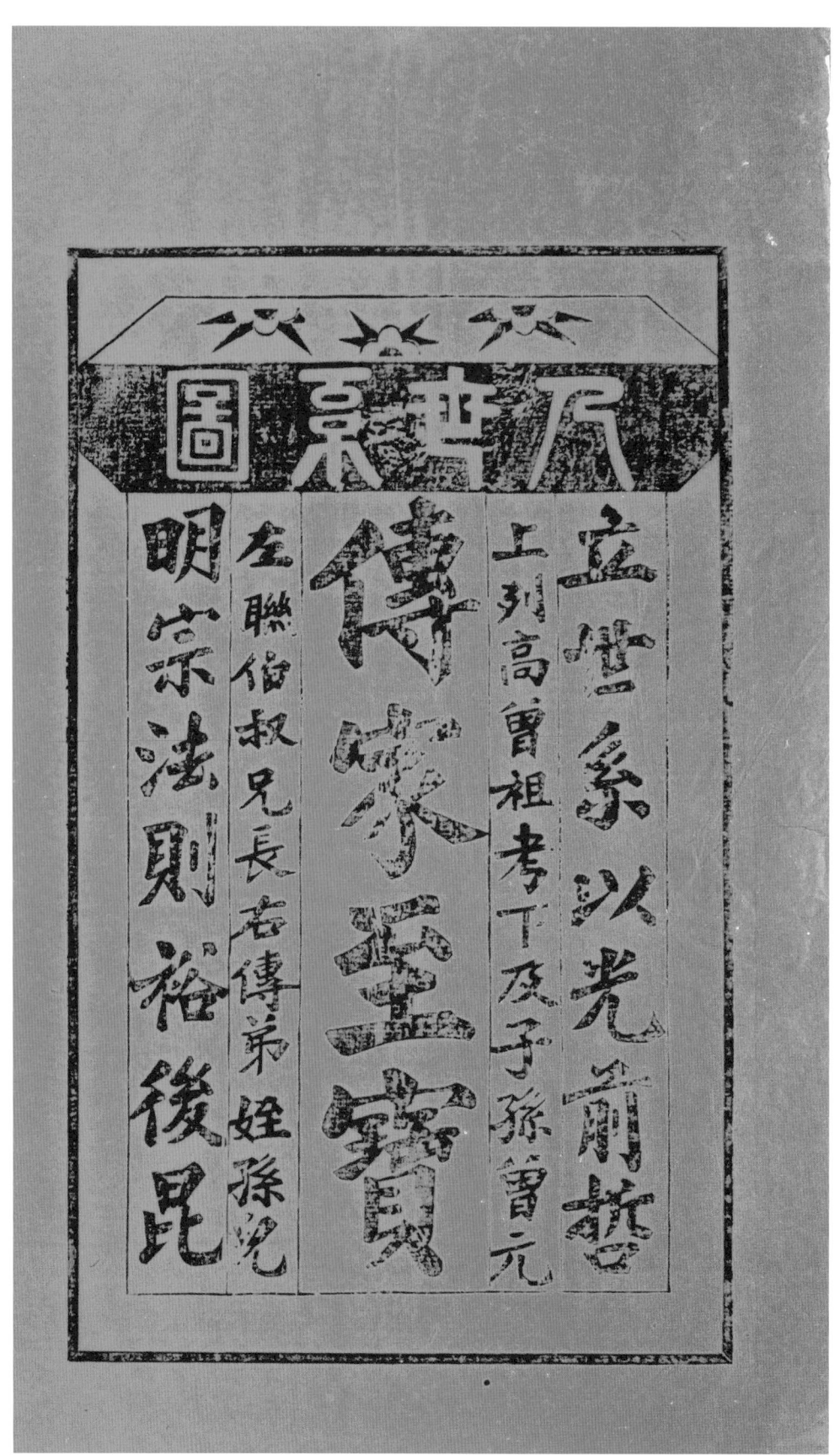

二六九 [浙江景寧] 朱氏宗譜□卷　清光緒三十三年（1907）木活字印本

0346

框高26.8釐米，寬19.2釐米，半葉十行，行二十一字，白口，四周雙邊。一册。館藏索書號

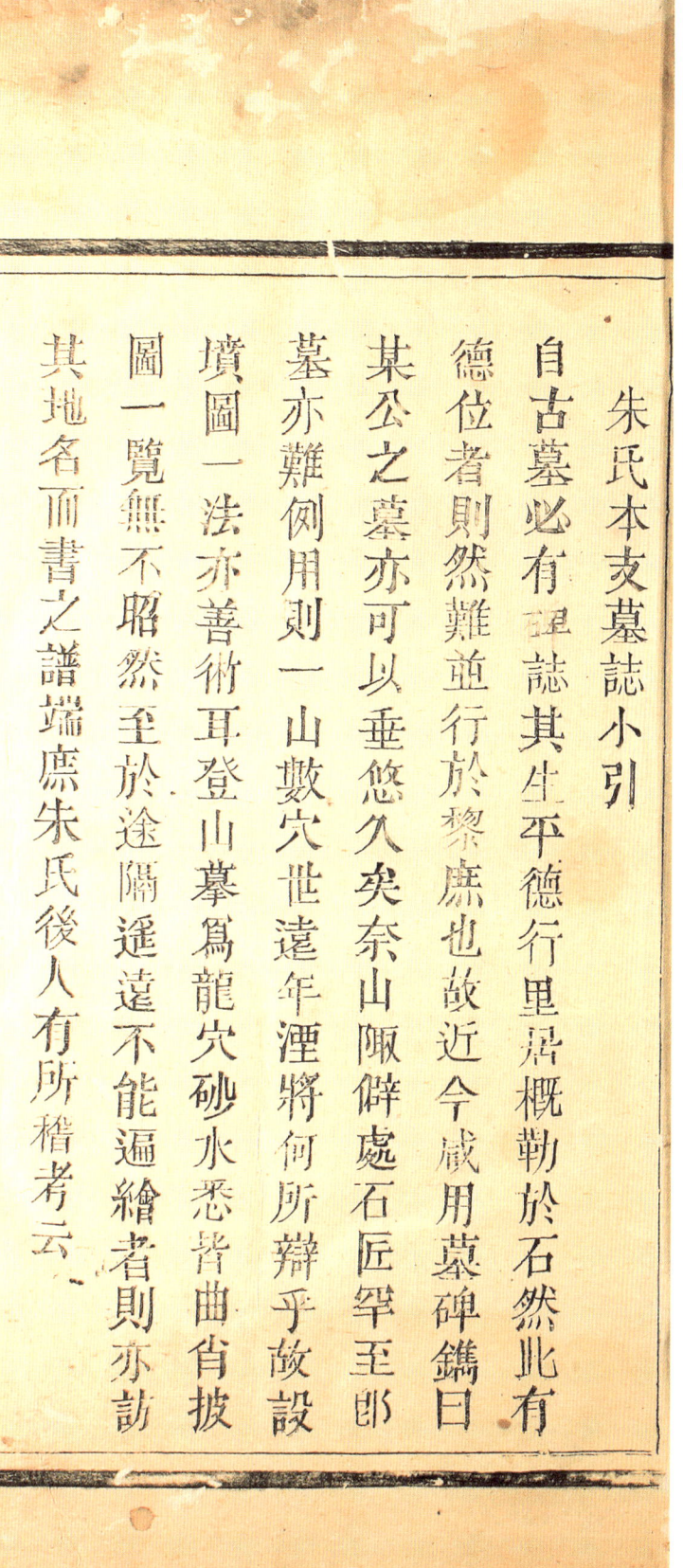

朱氏本支墓誌小引

自古墓必有碑誌其生平德行里居概勒於石然此有德位者則然難並行於黎庶也故近今歲用墓碑鐫曰某公之墓亦可以垂悠久矣奈山陬僻處石匠罕至郎墓亦難例用則一山數穴世遠年湮將何所辯乎故設墳圖一法亦善術耳登山摹寫龍穴砂水悉皆曲肖披圖一覽無不昭然至於途隔遙遠不能遍繪者則亦訪其地名而書之譜端庶朱氏後人有所楷考云

270 [浙江雲和] 雲和江氏宗譜□卷 民國十一年（1922）木活字印本

框高 31.8 釐米，寬 21.9 釐米，半葉行字數不等，白口，四周雙邊。一冊。館藏索書號 0350

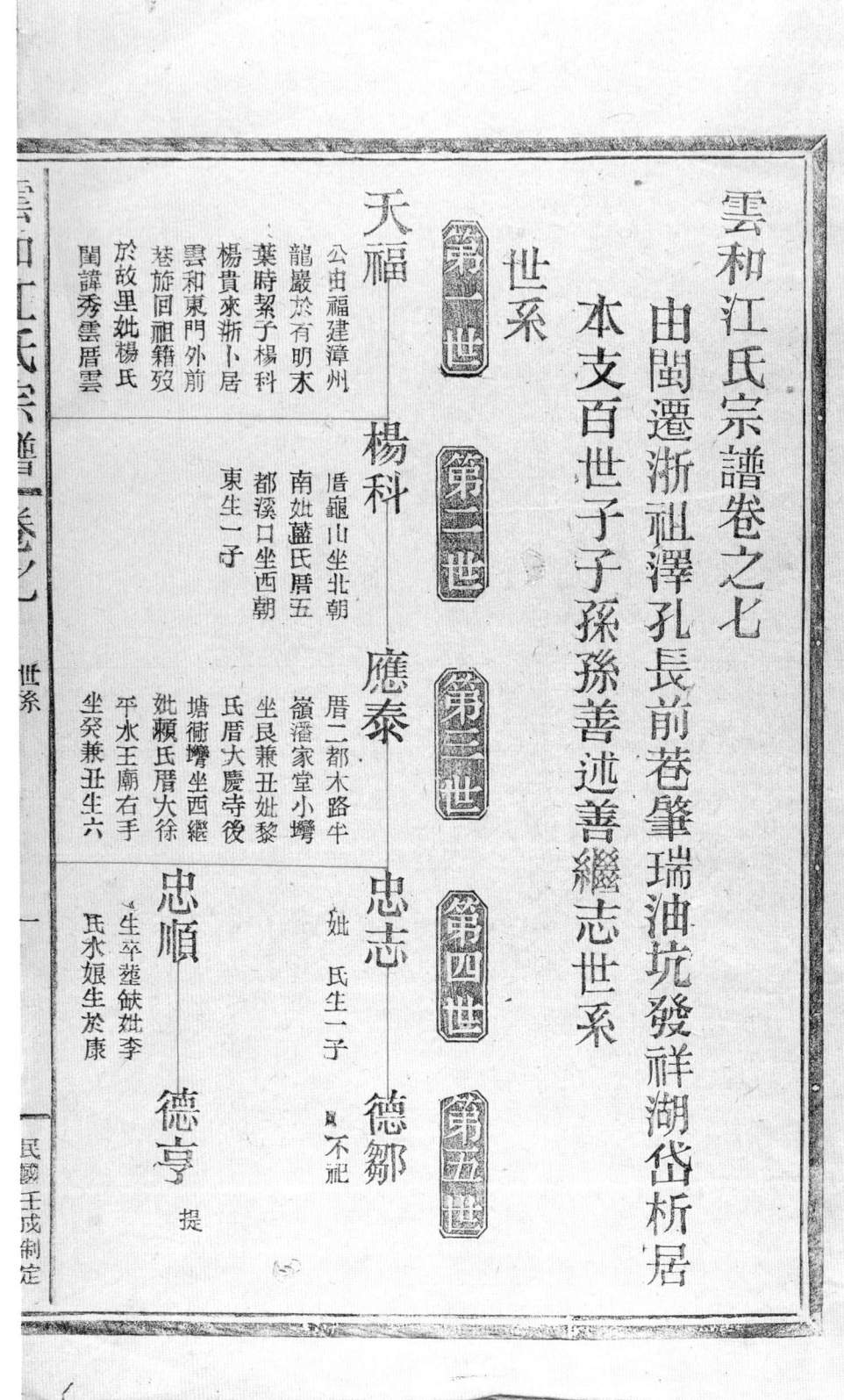

雲和江氏宗譜卷之七

由閩遷浙祖澤孔長前巷肇瑞油坑發祥湖岱析居
本支百世子子孫孫善述善繼志世系

世系

第一世　第二世　第三世　第四世　第五世

天福
　公由福建漳州
　龍巖於有明末
　葉時挈子楊科
　楊貫來浙卜居
　雲和東門外前
　巷旋回祖籍歿
　於故里娶楊氏
　閨諱秀雲厝雲
　楊科
　　厝龜山坐北朝
　　南娶藍氏厝五
　　都溪口坐西朝
　　東生一子
　應泰
　　厝二都木路牛
　　嶺潘家堂小彎
　　坐艮兼丑娶黎
　　氏厝大慶寺後
　　塘衖彎坐西繼
　　娶頼氏厝大徐
　　平水王廟右手
　　坐癸兼丑生六
　　氏水娘生於康
　忠志　德鄒
　　娶　氏生一子
　　　　不祀
　忠順　德亨
　　生卒塋鈇娶李
　　氏水娘生於康
提

民國壬戌制定

二七一 [浙江雲和] 褚氏宗譜三卷 (清) 褚邦榮主修 清宣統三年 (1911) 木活字印本

框高 29.0 釐米，寬 20.8 釐米，半葉十至十一行，行二十二字，白口，四周雙邊。一冊。館藏

索書號 0351

河南郡褚氏宗譜丙紀支圖卷之二

第一世

所德字行

信字行　忠字行　厚字行　高字行

第二世　第三世　第四世　第五世

許公長子

　　　信公　忠公　厚公　高公見後
　　　行信一　行忠一　行厚一
　　　生一子　生一子　生一子

之思愿
　遷處州麗
　水下洞居
　為始祖也

許公次子

思愚
　蒙學青田
　仁溪居焉

二七二 〔浙江景寧〕景寧湯氏宗譜□□卷 民國二十年（1931）木活字印本
框高23.8釐米，寬15.5釐米，半葉行字數不等，白口，四周雙邊。一冊。館藏索書號0352

二房應茂公派世系 一世至十二世總系詳五卷

十三世	十四世	十五世	十六世	十七世
應茂 昔翁次子 行榮十三 授廸功郎 元至元辛巳八月十五寅時生 酉七月十九亥時終 配唐氏	樟 字刈用 元大德癸卯六月十九子時生 明洪武己酉四月廿九亥時終 配顧氏	谷平 字芳澤 元大定丁卯二月廿八辰時生 明洪武癸酉四月廿四戌時終 配張氏	文 字汝深 元至正丁酉二月初一辰時生 明正統庚申八月廿四戌時終	滿 字敏餘 明洪武辛酉正月初一亥時生 明景泰甲戌七月

二七三 [浙江雲和] 沙埔項氏宗譜不分卷 （清）胡亦雅 （清）柳丹臣纂修 清咸豐五年（1855）敦行堂木活字印本

0353

框高29.7釐米，寬21.0釐米，半葉十行，行二十五字，白口，四周雙邊。一册。館藏索書號

支圖

萬殊一本續我雲礽爲昭爲穆振振繩繩宗分
大小世遠莫紀譜以支圖以追所始誌支圖

楚燕王　完　傳　元　豪
燕王封國於項　公主兵北伐封　封遼西公　公周時年七
城子孫以國爲　　　　　　　封栗垟侯　歲爲孔子師
姓後完公封遼　遼西王
西王子孫即以
爲郡其遼西今
在北京外曰大
遼又爲盛京也
項之姓郡寶田
此而始焉

二七四 【浙江雲和】周山頭村季氏家譜一卷 （清）劉子吉纂修 清咸豐十一年（1861）暨光緒增修 一九五七年抄本

一冊。

框高30.8釐米，寬23.0釐米，半葉十二行，行二十字，白口，藍印通欄上下雙邊，朱印直格。

館藏索書號0354

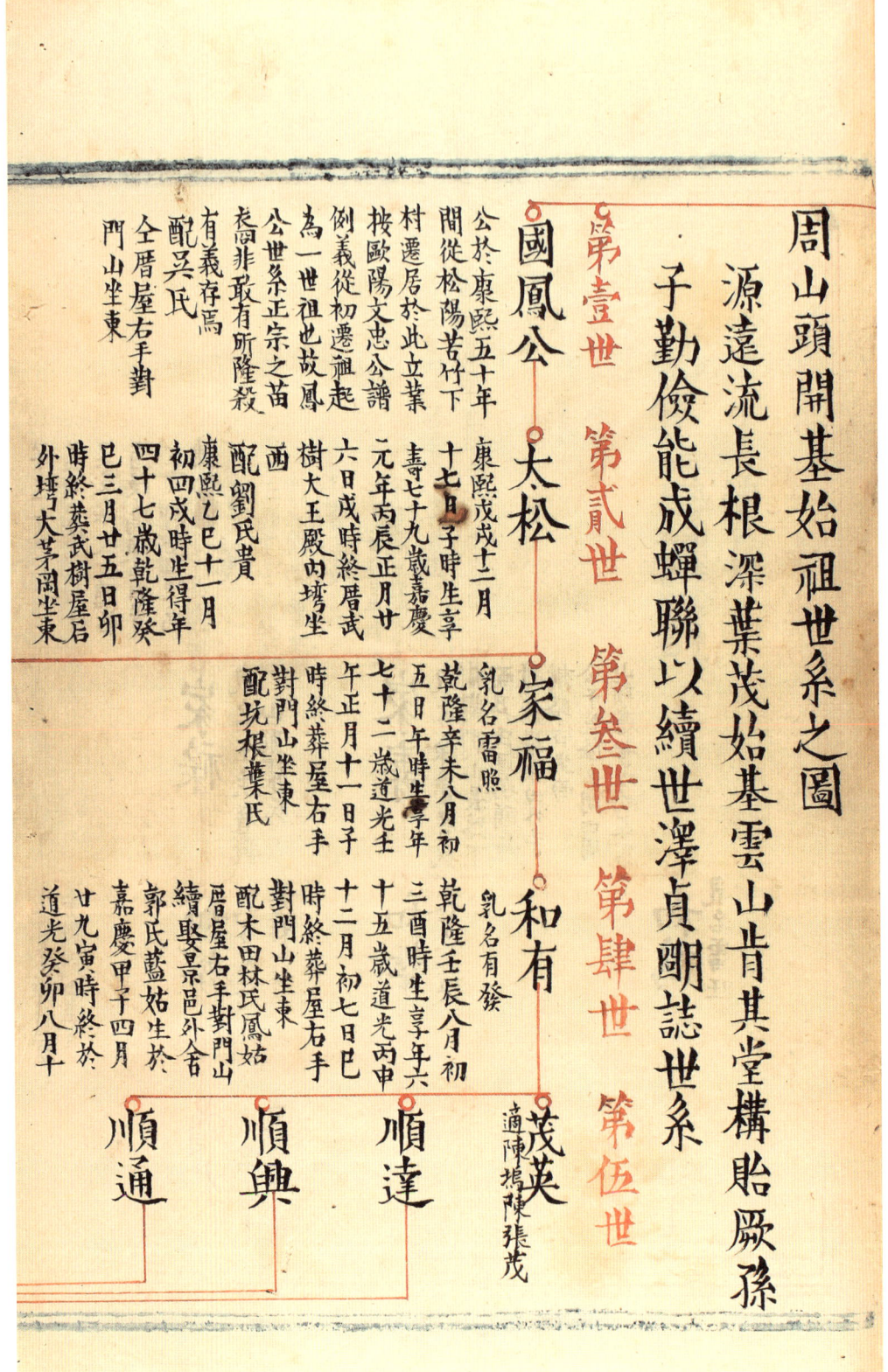

二七五　[浙江雲和] 陳氏宗譜不分卷　民國二十八年（1939）務本堂木活字印本

框高28.6釐米，寬20.4釐米，半葉行字數不等，白口，四周雙邊。一冊。館藏索書號0355

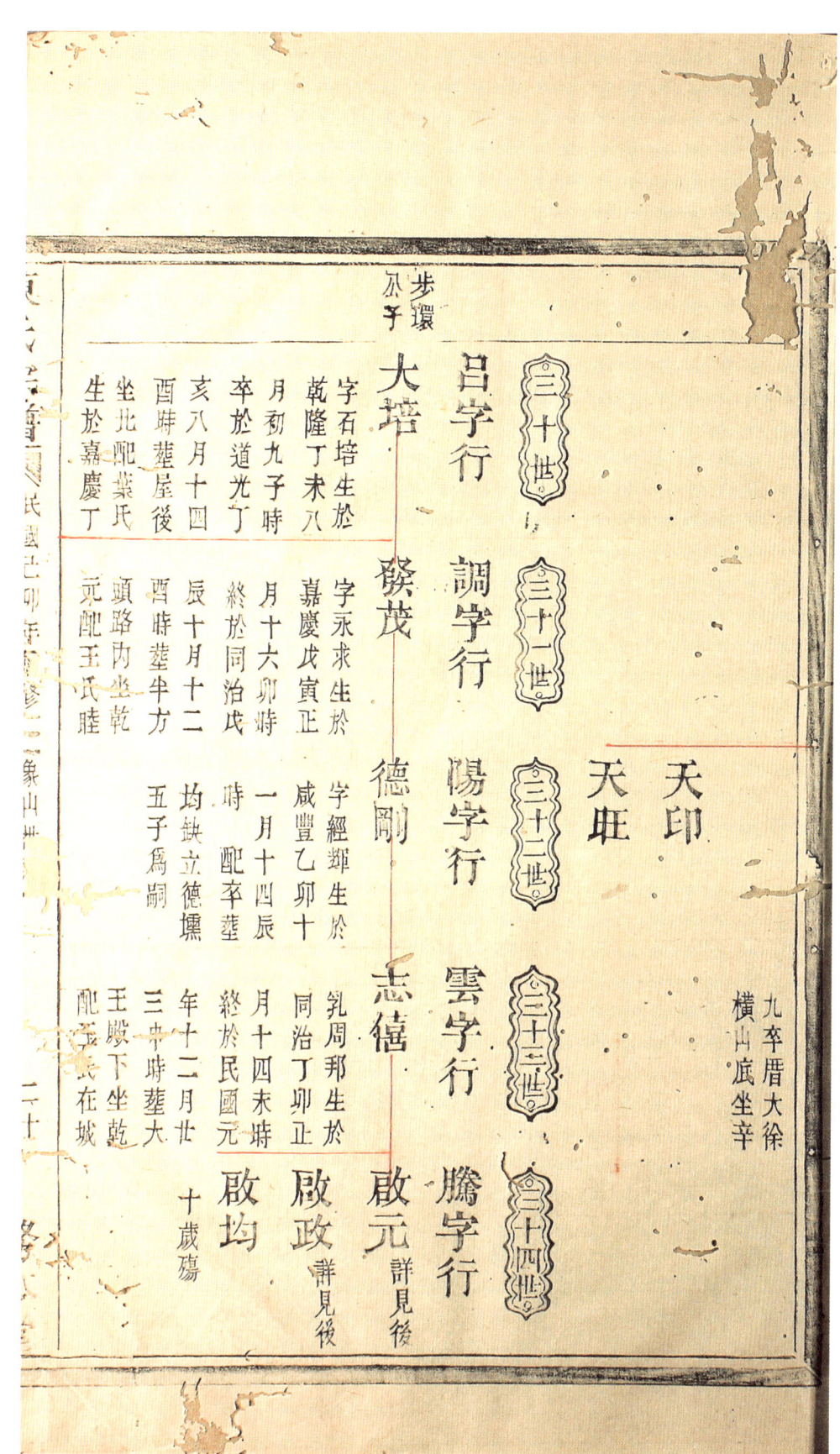

二七六 【浙江雲和】湯侯門顏氏宗譜□卷 民國八年（1919）木活字印本

框高 27.7 釐米，寬 20.2 釐米，半葉行字數不等，白口，四周雙邊。一冊。館藏索書號 0356

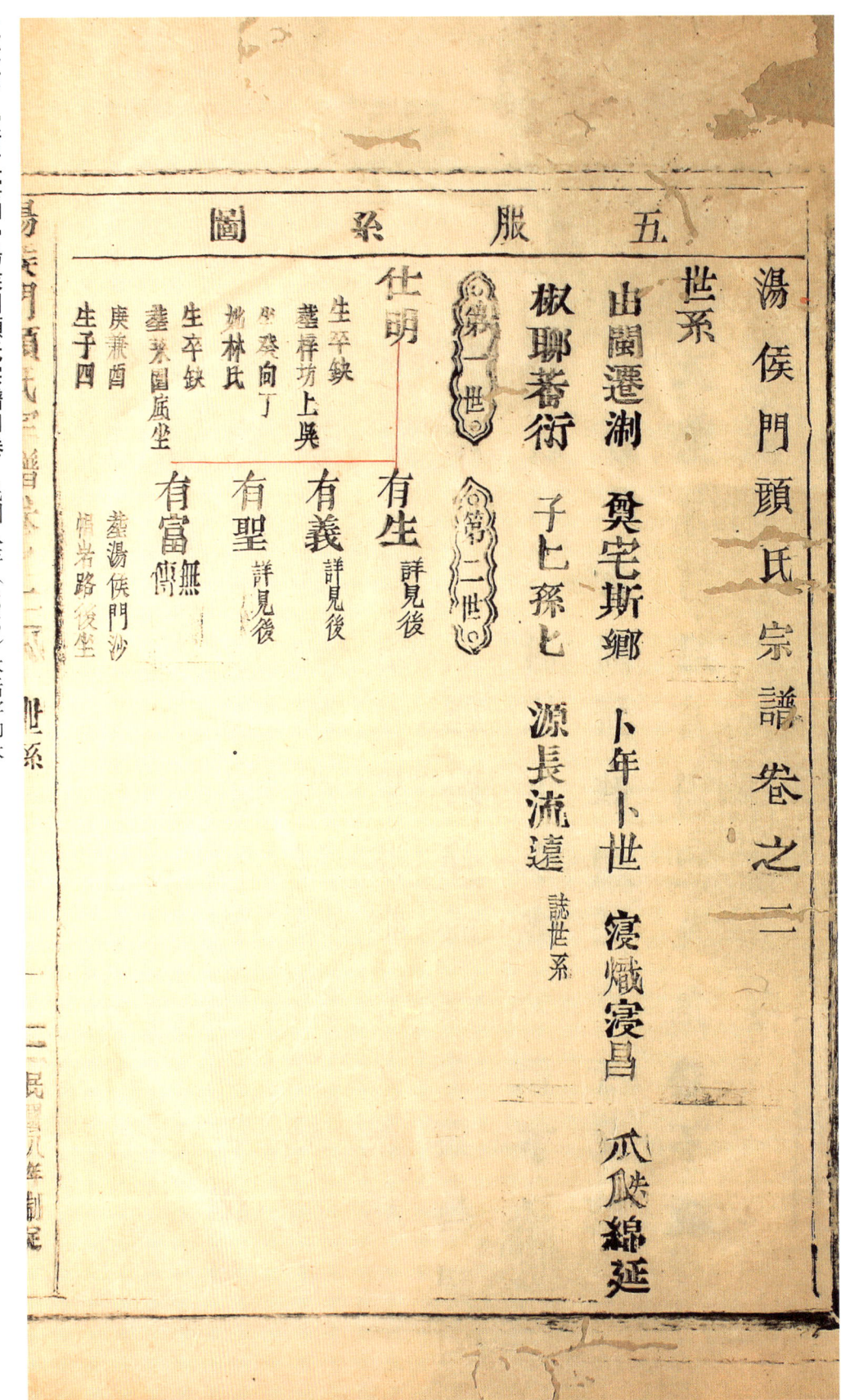

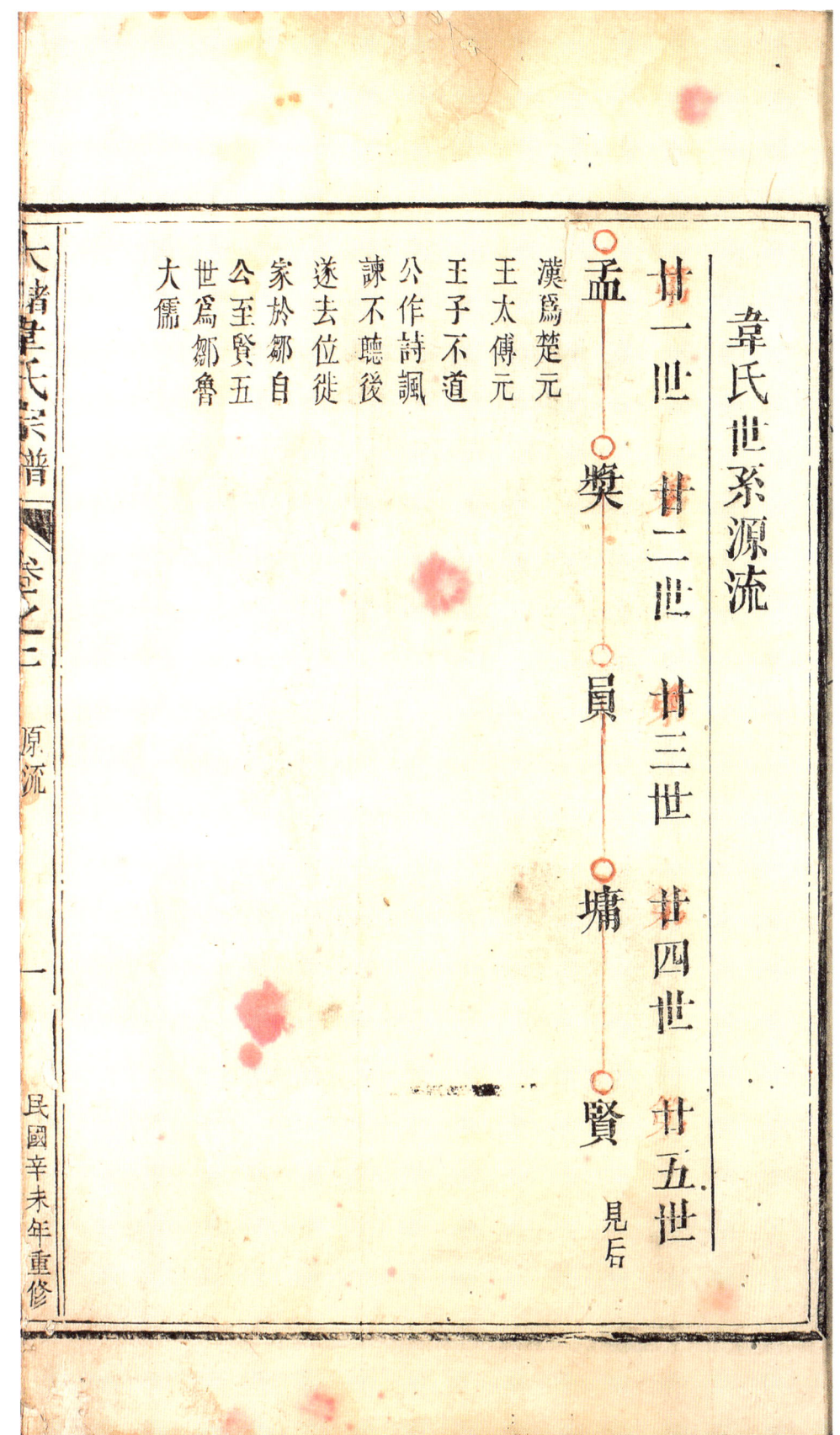

韋氏世系源流

廿一世　廿二世　廿三世　廿四世　廿五世

孟　○奨　○員　○墉　○賢 見后

漢爲楚元
王太傅元
王子不道
公作詩諷
諫不聽後
遂去位徙
家於鄒自
公至賢五
世爲鄒魯
大儒

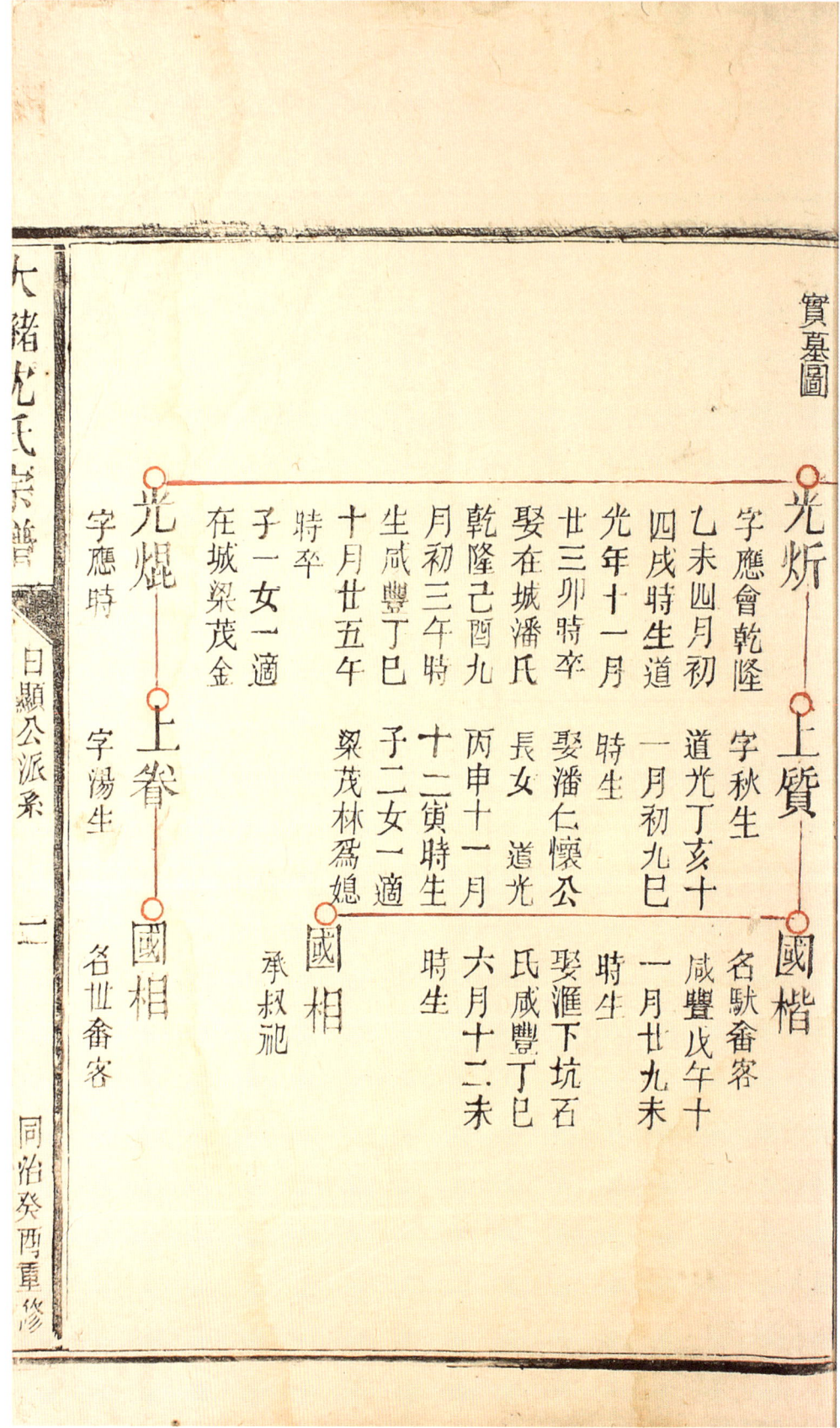

二七八 【浙江景寧】大潴沈氏宗譜不分卷 清同治十二年（1873）活字本

框高 24.0 釐米，寬 18.5 釐米，半葉行字數不等，白口，四周雙邊。二册。館藏索書號 0358

二七九 [浙江雲和] 湯侯門夏氏宗譜二卷 夏新根 夏錫勛 夏奠邦纂修 民國八年（1919）
木活字印本
框高28.5釐米，寬20.2釐米，半葉十行，行二十三字，白口，四周雙邊。二冊。館藏索書號
0359

湯侯門夏氏宗譜卷之二

世系

系圖

由浙遷閩 文獻無徵 出閩來澗 世次分明 下居斯鄉
歷年三百 編爲系圖 永留先澤 誌世系

○第一世○　○第二世○　○第三世○　○第四世○　○第五世○

寧五　　　周一　　　唐六　　　貴一　　　英五詳見後

妣謝氏　　妣陳氏名連　妣黄氏名春　妣陳氏名阿　
生子一周一　娶繼妣吳氏　娶　　　　娶
　　　　　　　生子二　　生子一貴一　生子一英五
　　　　　　　唐六 唐三

按舊譜所載·我族始祖十
丈公原居浙
江紹興府會
稽縣庠畔後
裔某公始移

雲和縣圖書館古籍普查登記圖目

二八〇 [浙江青田] 會稽夏氏宗譜不分卷 民國十七年(1928)南田求是齋鉛印本

框高26.8釐米,寬19.2釐米,半葉十二行,行十九字,白口,四周雙邊。一册。館藏索書號0360

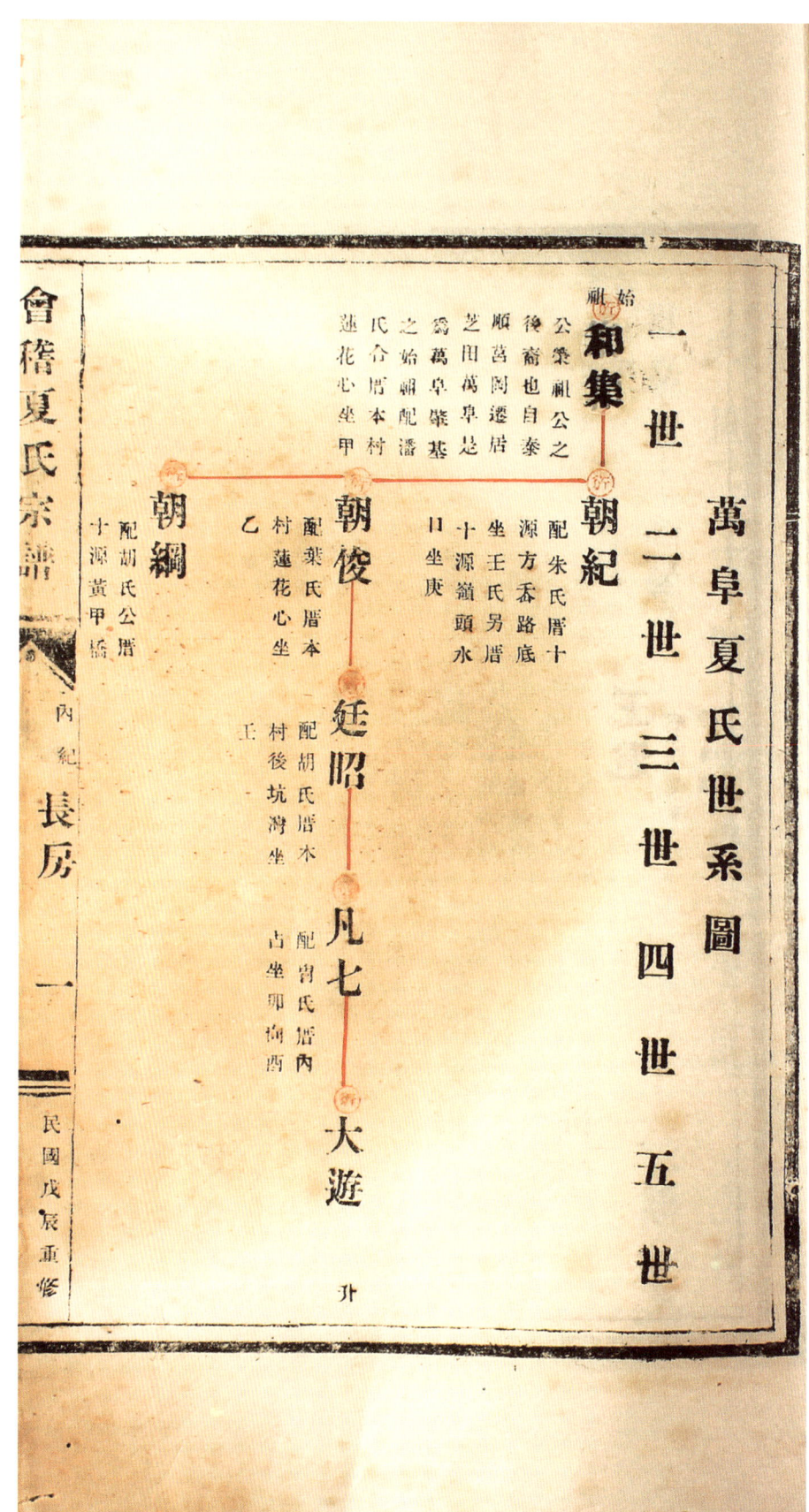

二八一 [浙江景宁] 梅氏宗谱六卷 梅冠英纂修 民国二十三年（1934）木活字印本

框高25.4釐米，宽17.9釐米，半叶十行，行二十字，白口，四周双边。三册。馆藏索书号0361

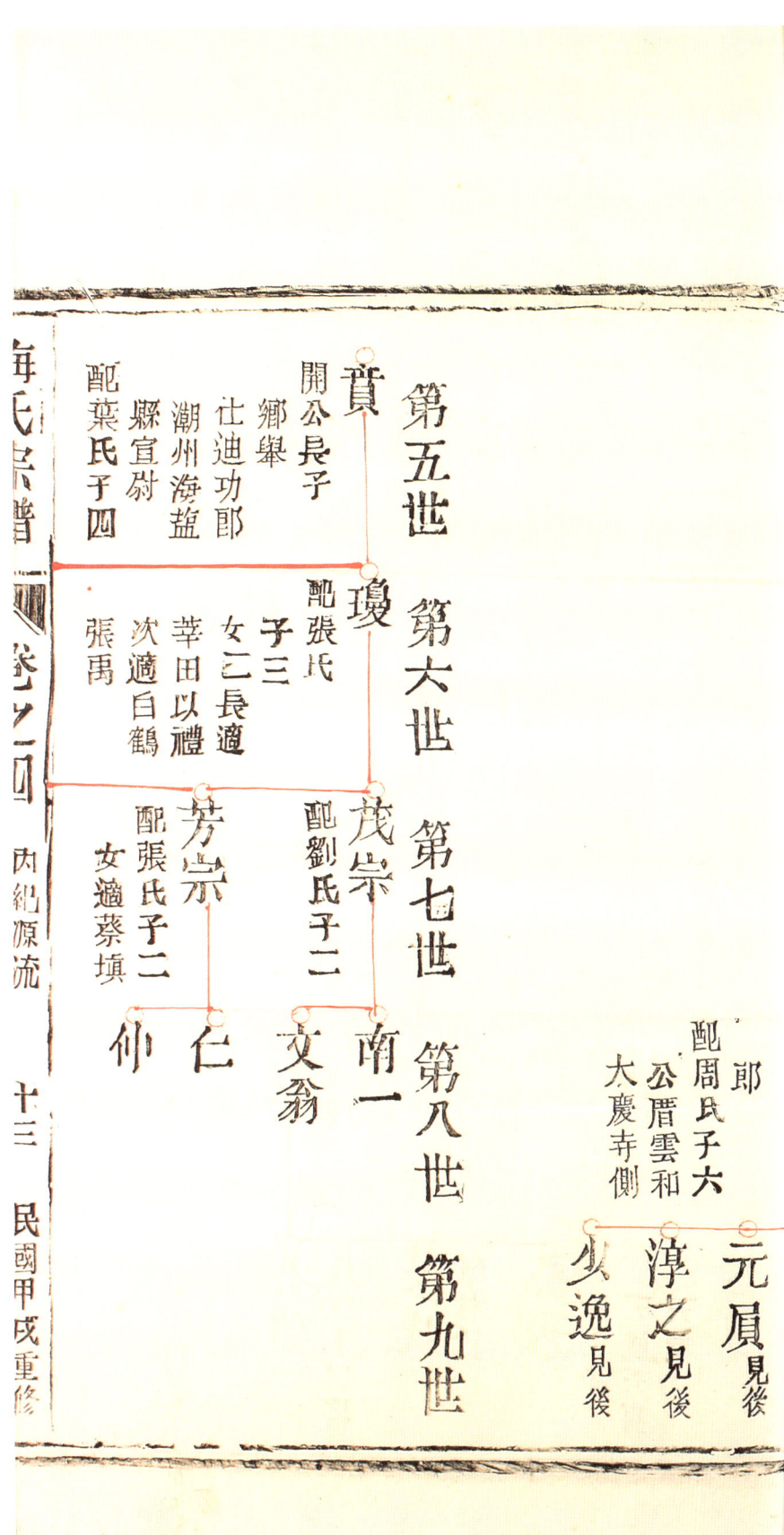

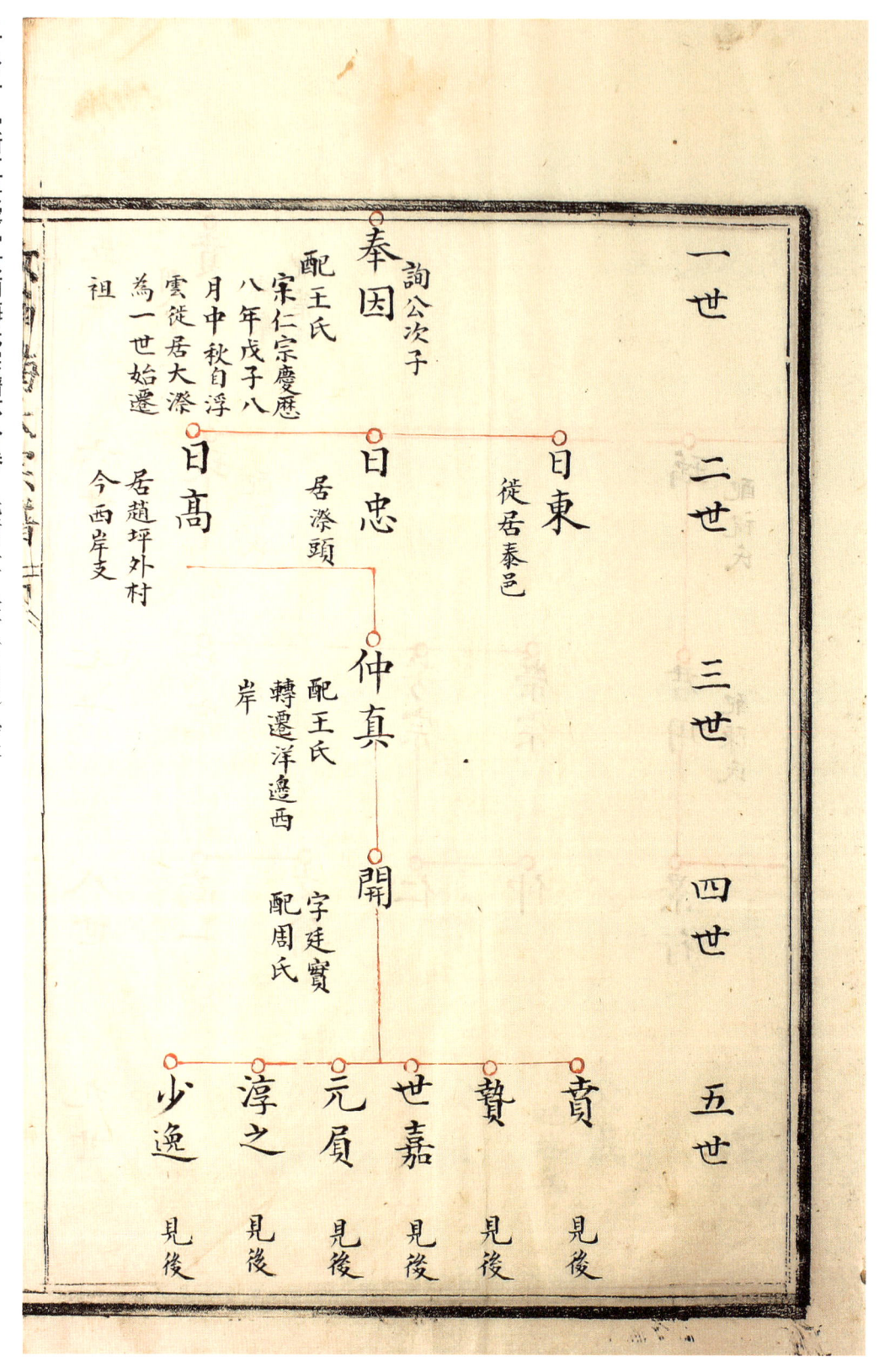

二八二 〔浙江景寧〕汝南梅氏宗譜不分卷　光緒二十八年（1902）抄本

框高26.7釐米，寬19.7釐米，半葉十至十二行，行二十三至二十四字，白口，四周雙邊。七冊。館藏索書號0363

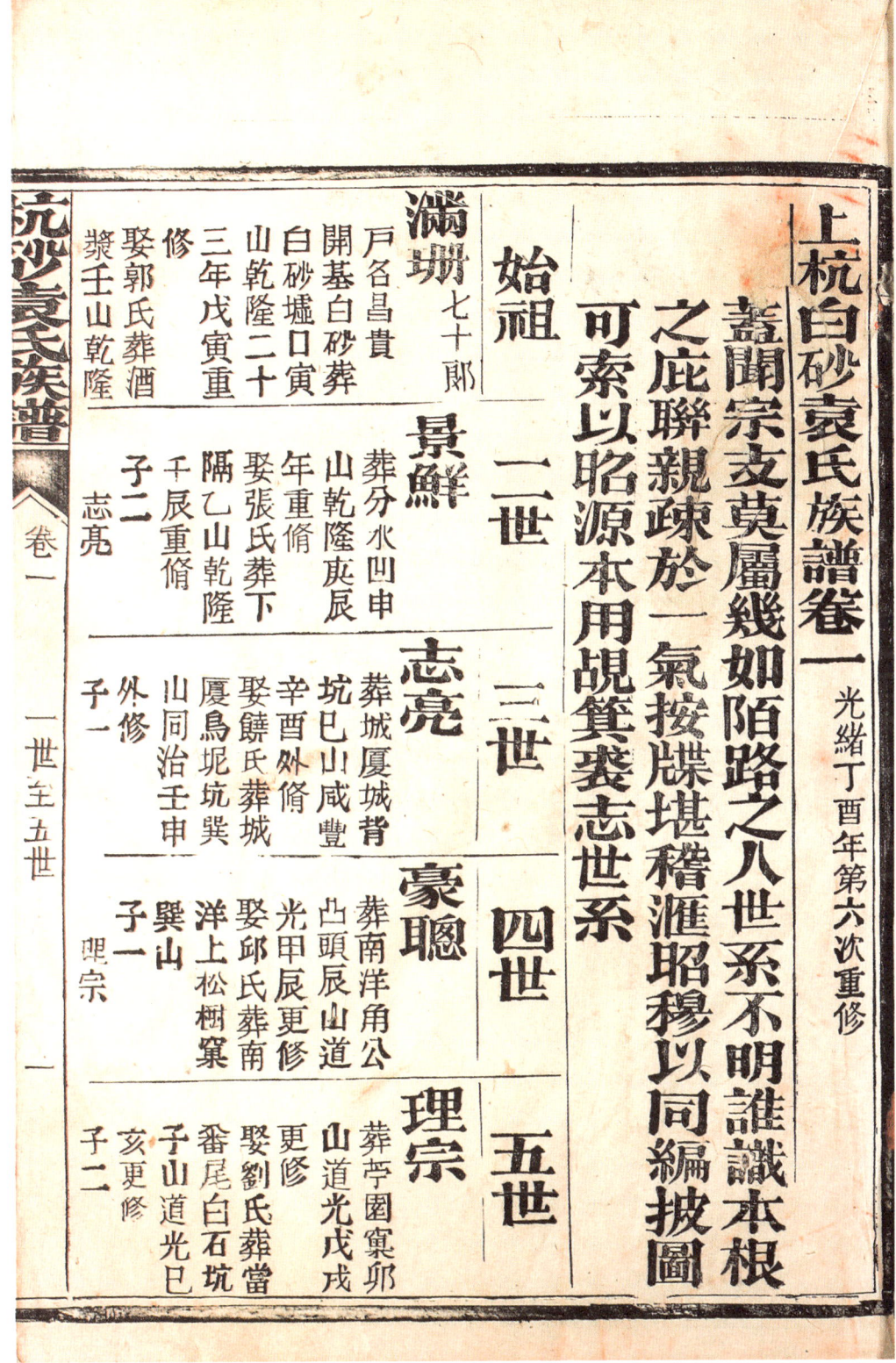

白砂袁氏族譜卷二 同治癸酉第五次重修

六世	七世	八世	九世	十世
繼 邱陵公之子 塟酒窠口辛山 娶陳氏附塋 祖妣塋 子一 長富	長富 娶黃氏均偕 孫萬正合塋 牛角坑辰山 子一 極	極 塟茅橑頂巽山 娶邱氏塋后 龍岡背辛山 子三 萬元 萬利 萬正	萬元 塟后龍岡酉山 娶張氏塋夬 陂頭嶺上 附父塋	
			萬利 娶邱氏合塋 后龍岡 附父塋	
			萬正	士興

二房繼公裔六世至十世

二八五 【福建上杭】白砂袁氏族譜九卷首一卷 清道光五年（1825）刻本

框高22.6釐米，寬18.2釐米，半葉十行，行二十一字，白口，四周雙邊。十一冊。館藏索書號0367

上杭白砂袁氏族譜卷一

蓋聞宗支莫屬幾如陌路之人世系不明誰識本根之庇聯親踈於一氣按牒堪稽滙昭穆以同編披圖可索以彰源本用覘箕裘志世系

始祖	二世	三世	四世	五世
滿珊七十郎 開基白砂塋山乾隆庚辰重修乾隆二十三年戊寅重修娶張氏塋下隔乙山乾隆三十四年己丑重修	景鮮 塋分水凹申坑巳山乾隆庚辰重修娶饒氏塋城夏烏泥坑巽山壬辰重修 子一 志亮 又私乘所載 子二 志亮 豪聰	志亮 塋城夏城背凹頭辰山娶邱氏塋南洋上松樹窠隔壬山乾隆溁壬山乾隆子二 志亮	豪聰 塋南洋甬公。娶劉氏塋當畲尾白石坑子山	理宗 塋荖園窠卯娶劉氏塋當畲尾白石坑子山 大富 大華

286 【浙江雲和】木垟王氏宗譜一卷　王夢仙主修　民國三十八年（1949）木活字印本

框高30.2釐米，寬21.3釐米，半葉十行，行二十一字，白口，四周雙邊。有圖。一冊。館藏

索書號 0368

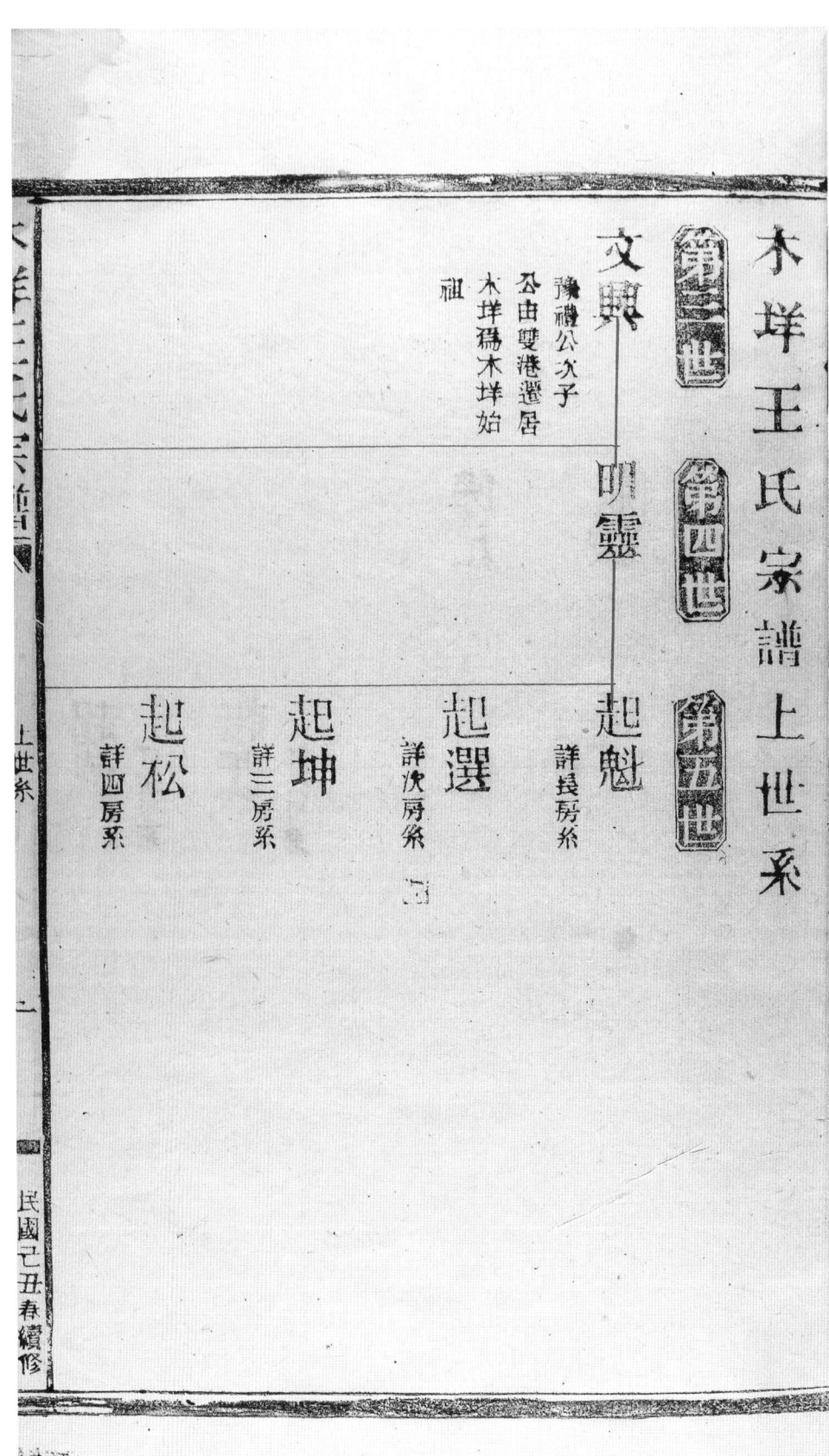

287 【浙江景宁】汝南周氏宗谱不分卷 民国十四年（1925）抄本

框高30.3厘米，宽21.3厘米，半叶九至十行，行二十字，白口，四周双边。一册。馆藏索书号0374

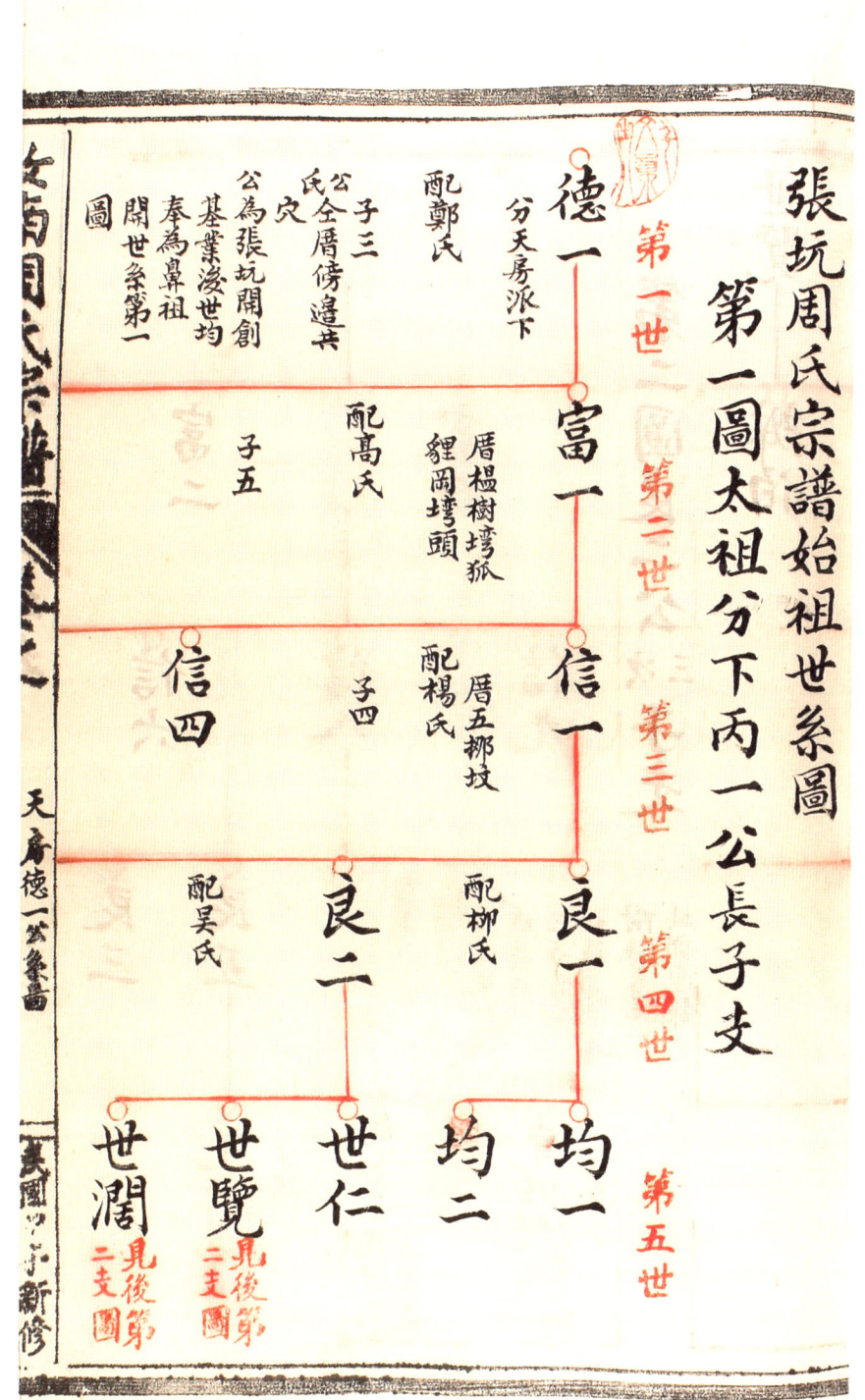

二八八 吳氏家譜不分卷 （清）吳繼恒纂修 清道光二十六年（1846）抄本

框高22.4釐米，寬20.9釐米，半葉行字數不等，白口，四周雙邊。一册。館藏索書號0377

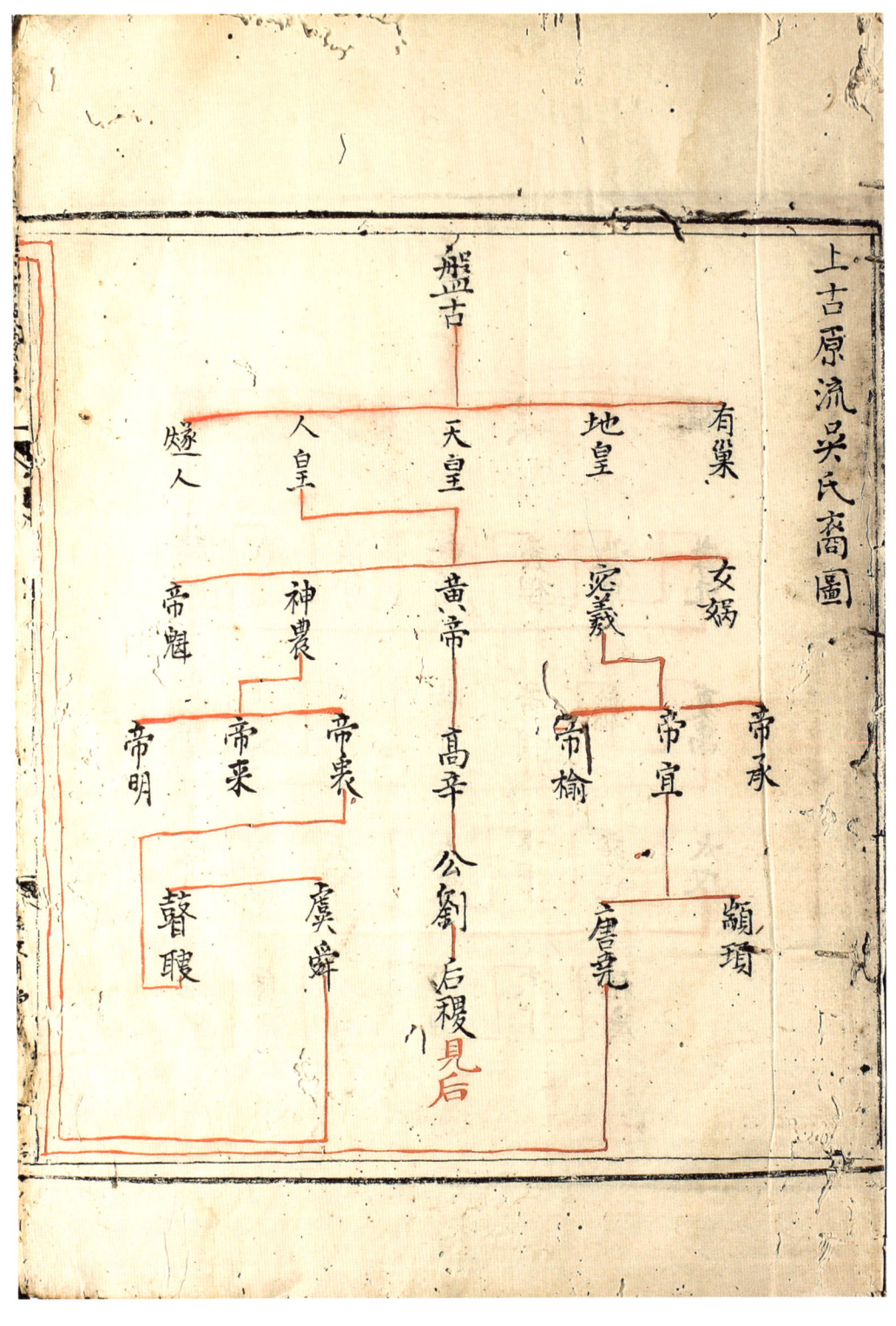

二八九 新修坑下吳氏宗譜 一卷 張煥奎編纂 清同治八年（1869）抄本

書號 0378

框高 30.1 釐米，寬 21.6 釐米，半葉九至十行，行二十字，白口，四周雙邊魚尾。一冊。館藏索

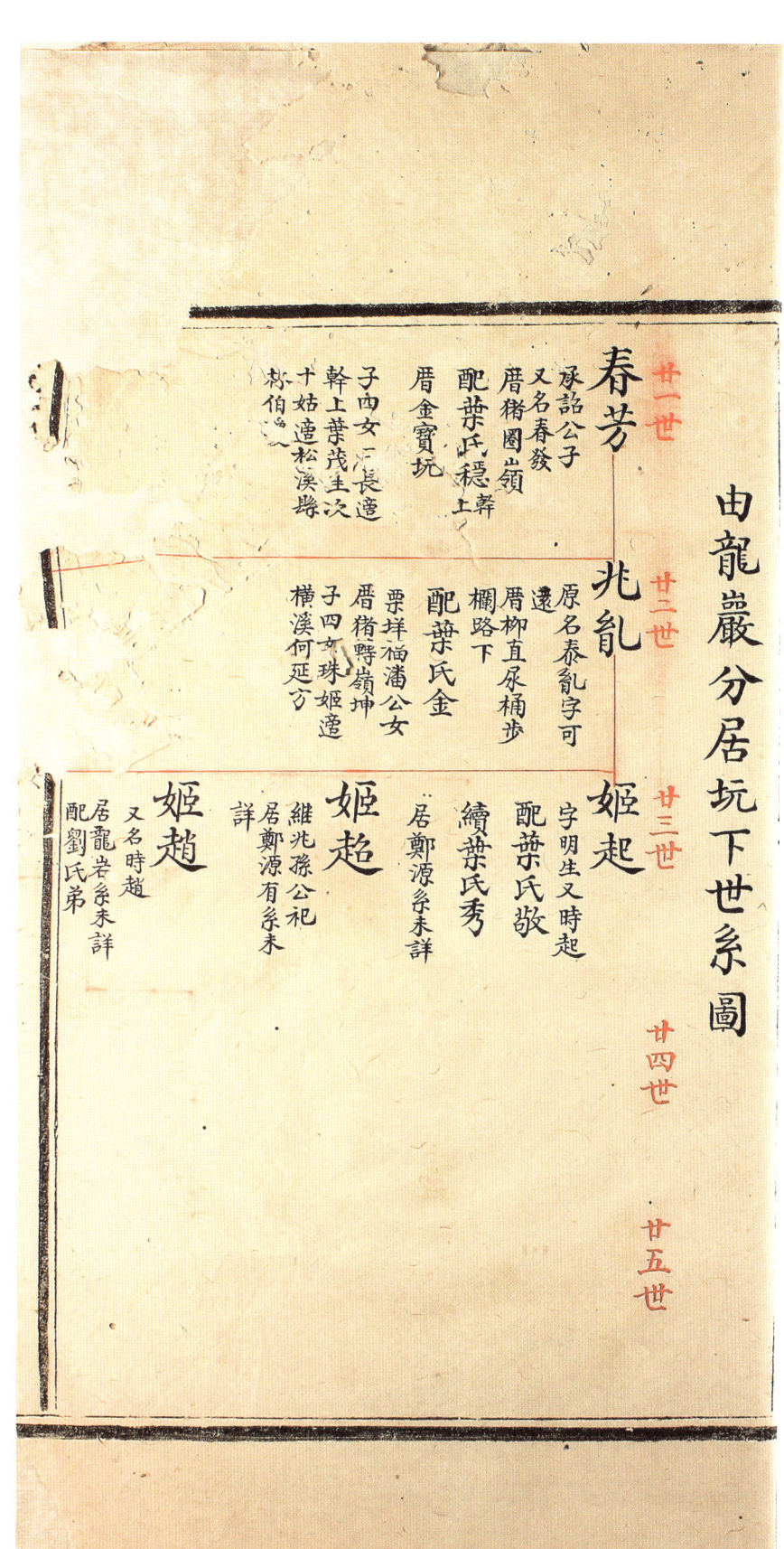

二九〇 〔浙江雲和〕清河張氏宗譜 一卷 民國二十一年（1932）木活字印本

框高 30.0 釐米，寬 21.5 釐米，半葉十行，行二十一字，白口，四周雙邊。有圖。一冊。館藏

索書號 0379

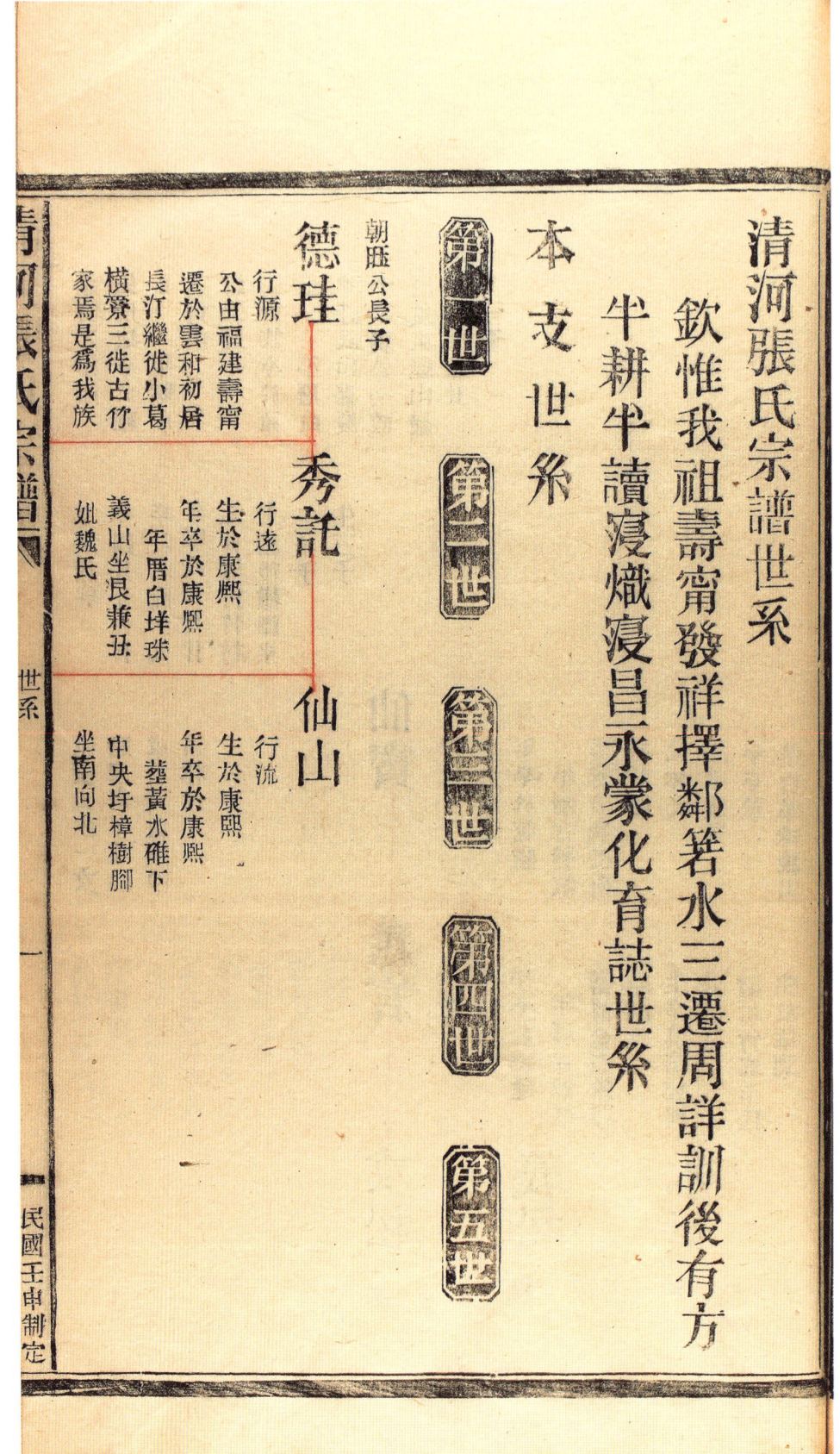

二九一 [浙江景宁]彭氏宗谱□卷 清木活字印本

索书号 0380

框高27.4釐米,宽18.7釐米,半叶十一行,行字不等,白口,四周双边。有图。一册。馆藏

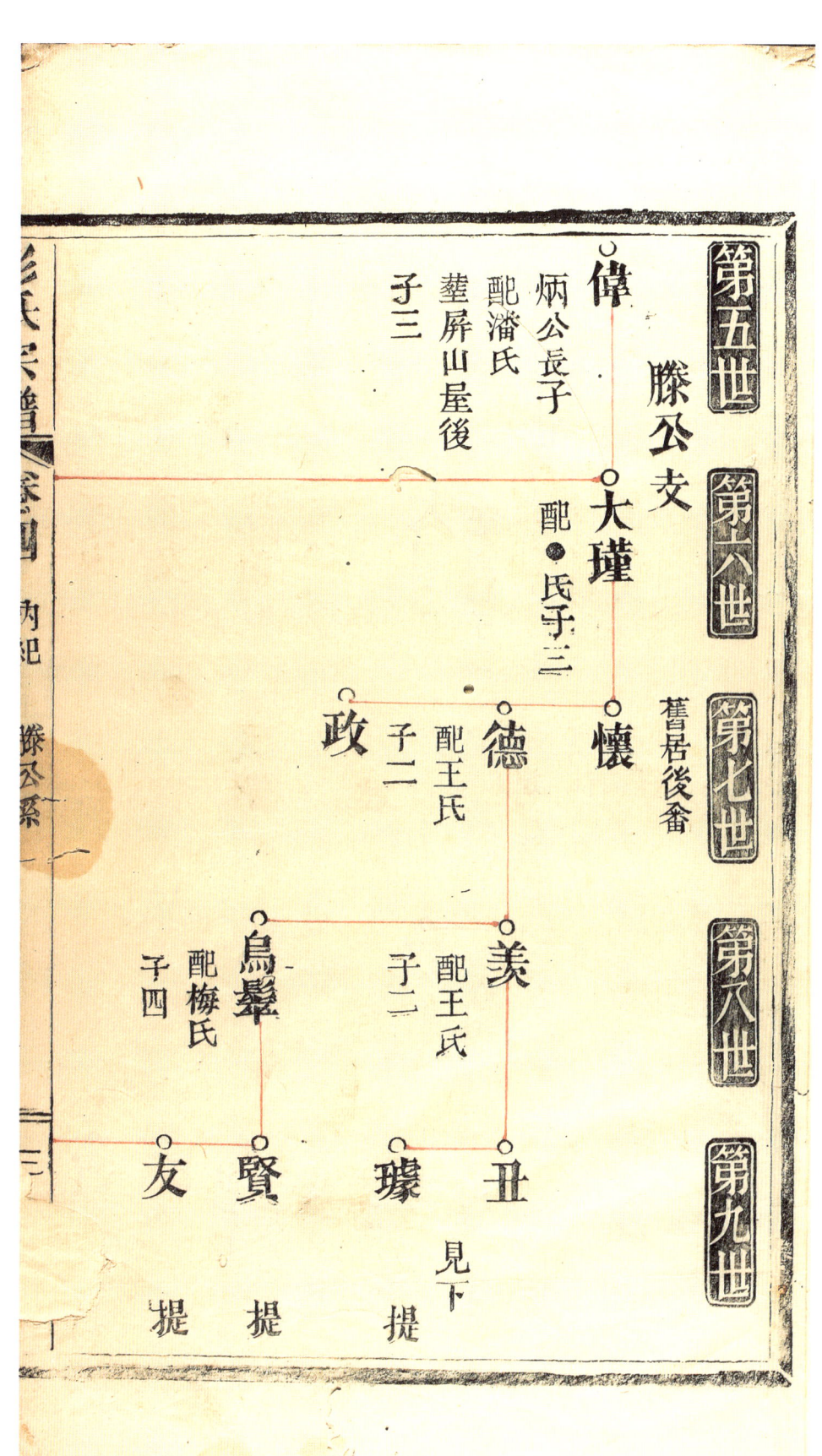

二九二 [浙江雲和]北溪王氏宗譜二卷首一卷末一卷 王夢良編輯 民國十六年（1927）木活字印本

框高28.0釐米，寬19.5釐米，半葉九行，行十九字，白口，四周雙邊魚尾。有圖。二冊。館藏

索書號0381

二九三 [浙江景寧大漈] 彭氏宗譜六卷首一卷 民國三十年（1941）刻本

框高23.7釐米，寬15.6釐米，半葉八行，行十九字，白口，四周雙邊。五冊。館藏索書號0382

第一世　第二世　第三世　第四世　第五世

原　富　材　蔘

得妥公四子　行羲三九
配金氏　子守庸　配陳氏
朱天聖發　　　　奎若溪　配丁氏
亥由彭家　配魏氏
堡遷居之　繼梅氏　　　　　　寶　偕
田大漈之　子三　　　　　　配梅氏　見下
屏山佘彭　　　　　　　　　子二
川對門山　堃屏山虚　　　　　　　秀
也合算屏　後之左有　　　仼
山是後有
圖　　　　　子一

　　　　　　　　　規　　　　滿　　先
　　　　　　　　　配林氏子一　　　　系見卷六

木垟派文興公世系

第三世 | **第四世** | **第五世** | **第六世** | **第七世**

豫禮公次子

文興
公由雙港遷居木垟，十一月初八日生，三月廿七日卒厝本村泗州堂坐乙向辛。娶陳氏四月初三日正月廿六日卒厝泗州基坐乙向辛。生六子以仁智信直勇剛六字分房。女三長適過頭酉。生三子。

明靈
乳名佛靈十二月二十日生，八月十九日卒厝鐵爐基乙山。娶劉氏四月初二日生七月初六日卒厝鐵爐基坐乙向辛。

起魁 乳名尚魁詳後 仁字房系

起選 乳名尚選詳後 智字房系

起坤 乳名尚坤詳後 信字房系

二九四 〔浙江雲和〕太原王氏宗譜二卷首一卷末一卷 王夢云 王邦政纂修 民國十八年（1929）木活字印本

框高30.1釐米，寬21.2釐米，半葉十行，行二十二字，白口，四周雙邊。有圖。二冊。館藏

索書號 0383

二九五 [浙江雲和浦潭]隴西李氏宗譜 一卷 民國二十一年（1932）三六軒木活字印本

框高29.8釐米，寬21.3釐米，半葉十行，行二十一字，白口，四周雙邊。有圖。一冊。館藏

索書號0385

隴西李氏宗譜世系

第一世

成佛
- 厝福建雙坑田
- 墈上坐
- 姚劉氏厝福建中穴坐
- 何林生一子

第二世

友明
- 厝福建飯匙坑
- 厝福建飯匙坑中穴坐
- 姚江氏葬夏家團墩回中穴
- 篆生二子

第三世

顯端
- 塋厝福建飯匙坑
- 姚熊氏坐

第四世

延廣
- 姚張氏與公仝厝福建飯匙坑
- 左傍生三子

延寬
- 姚何氏同葬飯匙坑坐

第五世

世忠 無考

世旺 提

世寧 無考

民國壬申重修

二九六 [浙江雲和赤石赤]隴西李氏宗譜二卷 （清）李永叢 （清）李先厚主修 清光緒二十九年（1903）木活字印本

框高28.4釐米，寬20.2釐米，半葉十行，行二十四字，白口，四周雙邊。有圖。一冊。館藏索書號0386

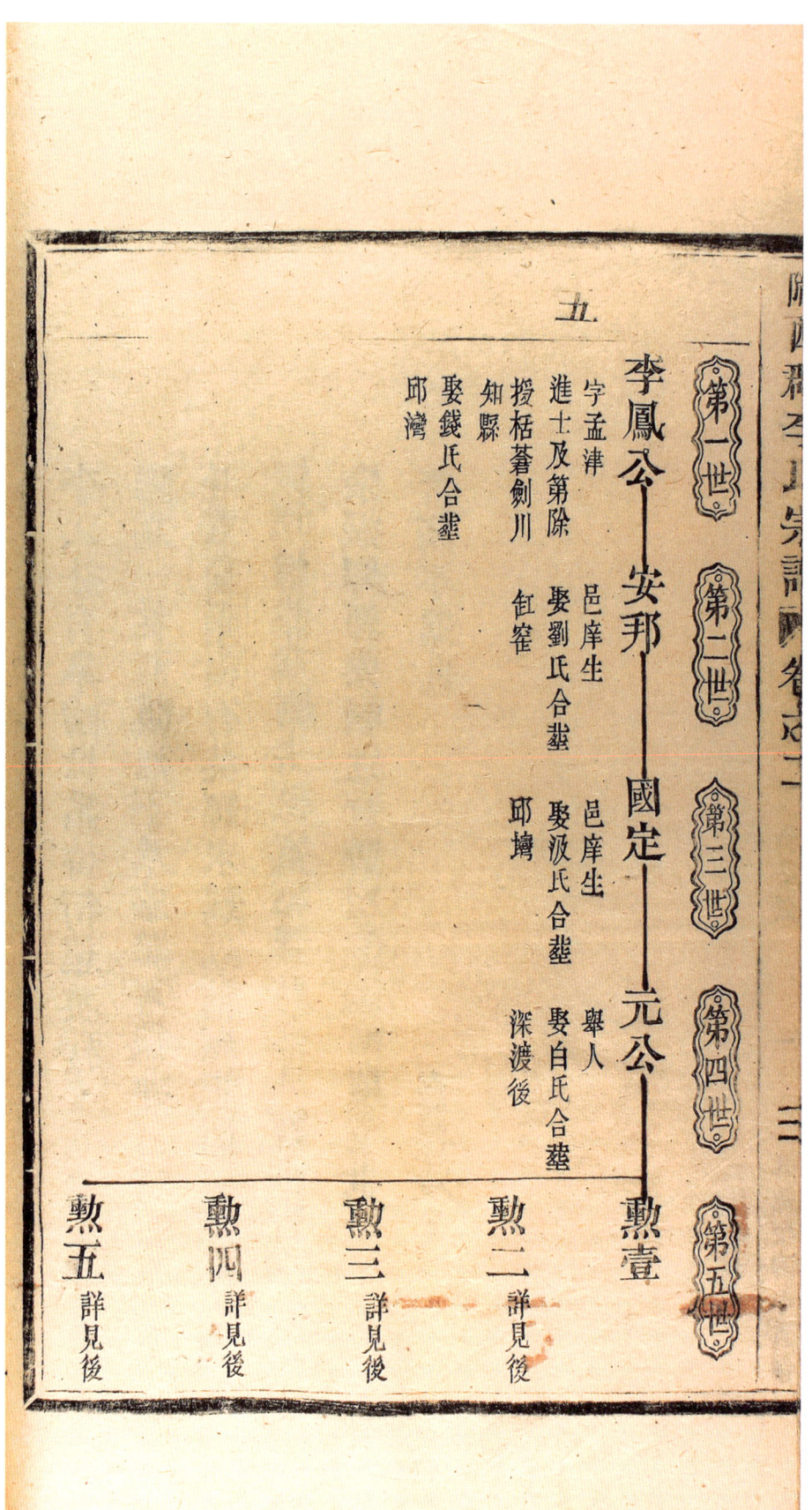

297 【浙江雲和】豐源李氏家乘二卷 （清）林鍾奎纂修 清光緒二十七年（1901）敘倫堂木活字印本

索書號 0387

框高28.2釐米，寬20.0釐米，半葉十行，行二十四字，白口，四周雙邊。有圖。二冊。館藏

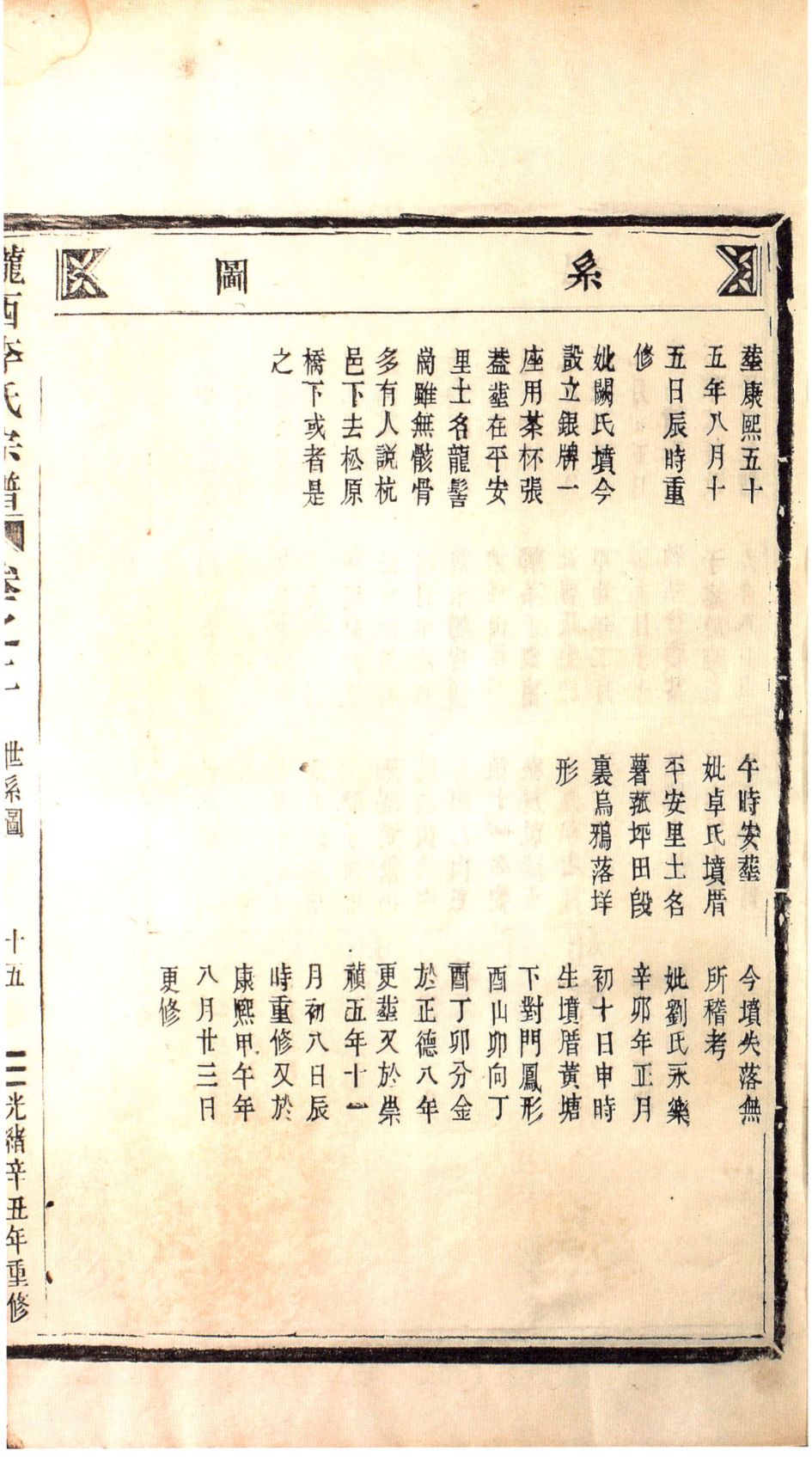

二九八 重修鄭氏宗譜八卷首一卷末一卷 清光緒二十一年（1895）木活字印本

框高27.0釐米，寬19.7釐米，半葉十行，行二十三字，白口，四周雙邊。有圖。一冊。館藏

索書號 0389

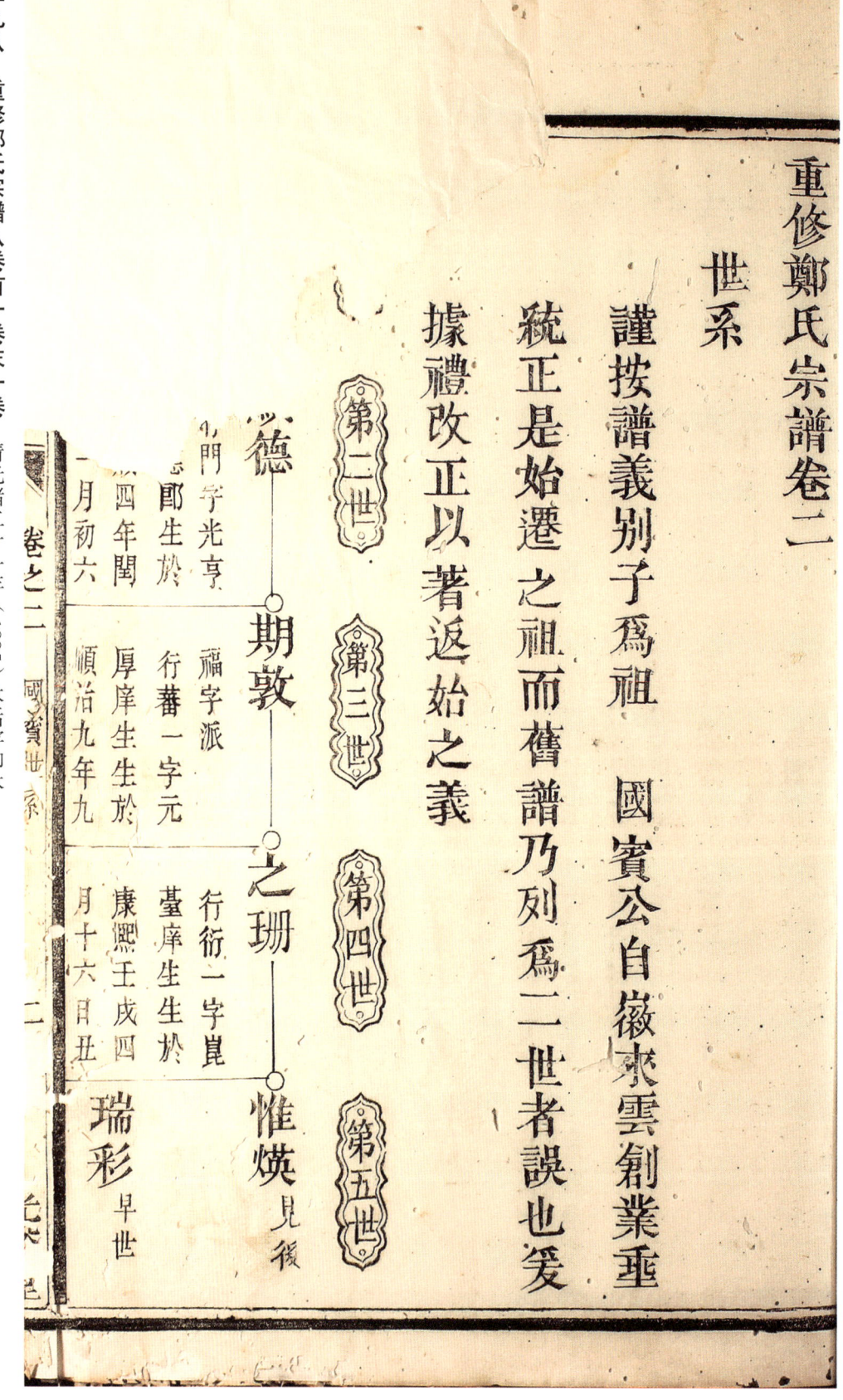

重修鄭氏宗譜卷二

世系

謹按譜義別子爲祖 國賓公自徽來雲創業垂統正是始遷之祖而舊譜乃列爲二世者誤也爰據禮改正以著返始之義

第二世　第三世　第四世　第五世

德 —— 期敦 —— 之珊 —— 惟煥 見後

門字光亨　福字派
郎生於　行蕃一字元
四年閏　臺庠生生於
一月初六　厚庠生生於
　　順治九年九　康熙壬戌四
　　月十六日丑　　瑞彩 早世

二九九 [浙江雲和]箬溪鉅鹿魏氏宗譜十四卷首一卷末一卷 清光緒十六年（1890）亦政堂刻本

框高31.7釐米，寬21.7釐米，半葉八至十一行，行十六至二十六字，白口，四周雙邊。二冊。

館藏索書號0390

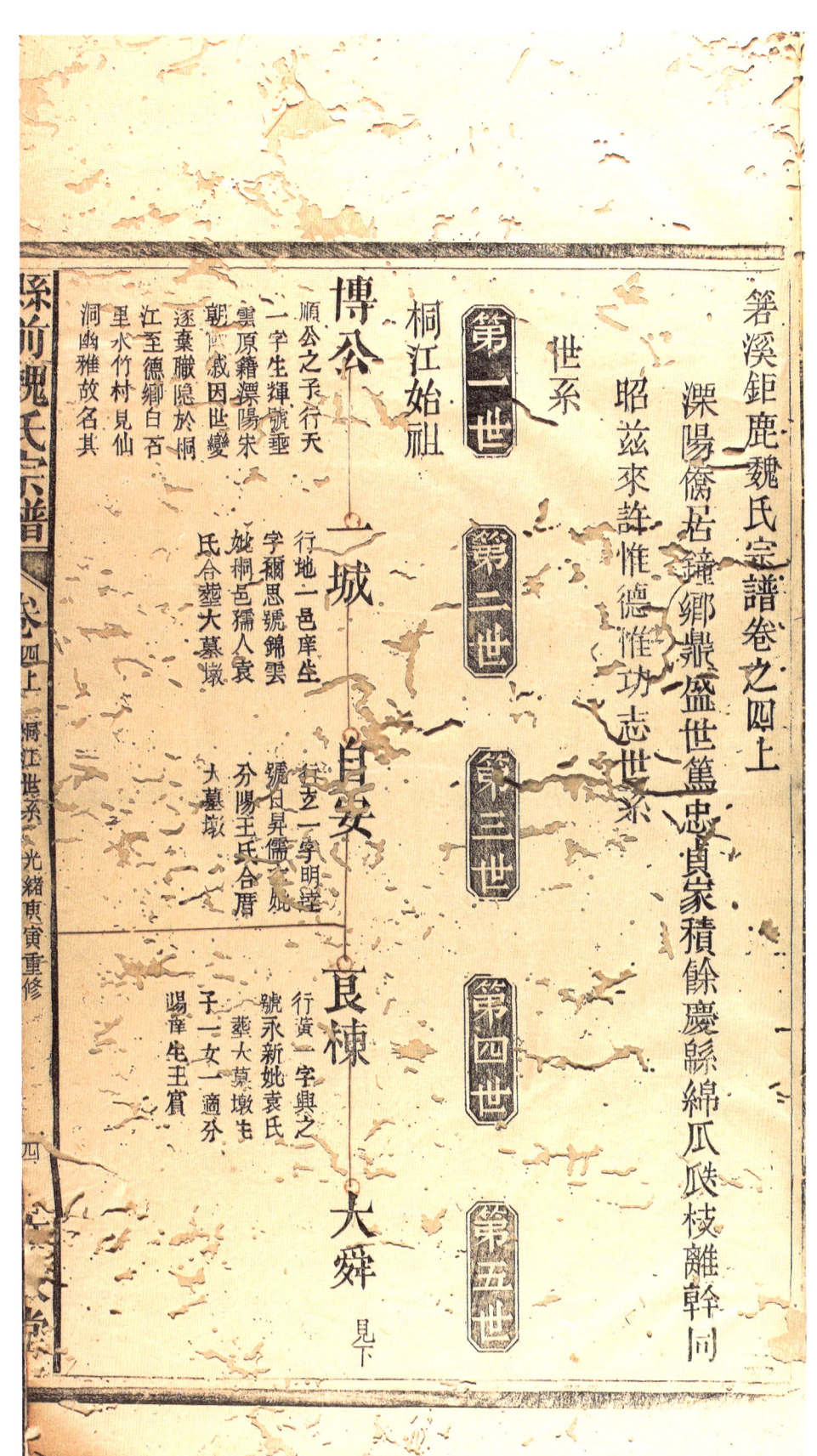

三〇〇 〔浙江景寧〕儒漈徐氏新修宗譜不分卷 （清）陳廷政纂修 清抄本

開本高 20.8 釐米，寬 11.2 釐米，半葉八行，每行字數不等。一冊。館藏索書號 0391

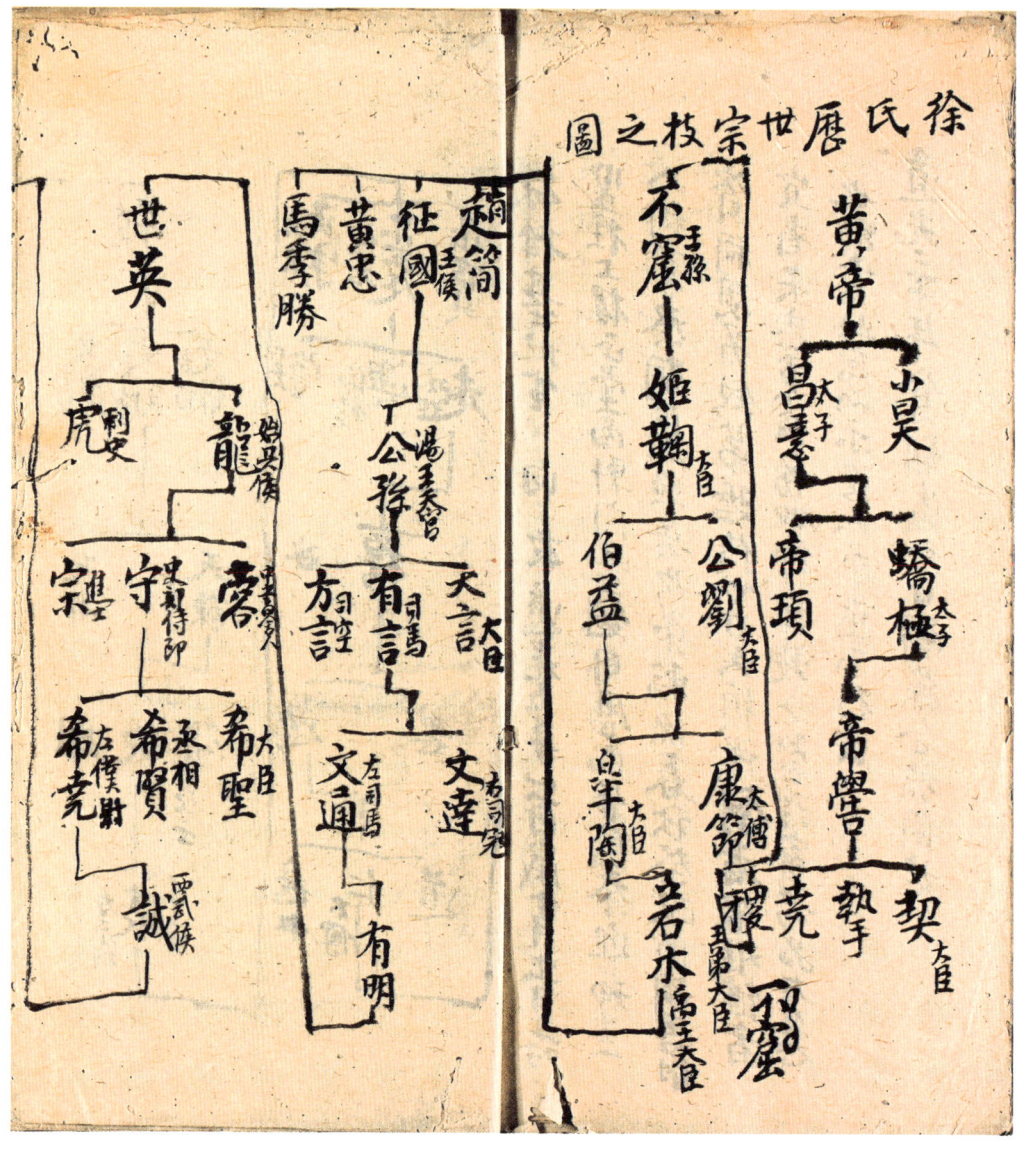

三〇一 〔浙江雲和〕東海徐氏族譜一卷 (清)尤士希纂修 乾隆四十七年(1782)抄本

框高33.5厘米,寬24.0厘米,半葉十二行,行十九字,白口,上下雙邊。一册。館藏索書號0394

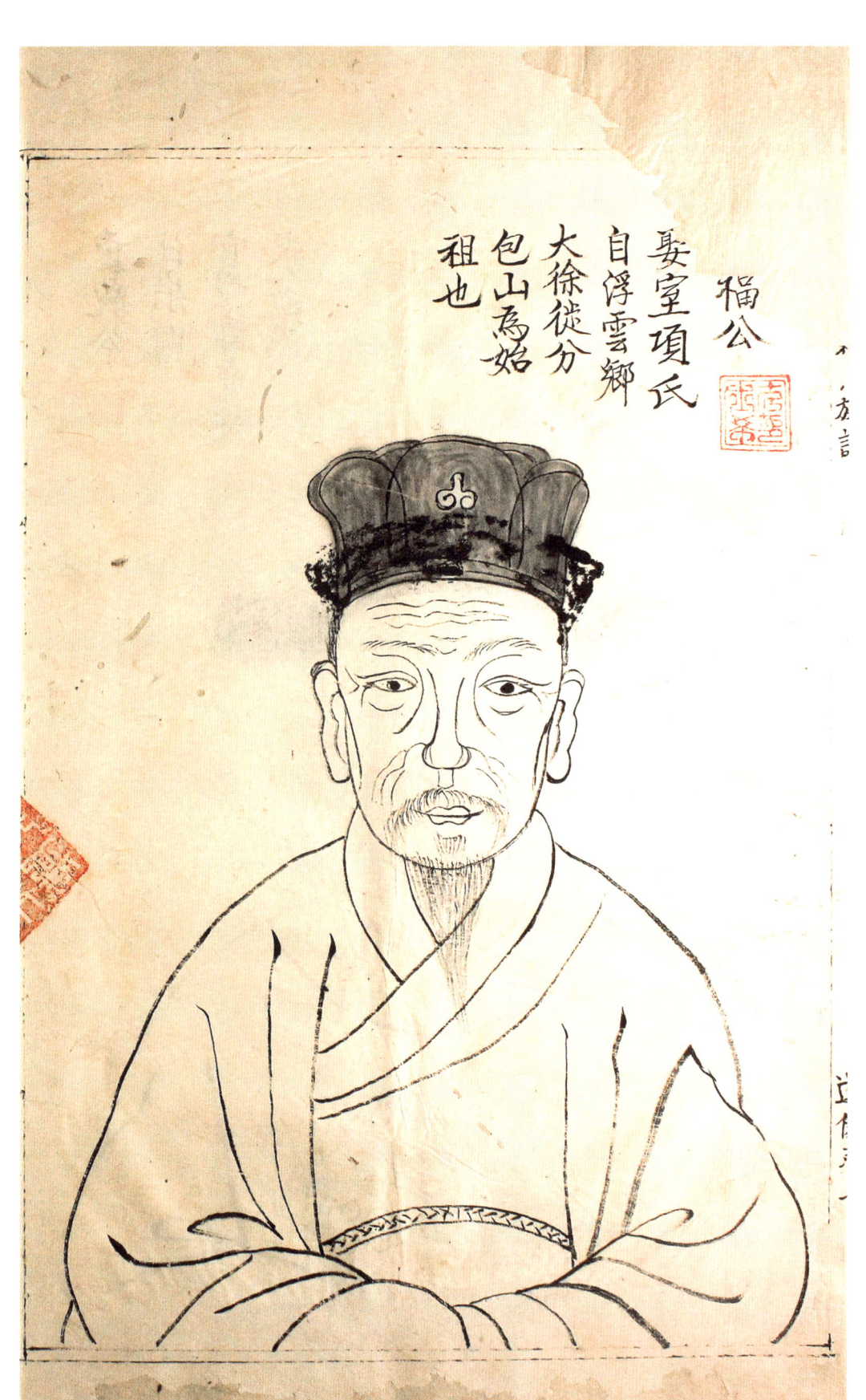

福公
娶室項氏
自浮雲鄉
大徐徙分
包山為始
祖也

三〇二　[浙江景寧] 毛氏宗譜 一卷　清同治七年（1868）重修民國七年（1918）續修抄本

框高 38.2 釐米，寬 36.4 釐米，半葉十六行，行二十字，白口，上下雙邊。一冊。館藏索書號

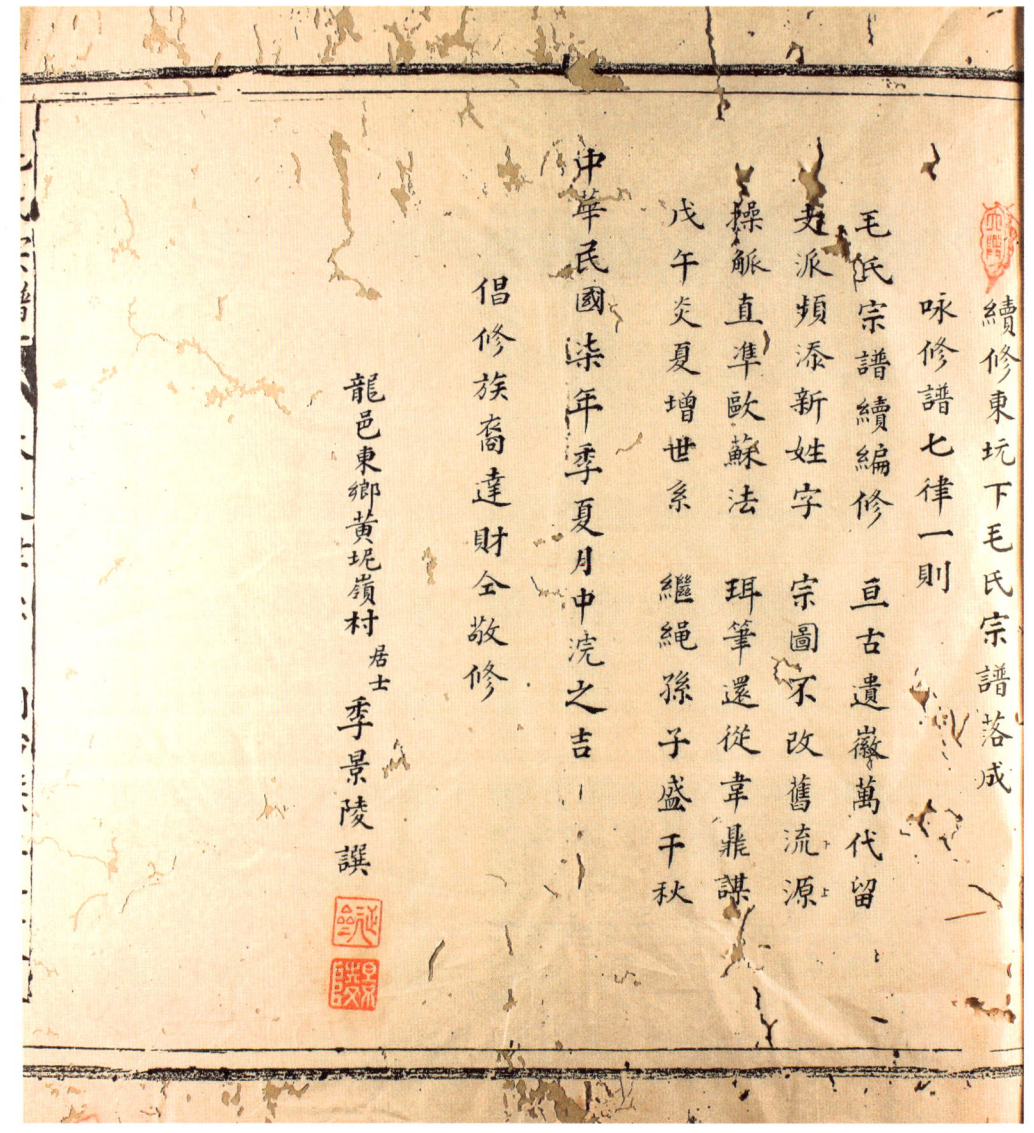

續修東坑下毛氏宗譜落成

咏修譜七律一則

毛氏宗譜續編修　亘古遺徽萬代留

支派頻添新姓字　宗圖不改舊流源

操觚直準歐蘇法　珥筆還從韋裴謨

戊午炎夏增世系　繼繩孫子盛千秋

倡修族裔達財仝敬修

中華民國柒年季夏月中浣之吉

龍邑東鄉黃坭嶺村居士季景陵譔

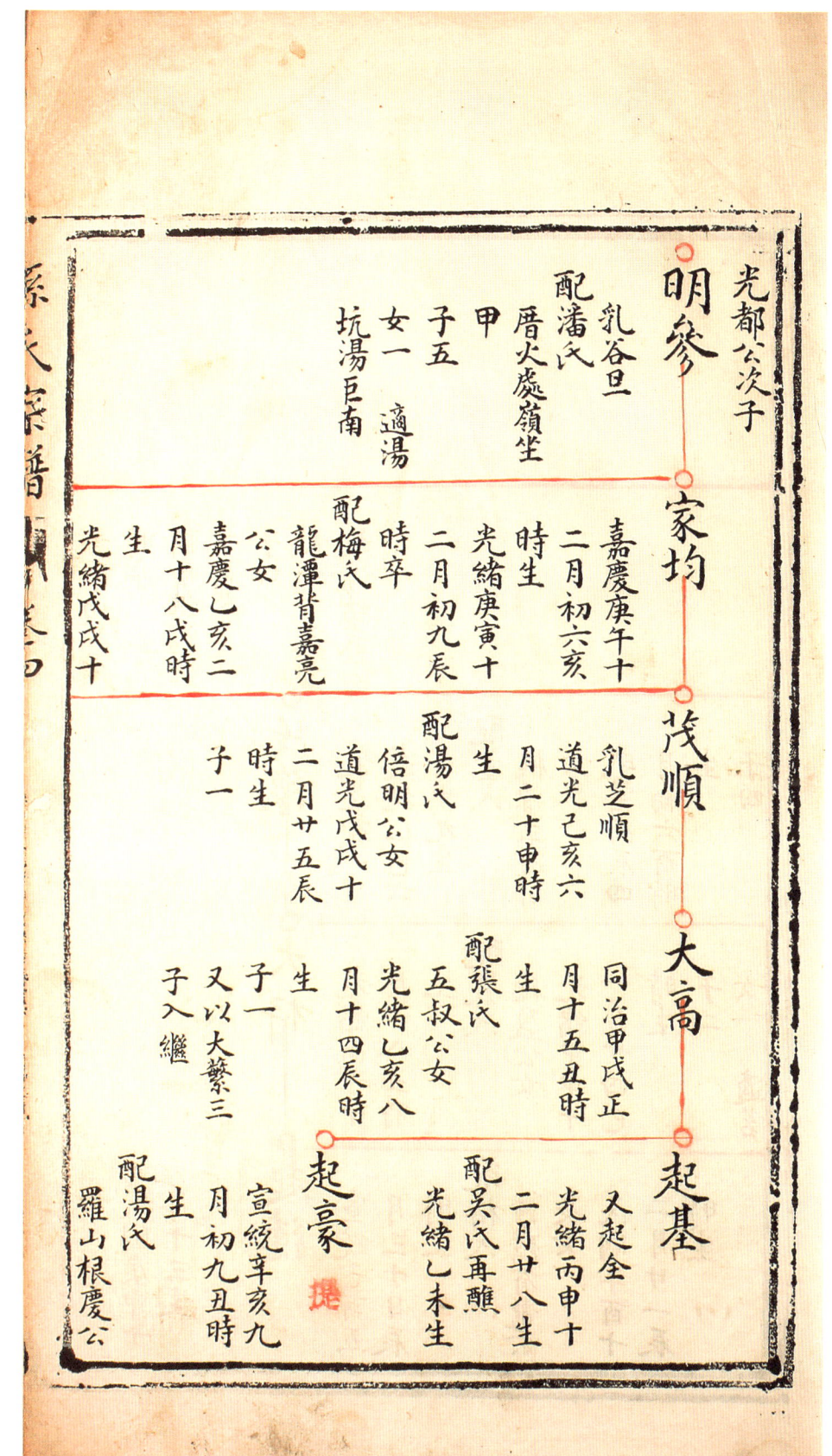

330000-4732-0001786　1786　史部/傳記類/總傳之屬/家乘

良瑞公五子錫傳公支一卷錫章公支一卷　民國抄本　二册

330000-4732-0001787　1787　史部/傳記類/總傳之屬/家乘

孟房茂□公派下支系圖一卷　清末抄本　一册

330000-4732-0001788　1788　史部/傳記類/總傳之屬/家乘

良瑚公次子錫壽公支一卷　民國抄本　一册

330000-4732-0001789　1789　史部/傳記類/總傳之屬/家乘

孟房茂□公派下支系圖一卷　清末抄本　一册

330000-4732-0001790　1790　史部/傳記類/總傳之屬/家乘

孫氏宗譜□卷　民國抄本　一册

330000-4732-0001791　1791　史部/傳記類/總傳之屬

行狀墓銘一卷　清末抄本　一册

330000-4732-0001792　1792　子部/醫家類

陳修園七十種醫書□□卷（存二種）　（清）陳念祖撰　民國南雅堂石印本　二册

330000-4732-0001793　1793　史部/傳記類/總傳之屬

積善堂堂志□卷積善堂正宗譜□卷　朱得三主修　民國二十二年（1933）刻本　二册

330000-4732-0001794　1794　史部/傳記類/總傳之屬

積善堂堂志□卷積善堂正宗譜□卷　朱得三主修　民國二十二年（1933）刻本　二册

330000-4732-0001795　1795　經部/小學類/音韻之屬/韻書

詩韻合璧五卷　詩腋一卷　詠史詩腋一卷　詞林典腋一卷　賦彙錄要一卷　分韻文選題解擇要一卷　虛字韻藪一卷　文選題解一卷　（清）潘維城輯　民國石印本　一册

330000-4732-0001796　1796　史部/傳記類/總傳之屬/家乘

[浙江雲和夏家垟]項氏宗譜不分卷　（清）劉達延輯　清宣統三年（1911）抄本　一册

本　一册

330000-4732-0001763　1763　子部/工藝類/日用器物之屬

手工講義一卷　民國石印本　一册

330000-4732-0001764　1764　子部/工藝類/日用器物之屬

手工圖樣一卷　民國二年石印本　一册

330000-4732-0001765　1765　集部/曲類

高機與吳三春一卷　清末抄本　一册

330000-4732-0001766　1766　集部/別集類/宋別集

蘭雪集二卷後附一卷　張玉娘撰　清刻本　一册

330000-4732-0001767　1767　集部/總集類/選集之屬/通代

古文釋義新編八卷　（清）余誠評註　清文奎堂刻本　一册

330000-4732-0001768　1768　子部/醫家類

撮要說約一卷　清抄本　一册

330000-4732-0001769　1769　子部/儒家類/儒學之屬/禮教

家禮大成□卷　清刻本　一册

330000-4732-0001770　1770　經部/小學類/文字之屬/字書/字典

字彙十二卷補遺備考一卷　清刻本　一册

330000-4732-0001771　1771　經部/小學類/文字之屬/字書/字典

康熙字典十二集三十六卷總目一卷檢字一卷辨似一卷等韻一卷補遺一卷備考一卷　（清）張玉書、凌紹雯等纂修　清刻本　二册

330000-4732-0001772　1772　經部/春秋左傳類/專著之屬

春秋地名辯異三卷附錄一卷　（清）程廷祚撰　民國晦齋鈐印本　一册

330000-4732-0001773　1773　經部/四書類/總義之屬/傳說

文林堂寫刻辨字白文四書七卷　清刻本　一册

330000-4732-0001774　1774　經部/四書類/總義之屬/傳說

四書正文七卷　清光緒三十四年（1908）上海點石齋書局石印本　一册

330000-4732-0001775　1775　集部/總集類

考課、儒吏廉吏、吏治等一卷　清末刻本　一册

330000-4732-0001776　1776　集部/小說類

秀山中一人高臥一卷　嚴一撰　民國元年（1912）共和書社石印本　一册

330000-4732-0001777　1777　子部/術數類

相命相墓一卷　清刻朱墨套印本　一册

330000-4732-0001778　1778　子部/術數類

相命相墓一卷　清刻朱墨套印本　一册

330000-4732-0001779　1779　子部/術數類

相命相墓一卷　民國石印本　一册

330000-4732-0001780　1780　集部/曲類

高機與吳三春一卷　清末抄本　一册

330000-4732-0001781　1781　史部/雜史類/斷代之屬

抗日救國叢刊一卷　梅子璧編輯　民國雲和新雲石印本　一册

330000-4732-0001782　1782　集部/曲類

哪吒落山一卷　民國抄本　一册

330000-4732-0001783　1783　史部/政書類/公牘檔册之屬

徐炳有分關書一卷　清同治二年（1863）邱維青寫本同治十一年（1872）補寫本　一册

330000-4732-0001784　1784　史部/傳記類/總傳之屬/家乘

家譜一卷　清末抄本　一册

330000-4732-0001785　1785　史部/傳記類/總傳之屬/家乘

尚仁公派下續守廉公第四世支系圖一卷　清抄本　一册

雲和縣圖書館古籍普查登記圖目

百草良方一卷　一九四九年葉霖抄本　一冊

330000-4732-0001739　1739　子部/宗教類/道教之屬/經文

五公經一卷　民國抄本　一冊

330000-4732-0001740　1740　史部/政書類/公牘檔册之屬

嚴氏呈文一卷　清抄本　一冊

330000-4732-0001741　1741　子部/宗教類/道教之屬

和釋科式一卷　民國抄本　一冊

330000-4732-0001742　1742　子部/儒家類/儒學之屬/禮教

六字經一卷　民國抄本　一冊

330000-4732-0001743　1743　史部/政書類/公牘檔册之屬

各式稟文一卷　清末抄本　一冊

330000-4732-0001744　1744　集部/曲類

師爺唱歌一叚一卷　民國三十一年（1942）雷日隆抄本　一冊

330000-4732-0001745　1745　史部/政書類/公牘檔册之屬

呈文集一卷　清抄本　一冊

330000-4732-0001746　1746　子部/術數類/命書相書之屬

福壽書一卷　民國寫本　一冊

330000-4732-0001747　1747　子部/宗教類/道教之屬

駄地神王快一卷　清末抄本　一冊

330000-4732-0001748　1748　集部/曲類

年兄家主何坊地一卷　清末抄本　一冊

330000-4732-0001749　1749　子部/宗教類/道教之屬

能制九良星一卷　民國抄本　一冊

330000-4732-0001750　1750　集部/曲類

拜帖傳進侯伯府一卷　民國抄本　一冊

330000-4732-0001751　1751　集部/曲類

萬歲君王開金口一卷　清光緒二年（1876）劉金何抄本　一冊

330000-4732-0001752　1752　子部/宗教類/道教之屬

一聲龍角一卷　清宣統三年（1911）商達真抄本　一冊

330000-4732-0001753　1753　集部/總集類/選集之屬

賦得鳳凰來儀一卷　清抄本　一冊

330000-4732-0001754　1754　子部/醫家類/方書之屬

民間藥方一卷　民國抄本　一冊

330000-4732-0001755　1755　經部/四書類/大學之屬

大學一卷　民國抄本　一冊

330000-4732-0001756　1756　史部/政書類/公牘檔册之屬

收文簿一卷　民國二十年（1931）寫本　一冊

330000-4732-0001757　1757　集部

吟詩一卷　清末抄本　一冊

330000-4732-0001758　1758　子部/宗教類/道教之屬

帳簿一卷　呪曰一卷　民國寫本　一冊

330000-4732-0001759　1759　子部/天文曆算類/曆法之屬

趨避通書不分卷　清末繼成堂刻本　一冊

330000-4732-0001760　1760　子部/雜家類

庸言一卷　果能子撰　民國十二年（1923）上海宏大善書局石印本　一冊

330000-4732-0001761　1761　子部/術數類

除靈罷服吉日一卷　清末抄本　一冊

330000-4732-0001762　1762　子部/天文曆算類/算書之屬

星平要訣一卷百年經一卷　清光緒文林堂刻

330000-4732-0001716　1716　史部 / 政書類

記帳要訣一卷　民國二十四年（1935）夏築根抄本　一冊

330000-4732-0001717　1717　子部 / 宗教類 / 道教之屬

魯班三郎親請到一卷　清光緒二十四年（1898）吳志誠抄本　一冊

330000-4732-0001718　1718　子部 / 宗教類 / 道教之屬

房邪師法一卷　民國王吉真抄本　一冊

330000-4732-0001719　1719　史部 / 政書類 / 公牘檔冊之屬

諸親友惠賜□儀登記一卷　民國二十年（1931）寫本　一冊

330000-4732-0001720　1720　史部 / 政書類

記帳行用並契式一卷　民國二十二年（1933）抄本　一冊

330000-4732-0001721　1721　史部 / 政書類

貨物應用一卷　民國項希棟抄本　一冊

330000-4732-0001722　1722　集部 / 總集類 / 選集之屬

桃花源記一卷　民國抄本　一冊

330000-4732-0001723　1723　子部 / 宗教類 / 道教之屬

五行生冠歌一卷　清末抄本　一冊

330000-4732-0001724　1724　子部 / 術數類 / 占卜之屬

通書便覽一卷　民國二十四年（1935）葉加壽抄本　一冊

330000-4732-0001725　1725　子部 / 雜著類

諸佛寶誥一卷　天文雜字一卷　民國抄本　一冊

330000-4732-0001726　1726　子部 / 宗教類 / 道教之屬

治癲化鞭詩煉洪磚科一卷　民國三十八年（1949）吳法盛抄本　一冊

330000-4732-0001727　1727　集部 / 曲類

秦叔美一卷　民國二十九年（1940）項希惠抄本　一冊

330000-4732-0001728　1728　子部 / 儒家類 / 儒學之屬 / 蒙學

布線衣裳一卷　民國十八年（1929）梅嘉彥抄本　一冊

330000-4732-0001729　1729　子部 / 醫家類 / 綜合之屬

醫書一卷　民國抄本　一冊

330000-4732-0001730　1730　子部 / 儒家類 / 儒學之屬 / 蒙學

出門行禮一卷　清光緒十六年（1890）抄本　一冊

330000-4732-0001731　1731　集部 / 曲類

羅怕記世出一卷　清末抄本　一冊

330000-4732-0001732　1732　子部 / 術數類 / 陰陽五行之屬

擇吉書一卷　清道光四年（1824）梅嘉猷抄本　一冊

330000-4732-0001733　1733　史部 / 政書類 / 公牘檔冊之屬

祭墳祝文一卷存拾契簿一卷　清末抄本　一冊

330000-4732-0001734　1734　子部 / 儒家類 / 儒學之屬 / 蒙學

撮要賬目一卷　民國抄本　一冊

330000-4732-0001735　1735　子部 / 宗教類 / 道教之屬

靈寶仙壇一卷　清末抄本　一冊

330000-4732-0001736　1736　子部 / 術數類 / 陰陽五行之屬

還願過齋神一卷　民國抄本　一冊

330000-4732-0001737　1737　子部 / 宗教類 / 道教之屬

亡人死歸終忌打鼓一卷　清末抄本　一冊

330000-4732-0001738　1738　子部 / 醫家類

330000-4732-0001692　1692　子部 / 儒家類 / 儒學之屬 / 禮教 / 家訓

朱夫子治家格言一卷　民國抄本　一冊

330000-4732-0001693　1693　集部 / 曲類

孟姜女一卷　民國十六年（1927）黃餘幫抄本　一冊

330000-4732-0001694　1694　集部 / 曲類

賣花記一卷　清抄本　一冊

330000-4732-0001695　1695　集部 / 曲類

□裏陽繪一卷　清咸豐五年（1855）抄本　一冊

330000-4732-0001696　1696　子部 / 術數類 / 命書相書之屬

福自天來一卷　民國抄本　一冊

330000-4732-0001697　1697　集部 / 總集類 / 選集之屬 / 通代

古文觀止一卷　民國三十二年（1943）徐師敬抄本　一冊

330000-4732-0001698　1698　子部 / 宗教類 / 道教之屬

商永諜一卷　清末抄本　一冊

330000-4732-0001699　1699　史部 / 雜史類

國語□卷　民國吳壽貴抄本　一冊

330000-4732-0001700　1700　子部 / 儒家類 / 儒學之屬

松溪知縣勸世文一卷　清抄本　一冊

330000-4732-0001701　1701　子部 / 儒家類 / 儒學之屬 / 蒙學

六字經一卷　民國韋定丹抄本　一冊

330000-4732-0001702　1702　集部 / 曲類

花鼓歌書一卷　清宣統三年（1911）抄本　一冊

330000-4732-0001703　1703　子部 / 醫家類 / 方書之屬

藥性書一卷　民國抄本　一冊

330000-4732-0001704　1704　子部 / 宗教類 / 道教之屬

伏以一卷　清同治六年（1867）抄本　一冊

330000-4732-0001705　1705　集部 / 曲類

我就本州并本縣一卷　清抄本　一冊

330000-4732-0001706　1706　子部 / 宗教類 / 道教之屬

陰公德師主書一卷　清光緒十二年（1886）藍日元抄本　一冊

330000-4732-0001707　1707　子部 / 宗教類 / 道教之屬

羅天大進日一卷　清抄本　一冊

330000-4732-0001708　1708　集部 / 曲類

花鼓歌書一卷　民國十四年（1925）楊敦高抄本　一冊

330000-4732-0001709　1709　子部 / 術數類 / 命書相書之屬

甲子乙丑海中金一卷　民國抄本　一冊

330000-4732-0001710　1710　子部 / 宗教類 / 道教之屬

靈寶仙壇一卷　民國抄本　一冊

330000-4732-0001711　1711　子部 / 儒家類 / 儒學之屬 / 蒙學

撮要賬目一卷　清光緒二十四年（1898）劉德林抄本　一冊

330000-4732-0001712　1712　子部 / 術數類 / 陰陽五行之屬

廟瘟日兜一卷　民國十六年（1927）抄本　一冊

330000-4732-0001713　1713　子部 / 醫家類 / 兒科之屬 / 痘疹

痘科正卷□卷　民國十六年（1927）抄本　一冊

330000-4732-0001714　1714　子部 / 宗教類 / 道教之屬

奉香火一卷　清乾隆四十三年（1778）抄本　一冊

330000-4732-0001715　1715　史部 / 政書類 / 公牘檔冊之屬

五顯會簿一卷　民國二年（1913）抄本　一冊

布綫衣裳一卷　民國十五年（1926）抄本　一册

330000-4732-0001670　1670　子部/宗教類/道教之屬

二十四山一卷　清末抄本　一册

330000-4732-0001671　1671　子部/宗教類/道教之屬

八掛書一卷　民國十八年（1929）朱希賢王伯琛抄本　一册

330000-4732-0001672　1672　子部/宗教類/道教之屬

新故考一卷　民國十八年（1929）寫本　一册

330000-4732-0001673　1673　集部/總集類/選集之屬

卜居一卷　民國抄本　一册

330000-4732-0001674　1674　子部/宗教類/道教之屬

大悲呪一卷　清光緒十六年（1890）嚴思忠抄本　一册

330000-4732-0001675　1675　子部/儒家類/儒學之屬/禮教

蒙子誠曰一卷　清末抄本　一册

330000-4732-0001676　1676　集部/曲類

天道冥存一卷　民國抄本　一册

330000-4732-0001677　1677　子部/宗教類/道教之屬

焚香拜請一卷　清末抄本　一册

330000-4732-0001678　1678　子部/儒家類/儒學之屬/蒙學

天文書一卷　清末周正徒抄本　一册

330000-4732-0001679　1679　子部/宗教類/道教之屬

大操兵用盡一卷　民國二十五年（1936）抄本　一册

330000-4732-0001680　1680　集部/曲類

孤王結掌城都地一卷　清末抄本　一册

330000-4732-0001681　1681　子部/宗教類/道教之屬

功德超亡通用一卷　民國十四年（1925）葉德發抄本　一册

330000-4732-0001682　1682　子部/宗教類/道教之屬

七政勝歷一卷　民國十五年（1926）王存林抄本　一册

330000-4732-0001683　1683　子部/藝術類/書畫之屬/總論

寫真秘訣一卷　民國寫本　一册

330000-4732-0001684　1684　史部/地理類/山川之屬

山形圖式一卷　民國抄本　一册

330000-4732-0001685　1685　子部/儒家類/儒學之屬/蒙學

千字文一卷　民國六年（1917）林明儉抄本　一册

330000-4732-0001686　1686　集部/曲類

梱龍記書一卷　民國三十八年（1949）鍾陳忠抄本　一册

330000-4732-0001687　1687　子部/儒家類/儒學之屬/蒙學

天文一卷　民國抄本　一册

330000-4732-0001688　1688　集部/曲類

賣花記一卷　民國二十五年（1936）劉立芳抄本　一册

330000-4732-0001689　1689　子部/宗教類/道教之屬

心存法變不爲難一卷　清末抄本　一册

330000-4732-0001690　1690　子部/儒家類/儒學之屬/蒙學

新刻訓蒙增廣賢文一卷　民國三十四年（1945）徐可順抄本　一册

330000-4732-0001691　1691　子部/儒家類/儒學之屬/禮教/家訓

張百川先生訓子三十篇不分卷　清抄本　一册

330000-4732-0001647　1647　子部 / 宗教類 / 道教之屬

勸魂科書一卷　清光緒十九年（1893）吳法盛抄本　一册

330000-4732-0001648　1648　子部 / 宗教類 / 道教之屬

真三寶玄科一卷　清乾隆四十七年（1782）梅慶雲抄本　一册

330000-4732-0001649　1649　集部 / 總集類

不遠千里而來一卷　民國抄本　一册

330000-4732-0001650　1650　子部 / 宗教類 / 道教之屬

煉火書一卷　清抄本　一册

330000-4732-0001651　1651　子部 / 宗教類 / 道教之屬

招魂牒一卷　清抄本　一册

330000-4732-0001652　1652　集部 / 總集類 / 選集之屬

論說摘錄一卷　民國九年（1920）林彝抄本　一册

330000-4732-0001653　1653　子部 / 宗教類 / 道教之屬

月德一卷　清抄本　一册

330000-4732-0001654　1654　子部 / 儒家類 / 儒學之屬 / 蒙學

昔時賢文一卷　民國三十八年（1949）抄本　一册

330000-4732-0001655　1655　子部 / 宗教類 / 道教之屬

度關醮科一卷　民國三十年（1941）季景翔抄本　一册

330000-4732-0001656　1656　子部 / 宗教類 / 道教之屬

一聲龍角一卷　清抄本　一册

330000-4732-0001657　1657　子部 / 儒家類 / 儒學之屬 / 蒙學

七言雜字一卷　民國二十三年（1934）抄本　一册

330000-4732-0001658　1658　子部 / 宗教類 / 道教之屬

點起東朝天子兵一卷　清末抄本　一册

330000-4732-0001659　1659　集部 / 曲類

方卿見說一卷　民國抄本　一册

330000-4732-0001660　1660　子部 / 儒家類 / 儒學之屬 / 蒙學

郁離子一卷　民國二十二年（1933）雷如昌抄本　一册

330000-4732-0001661　1661　子部 / 儒家類 / 儒學之屬 / 蒙學

撮要帳目一卷　清末抄本　一册

330000-4732-0001662　1662　子部 / 宗教類 / 道教之屬

地理五訣□卷　清末抄本　一册

330000-4732-0001663　1663　集部 / 曲類

斷機教子一卷　民國抄本　一册

330000-4732-0001664　1664　集部 / 總集類 / 謠諺之屬

格言彙錄一卷　民國抄本　一册

330000-4732-0001665　1665　子部 / 宗教類 / 道教之屬

五行相生訣一卷　清光緒二十年（1896）張紹洙抄本　一册

330000-4732-0001666　1666　子部 / 藝術類 / 遊藝之屬 / 聯語

對聯集一卷　民國抄本　一册

330000-4732-0001667　1667　子部 / 宗教類 / 道教之屬

禳瘟鎮詰式一卷　清末抄本　一册

330000-4732-0001668　1668　子部 / 宗教類 / 道教之屬

籤書一卷　民國抄本　一册

330000-4732-0001669　1669　子部 / 儒家類 / 儒學之屬 / 蒙學

330000-4732-0001623　1623　子部 / 儒家類 / 儒學之屬

初開一卷　民國八年林起棚抄本　一冊

330000-4732-0001624　1624　子部 / 術數類 / 相宅相墓之屬

格定水口法一卷　民國抄本　一冊

330000-4732-0001625　1625　子部 / 術數類 / 命書相書之屬

利厚名揚一卷　民國抄本　一冊

330000-4732-0001626　1626　新學 / 地學 / 地理學

新法地理一卷　民國十五年（1926）林達抄本　一冊

330000-4732-0001627　1627　子部 / 術數類 / 命書相書之屬

五星福書一卷　民國程□齋、葉國康抄本　一冊

330000-4732-0001628　1628　新學 / 雜著

國文筆記一卷　民國啓俊抄本　一冊

330000-4732-0001629　1629　子部 / 宗教類 / 道教之屬

收瘟救水一卷　民國抄本　一冊

330000-4732-0001630　1630　子部 / 儒家類 / 儒學之屬 / 蒙學

勉學一卷　民國三十七年（1948）抄本　一冊

330000-4732-0001631　1631　集部 / 曲類

對珠環一卷　民國抄本　一冊

330000-4732-0001632　1632　子部 / 藝術類 / 音樂之屬 / 樂譜

曲譜一卷　民國油印本　一冊

330000-4732-0001633　1633　集部 / 總集類 / 課藝之屬

巧搭分品一卷　清末抄本　一冊

330000-4732-0001634　1634　史部 / 地理類

中西輿地三字經一卷　民國張永昌抄本　一冊

330000-4732-0001635　1635　子部 / 宗教類 / 道教之屬

上吉一卷　民國十三年（1924）陳玉祈抄本　一冊

330000-4732-0001636　1636　子部 / 宗教類 / 道教之屬

法書一卷　清嘉慶十四年（1809）李□明抄本　一冊

330000-4732-0001637　1637　子部 / 宗教類 / 道教之屬

度星疏式一卷　民國抄本　一冊

330000-4732-0001638　1638　子部 / 宗教類 / 道教之屬

說鬼名書一卷　清末抄本　一冊

330000-4732-0001639　1639　子部 / 儒家類 / 儒學之屬 / 蒙學

記帳一卷　民國抄本　一冊

330000-4732-0001640　1640　集部 / 曲類

禁河船一卷　清末抄本　一冊

330000-4732-0001641　1641　子部 / 儒家類 / 儒學之屬

玉逼記一卷　清咸豐七年（1857）抄本　一冊

330000-4732-0001642　1642　子部 / 儒家類 / 儒學之屬

上大人一卷　民國葉必有抄本　一冊

330000-4732-0001643　1643　子部 / 儒家類 / 儒學之屬 / 禮教

勸世文書一卷　民國三十三年（1944）劉楊光抄本　一冊

330000-4732-0001644　1644　經部 / 小學類 / 文字之屬 / 字書

百家姓帖一卷　清末抄本　一冊

330000-4732-0001645　1645　子部 / 儒家類 / 儒學之屬 / 蒙學

古傳天文一卷　清末抄本　一冊

330000-4732-0001646　1646　子部 / 宗教類 / 道教之屬

求籤書一卷　清末抄本　一冊

一册

330000-4732-0001600　1600　史部/政書類/公牘檔册之屬

葉茂釧戶册一卷　清末抄本　一册

330000-4732-0001601　1601　集部/曲類

同台分別一卷　清抄本　一册

330000-4732-0001602　1602　集部/曲類

擂鼓罵曹一卷　清抄本　一册

330000-4732-0001603　1603　集部/曲類

民間歌謠一卷　民國抄本　一册

330000-4732-0001604　1604　史部/政書類/公牘檔册之屬

立分關合同一卷　清同治五年（1866）抄本　一册

330000-4732-0001605　1605　子部/宗教類/佛教之屬

經簿一卷　民國抄本　一册

330000-4732-0001606　1606　子部/宗教類/道教之屬

姜太公遁水晶宮秘法科一卷　清抄本　一册

330000-4732-0001607　1607　子部/宗教類/道教之屬

請五姓一卷　清光緒三十年（1904）闕法賜抄本　一册

330000-4732-0001608　1608　史部/政書類/公牘檔册之屬

承分田田頭簿一卷　清末抄本　一册

330000-4732-0001609　1609　子部/宗教類/道教之屬

借方判榜式一卷　清抄本　一册

330000-4732-0001610　1610　史部/地理類

各州府地名録一卷　清末抄本　一册

330000-4732-0001611　1611　集部/總集類

精選雜文一卷　清末抄本　一册

330000-4732-0001612　1612　子部/儒家類/儒學之屬/蒙學

古傳天文一卷　民國抄本　一册

330000-4732-0001613　1613　集部/曲類

出日山歌一卷　民國九年（1920）藍月福抄本　一册

330000-4732-0001614　1614　子部/宗教類/道教之屬

□宮星辰醮科一卷　民國三十七年（1948）張玉正寫本　一册

330000-4732-0001615　1615　子部/術數類/相宅相墓之屬

嫁娶起屋安葬等通書一卷　清末葉可奎抄本　一册

330000-4732-0001616　1616　集部/總集類/尺牘之屬

各種契式一卷　清抄本　一册

330000-4732-0001617　1617　集部/曲類

千家書一卷　民國二十四年（1935）抄本　一册

330000-4732-0001618　1618　史部/政書類/公牘檔册之屬

義房分關一卷　民國梅必榮抄本　一册

330000-4732-0001619　1619　子部/儒家類/儒學之屬

上大人一卷　民國十七年（1928）項□章抄本　一册

330000-4732-0001620　1620　子部/工藝類/日用器物之屬

手工講義一卷　民國油印本　一册

330000-4732-0001621　1621　集部/總集類

新法公民一卷　民國十六年（1927）林達抄本　一册

330000-4732-0001622　1622　史部/政書類/公牘檔册之屬

月半人丁簿一卷　民國二十九年（1940）抄本　一册

牘之屬

尺牘撮要一卷 民國黎焰壘抄本 一册

330000-4732-0001578 1578 子部/儒家類/儒學之屬

初開一卷 民國抄本 一册

330000-4732-0001579 1579 集部/詩文評類

能與集不分卷 清抄本 一册

330000-4732-0001580 1580 子部/術數類/命書相書之屬

天官賜福一卷 民國抄本 一册

330000-4732-0001581 1581 史部/政書類/公牘檔册之屬

分書一卷 民國二十三年（1934）潘藍滋寫本 一册

330000-4732-0001582 1582 子部/宗教類/佛教之屬

觀音懺一卷 民國抄本 一册

330000-4732-0001583 1583 子部/宗教類/道教之屬

十干化運例一卷 民國抄本 一册

330000-4732-0001584 1584 子部/宗教類/佛教之屬/經

金剛經一卷 清末刻本 一册

330000-4732-0001585 1585 子部/宗教類/道教之屬

奏聖玄科一卷 清末抄本 一册

330000-4732-0001586 1586 子部/術數類/命書相書之屬

柳莊相書三卷 清光緒四年（1878）陳國財抄本 一册

330000-4732-0001587 1587 類叢部/類書類/通類之屬

肆言雜字一卷 民國三十七年（1948）抄本 一册

330000-4732-0001588 1588 史部/政書類/公牘檔册之屬

坤房分券一卷 清光緒二十二年（1896）抄本 一册

330000-4732-0001589 1589 子部/儒家類/儒學之屬/蒙學

千字文一卷 民國八年（1919）抄本 一册

330000-4732-0001590 1590 史部

貨物應用一卷 民國二十三年（1934）項希坤抄本 一册

330000-4732-0001591 1591 集部/曲類

民間歌本一卷 民國十一年（1922）抄本 一册

330000-4732-0001592 1592 子部/宗教類/道教之屬/經文

九經書一卷 民國抄本 一册

330000-4732-0001593 1593 子部/儒家類/儒學之屬

增廣一卷 民國柳紹綱抄本 一册

330000-4732-0001594 1594 子部/儒家類/儒學之屬

增廣一卷 民國二十七年（1938）吳如斌抄本 一册

330000-4732-0001595 1595 類叢部/類書類/通類之屬

新編四言時用雜字一卷 清末抄本 一册

330000-4732-0001596 1596 子部/天文曆算類/曆法之屬

歷朝統系年紀表一卷 民國十一年（1922）陳陸抄本 一册

330000-4732-0001597 1597 子部/術數類/命書相書之屬

西□七政天官五星二卷 民國鄭師僑抄本 一册

330000-4732-0001598 1598 集部/總集類/選集之屬

無友不如己者過一卷 清末抄本 一册

330000-4732-0001599 1599 集部/曲類

孟薑女一卷 民國三十六年（1947）劉楊高抄本

契書一卷　民國三十七年（1948）林鳳標抄本　一冊

330000-4732-0001555　1555　集部/總集類/課藝之屬

五言雜字一卷　清光緒二十八年（1902）應鍾月抄本　一冊

330000-4732-0001556　1556　子部/儒家類/儒學之屬/蒙學

古傳天文一卷　民國二十八年（1939）梅盛東抄本　一冊

330000-4732-0001557　1557　子部/儒家類/儒學之屬/蒙學

初開書一卷　民國二十年（1931）梅嘉彥抄本　一冊

330000-4732-0001558　1558　集部/總集類/課藝之屬

考卷咀華集不分卷　清抄本　一冊

330000-4732-0001559　1559　集部/曲類

回龍閣一卷　民國抄本　一冊

330000-4732-0001560　1560　子部/宗教類/道教之屬

颳旛九誥文一卷附旛牒式一卷　清抄本　一冊

330000-4732-0001561　1561　子部/儒家類/儒學之屬

九經書一卷　民國夏菊根抄本　一冊

330000-4732-0001562　1562　集部/總集類

撮要書一卷　民國三十三年（1944）劉鼎章抄本　一冊

330000-4732-0001563　1563　集部/小說類/長篇之屬

繪圖草木春秋演義四卷　民國抄本　三冊

330000-4732-0001564　1564　新學/化學

理科筆記一卷　民國抄本　一冊

330000-4732-0001565　1565　集部/詩文評類

雷輯短篇文選一卷　民國抄本　一冊

330000-4732-0001566　1566　集部/總集類/尺牘之屬

信書一卷　民國葉萬順抄本　一冊

330000-4732-0001567　1567　子部/藝術類/遊藝之屬/聯語

聯詩一卷　民國十四年（1925）林昌茂抄本　一冊

330000-4732-0001568　1568　子部/宗教類/道教之屬

做大皇法落禁細法一卷　清抄本　一冊

330000-4732-0001569　1569　子部/宗教類/道教之屬

太上三五都功經籙一卷　民國抄本　一冊

330000-4732-0001570　1570　集部/總集類/課藝之屬

大學之道節一卷　清嘉慶二十二年（1817）林日蔥抄本　一冊

330000-4732-0001571　1571　史部/傳記類/別傳之屬/事狀

歷代言行□卷　民國抄本　三冊

330000-4732-0001572　1572　子部/宗教類/道教之屬

酆都呪一卷　民國二年（1913）項希馥抄本　一冊

330000-4732-0001573　1573　集部/曲類

山歌本明第二十號一卷　民國十六年（1927）抄本　一冊

330000-4732-0001574　1574　子部/宗教類/道教之屬

古樓二用人星君一卷　清末抄本　一冊

330000-4732-0001575　1575　子部/宗教類/道教之屬

再遮身一卷　清抄本　一冊

330000-4732-0001576　1576　集部/曲類

李七娘一卷　清光緒三十三年（1907）邱立倫抄本　一冊

330000-4732-0001577　1577　集部/總集類/尺

牘檔册之屬

帳簿一卷 民國七年（1918）抄本 一册

330000-4732-0001531 1531 集部/曲類/曲藝之屬

二出引一卷 清末彭學俊抄本 一册

330000-4732-0001532 1532 子部/宗教類/道教之屬

點指化病秘訣一卷 民國張浩森抄本 一册

330000-4732-0001533 1533 史部/政書類/公牘檔册之屬

分關草薄一卷 民國十七年（1928）陳美現抄本 一册

330000-4732-0001534 1534 集部/詩文評類

初採歌人一卷 民國二十六年（1937）劉立芬抄本民國二十六年（1937）劉明熠補抄本 一册

330000-4732-0001535 1535 集部/曲類

貂嬋拜月一卷雲頭送子一卷 民國抄本 一册

330000-4732-0001536 1536 集部/曲類

貂嬋拜月一卷東吳招親一卷 民國抄本 一册

330000-4732-0001537 1537 集部/曲類

梁山伯與祝英台一卷 民國項餘文抄本 一册

330000-4732-0001538 1538 集部/總集類

曠視山房制藝二集□卷 （清）丁守存撰 清刻本 一册

330000-4732-0001539 1539 史部/政書類/公牘檔册之屬

記帳總簿一卷 民國十三年（1924）萼輝抄本 一册

330000-4732-0001540 1540 史部/政書類/公牘檔册之屬

契簿一卷 民國三年（1914）藍日富抄本 一册

330000-4732-0001541 1541 子部/宗教類/道教之屬

功德科一卷 清抄本 一册

330000-4732-0001542 1542 子部/宗教類/道教之屬

聖樓入三師科一卷 民國二十年（1931）林法揚抄本 一册

330000-4732-0001543 1543 集部/小說類

新刻梅之行魯小姐手巾記一卷 清末抄本 一册

330000-4732-0001544 1544 新學/化學

肥皂製作用書一卷 民國抄本 一册

330000-4732-0001545 1545 子部/儒家類/儒學之屬/禮教

三字經一卷 民國抄本 一册

330000-4732-0001546 1546 集部/曲類

新刻說唱柳孝文全本二卷 民國二十二年（1933）麥紹光抄本 一册

330000-4732-0001547 1547 集部/曲類

念榮夫妻即便說一卷 清末抄本 一册

330000-4732-0001548 1548 集部/曲類

梁山伯與祝英台一卷 清末抄本 一册

330000-4732-0001549 1549 集部/總集類/課藝之屬

課藝一卷 民國抄本 一册

330000-4732-0001550 1550 子部/宗教類/道教之屬

鎖黃泉法書一卷 清光緒十六年（1890）抄本 一册

330000-4732-0001551 1551 集部/曲類

結髮夫妻陳氏女一卷 民國二十三年（1934）抄本 一册

330000-4732-0001552 1552 子部/儒家類/儒學之屬/蒙學

昔時賢文一卷 民國抄本 一册

330000-4732-0001553 1553 子部/宗教類/道教之屬

月字星君一卷 民國抄本 一册

330000-4732-0001554 1554 史部/政書類/公牘檔册之屬

330000-4732-0001508　1508　子部 / 術數類

星平要訣一卷百年經一卷　清光緒刻本　一冊

330000-4732-0001509　1509　子部 / 宗教類 / 佛教之屬 / 經疏

金剛波若波羅密經淺解旁註一卷　清末刻本　一冊

330000-4732-0001510　1510　集部 / 總集類 / 課藝之屬

浙江詩課九卷浙江考卷一卷浙士解經錄四卷　（清）阮元訂　清再到亭刻本　一冊

330000-4732-0001511　1511　經部 / 四書類 / 總義之屬 / 傳說

監本四書白文（存一種）　清刻本　一冊

330000-4732-0001512　1512　集部 / 總集類 / 尺牘之屬

最新商務尺牘教科書正集二卷　清末浙紹奎照樓石印本　一冊

330000-4732-0001513　1513　經部 / 書類 / 傳說之屬

書集傳六卷　（宋）蔡沈撰　清刻本　一冊

330000-4732-0001514　1514　子部 / 宗教類 / 道教之屬

灑淨請聖一卷　清末抄本　一冊

330000-4732-0001515　1515　子部 / 宗教類 / 道教之屬

祝監口訣全科一卷　清光緒二十七年（1901）葉明真抄本　一冊

330000-4732-0001516　1516　子部 / 宗教類 / 道教之屬

五音所屬超長生一卷　清光緒八年（1882）林潘宛抄本　一冊

330000-4732-0001517　1517　子部 / 宗教類 / 道教之屬

傷疏式一卷　民國吳應真抄本　一冊

330000-4732-0001518　1518　子部 / 宗教類 / 道教之屬

靈寶進表供王玄科一卷　清同治四年（1865）吳顯真抄本　一冊

330000-4732-0001519　1519　子部 / 宗教類 / 道教之屬

八駕用一卷　清末抄本　一冊

330000-4732-0001520　1520　子部 / 宗教類 / 道教之屬

五行天下看一卷　清末季迪抄本　一冊

330000-4732-0001521　1521　子部 / 宗教類 / 道教之屬

天師正傳妙述一卷　清末抄本　一冊

330000-4732-0001522　1522　子部 / 宗教類 / 道教之屬

捉赫咒一卷　清末抄本　一冊

330000-4732-0001523　1523　子部 / 術數類 / 命書相書之屬

天干五合一卷　民國抄本　一冊

330000-4732-0001524　1524　子部 / 術數類

福生日吉一卷　民國抄本　一冊

330000-4732-0001525　1525　子部 / 宗教類 / 道教之屬

掌訣一卷附玄空五行所局訣一卷　清末抄本　一冊

330000-4732-0001526　1526　子部 / 宗教類 / 道教之屬

方土公宮南方土母殿一卷　清末抄本　一冊

330000-4732-0001527　1527　子部 / 宗教類 / 道教之屬 / 經文

起老啓殿一段等經文一卷　民國抄本　一冊

330000-4732-0001528　1528　子部 / 宗教類 / 道教之屬

納卦翻卦九星一卷　民國抄本　一冊

330000-4732-0001529　1529　集部 / 曲類

山歌一卷　一九四九年藍章富抄本　一冊

330000-4732-0001530　1530　史部 / 政書類 / 公

330000-4732-0001486　1486　史部 / 傳記類 / 總傳之屬 / 家乘

[浙江景寧]隆川林氏宗譜一卷　民國抄本　一冊

330000-4732-0001487　1487　子部 / 術數類 / 命書相書之屬

相命書一卷　民國抄本　一冊

330000-4732-0001488　1488　子部 / 宗教類 / 道教之屬

立春天帝艮太陽女六壬一卷　清咸豐十年（1860）抄本　一冊

330000-4732-0001489　1489　子部 / 宗教類 / 道教之屬

仰啓雷霆諸司一卷　清末抄本　一冊

330000-4732-0001490　1490　史部 / 政書類 / 公牘檔冊之屬

記賬行用一卷　光緒二十八年（1902）雷震聲手抄本　一冊

330000-4732-0001491　1491　子部 / 宗教類 / 道教之屬

下本甲子歌二卷　清嘉慶二十年（1815）雷仕清抄本　一冊

330000-4732-0001492　1492　子部 / 宗教類 / 道教之屬

符諱一卷　清末抄本　一冊

330000-4732-0001493　1493　史部 / 傳記類 / 總傳之屬 / 家乘

[浙江景寧]隆川舒公林氏房譜一卷　林東明修　民國三十一年（1942）抄本　二冊

330000-4732-0001494　1494　子部 / 宗教類 / 道教之屬

符書一卷　清末抄本　一冊

330000-4732-0001495　1495　集部 / 曲類

玉帶記一卷　清光緒二十三年（1897）練忠璠抄本　一冊

330000-4732-0001496　1496　子部 / 宗教類 / 道教之屬

黑泮鎮妖打竹法科一卷　清末抄本　一冊

330000-4732-0001497　1497　集部 / 總集類

庚辰會墨不分卷　民國二十九年（1940）石印本　一冊

330000-4732-0001498　1498　新學 / 報章

浙江教育官報□□卷　清宣統元年（1909）鉛印本　一冊

330000-4732-0001499　1499　集部 / 總集類 / 謠諺之屬

家常通用一卷　民國抄本　一冊

330000-4732-0001500　1500　子部 / 宗教類 / 道教之屬

灶醮誠意一卷　民國抄本　一冊

330000-4732-0001501　1501　子部 / 宗教類 / 道教之屬 / 戒律

帝君救劫章等一卷　清末刻本　一冊

330000-4732-0001502　1502　經部 / 小學類 / 文字之屬 / 字書

繪圖正音一萬字文不分卷　民國石印本　一冊

330000-4732-0001503　1503　經部 / 小學類 / 文字之屬 / 字書

改良繪圖註釋字文不分卷　民國鴻章書局石印本　一冊

330000-4732-0001504　1504　子部 / 醫家類 / 方書之屬

驗方錄要□卷　（清）糜崧甫、方詵枝訂　清刻本　一冊

330000-4732-0001505　1505　子部 / 藝術類 / 書畫之屬 / 畫錄

民國志十四卷　民國上海中西書局石印本　二冊

330000-4732-0001506　1506　集部 / 總集類

蘇秦張儀合編等不分卷　清末刻本　一冊

330000-4732-0001507　1507　子部 / 雜著類 / 雜編之屬

萬事不求人五卷　民國石印本　一冊

本　一册

330000-4732-0001465　1465　集部/曲類

高機與吳三春一卷　民國抄本　一册

330000-4732-0001466　1466　子部/天文曆算類/曆法之屬

中華民國十二年通書一卷　民國十一年（1922）文林堂刻本　一册

330000-4732-0001467　1467　史部/政書類/公牘檔册之屬

賣契書一卷　清末抄本　一册

330000-4732-0001468　1468　子部/宗教類/道教之屬

請龍神式一卷　清末抄本　一册

330000-4732-0001469　1469　子部/宗教類/道教之屬

玉樞懺科一卷觀音懺科一卷　清同治三年（1864）葉正真抄本　一册

330000-4732-0001470　1470　子部/宗教類/道教之屬

超度亡魂一卷　清末抄本　一册

330000-4732-0001471　1471　子部/宗教類/道教之屬

繞棺科全本一卷　清光緒十六年（1890）夏法達抄本　一册

330000-4732-0001472　1472　子部/宗教類/道教之屬

填庫誠意雜覽式一卷　民國四年（1915）朱元恒抄本　一册

330000-4732-0001473　1473　子部/宗教類/道教之屬

起慈尊醮科一卷　清末抄本　一册

330000-4732-0001474　1474　子部/宗教類/道教之屬

三界法書一卷　民國抄本　一册

330000-4732-0001475　1475　子部/宗教類/道教之屬

斬鐵蛇書一卷　民國季景翔抄本　一册

330000-4732-0001476　1476　史部/政書類/公牘檔册之屬

義房分關一卷　清光緒四年（1878）葉金煬抄本　一册

330000-4732-0001477　1477　子部/術數類/命書相書之屬

全家福壽一卷　民國抄本　一册

330000-4732-0001478　1478　子部/宗教類/道教之屬

符諱一卷　清末抄本　一册

330000-4732-0001479　1479　史部/傳記類/總傳之屬/家乘

[浙江景寧]隆川林氏譜譜一卷　（清）林上潤等全修　民國抄本　一册

330000-4732-0001480　1480　子部/宗教類/道教之屬

向來情旨宣露一卷　清末抄本　一册

330000-4732-0001481　1481　子部/宗教類/道教之屬

太上三元三品三官寶懺一卷　清光緒十三年（1887）刻本　一册

330000-4732-0001482　1482　史部/政書類/公牘檔册之屬

借錢賬本一卷　清抄本　一册

330000-4732-0001483　1483　子部/宗教類/道教之屬

祭亡魂燒燒紙一卷　清末抄本　一册

330000-4732-0001484　1484　子部/宗教類/道教之屬

八卦取象歌　抄本　一册

330000-4732-0001485　1485　子部/宗教類/道教之屬

靈寶大法司一卷　清末抄本　一册

本　一册

330000-4732-0001445　1445　集部/總集類/課藝之屬

國文講義一卷　民國油印本　一册

330000-4732-0001446　1446　集部/總集類/選集之屬/通代

撮集華文一卷　民國油印本　一册

330000-4732-0001447　1447　集部/總集類/選集之屬

修身一卷　民國油印本　一册

330000-4732-0001448　1448　集部/詩文評類/制藝之屬

策學纂要正續編十六卷　（清）萬年茂、戴第元原本　清末刻本　一册

330000-4732-0001449　1449　史部/史評類/史論之屬

歷代史學新論一卷　（清）姚來庭選　清光緒二十四年（1898）杭城衢樽石印本　一册

330000-4732-0001450　1450　子部/天文曆算類/曆法之屬

中華民國三年通書一卷　民國二年（1913）石印本　一册

330000-4732-0001451　1451　史部/傳記類/科舉錄之屬/諸貢錄

光緒癸巳恩科浙江闈墨不分卷　清圖書集成局鉛印本　一册

330000-4732-0001452　1452　子部/天文曆算類/曆法之屬

乙丑年通書一卷　民國十三年（1924）上海劉德記書局石印本　一册

330000-4732-0001453　1453　子部/雜著類/雜編之屬

新萬事不求人一卷　民國石印本　一册

330000-4732-0001454　1454　子部/天文曆算類/曆法之屬

中華民國八年通書一卷　民國七年（1918）文林堂刻本　一册

330000-4732-0001455　1455　子部/天文曆算類/曆法之屬

貞吉堂通書一卷　趙慕陶選輯　民國二十六年（1937）貞吉堂刻本　一册

330000-4732-0001456　1456　集部/曲類

新刊說唱擺花張四姐出身二卷　清酉山堂刻本　一册

330000-4732-0001457　1457　子部/天文曆算類/曆法之屬

中華民國十一年通書一卷　民國十年（1921）文林堂刻本　一册

330000-4732-0001458　1458　子部/天文曆算類/曆法之屬

趨避通書不分卷　（清）洪應奎撰　清末繼成堂刻本　一册

330000-4732-0001459　1459　集部/總集類/彙編之屬

宣陽柏頌彙編一卷　民國鉛印本　一册

330000-4732-0001460　1460　史部/政書類/律令之屬/律例

民国暫行民律草案不分卷　民國石印本　一册

330000-4732-0001461　1461　子部/宗教類/其他宗教之屬/基督教

週年瞻禮不分卷　民國二十三年（1934）鉛印本　一册

330000-4732-0001462　1462　新學/商務/稅則

民國十九年關稅短期庫券條例不分卷　民國鉛印本　一册

330000-4732-0001463　1463　子部/天文曆算類/曆法之屬

中華民國五年陰陽合曆通書一卷　民國四年（1915）上海中華書局鉛印本　一册

330000-4732-0001464　1464　子部/宗教類/道教之屬

文昌帝君天戒錄一卷　蓮池大師注釋　清末刻

330000-4732-0001425　1425　子部 / 儒家類 / 儒學之屬 / 蒙學

六字經一卷　清末刻本　一冊

330000-4732-0001426　1426　子部 / 宗教類 / 道教之屬 / 經文

太上感應篇一卷　清末刻本　一冊

330000-4732-0001427　1427　子部 / 雜著類 / 雜編之屬

雜錄一卷　民國油印本　一冊

330000-4732-0001428　1428　經部 / 春秋左傳類 / 傳說之屬

左傳不分卷　民國油印本　一冊

330000-4732-0001429　1429　集部 / 小說類 / 長篇之屬

錄野仙蹤不分卷　（清）李百川撰　清末刻本　一冊

330000-4732-0001430　1430　子部 / 醫家類

傅青主男科二卷傅青主女科二卷　（清）傅青主撰　民國十四年（1925）上海鴻文書局石印　一冊

330000-4732-0001431　1431　子部 / 術數類 / 命書相書之屬

子平淵海五卷　（清）林庵藏重校　清刻本　一冊

330000-4732-0001432　1432　集部

威毅伯曾宮保手札一卷　（清）曾國荃撰　**李肅毅伯手札一卷**　（清）李鴻章撰　**左恪靖侯左相手札一卷进**　（清）左宗棠撰　民国岵瞻堂摹刻本　一冊

330000-4732-0001433　1433　集部 / 小說類 / 長篇之屬

繡像說唐征西全傳六卷　民國石印本　一冊

330000-4732-0001434　1434　集部 / 總集類 / 尺牘之屬

新撰詳註分類尺牘大全不分卷　袁韜壺編輯　民國石印本　一冊

330000-4732-0001435　1435　集部 / 總集類 / 尺牘之屬

新撰詳註分類尺牘大全不分卷　袁韜壺編輯　民國石印本　一冊

330000-4732-0001436　1436　子部 / 雜著類

鑄史駢言十二卷　（清）孫玉田編定　清刻本　一冊

330000-4732-0001437　1437　史部 / 傳記類 / 總傳之屬 / 列女

列女傳八卷　（漢）劉向撰　（清）梁端校注　民國石印本　一冊

330000-4732-0001438　1438　子部 / 宗教類 / 道教之屬

造起雜項山歌書一卷　清道光二十六年（1846）項希□抄本　一冊

330000-4732-0001439　1439　集部 / 詩文評類 / 詩評之屬

詩法入門四卷首一卷　（清）游藝輯　民國上海文瑞樓石印本　一冊

330000-4732-0001440　1440　史部 / 目錄類 / 總錄之屬

博古齋書目第十五期一卷　民國上海博古齋石印本　一冊

330000-4732-0001441　1441　子部 / 儒家類 / 儒學之屬 / 蒙學

蒙學三字經歷史圖說一卷　清末上海普新書局石印本　一冊

330000-4732-0001442　1442　子部 / 天文曆算類 / 曆法之屬

文林堂通書一卷　清宣統元年（1908）文林堂刻本　一冊

330000-4732-0001443　1443　子部 / 天文曆算類 / 曆法之屬

戊子年通書一卷　民國三十六年（1947）石印本　一冊

330000-4732-0001444　1444　子部 / 術數類 / 陰陽五行之屬

鰲頭通書大全十卷　（明）熊宗立撰　清末刻

一册

330000-4732-0001403　1403　經部 / 詩類 / 傳說之屬

詩集傳八卷　（宋）朱熹撰　清慎詒堂刻本　二册

330000-4732-0001404　1404　史部

民國史要論不分卷　民國影印本　一册

330000-4732-0001405　1405　集部 / 總集類 / 尺牘之屬

言文對照廣註寫信必讀十卷　廣文書局編輯所重訂　民國十六年（1927）上海廣文書局石印本　一册

330000-4732-0001406　1406　經部 / 四書類

四書正文（存一種）　民國四年（1915）上海章福記書局石印本　一册

330000-4732-0001407　1407　子部 / 術數類 / 陰陽五行之屬

欽定協紀辨方書三十六卷　（清）允禄總理　清末刻本　二册

330000-4732-0001408　1408　子部 / 宗教類 / 道教之屬

長遣試一卷　清光緒三十四年（1908）吳法盛抄本　一册

330000-4732-0001409　1409　集部 / 別集類 / 唐五代別集

杜工部集二十卷附錄一卷諸家詩話一卷少陵先生年譜一卷　（唐）杜甫撰　清宣統三年（1911）時中書局石印本　一册

330000-4732-0001410　1410　子部 / 雜家類

勸告國民愛國一卷　民國鉛印本　一册

330000-4732-0001411　1411　集部 / 總集類 / 尺牘之屬

新體廣註雪鴻軒尺牘二卷　（清）龔萼撰　朱詩隱、徐慎機註　民國十四年（1925）上海廣文書局石印本　一册

330000-4732-0001412　1412　經部 / 小學類 / 文字之屬

校正百家姓不分卷　清末魁元堂刻本　一册

330000-4732-0001413　1413　集部 / 總集類 / 選集之屬

京遊小草不分卷　饒霖稿　民國日新鉛石印局石印本　一册

330000-4732-0001414　1414　子部 / 宗教類 / 其他宗教之屬 / 基督教

基督教會綱領不分卷　季理斐撰　清宣統無年石印本　一册

330000-4732-0001415　1415　子部 / 術數類 / 陰陽五行之屬

切用通書一卷　清刻本　一册

330000-4732-0001416　1416　子部 / 雜著類

醉世寶要全書□卷　（清）姚時勉輯　清末刻本　一册

330000-4732-0001417　1417　子部 / 術數類

趨避通書不分卷　民國繼成堂石印本　一册

330000-4732-0001418　1418　子部 / 術數類

趨避通書不分卷　清末繼成堂刻本　一册

330000-4732-0001419　1419　子部 / 術數類

趨避通書不分卷　清末繼成堂刻本　一册

330000-4732-0001420　1420　子部 / 術數類

多福通書不分卷　清末刻本　一册

330000-4732-0001421　1421　子部 / 天文曆算類 / 曆法之屬

趨避通書不分卷　清末刻本　一册

330000-4732-0001422　1422　子部 / 術數類 / 相宅相墓之屬

官板地理琢玉斧不分卷　清刻本　一册

330000-4732-0001423　1423　子部 / 術數類

增刪通書一卷　清光緒集福堂球記刻本　一册

330000-4732-0001424　1424　子部 / 宗教類 / 道教之屬

寶誥便誦一卷三尼醫世陀羅尼一卷　民國石印本　一册

330000-4732-0001382　1382　子部/儒家類/儒學之屬/蒙學

亦陶書室新增幼學故事羣芳四卷　（清）程允升原本　（清）周達用增訂　清末刻本　一冊

330000-4732-0001383　1383　子部/術數類/命書相書之屬

新刻星平合訂命學須知二卷　（清）胡栢齡謄寫　清光緒十六年（1890）文奎堂刻本　一冊

330000-4732-0001384　1384　子部/儒家類/儒學之屬/禮教/家訓

朱子家訓衍義一卷　（清）朱鳳鳴注　清末上海宏大善書局石印本　一冊

330000-4732-0001385　1385　集部/總集類/尺牘之屬

中華普通學生尺牘二卷　中華書局編輯　民國六年（1917）上海中華書局石印本　一冊

330000-4732-0001386　1386　子部/宗教類/佛教之屬

赦罪寶懺一卷　民國上海明善書局鉛印本　一冊

330000-4732-0001387　1387　集部/總集類

國朝分體文約不分卷　清刻本　一冊

330000-4732-0001388　1388　集部/詞類/詞譜之屬

攷正白香詞譜三卷　（清）陳小蝶編　民國春草軒鉛印本　一冊

330000-4732-0001389　1389　子部/雜著類/雜編之屬

不求人一卷　清末石印本　一冊

330000-4732-0001390　1390　子部/雜著類/雜編之屬

回春編一卷　顏佐熙編　民國二十六年（1937）日新印刷局石印本　一冊

330000-4732-0001391　1391　集部/總集類

試讀立誠編不分卷　清末刻本　五冊

330000-4732-0001392　1392　集部/總集類/尺牘之屬

言文對照普通尺牘範本二卷　民國石印本　一冊

330000-4732-0001393　1393　經部/詩類/傳說之屬

監本詩經全文八卷　清光緒二年（1876）錦春齋刻本　一冊

330000-4732-0001394　1394　經部/詩類/傳說之屬

監本詩經八卷　清末處郡鄭錦齋刻本　一冊

330000-4732-0001395　1395　史部/政書類/軍政之屬/邊政

朔方備乘六十八卷首十二卷　（清）何秋濤纂輯　民國鉛印本　一冊

330000-4732-0001396　1396　經部/詩類/傳說之屬

監本詩經八卷　清刻本　一冊

330000-4732-0001397　1397　子部/儒家類/儒學之屬

醒世淺言一卷　王昌傑述　民國九年（1920）麗水啓明石印局石印本　一冊

330000-4732-0001398　1398　子部/宗教類/道教之屬

過關玄科一卷　清吳旺真抄本　一冊

330000-4732-0001399　1399　經部/詩類/傳說之屬

錦春齋新校詩經正文八卷　清光緒四年（1878）處郡錦春齋刻本　二冊

330000-4732-0001400　1400　經部/詩類/傳說之屬

錦春齋新校詩經正文八卷　清光緒四年（1878）處郡錦春齋刻本　一冊

330000-4732-0001401　1401　子部/儒家類/儒學之屬

戒淫格言挽世舟一卷附病忌要覽一卷　民國上海宏大善書局石印本　一冊

330000-4732-0001402　1402　史部/紀傳類

宋書一百卷　（南朝梁）沈約撰　民國石印本

330000-4732-0001359　1359　新學 / 政治法律

判決録不分卷　民國抄本　一册

330000-4732-0001360　1360　子部 / 宗教類 / 道教之屬

掃風科書不分卷　民國抄本　一册

330000-4732-0001361　1361　集部 / 別集類 / 清別集

巢溪詩草四卷　（清）江紹華撰　清同治五年（1866）刻本　一册

330000-4732-0001362　1362　子部 / 術數類 / 相宅相墓之屬

四秘全書徵驗圖一卷　（清）尹一勺撰　清刻本　一册

330000-4732-0001363　1363　集部 / 總集類

近科鄉會墨僅見不分卷　（清）謝輔坫選評　清同治刻本　一册

330000-4732-0001364　1364　集部 / 小說類 / 短篇之屬

詳註聊齋志異圖詠十六卷　（清）蒲松齡撰（清）呂湛恩註　民國上海天寶書局石印本　四册

330000-4732-0001365　1365　子部 / 宗教類 / 佛教之屬 / 經疏

觀音心經真解一卷　（清）覺真子註解　民國十一年（1922）上海宏大善書局石印本　一册

330000-4732-0001366　1366　集部 / 總集類 / 尺牘之屬

新式活用尺牘秘訣大全四卷　許慕義編撰　民國上海廣益書局石印本　一册

330000-4732-0001367　1367　集部 / 總集類 / 課藝之屬

言文對照中學新文範二卷　民國上海世界書局石印本　一册

330000-4732-0001368　1368　集部 / 總集類 / 課藝之屬

精選格致課藝讀本□卷　清末石印本　二册

330000-4732-0001369　1369　子部 / 宗教類 / 道教之屬

闡道要言一卷　（清）中和山人撰　民國十二年（1923）上海宏大善書局石印本　一册

330000-4732-0001370　1370　集部 / 總集類 / 課藝之屬

評註白話文範本一卷　民國中華書局鉛印本　一册

330000-4732-0001371　1371　子部 / 雜著類

采風記五卷紀程感事詩一卷時務論一卷　（清）宋育仁撰　光緒二十一年（1895）袖海山房石印本　一册

330000-4732-0001372　1372　子部 / 術數類

通書一卷　民國抄本　一册

330000-4732-0001373　1373　子部 / 術數類 / 陰陽五行之屬

新訂崇正闢謬通書十四卷　（清）李奉來編輯　清刻本　一册

330000-4732-0001374　1374　子部 / 宗教類 / 其他宗教之屬 / 基督教

天路指明一卷　清末鉛印本　一册

330000-4732-0001375　1375　經部 / 四書類

繪圖四書正文（存二種）　清刻本　一册

330000-4732-0001376　1376　經部 / 四書類 / 論語之屬

繪圖四書正文（存一種）　清刻本　一册

330000-4732-0001377　1377　經部 / 四書類

繪圖四書正文（存一種）　清刻本　一册

330000-4732-0001378　1378　經部 / 四書類

繪圖四書正文（存二種）　清刻本　一册

330000-4732-0001379　1379　經部 / 四書類

繪圖四書正文（存三種）　清刻本　二册

330000-4732-0001380　1380　經部 / 四書類

繪圖四書正文（存一種）　清刻本　一册

330000-4732-0001381　1381　子部 / 宗教類 / 道教之屬 / 經文

赦罪免劫經一卷　清刻本　一册

330000-4732-0001337　1337　子部/術數類/占卜之屬

增刪卜易四卷　（清）野鶴老人撰　（清）李文輝增刪　清刻本　一冊

330000-4732-0001338　1338　集部/總集類/課藝之屬

小題三萬選不分卷　（清）求是齋主人編　清光緒乙未芸碧山房付同文局石印本　一冊

330000-4732-0001339　1339　集部/總集類/尺牘之屬

分類文明尺牘四卷　民國上海文益書局石印本　一冊

330000-4732-0001340　1340　集部/總集類/尺牘之屬

共和新尺牘四卷　孔憲彭撰　民國上海會文堂石印本　一冊

330000-4732-0001341　1341　集部/總集類/課藝之屬

評註論說軌範二集三卷　民國上海商務印書館鉛印本　一冊

330000-4732-0001342　1342　經部/詩類/傳說之屬

御案詩經備旨八卷　（清）鄒聖脈纂輯　清光緒十二年（1886）上海點石齋石印本　二冊

330000-4732-0001343　1343　集部/小說類/長篇之屬

新刻說唐全傳□□卷　清刻本　一冊

330000-4732-0001344　1344　集部/小說類/長篇之屬

繡像鐵冠圖四卷五十回　民國上海沈鶴記書局石印本　一冊

330000-4732-0001345　1345　子部/宗教類/道教之屬/經文

竈王菩薩本願經一卷太上演說救劫消災靈感竈王懺一卷　民國上海明善書局鉛印本　一冊

330000-4732-0001346　1346　集部/總集類

禮記不分卷　清末刻本　三冊

330000-4732-0001347　1347　集部/總集類

春秋不分卷　清末刻本　二冊

330000-4732-0001348　1348　子部/醫家類/傷寒金匱之屬/傷寒論

再重訂傷寒集註十卷附五卷　（清）舒詔著　清刻本　二冊

330000-4732-0001349　1349　子部/道家類

敬信錄二卷　清末刻本　一冊

330000-4732-0001350　1350　子部/儒家類/儒學之屬/俗訓

新時代忠告一卷　民國上海明善書局鉛印本　一冊

330000-4732-0001351　1351　子部/宗教類/佛教之屬/諸宗

戒殺放生文一卷　（明）釋祩宏撰　民國上海宏大善書局石印本　一冊

330000-4732-0001352　1352　子部/術數類/相宅相墓之屬

新刻石函平砂玉尺經三卷　（元）劉秉忠述　（明）劉基解　（明）賴從謙發揮　清刻本　二冊

330000-4732-0001353　1353　集部/總集類

孟藝七卷　清刻本　四冊

330000-4732-0001354　1354　集部/總集類　中庸文楸不分卷　清刻本　一冊

330000-4732-0001355　1355　集部/總集類

小題清新集不分卷　清刻本　一冊

330000-4732-0001356　1356　經部/詩類

近科館律詩鈔不分卷　（清）王先謙編輯　清刻本　一冊

330000-4732-0001357　1357　子部/宗教類/道教之屬

祖師收三魂一卷　清末抄本　一冊

330000-4732-0001358　1358　子部/宗教類/道教之屬

關元師咒念一卷　清末抄本　一冊

330000-4732-0001318　1318　子部/醫家類

靈素節要淺註十二卷　（清）陳修園集註　清末石印本　一冊

330000-4732-0001319　1319　經部/詩類

詩經不分卷　清末刻本　二冊

330000-4732-0001320　1320　子部/雜著類/雜纂之屬

慾海慈航不分卷　清同治十二年（1873）刻本　一冊

330000-4732-0001321　1321　集部/總集類/尺牘之屬

註解淺釋初學尺牘指南不分卷　民國上海廣益書局石印本　一冊

330000-4732-0001322　1322　子部/儒家類/儒學之屬

新制初等小學修身教科書十二卷　戴克敦、沈頤、陸費逵編　民國二年（1913）上海中華書局石印本　二冊

330000-4732-0001323　1323　子部/儒家類/儒學之屬/性理

近思錄十四卷考訂朱子世家一卷　（清）江永撰　**校勘記一卷**　（清）王炳録　民國上海掃葉山房石印本　二冊

330000-4732-0001324　1324　子部/宗教類/道教之屬/戒律

太上感應篇圖說八卷　（清）黃正元撰　清光緒十八年（1892）石印本　二冊

330000-4732-0001325　1325　史部/地理類/外紀之屬

新編東亞三國地誌二卷　［日本］辻武雄撰　日本明治三十三年（1900）東京合資會社普及舍鉛印本　一冊

330000-4732-0001326　1326　子部/醫家類

重校舊本湯頭歌訣一卷　（清）汪昂編輯　民國三年（1914）上海共和書局石印本　一冊

330000-4732-0001327　1327　子部/醫家類

重校舊本湯頭歌訣一卷　（清）汪昂編輯　民國三年（1914）上海共和書局石印本　一冊

330000-4732-0001328　1328　子部/天文曆算類/曆法之屬

中華民國三十六年歲在丁亥農曆通書一卷　民國上海六德記書局石印本　一冊

330000-4732-0001329　1329　集部/總集類/選集之屬/通代

詳註分類咏物詩選八卷　（清）魏塘俞、琰長仁輯　清末上海進化書局石印本　一冊

330000-4732-0001330　1330　子部/宗教類/道教之屬

何仙姑寶卷二卷　清末上海翼化堂刻本　一冊

330000-4732-0001331　1331　子部/宗教類/佛教之屬

回鄉語録一卷　心菴頭陀撰　民國二十年（1931）鉛印本　一冊

330000-4732-0001332　1332　子部/儒家類/儒學之屬/禮教

清夜鐘一卷　（金）王維翰重刊　民國石印本　一冊

330000-4732-0001333　1333　子部/術數類/相宅相墓之屬

地理孝思集□□卷　（清）舒鳳儀撰　清刻本　一冊

330000-4732-0001334　1334　集部/別集類

知愧軒尺牘十六卷　管士駿撰　清刻本　一冊

330000-4732-0001335　1335　史部/政書類/律令之屬/法驗

洗冤録義證四卷校記四卷　（清）剛毅編輯　清末鉛印本　一冊

330000-4732-0001336　1336　經部/小學類/文字之屬/字書

澄衷蒙學堂字課圖說四卷檢字一卷類字一卷　（清）劉樹屏編　清光緒三十年（1904）崇實書局刻本　四冊

草之屬/歷代綜合本草

本草綱目五十二卷 清刻本 一冊

330000-4732-0001297 1297 集部/總集類/尺牘之屬

言文對照女子新尺牘二卷 世界書局編輯所編輯 民國十八年（1929）上海世界書局石印本 一冊

330000-4732-0001298 1298 經部/小學類/文字之屬/字書

十三經集字□卷 清刻本 一冊

330000-4732-0001299 1299 經部/四書類/論語之屬

二論詳解四卷 （清）劉忠輯 清舊學山房刻本 一冊

330000-4732-0001300 1300 子部/宗教類/佛教之屬

達摩祖卷一卷 清末刻本 一冊

330000-4732-0001301 1301 集部/總集類

新墨正軌不分卷 （清）黃淦選 清刻本 一冊

330000-4732-0001302 1302 子部/術數類

地理青囊經十卷 （清）杜銓釋 清刻本 一冊

330000-4732-0001303 1303 子部/宗教類/道教之屬

雙修漸法述記一卷 平常居士述 民國十六年（1927）香港和興印務公司鉛印本 一冊

330000-4732-0001304 1304 集部/總集類/選集之屬/斷代

目耕齋小題不分卷 （清）沈叔眉編次 清光緒刻本 一冊

330000-4732-0001305 1305 子部/儒家類/儒學之屬/俗訓

勸世俚言一卷 知過山人、改正居士編 民國寧波鈞和印刷公司鉛印本 一冊

330000-4732-0001306 1306 史部/政書類/邦計之屬/錢幣

圜法□卷 清末石印本 一冊

330000-4732-0001307 1307 集部/別集類/清別集

延經堂塾課不分卷 （清）朱鴻儒撰 清文星堂刻本 一冊

330000-4732-0001308 1308 集部/總集類/課藝之屬

巧搭脫穎不分卷 清末刻本 一冊

330000-4732-0001309 1309 史部/政書類/律令之屬/律例

大清律例不分卷 （清）三泰等撰 清末抄本 一冊

330000-4732-0001310 1310 史部/政書類/律令之屬/律例

大清律例通纂四十卷 清刻本 一冊

330000-4732-0001311 1311 集部/總集類

求是齋墨醇不分卷 清刻本 一冊

330000-4732-0001312 1312 子部/天文曆算類/曆法之屬

丙子年星度月表一卷 民國鉛印本 一冊

330000-4732-0001313 1313 子部/醫家類/傷寒金匱之屬/傷寒論

傷寒醫訣串解六卷 （清）陳念祖撰 **傷寒真方歌括六卷** （清）陳念祖撰 清末石印本 一冊

330000-4732-0001314 1314 集部/總集類/課藝之屬

五經文會不分卷 清末石印本 七冊

330000-4732-0001315 1315 集部/總集類

春不分卷 清刻本 一冊

330000-4732-0001316 1316 集部/總集類/課藝之屬

大題文府（下論）不分卷存一種 清末石印本 一冊

330000-4732-0001317 1317 史部/地理類

輿地易知一卷 魏蘭編輯 清光緒三十二年（1906）上海石印本 一冊

330000-4732-0001274　1274　子部/術數類/命書相書之屬

增補星平會海命學全書十卷首一卷　（清）水中龍編集　清刻本　一册

330000-4732-0001275　1275　子部/儒家類/儒學之屬/禮教

純正蒙求三卷　（元）胡炳文撰　清光緒五年（1879）茹古閣鉛印本　一册

330000-4732-0001276　1276　類叢部/類書類/通類之屬

廣事類賦四十卷　（清）華希閔撰　清刻本　一册

330000-4732-0001277　1277　集部/別集類

鏡蓉詩鈔一卷　葉鏡蓉撰　民國二十年（1931）麗明印刷局鉛印本　一册

330000-4732-0001278　1278　子部/天文曆算類/曆法之屬

日用指明一卷　［美國］赫顯理撰　清宣統元年（1909）上海美華書館鉛印本　一册

330000-4732-0001279　1279　集部/總集類/選集之屬/通代

重訂古文釋義新編八卷　（清）余誠評注　民國石印本　一册

330000-4732-0001280　1280　集部/總集類/課藝之屬

鄉會文統不分卷　清石印本　一册

330000-4732-0001281　1281　經部/四書類

文名堂較正監韻分章分節四書正文（存二種）　清刻本　一册

330000-4732-0001282　1282　子部/天文曆算類/算書之屬

筆算數學二卷　民國鉛印本　一册

330000-4732-0001283　1283　子部/天文曆算類/算書之屬

筆算數學詳草二卷　曹汝英撰　民國鉛印本　一册

330000-4732-0001284　1284　集部/總集類

藝林珠玉十卷　清刻本　四册

330000-4732-0001285　1285　集部/總集類

藝林珠玉中庸不分卷　清同治六年（1867）刻本　二册

330000-4732-0001286　1286　集部/總集類

藝林珠玉孟子不分卷　清刻本　二册

330000-4732-0001287　1287　史部/史評類/史論之屬

史學論不分卷　清光緒二十八年（1902）新型書局石印本　一册

330000-4732-0001288　1288　子部/醫家類/醫經之屬/內經

素問靈樞類纂約註三卷　（清）汪昂纂輯　清末鉛印本　一册

330000-4732-0001289　1289　集部/總集類/選集之屬/斷代

目耕齋二刻不分卷　（清）徐楷　原評　清刻本　一册

330000-4732-0001290　1290　經部/叢編

十三經注疏（存一種）　清光緒十三年（1887）上海脈望仙館石印本　一册

330000-4732-0001291　1291　集部/詩文評類

經藝標新不分卷　清刻本　一册

330000-4732-0001292　1292　集部/總集類

桂杏聯芳不分卷　清刻本　一册

330000-4732-0001293　1293　子部/宗教類/道教之屬

武聖帝君救劫破迷諭一卷　民國蕭山合義書局鉛印本　一册

330000-4732-0001294　1294　集部/總集類

論語制藝一卷　清刻本　一册

330000-4732-0001295　1295　集部/總集類/課藝之屬

江左校士錄二卷　清光緒三十年（1904）上海書局石印本　一册

330000-4732-0001296　1296　子部/醫家類/本

330000-4732-0001253　1253　子部/道家類

赦罪寶懺一卷　民國上海明善書局石印本　一册

330000-4732-0001254　1254　史部/政書類

女子小學高等校用女子新國文六卷　莊俞、沈頤、樊炳清編纂　民國元年（1912）上海商務印書館鉛印本　一册

330000-4732-0001255　1255　集部/總集類/尺牘之屬

白話商業尺牘二卷　沈鎔編　民國十六年（1927）上海中華書局鉛印本　一册

330000-4732-0001256　1256　集部/總集類/選集之屬/斷代

小試文筌二編□卷　清刻本　一册

330000-4732-0001257　1257　子部/儒家類/儒學之屬/蒙學

鄴侯山房校正箋註幼學詳解訂本□卷　（明）程登吉撰　清刻本　一册

330000-4732-0001258　1258　類叢部/類書類

增廣試帖詩海三十二卷　（清）經訓堂主人選輯　清光緒十四年（1888）石印本　三册

330000-4732-0001259　1259　史部/政書類

論說新編二集四卷　雷瑊撰　民國上海掃葉山房石印本　二册

330000-4732-0001260　1260　子部/天文曆算類/算書之屬

校正星命萬年書不分卷　民國天利書局石印本　一册

330000-4732-0001261　1261　集部/總集類/選集之屬/斷代

目耕齋讀本不分卷　（清）徐楷撰　清刻本　一册

330000-4732-0001262　1262　集部/小說類/長篇之屬

繪圖西漢演義四卷一百回　民國上海天寶書局石印本　一册

330000-4732-0001263　1263　新學/雜著

女子國文教科書八卷　戴克敦等編纂　民國上海商務印書館石印本　一册

330000-4732-0001264　1264　子部/宗教類/道教之屬

玉清勝境元始天尊一卷　清乾隆五十七年（1792）林培金抄本　一册

330000-4732-0001265　1265　子部/儒家類/儒學之屬/禮教

戒淫格言挽世舟不分卷　民國上海宏大善書局石印本　一册

330000-4732-0001266　1266　集部/總集類/尺牘之屬

言文對照商業新尺牘二卷　世界書局編輯所編輯　民國十八年（1929）上海世界書局石印本　一册

330000-4732-0001267　1267　新學/雜著

新中華國語讀本八卷　民國鉛印本　一册

330000-4732-0001268　1268　集部/別集類/唐五代別集

唱經堂杜詩解四卷　（清）金人瑞注　民國八年（1919）上海震華書局石印本　一册

330000-4732-0001269　1269　新學/雜著

實用國文教科書八卷　王鳳岐編纂　民國四年（1915）上海商務印書館石印　一册

330000-4732-0001270　1270　史部/編年類/通代之屬

御批歷代通鑑輯覽一百二十卷　（清）傅恒等撰　清末上海廣益書局石印本　三册

330000-4732-0001271　1271　子部/術數類/相宅相墓之屬

陽宅三要四卷　（清）趙廷棟撰　（清）王庸弼、張含章參撰　民國石印本　一册

330000-4732-0001272　1272　子部/術數類/相宅相墓之屬

陽宅三要四卷　（清）趙廷棟撰　清末刻本　一册

330000-4732-0001273　1273　子部/儒家類/儒學之屬/蒙學

新編五言訓蒙纂輯一卷　清錦春齋刻本　一册

白話學生尺牘二卷　凌善清編　民國二十一年（1932）上海中華書局鉛印本　一冊

330000-4732-0001234　1234　集部／總集類／課藝之屬

論說範本四卷　杜瀚生著　民國上海會文學社石印本　一冊

330000-4732-0001235　1235　集部／總集類／尺牘之屬

最新應用女子尺牘教科書二卷　杜芝庭撰　民國五年（1916）上海會文學社石印本　二冊

330000-4732-0001236　1236　集部／總集類／尺牘之屬

最新應用女子尺牘教科書二卷　杜芝庭撰　清光緒三十三年（1907）上海會文學社石印本　一冊

330000-4732-0001237　1237　集部／總集類／尺牘之屬

最新應用女子尺牘教科書二卷　杜芝庭撰　民國抄本　一冊

330000-4732-0001238　1238　子部／雜著類／雜說之屬

淮南鴻烈解二十一卷　（漢）劉安撰　民國十二年（1923）上海掃葉山房石印本　一冊

330000-4732-0001239　1239　子部／叢編

評註諸子菁華錄十八卷　張之純編纂　民國十六年（1927）上海商務印書館鉛印本　一冊

330000-4732-0001240　1240　集部／總集類／選集之屬／斷代

元詩別裁八卷遺補一卷　（清）張景星點評　清刻本　一冊

330000-4732-0001241　1241　集部／總集類／選集之屬／斷代

經文二編不分卷　清刻本　三冊

330000-4732-0001242　1242　集部／總集類／尺牘之屬

增廣尺牘句解初集三卷末一卷二集三卷末一卷　民國鉛印本　二冊

330000-4732-0001243　1243　集部／總集類／選集之屬／斷代

詩不分卷　清刻本　一冊

330000-4732-0001244　1244　集部／總集類／尺牘之屬

增廣尺牘句解初集三卷末一卷二集三卷末一卷　民國鉛印本　一冊

330000-4732-0001245　1245　經部／小學類／文字之屬

繪圖蒙學造句實在易不分卷　民國上海彪蒙書室石印本　一冊

330000-4732-0001246　1246　史部／史評類／史論之屬

通鑑論三卷稽古錄一卷　（宋）司馬光撰　（清）伍耀光輯錄　清光緒二十七年（1901）上海文淵山房石印本　一冊

330000-4732-0001247　1247　類叢部／類書類／通類之屬

仰止子詳考古今名家潤色韻林正宗□□卷　（明）余象斗輯　清末刻本　一冊

330000-4732-0001248　1248　新學

普通體操學教科書不分卷　（清）王肇鋐譯　清光緒三十年（1904）上海文明書局石印本　一冊

330000-4732-0001249　1249　子部／藝術類／書畫之屬

書法指南二卷　民國石印本　一冊

330000-4732-0001250　1250　史部／雜史類／通代之屬

戰國策補註三十三卷　（漢）高誘注　民國十三年（1924）上海商務印書館鉛印本　一冊

330000-4732-0001251　1251　子部／醫家類

士材三書　（明）李中梓著述　（清）尤乘增補　清刻本　一冊

330000-4732-0001252　1252　集部／總集類／選集之屬／斷代

經文求是不分卷　清刻本　一冊

330000-4732-0001214　1214　新學 / 雜著

共和國教科書新國文八卷　莊俞、沈頤編纂　高鳳謙、張元濟校訂　民國元（1912）年至二年（1914）上海商務印書館石印本　四冊

330000-4732-0001215　1215　新學 / 雜著

共和國教科書新國文六卷　莊俞、沈頤編纂　高鳳謙、張元濟校訂　民國二年（1913）至五年（1916）上海商務印書館鉛印本　二冊

330000-4732-0001216　1216　新學 / 雜著

共和國教科書新修身教授法八卷　民國上海商務印書館鉛印本　一冊

330000-4732-0001217　1217　新學 / 雜著

共和國教科書新修身教授法六卷　莊慶祥編纂　莊俞校訂　民國二年（1913）上海商務印書館鉛印本　一冊

330000-4732-0001218　1218　新學 / 雜著

新式高等小學修身教科書六卷　方瀏生編輯　張耀垣等閱訂　民國六年（1917）至八年（1919）上海中華書局鉛印本　五冊

330000-4732-0001219　1219　子部 / 宗教類 / 佛教之屬 / 經

新刊地理五經四書解義郭補葬經二卷　（晉）吳文正刪定　（明）鄭謐註釋　清刻本　一冊

330000-4732-0001220　1220　子部 / 儒家類 / 儒學之屬 / 禮教

初等小學修身教科書十卷　（清）學部編譯圖書局編纂　清宣統二年（1910）浙江學務公所官印刷局石印本　一冊

330000-4732-0001221　1221　集部 / 總集類 / 選集之屬 / 通代

古文喈鳳新編八卷　（清）汪基鈔輯　（清）鮑賢書等校　清刻本　三冊

330000-4732-0001222　1222　集部 / 總集類 / 尺牘之屬

雙鯉堂易明尺牘句解初集五卷　民國上海廣益書局石印本　一冊

330000-4732-0001223　1223　集部 / 總集類 / 尺牘之屬

共和新尺牘四卷　孔憲彭撰　民國八年（1919）上海會文堂書局石印本　四冊

330000-4732-0001224　1224　新學 / 政治法律

增修訴狀程式大全□卷　民國十三年（1924）共和書局鉛印本　一冊

330000-4732-0001225　1225　子部 / 藝術類 / 書畫之屬 / 法帖

集魏誌字黃興先生傳略一卷　陳學才編集　民國影印本　一冊

330000-4732-0001226　1226　子部 / 宗教類 / 其他宗教之屬 / 基督教

新約聖書不分卷　清光緒二十八年（1902）鉛印本　一冊

330000-4732-0001227　1227　子部 / 宗教類 / 其他宗教之屬 / 基督教

新約聖書不分卷　清光緒二十二年（1886）聖書公會鉛印本　一冊

330000-4732-0001228　1228　子部 / 宗教類 / 其他宗教之屬 / 基督教

新約聖書不分卷　［英國］坎伯·摩根著　（清）詹正義譯　清光緒三十一年（1905）聖書公會石印　一冊

330000-4732-0001229　1229　子部 / 宗教類

傳宗敢言不分卷　民國上海宏大善書石印本　一冊

330000-4732-0001230　1230　子部 / 道家類

太乙金華宗旨不分卷　孚佑帝君純陽祖師著　民國十二年（1923）杭州同道善書局鉛印本　一冊

330000-4732-0001231　1231　子部 / 道家類

太乙金華宗旨不分卷　孚佑帝君撰　民國上海宏大善書局鉛印本　一冊

330000-4732-0001232　1232　子部 / 雜家類

勸告國民愛國不分卷　民國鉛印本　一冊

330000-4732-0001233　1233　集部 / 總集類 / 尺牘之屬

教之屬

靈寶遠棺啓聖玄科一卷 清抄本 一册

330000-4732-0001188 1188 經部/詩類

癸木一卷 清抄本 一册

330000-4732-0001189 1189 子部/術數類

相書一卷 民國抄本 一册

330000-4732-0001190 1190 子部/宗教類

三戒經二卷 民国抄本 一册

330000-4732-0001191 1191 子部/術數類

日子書一卷 民国抄本 一册

330000-4732-0001192 1192 子部

道書一卷 民国抄本 一册

330000-4732-0001193 1193 子部/宗教類/道教之屬

東方招神入位一卷 季道洪抄本 一册

330000-4732-0001194 1194 子部/宗教類/道教之屬

冥府第六宮至冥府第十宮一卷 抄本 一册

330000-4732-0001195 1195 子部/宗教類

天文時景地理人倫章一卷 民国抄本 一册

330000-4732-0001196 1196 子部/宗教類

道書一卷 民国抄本 一册

330000-4732-0001197 1197

揀選時文一卷 民国抄本 一册

330000-4732-0001198 1198 子部/宗教類/道教之屬

道書一卷 抄本 一册

330000-4732-0001199 1199

藍天六郎一卷 清咸豐元年抄本 一册

330000-4732-0001200 1200

雜項便覽 民国董秀玉抄本 1葉

330000-4732-0001201 1201 子部/宗教類/道教之屬

出行夫人家有時辰喜大吉一卷 民国抄本 一册

330000-4732-0001202 1202 子部/宗教類/道教之屬

請卦神一卷 清抄本 一册

330000-4732-0001203 1203 子部/宗教類/道教之屬

请神书一卷 清抄本 一册

330000-4732-0001204 1204 集部/總集類/尺牘之屬

新編分類尺牘大全十四卷 民國石印本 二册

330000-4732-0001205 1205 子部/宗教類/道教之屬

道書一卷 民國抄本 一册

330000-4732-0001206 1206 子部/宗教類/道教之屬

共記八諱一卷 民國抄本 一册

330000-4732-0001207 1207 子部/宗教類/道教之屬

八击唵呸一卷 不详 一册

330000-4732-0001208 1208 子部/宗教類/道教之屬

收瘟粧身金科一卷 不詳 一册

330000-4732-0001209 1209 子部/宗教類/道教之屬

元帥斬妖一卷 民國抄本 一册

330000-4732-0001210 1210 子部/宗教類/道教之屬

做陰一本 民國藍法堂抄本 一册

330000-4732-0001211 1211 子部/宗教類/道教之屬

羽化鍊度法書一卷 民國景翔抄本 一册

330000-4732-0001212 1212 集部/總集類

江湖口訣一卷 民國抄本 一册

330000-4732-0001213 1213 子部/宗教類/道教之屬

豬牛瘴收瘟剝瘴設醮玄科一卷 民國抄本 一册

330000-4732-0001168　1168　子部 / 宗教類 / 道教之屬

文昌帝君陰隲文一卷　民國十二年（1923）上海宏大善書局石印本　一冊

330000-4732-0001169　1169　子部 / 宗教類 / 道教之屬

文昌帝君陰隲文一卷　民國十二年（1923）上海宏大善書局石印本　一冊

330000-4732-0001170　1170　子部 / 宗教類 / 道教之屬

文昌帝君陰隲文一卷　民國十二年（1923）上海宏大善書局石印本　一冊

330000-4732-0001171　1171　集部 / 總集類 / 選集之屬 / 通代

古唐詩合解十二卷古詩四卷　（清）王堯衢注　（清）李模、李桓同校　民國石印本　一冊

330000-4732-0001172　1172　子部 / 儒家類 / 儒學之屬 / 禮教

文昌帝君孝經一卷　民國二十二年（1933）上海明善書局石印本　一冊

330000-4732-0001173　1173　集部 / 總集類 / 尺牘之屬

普通應用白話尺牘二卷　民國石印本　一冊

330000-4732-0001174　1174　子部 / 宗教類 / 佛教之屬 / 經

大佛頂如來密因修證了義諸菩薩萬行首楞嚴經直十卷　（唐）釋般剌密諦譯　（唐）釋彌伽釋迦譯語　（唐）房融筆受　（清）釋函昰評定　（清）釋今釋閱　（清）今辯校　民國刻本　一冊

330000-4732-0001175　1175　子部 / 術數類 / 相宅相墓之屬

雪心賦正解四卷　（唐）卜應天撰　孟浩注　（清）張鐸訂　（清）趙延芳校　清刻本　一冊

330000-4732-0001176　1176　經部 / 小學類 / 文字之屬 / 說文 / 專著　說文通檢十四卷首一卷末一卷

說文解字注匡謬八卷　（清）黎永椿編　（清）徐承慶撰　清光緒三十四年（1908）上海江左書林石印本　一冊

330000-4732-0001177　1177　子部 / 宗教類 / 其他宗教之屬 / 基督教

舊約全書不分卷　清光緒三十一年（1905）聖書公會鉛印本　一冊

330000-4732-0001178　1178　子部 / 宗教類 / 佛教之屬 / 經

佛說解冤往生經不分卷　民國刻本　一冊

330000-4732-0001179　1179　經部 / 小學類 / 文字之屬 / 字書 / 字體

真草隸篆四體千字文不分卷　（晉）王羲之書法　民國上海文益書局石印本　二冊

330000-4732-0001180　1180　集部 / 總集類 / 選集之屬 / 斷代

韻蘭集賦鈔六卷　（清）陸雲槎輯選　清末刻本　一冊

330000-4732-0001181　1181　集部 / 總集類 / 選集之屬 / 斷代

長搭正軌一卷　清光緒二年（1876）刻本　二冊

330000-4732-0001182　1182　新學 / 雜著

新國民國文教科書八卷　蔣昂、嚴會著　（民國）胡樸安、宋介校訂　民國十四年（1925）國民書局石印本　一冊

330000-4732-0001183　1183　子部 / 宗教類 / 道教之屬

貴人登天門时一卷　民國抄本　一冊

330000-4732-0001184　1184　子部 / 宗教類 / 道教之屬

赤仁章硃書一卷　民國王隆真、梅通真抄本　一冊

330000-4732-0001185　1185　子部 / 宗教類

日兇道书一卷　清抄本　一冊

330000-4732-0001186　1186　子部 / 術數類 / 命書相書之屬

八字書一卷　民国抄本　一冊

330000-4732-0001187　1187　子部 / 宗教類 / 道

藝之屬/聯語

新楹聯類編八卷 民國三年（1914）上海會文堂書局石印本 二册

330000-4732-0001151 1151 集部/總集類/選集之屬/斷代

新文精華五卷 陸翔輯 民國上海世界書局石印本 一册

330000-4732-0001152 1152 史部

萬國史記二十卷首一卷 ［日本］岡本監輔撰 清光緒二十四年（1898）上海書局石印本 二册

330000-4732-0001153 1153 集部/總集類/尺牘之屬

廣註分類新華尺牘彙海十二卷 民國上海新華書局石印本 一册

330000-4732-0001154 1154 子部/藝術類/書畫之屬/法帖

左宗棠真墨蹟一卷 （清）左宗棠書 民國上海六一書局石印本 一册

330000-4732-0001155 1155 集部/小說類/長篇之屬

繡像五女興唐全傳四卷四十回 民國石印本 一册

330000-4732-0001156 1156 集部/曲類

新刻辰州胡知府白扇記二卷 清黃文運堂刻本 一册

330000-4732-0001157 1157 集部/總集類/尺牘之屬

最新應酬實用文件不分卷 袁韜壺編撰 琴石山人校訂 民國十一年（1922）上海會文堂書局石印本 一册

330000-4732-0001158 1158 經部/春秋左傳類/傳說之屬

曲江書屋新訂批註左傳快讀十八卷首一卷 （晉）杜預原註 （唐）陸德明音釋 （宋）林堯叟、朱申參註 （清）馮李驊、陸浩批評 （清）同學諸子參閱 （清）李紹崧選訂 （清）李履道等校字 民國四年（1815）上海章福記書局石印本 一册

330000-4732-0001159 1159 子部/藝術類/遊藝之屬/聯語

精選楹聯新編二卷 （清）俞樾撰 民國石印本 一册

330000-4732-0001160 1160 子部/天文曆算類/曆法之屬

中華民國四年歲次乙卯時憲書一卷 民國石印本 一册

330000-4732-0001161 1161 新學/雜著

新式高等小學國文教科書六卷 呂思勉編輯 崔景元等閱訂 民國六年（1917）至七年（1918）上海中華書局鉛印本 三册

330000-4732-0001162 1162 子部/儒家類/儒學之屬/禮教/家訓

傳家寶二卷 （清）石天基撰 （清）石華年等仝校 清末上海宏大書局石印本 一册

330000-4732-0001163 1163 新學/雜著

新式高等小學國文教科書六卷 呂思勉編輯 崔景元等閱訂 民國七年（1918）至九年（1920）上海中華書局鉛印本 二册

330000-4732-0001164 1164 新學/雜著

新制初等小學國文教科書十二卷 陸費逵等編 民國四年（1915）上海中華書局石印本 一册

330000-4732-0001165 1165 集部/總集類/選集之屬/通代

古唐詩合解十二卷古詩四卷 （清）王堯衢注 （清）李模、李桓同校 清刻本 一册

330000-4732-0001166 1166 集部/小說類/長篇之屬

增訂繪圖精忠說岳全傳八卷八十回 （清）錢彩撰 民國海左書局石印本 二册

330000-4732-0001167 1167 集部/總集類/選集之屬/通代

古唐詩合解十二卷古詩四卷 （清）王堯衢注 （清）李模、李桓同校 民國上海鴻寶齋石印本 三册

譯　清末刻本　一冊

330000-4732-0001132　1132　集部 / 總集類 / 選集之屬 / 通代

重訂古文釋義新編八卷　（清）余誠評註　（清）余芝參閱　民國石印本　二冊

330000-4732-0001133　1133　集部 / 總集類 / 選集之屬 / 通代

重訂古文釋義新編八卷　（清）余誠評註　（清）余芝參閱　民國石印本　一冊

330000-4732-0001134　1134　子部 / 宗教類 / 佛教之屬

佛說高王觀世音經一卷附觀音大士應驗神方一卷　清樂山堂刻本　一冊

330000-4732-0001135　1135　集部 / 總集類 / 選集之屬

才調集選三卷　（三國蜀）韋縠原本　（清）王士禛刪纂　民國石印本　一冊

330000-4732-0001136　1136　集部 / 總集類 / 尺牘之屬

國朝名人書札二卷　（清）吳曾祺輯　民国上海商务印书馆铅印本　一冊

330000-4732-0001137　1137　子部 / 雜著類 / 雜纂之屬

增補萬寶全書二十卷續編五卷　（明）陳繼儒纂輯　清光緒二十六年（1900）上海書局石印本　一冊

330000-4732-0001138　1138　子部 / 雜著類 / 雜纂之屬

新增繪圖萬寶全書續編五卷　民國石印本　一冊

330000-4732-0001139　1139　子部 / 雜著類 / 雜纂之屬

增補萬寶全書二十卷續編五卷　民國元年上海尚古山房石印本　一冊

330000-4732-0001140　1140　子部 / 雜著類 / 雜纂之屬

增補萬寶全書二十卷　民國上海昌文書局石印本　一冊

330000-4732-0001141　1141　子部 / 雜著類 / 雜纂之屬

增補萬寶全書二十卷　清刻本　一冊

330000-4732-0001142　1142　子部 / 儒家類 / 儒學之屬 / 蒙學

八字歌一卷　民國上海宏大善書局石印本　一冊

330000-4732-0001143　1143　經部 / 孝經類 / 傳說之屬

御註孝經一卷　（唐）李隆基註　民國十七年（1928）上海元昌印書館石印本　一冊

330000-4732-0001144　1144　經部 / 孝經類 / 傳說之屬

御註孝經一卷　（唐）李隆基註　民國十七年（1928）上海元昌印書館石印本　一冊

330000-4732-0001145　1145　經部 / 孝經類 / 傳說之屬

御註孝經一卷　（唐）李隆基註　民國十七年（1928）上海元昌印書館石印本　一冊

330000-4732-0001146　1146　新學 / 農政

新式高等小學農業教科書四卷　丁錫華編輯　吳家煦校閱　民國八年（1919）上海中華書局鉛印本　一冊

330000-4732-0001147　1147　集部 / 總集類 / 尺牘之屬

普通官商學界尺牘不分卷　清宣統元年（1909）敬業書社石印本　四冊

330000-4732-0001148　1148　集部 / 總集類 / 尺牘之屬

評註蘇黃尺牘合纂五卷　（明）黃始靜輯　民國十四年（1925）上海會文堂鉛印本　三冊

330000-4732-0001149　1149　集部 / 總集類 / 選集之屬 / 通代

新式國民學校國文教授書八卷　民國上海中華書局石印本　一冊

330000-4732-0001150　1150　子部 / 藝術類 / 遊

330000-4732-0001113　1113　子部/叢編

續太平廣記八卷　（清）陸壽名集　清刻本　二冊

330000-4732-0001114　1114　子部/雜著類/雜纂之屬

孟搭從新七卷　（清）述舊齋主人輯　清刻本　二冊

330000-4732-0001115　1115　子部/雜著類/雜纂之屬

孟搭從新七卷　（清）述舊齋主人輯　清刻本　一冊

330000-4732-0001116　1116　子部/儒家類/儒學之屬

小學集註六卷　（宋）朱熹撰　（清）陳選集註　**忠經一卷**　（漢）鄭玄集註　**孝經一卷**　（清）陳選集註　清光緒三十二年（1906）鴻寶齋石印本　一冊

330000-4732-0001117　1117　子部/宗教類

勸世格言一卷　民國五年（1916）上海宏大善書局石印本　一冊

330000-4732-0001118　1118　子部/儒家類/儒學之屬

小學集註六卷　（宋）朱熹撰　（清）陳選集註　清光緒三十二年（1906）鴻寶齋石印本　一冊

330000-4732-0001119　1119　子部/宗教類/道教之屬

真經錄一卷　民國十二年（1923）處州新華石印局石印本　一冊

330000-4732-0001120　1120　子部/宗教類

救劫度人舟一卷　西方教主教演　迴龍師尊鑒定　空谷子編輯　虛谷子校正　民國鉛印本　一冊

330000-4732-0001121　1121　集部/曲類/曲選之屬

新輯特別改良最新時調大觀四集一卷　嚴一臻編輯　林一鶴校正　民國十五年（1926）上海文益書局石印本　一冊

330000-4732-0001122　1122　集部/曲類/曲選之屬

新編時調大觀新曲六集一卷　民國上海文益書局石印本　一冊

330000-4732-0001123　1123　集部/小說類/長篇之屬

鏡花緣二十卷一百回　（清）李汝珍撰　清刻本　一冊

330000-4732-0001124　1124　子部/儒家類/儒學之屬/蒙學

童子問路四卷　（清）鄭之琮輯　清文明堂刻本　一冊

330000-4732-0001125　1125　子部/儒家類/儒學之屬/蒙學

童子問路四卷　（清）鄭之琮輯　清刻本　一冊

330000-4732-0001126　1126　子部/儒家類/儒學之屬/蒙學

童子問路四卷　（清）鄭之琮輯　清文明堂刻本　一冊

330000-4732-0001127　1127　子部/宗教類/佛教之屬

地藏菩薩本願經三卷　（唐）釋實叉難陀譯　清光緒三十年（1904）金陵刻經處刻本　一冊

330000-4732-0001128　1128　子部/宗教類/佛教之屬

金剛經傳燈真解一卷　無量度世古佛撰　民國十二年（1923）上海宏大善書局石印本　一冊

330000-4732-0001129　1129　子部/宗教類/佛教之屬

金剛經傳燈真解一卷　無量度世古佛撰　民國十二年（1923）上海宏大善書局石印本　一冊

330000-4732-0001130　1130　經部/小學類/文字之屬/字書/字體

字學舉隅一卷　（清）龍啓瑞輯　清刻本　一冊

330000-4732-0001131　1131　子部/宗教類/佛教之屬

金剛般若波羅蜜經一卷　（後秦）釋鳩摩羅什

弟子規一卷　（清）李子潛撰　民國杭州同道善書印刷局石印本　一册

330000-4732-0001096　1096　子部/雜著類/雜說之屬

自西徂東五卷　[德國]花之安撰　清光緒十九年（1893）上海廣學會鉛印本　五册

330000-4732-0001097　1097　經部/禮記類/傳說之屬

禮記體註大全四卷　（清）范紫登鑒定　（清）敘旦參定　禮記集說四卷　（元）陳澔撰　（清）曹士瑋纂輯　清刻本　一册

330000-4732-0001098　1098　新學/雜著

女子自立教科書一卷　徐珂編輯　何琪編輯　清光緒三十二年（1906）會文政記石印本　一册

330000-4732-0001099　1099　子部/醫家類/溫病之屬/瘟疫

時病論八卷　（清）劉賓臣鑒定　（清）雷豐撰　（清）程曦、江誠參訂　民國石印本　二册

330000-4732-0001100　1100　史部/編年類/通代之屬

新式高等小學歷史教科書六卷　楊喆、莊啓傳編輯　民國七年（1918）上海中華書局石印本　三册

330000-4732-0001101　1101　集部/總集類/尺牘之屬

近世名人尺牘教本五卷　顧鳴盛編輯　顧新亞撰　清光緒三十四年（1908）至宣統元年（1909）上海文明書局石印本　四册

330000-4732-0001102　1102　史部/編年類/通代之屬

新式高等小學歷史教科書六卷　楊喆、莊啓傳編輯　民國八年（1919）上海中華書局石印本　一册

330000-4732-0001103　1103　集部/總集類/選集之屬

言文對照初等作文新範四卷　張雲石校訂　民國十五年（1926）上海世界書局石印本　三册

330000-4732-0001104　1104　史部/編年類/通代之屬

最新中國歷史教科書四卷　姚祖義編輯　金爲校訂　宣統二年（1910）上海商務印書館石印本　三册

330000-4732-0001105　1105　集部/總集類/選集之屬

皇朝經世文新增續編一百二十卷　（清）葛士濬輯　民國鉛印本　一册

330000-4732-0001106　1106　史部/史評類/史論之屬

讀通鑑論三十卷末一卷　（清）王夫之撰　民國上海商務印書館石印本　一册

330000-4732-0001107　1107　子部

淺語醒人三卷　鄒明經撰　民國三十二年（1943）上海明善書局石印本　一册

330000-4732-0001108　1108　類叢部/類書類/專類之屬

詩韻合璧五卷　（清）湯文潞編　民國上海廣益書局石印本　三册

330000-4732-0001109　1109　類叢部/類書類/專類之屬

詩韻合璧五卷　（清）湯文潞編　民國鉛印本　二册

330000-4732-0001110　1110　集部/小說類/長篇之屬

燕山外史註釋八卷　（清）陳球撰　（清）若駛子輯註　（清）項震新參校　清光緒三十二年（1906）上海海左書局石印本　一册

330000-4732-0001111　1111　經部/小學類/文字之屬/字書/字典

分韻字彙四卷　（清）溫儀鳳編輯　（清）聖端石同訂　江湖輯要四卷　清光緒三十三年（1907）上海文宜書局石印本　一册

330000-4732-0001112　1112　集部/總集類/課藝之屬

初學適用論說精華四卷　陸保璿撰　民國上海廣益書局石印本　二册

民國十一年（1922）上海崇文書局鉛印本　二册

330000-4732-0001078　1078　集部/總集類/尺牘之屬

最新應用尺牘教科書四卷　杜元炳撰　杜瀚生增訂　清光緒三十三年（1907）上海會文學社石印本　三册

330000-4732-0001079　1079　集部/總集類/尺牘之屬

最新應用尺牘教科書四卷　杜元炳撰　杜瀚生增訂　民國元年（1912）上海會文學社石印本　一册

330000-4732-0001080　1080　史部/政書類/公牘檔册之屬

最新詳解公文程式大全十二卷　世界書局編輯所編輯　民國十四年（1925）上海世界書局石印本　四册

330000-4732-0001081　1081　子部/儒家類/儒學之屬/禮教

朱子小學白話解六卷　（宋）朱熹撰　秦鍾瑞演義　清末上海廣益書局石印本　一册

330000-4732-0001082　1082　子部/宗教類/道教之屬

吕祖全書□□卷　清末石印本　一册

330000-4732-0001083　1083　集部/總集類/選集之屬

言文對照高等作文新範三卷　周祝封、張祖賢編輯　張雲石、張廷華校訂　民國十八年（1929）上海世界書局石印本　一册

330000-4732-0001084　1084　子部/雜著類/雜纂之屬

新鐫校正評註分類百子金丹全書十卷　（明）郭偉選注　（明）王星聚校訂　（明）郭中吉編次　清光緒二十九年（1903）上海書局石印本　一册

330000-4732-0001085　1085　子部/宗教類/道教之屬

孫真人海上仙方一卷　（唐）孫真人撰　民國上海宏大善書局石印本　一册

330000-4732-0001086　1086　子部/術數類/命書相書之屬

三命通會十二卷　清刻本　一册

330000-4732-0001087　1087　集部/總集類/尺牘之屬

政商學界新尺牘四卷　陳小樓撰　民國二年（1913）上海壽記書莊石印本　三册

330000-4732-0001088　1088　史部/史抄類

史鑑節要便讀六卷　（清）鮑東里編輯　清光緒二十四年（1898）上海書局石印本　二册

330000-4732-0001089　1089　集部/總集類/尺牘之屬

新體廣註秋水軒尺牘二卷　（清）許思湄撰　陸翔雲註　民國十年（1921）上海廣文書局石印本　一册

330000-4732-0001090　1090　史部/史抄類

史鑑節要二卷　民國石印本　一册

330000-4732-0001091　1091　集部/別集類/清別集

曾文正公詩文集四卷　（清）曾國藩撰　清末上海掃葉山房石印本　一册

330000-4732-0001092　1092　史部/史抄類

史鑑節要便讀六卷　（清）鮑東里撰　民國抄本　一册

330000-4732-0001093　1093　子部/醫家類/綜合之屬

增補醫林狀元壽世保元十卷　（明）龔廷賢編　（清）周亮登校　民國上海章福記書局石印本　一册

330000-4732-0001094　1094　新學/政治法律/政治

新主義教員用書前期小學三民主義課本教學法八卷　王劍星、朱亮基編輯　魏冰心校訂　民國十六年（1927）上海世界書局鉛印本　三册

330000-4732-0001095　1095　子部/儒家類/儒學之屬/蒙學

330000-4732-0001059　1059　集部 / 總集類 / 氏族之屬

三蘇文集（存一種）　（宋）蘇洵、蘇軾、蘇轍撰　民國石印本　二冊

330000-4732-0001060　1060　集部 / 總集類

三蘇文集（存一種）　（宋）蘇洵、蘇軾、蘇轍撰　民國石印本　一冊

330000-4732-0001061　1061　子部 / 道家類

南華經解外篇四卷　（清）宣穎撰　（清）王暉吉校　民國石印本　一冊

330000-4732-0001062　1062　子部 / 宗教類 / 佛教之屬 / 經

金剛般若波羅蜜經一卷　民國石印本　一冊

330000-4732-0001063　1063　子部 / 宗教類 / 佛教之屬 / 經

大佛頂首楞嚴經正脈疏四十卷　（明）釋真鑑述　（明）釋福登校　民國刻本　二冊

330000-4732-0001064　1064　經部 / 小學類 / 文字之屬 / 字書

最新改良繪圖日用雜字一卷　民國天寶書局石印本　一冊

330000-4732-0001065　1065　經部 / 小學類 / 文字之屬 / 字書

最新改良繪圖日用雜字一卷　民國天寶書局石印本　一冊

330000-4732-0001066　1066　經部 / 小學類 / 文字之屬 / 字書

最新改良繪圖日用雜字一卷　民國天寶書局石印本　一冊

330000-4732-0001067　1067　經部 / 小學類 / 文字之屬 / 字書

最新改良繪圖日用雜字一卷　民國天寶書局石印本　一冊

330000-4732-0001068　1068　經部 / 小學類 / 文字之屬 / 字書

最新改良繪圖日用雜字一卷　民國天寶書局石印本　一冊

330000-4732-0001069　1069　經部 / 小學類 / 文字之屬 / 字書

最新改良繪圖日用雜字一卷　民國天寶書局石印本　一冊

330000-4732-0001070　1070　經部 / 小學類 / 文字之屬 / 字書

最新改良繪圖日用雜字一卷　民國天寶書局石印本　一冊

330000-4732-0001071　1071　經部 / 小學類 / 文字之屬 / 字書

最新改良繪圖日用雜字一卷　民國天寶書局石印本　一冊

330000-4732-0001072　1072　經部 / 小學類 / 文字之屬 / 字書

最新改良繪圖日用雜字一卷　民國天寶書局石印本　一冊

330000-4732-0001073　1073　經部 / 小學類 / 文字之屬 / 字書

最新改良繪圖日用雜字一卷　民國天寶書局石印本　一冊

330000-4732-0001074　1074　經部 / 小學類 / 文字之屬 / 字書

最新改良繪圖日用雜字一卷　民國天寶書局石印本　一冊

330000-4732-0001075　1075　經部 / 小學類 / 文字之屬 / 字書

最新改良繪圖日用雜字一卷　民國天寶書局石印本　一冊

330000-4732-0001076　1076　經部 / 小學類 / 文字之屬 / 字書

最新改良繪圖日用雜字一卷　民國天寶書局石印本　一冊

330000-4732-0001077　1077　集部 / 總集類 / 選集之屬

全國學生國文成績文庫甲編二十卷　盧壽籛選輯

330000-4732-0001041　1041　子部/宗教類/道教之屬

太上玄靈北斗本命延生妙經一卷　民國二十八年（1939）麗水啓明印刷局石印本　一册

330000-4732-0001042　1042　子部/宗教類/道教之屬

太上玄靈北斗本命延生妙經一卷　民國二十八年（1939）麗水啓明印刷局石印本　一册

330000-4732-0001043　1043　子部/宗教類/道教之屬

太上玄靈北斗本命延生妙經一卷　民國二十八年（1939）麗水啓明印刷局石印本　一册

330000-4732-0001044　1044　子部/儒家類/儒學之屬/性理

朱子原訂近思録十四卷　（宋）朱熹、吕祖謙輯　（清）江永集注　（清）王鼎校次　清光緒二十五年（1899）浙江官書局刻本　二册

330000-4732-0001045　1045　集部/別集類

八指頭陀詩集十卷補遺一卷　（清）釋敬安撰　清末刻本　一册

330000-4732-0001046　1046　子部/術數類/相宅相墓之屬

羅經指南撥霧集三卷　（明）吳天洪評定　郭廷穎定　振宸參　清刻本　一册

330000-4732-0001047　1047　子部/術數類/相宅相墓之屬

羅經指南撥霧集三卷　（明）吳天洪評定　郭廷穎定　振宸參　清刻本　一册

330000-4732-0001048　1048　子部/術數類/相宅相墓之屬

羅經解定四卷　（清）胡國楨撰　（清）徐用霖等校訂　民國四年（1915）上海廣益書局石印　一册

330000-4732-0001049　1049　子部/術數類/相宅相墓之屬

新訂王氏羅經透解二卷首一卷　（清）王道亨輯　（清）王紹之、李維寅等參閲　民國石印本　一册

330000-4732-0001050　1050　集部/小說類/長篇之屬

增評加批金玉緣圖說一百二十卷卷首一卷一百二十回　（清）曹雪芹撰　（清）蝶薌仙史評訂　民國石印本　二册

330000-4732-0001051　1051　子部/術數類/相宅相墓之屬

補羅經總論抄本不分卷　民國抄本　一册

330000-4732-0001052　1052　經部/詩類/傳說之屬

詩經八卷　（宋）朱熹評定　清慎詒堂刻本　一册

330000-4732-0001053　1053　經部/詩類/傳說之屬

詩經八卷　（宋）朱熹評定　清刻本　一册

330000-4732-0001054　1054　集部/總集類/選集之屬/通代

蔡氏古文評註補正全集十卷　（清）過珙選　（清）蔡鑄補正　民國上海商務印書館石印本　十册

330000-4732-0001055　1055　子部/醫家類/本草之屬/本草藥性

雷公炮製藥性解六卷　（明）李中梓編輯　（清）王子接重訂　清末石印本　二册

330000-4732-0001056　1056　子部/醫家類/內科之屬

病機沙篆二卷　（明）李中梓撰　民國石印本　一册

330000-4732-0001057　1057　集部/總集類/氏族之屬

三蘇文集（存一種）　（宋）蘇洵、蘇軾、蘇轍撰　民國元年（1912）上海會文堂石印本　二册

330000-4732-0001058　1058　集部/總集類/氏族之屬

三蘇文集（存一種）　（宋）蘇洵、蘇軾、蘇轍撰　宣統元年（1909）上海會文學社石印本　二册

330000-4732-0001020　1020　子部/天文曆算類/算書之屬

星命萬年曆不分卷　民國天利書局石印本　一冊

330000-4732-0001021　1021　子部/天文曆算類/算書之屬

星命萬年曆不分卷　民國天利書局石印本　一冊

330000-4732-0001022　1022　子部/天文曆算類/算書之屬

御定萬年書不分卷　清末刻本　一冊

330000-4732-0001023　1023　子部/術數類

劉氏家藏八卷　清刻本　一冊

330000-4732-0001024　1024　新學/政治法律/制度

增訂中華法令彙纂二十二卷　民國十四年（1925）中華法政學社石印　一冊

330000-4732-0001025　1025　子部/天文曆算類/算書之屬

御定七政四餘萬年曆不分卷　清刻本　二冊

330000-4732-0001026　1026　子部/醫家類/醫經之屬/內經

靈素提要淺注四卷　（清）陳念祖集注　民國石印本　一冊

330000-4732-0001027　1027　子部/宗教類/道教之屬

新刻萬法歸宗請仙算法五卷　民國三年（1914）振華書局石印本　一冊

330000-4732-0001028　1028　子部/宗教類/其他宗教之屬/基督教

新約聖書不分卷　[英國]坎伯·摩根撰　（清）詹正義譯　清光緒三十一年（1905）聖書公會石印　三冊

330000-4732-0001029　1029　新學/政治法律

禁煙必讀不分卷　徐錫驥著　褚輔成鑑定　[日本]平野一貫校閱　民國元年（1912）上海商務印書館石印　一冊

330000-4732-0001030　1030　集部

新增民國對聯匯海十四卷　民國三年（1914）上海鴻文書局石印　三冊

330000-4732-0001031　1031　子部/道家類

新註道德經白話解說二卷　（民國）江希張注　民國上海明善書局石印　一冊

330000-4732-0001032　1032　集部/小說類

冷廬雜識八卷　（清）陸以湉撰　清刻本　四冊

330000-4732-0001033　1033　子部/宗教類/道教之屬

中學參同一卷　民國蕭山合義和書局鉛印本　一冊

330000-4732-0001034　1034　子部/術數類/陰陽五行之屬

撿選切用通書玉匣不求人一卷　清刻本　一冊

330000-4732-0001035　1035　子部/儒家類/儒學之屬

養正必讀書一卷　民國上海明善書局石印本　一冊

330000-4732-0001036　1036　子部/宗教類/道教之屬

太上玄靈北斗本命延生妙經一卷　民國二十八（1939）年麗水啓明印刷局石印本　一冊

330000-4732-0001037　1037　子部/宗教類/佛教之屬

敬竈全書一卷　民國上海宏大善書局石印本　一冊

330000-4732-0001038　1038　集部/小說類/長篇之屬

四雪草堂重訂通俗隋唐演義二十卷一百回　（清）褚人獲撰　民國上海天寶書局石印本　一冊

330000-4732-0001039　1039　子部/醫家類/綜合之屬

種福堂精選良方兼刻古吳名醫精論四卷　（清）葉桂論　（清）華南較　清種福堂刻本　一冊

330000-4732-0001040　1040　子部/宗教類/道教之屬

太上玄靈北斗本命延生妙經一卷　民國二十八年（1939）麗水啓明印刷局石印本　一冊

330000-4732-0000999　0999　子部

增補萬寶全書□□卷　清刻本　一冊

330000-4732-0001000　1000　集部/總集類/選集之屬

國文不分卷　民國四年（1915）油印本　二冊

330000-4732-0001001　1001　史部/史評類/史論之屬

國史概論四卷　葛陞編輯　民國三年（1914）上海會文堂石印本　六冊

330000-4732-0001002　1002　集部/總集類/選集之屬/通代

詩林韶濩選二十卷　（清）顧嗣立原本　（清）周煌重選　清刻本　二冊

330000-4732-0001003　1003　集部/總集類/選集之屬/通代

御選唐宋詩醇四十七卷目錄二卷　（清）高宗弘曆輯　清刻本　一冊

330000-4732-0001004　1004　集部/總集類/選集之屬

廣註書翰文自修讀本四卷首一卷　民國上海世界書局石印本　一冊

330000-4732-0001005　1005　史部/編年類/通代之屬

讀通鑑綱目劄記二十卷末一卷　（清）孫鏞鳴、劉瑞芬審定　（清）章邦元撰　民國石印本　二冊

330000-4732-0001006　1006　新學

新主義常識課本八冊　董文、朱翊新編輯　魏冰心、范祥善校訂　民國十六年（1927）上海世界書局石印本　一冊

330000-4732-0001007　1007　新學

新主義常識課本八冊　董文、朱翊新編輯　魏冰心、范祥善校訂　民國二十年（1931）上海世界書局石印本　一冊

330000-4732-0001008　1008　子部/術數類/相宅相墓之屬

地理指明□□卷　清末刻本　一冊

330000-4732-0001009　1009　子部/宗教類/佛教之屬

佛教問答不分卷　海屍道人編纂　民國佛學研究會石印本　一冊

330000-4732-0001010　1010　子部/儒家類/儒學之屬/禮教

少年適用分類新體尺牘八卷　民國十年（1921）上海廣益書局石印本　六冊

330000-4732-0001011　1011　子部/儒家類/儒學之屬/禮教

少年適用分類新體尺牘八卷　民國上海廣益書局石印本　一冊

330000-4732-0001012　1012　子部/天文曆算類/算書之屬

星命萬年曆不分卷　民國天利書局石印本　一冊

330000-4732-0001013　1013　子部/天文曆算類/算書之屬

星命萬年曆不分卷　民國天利書局石印本　一冊

330000-4732-0001014　1014　子部/天文曆算類/算書之屬

星命萬年曆不分卷　民國天利書局石印本　一冊

330000-4732-0001015　1015　子部/天文曆算類/算書之屬

星命萬年曆不分卷　民國天利書局石印本　一冊

330000-4732-0001016　1016　子部/天文曆算類/算書之屬

星命萬年曆不分卷　民國天利書局石印本　一冊

330000-4732-0001017　1017　子部/天文曆算類/算書之屬

星命萬年曆不分卷　民國天利書局石印本　一冊

330000-4732-0001018　1018　子部/天文曆算類/算書之屬

星命萬年曆不分卷　民國天利書局石印本　一冊

330000-4732-0001019　1019　子部/天文曆算類/算書之屬

星命萬年曆不分卷　民國天利書局石印本　一冊

張晉聲校閱　民國三年（1914）上海會文堂書局石印　一册

330000-4732-0000981　0981　子部/宗教類/其他宗教之屬/基督教

約翰福音不分卷　清光緒三十一年（1905）聖書公會石印　一册

330000-4732-0000982　0982　子部/術數類/占卜之屬

武聖帝君救劫破迷諭一卷　民國蕭山合義和書局石印　一册

330000-4732-0000983　0983　子部/術數類/占卜之屬

總統易三卷首一卷　（清）毛異賓訂定　（清）梅有德、洪華全校　清光緒十三年（1887）刻本　一册

330000-4732-0000984　0984　史部/編年類/通代之屬

御撰資治通鑑綱目三編二十卷　（宋）司馬光通鑑　（明）袁黃編纂　（宋）朱熹綱目　黃景清重校　清末石印本　二册

330000-4732-0000985　0985　集部/小說類/短篇之屬

龍圖公案十卷　清刻本　三册

330000-4732-0000986　0986　集部/小說類/短篇之屬

龍圖公案八卷　清刻本　一册

330000-4732-0000987　0987　集部/小說類/短篇之屬

龍圖公案八卷　清刻本　一册

330000-4732-0000988　0988　子部/宗教類/佛教之屬/經疏

心經口氣增註一卷　民國十二年（1923）上海宏大善書局石印本　一册

330000-4732-0000989　0989　子部/儒家類/儒學之屬

初等女子國文教科書八卷　何琪編輯　上海會文學社編譯　清光緒三十二年（1906）上海會文學社石印本　七册

330000-4732-0000990　0990　子部/儒家類/儒學之屬

初等女子國文教科書八卷　何琪編輯　清光緒三十二年（1906）上海會文學社石印本　三册

330000-4732-0000991　0991　子部/儒家類/儒學之屬/禮教

新刻正旁訓訓□六字經不分卷　（清）葉向高集　清道光二十五年（1845）步青堂刻本　一册

330000-4732-0000992　0992　子部/儒家類/儒學之屬/禮教

新刻葉臺山先生纂集六字直言不分卷　（清）葉向高集　（清）葉聯高釋　民國魏恒興刻本　一册

330000-4732-0000993　0993　子部/儒家類/儒學之屬/禮教

葉閣老家訓六字直言不分卷　（清）葉向高集　民國刻本　一册

330000-4732-0000994　0994　子部/儒家類/儒學之屬/禮教

六字經一卷　民國十七年（1928）藍金樑抄本　一册

330000-4732-0000995　0995　子部/儒家類/儒學之屬

初等女子修身教科書二卷　何琪編輯　會文學社編譯所　清光緒三十二年會文書局石印本　一册

330000-4732-0000996　0996　集部/總集類/選集之屬

初學論說必讀四卷　孔憲彭著述　蔡郴評校　民國上海會文堂粹記石印本　二册

330000-4732-0000997　0997　子部/儒家類/儒學之屬/禮教

六字經一卷　民國林明仙抄本　一册

330000-4732-0000998　0998　子部/醫家類

普濟應驗良方八卷　（清）德軒纂輯　清末刻本　一册

增註寫信必讀十卷 （清）唐蕓洲撰 民國鉛印本 三冊

330000-4732-0000962 0962 集部/詩文評類
增註寫信必讀十卷 （清）唐蕓洲撰 民國鉛印本 一冊

330000-4732-0000963 0963 集部/詩文評類
言文對照廣註寫信必讀不分卷 民國石印本 一冊

330000-4732-0000964 0964 子部/醫家類/醫經之屬/內經
內經知要講義四卷 錢榮光撰 民國上海大成書局石印本 一冊

330000-4732-0000965 0965 子部/醫家類/方書之屬/歷代方書
重訂驗方新編十八卷 （清）闕氏校繕 清光緒三十三年（1907）上海鑄記書局石印本 二冊

330000-4732-0000966 0966 集部/總集類/課藝之屬
策論選要十二卷 （宋）蘇洵、蘇軾、蘇轍撰 民國石印本 四冊

330000-4732-0000967 0967 子部/術數類/相宅相墓之屬
入地眼全書十卷 （宋）释靜道撰 （清）萬樹華編次 （清）袁泰開等參 （清）萬基校字 民國上海錦章書局石印本 一冊

330000-4732-0000968 0968 史部/傳記類/總傳之屬/列女
典故列女傳四卷 （明）解縉撰 清末刻本 一冊

330000-4732-0000969 0969 史部/編年類/斷代之屬
竹書紀年二卷 （梁）沈約注 （明）吳琯校 清刻本 一冊

330000-4732-0000970 0970 子部/醫家類/溫病之屬/瘟疫
隨息居重訂霍亂論四卷 （清）王士雄纂 民國十五年上海萃英書局石印本 一冊

330000-4732-0000971 0971 集部/詩文評類
類纂精華□□卷 （清）吳壽昌、高大爵、吳壽國纂 清末刻本 四冊

330000-4732-0000972 0972 集部/總集類/選集之屬/通代
碧梧齋古文觀止十二卷 （清）吳留村鑒定 （清）吳乘權、吳大職錄 清碧梧齋刻本 一冊

330000-4732-0000973 0973 子部/儒家類/儒學之屬/禮教/女範
訓女寶箋三卷附錄一卷 呂咸熙編 民國石印本 一冊

330000-4732-0000974 0974 子部/道家類
太上感應篇不分卷 清刻本 一冊

330000-4732-0000975 0975 集部/小說類/長篇之屬
繡像續小五義六卷一百二十四回 民國簡青齋書局石印本 二冊

330000-4732-0000976 0976 集部/小說類/長篇之屬
繪圖小五義全傳六卷一百二十四回 民國上海天成書局石印本 一冊

330000-4732-0000977 0977 集部/小說類/長篇之屬
繪圖七俠五義全傳六卷一百二十回 （清）石玉昆撰 民國上海天成書局石印本 一冊

330000-4732-0000978 0978 子部/醫家類
雷公炮製藥性解六卷 （明）李中梓輯 （清）王子接重訂 民國共和書局石印 一冊

330000-4732-0000979 0979 集部/小說類/短篇之屬
綉圖今古奇觀六卷四十回 （明）抱甕老人輯 清末石印本 一冊

330000-4732-0000980 0980 子部/術數類/相宅相墓之屬
陽宅三要四卷 （清）趙廷棟撰 （清）趙夢麟、趙白麟校訂 （清）王庸弼、張含章參著 （清）

（1916）上海商務印書館石印　五册

330000-4732-0000945　0945　史部/編年類/通代之屬

萬國綱鑑易知録二十卷　清光緒申江書局石印　三册

330000-4732-0000946　0946　子部/小說家類/雜事之屬

世說新語六卷　（宋）劉義慶撰　（梁）劉孝標注　清末上海掃葉山房石印本　四册

330000-4732-0000947　0947　史部/編年類/通代之屬

尺木堂綱鑑易知録九十二卷　（清）吳乘權、周之炯、周之燦輯　清尺木堂石印本　一册

330000-4732-0000948　0948　子部/宗教類/道教之屬/經文

玄靈玉皇經一卷　佚名撰　民國上海明善書局鉛印本　一册

330000-4732-0000949　0949　集部/總集類/選集之屬/通代

敬書堂古文十二卷　（清）吳雷村鑒定　（清）吳乘權、吳大職録　清刻本　二册

330000-4732-0000950　0950　集部/別集類/唐五代別集

白香山詩長慶集二十卷後集十七卷別集一卷補遺二卷　（唐）白居易撰　（清）汪立名編　民國石印本　一册

330000-4732-0000951　0951　集部/總集類/選集之屬

初學論說文範四卷　邵伯棠撰　民國上海會文堂石印本　一册

330000-4732-0000952　0952　子部/儒家類/儒學之屬/蒙學

重增繪圖幼學故事瓊林四卷首一卷　（清）程允升原本　（清）鄒聖脈增補　蔡邠續增　（清）謝梅林、鄒可庭參訂　（清）石韞玉重校　民國上海會文堂書局石印本　二册

330000-4732-0000953　0953　子部/宗教類/佛教之屬

最上一乘慧命經不分卷　（清）柳華陽撰并註　（清）一陽參訂　民國上海掃葉山房石印本　一册

330000-4732-0000954　0954　集部/別集類/清別集

有正味齋詩集十六卷　（清）吳錫麟撰　清末刻本　一册

330000-4732-0000955　0955　集部/別集類/清別集

箋注提要有正味齋駢體文二十四卷首一卷　（清）吳錫麒撰　（清）王廣業箋　（清）葉聯芬注　琴石山人校正　民國十四年（1925）上海會文堂書局石印本　五册

330000-4732-0000956　0956　經部/小學類/文字之屬/字書/訓蒙

龍文鞭影初集二卷二集二卷　（明）蕭良有纂輯　（明）楊臣諍增訂　（清）李恩綬校補　民國上海昌文書局石印本　一册

330000-4732-0000957　0957　史部/地理類/雜志之屬

最新高等小學地理教科書四卷　杜芝庭編輯　蔡元培校訂　清光緒三十二年（1906）上海會文書局石印本　四册

330000-4732-0000958　0958　史部/地理類/雜志之屬

最新地理教科書四卷　謝洪賚編纂　清宣統二年（1910）上海商務印書館鉛印本　四册

330000-4732-0000959　0959　史部/地理類/雜志之屬

新式高等小學地理教科書六卷　呂思勉編輯　民國七年（1918）上海中華書局鉛印本　一册

330000-4732-0000960　0960　新學

新式高等小學理科教科書六卷　藍田嶼編輯　民國五年（1916）上海中華書局鉛印本　四册

330000-4732-0000961　0961　集部/詩文評類

印刷局鉛印本　一册

330000-4732-0000926　0926　子部 / 醫家類 / 婦科之屬 / 産科

達生編二卷　（清）亟齋居士撰　民國麗水啓明印刷局鉛印　一册

330000-4732-0000927　0927　子部 / 醫家類 / 婦科之屬 / 産科

達生編不分卷　（清）亟齋居士原編　汪家駒增訂　民國上海明善書局石印本　一册

330000-4732-0000928　0928　子部 / 道家類

敬竈全書不分卷　清刻本　一册

330000-4732-0000929　0929　子部 / 道家類

增經敬竈全書一卷　民國十七年（1928）石印本　一册

330000-4732-0000930　0930　子部 / 醫家類 / 醫經之屬

醫學心悟六卷首一卷　（清）程國彭撰　民國石印本　一册

330000-4732-0000931　0931　子部 / 醫家類 / 兒科之屬 / 痘疹

種痘新書十二卷　（清）張琰編輯　（清）曾衡波同參　民國石印本　一册

330000-4732-0000932　0932　子部 / 醫家類 / 兒科之屬 / 痘疹

種痘新書十二卷　（清）張琰編輯　（清）曾衡波全參　清道光十二年（1832）桂芳齋刻本　三册

330000-4732-0000933　0933　集部 / 總集類 / 選集之屬

初學論說文範四卷　邵伯棠撰述　民國八年（1919）上海會文堂書局石印本　三册

330000-4732-0000934　0934　集部 / 總集類 / 選集之屬

初學論說文範四卷　邵伯棠撰　民國上海會文堂粹記石印本　三册

330000-4732-0000935　0935　集部 / 總集類 / 選集之屬

初學論說文範四卷　邵伯棠撰述　民國十九年（1930）上海會文堂新記書局石印本　一册

330000-4732-0000936　0936　子部 / 醫家類 / 喉科口齒之屬

喉科杓指四卷　（清）包永泰撰　（清）福成響校　清刻本　三册

330000-4732-0000937　0937　集部 / 總集類 / 選集之屬

高等小學論說文範四卷　邵伯棠撰　民國三年（1914）上海會文堂書局石印本　三册

330000-4732-0000938　0938　子部 / 小說家類

中國寓言四卷　民國石印本　一册

330000-4732-0000939　0939　集部 / 總集類 / 選集之屬

高等小學論說文範四卷　邵伯棠撰　民國十五年（1926）上海會文堂書局石印本　一册

330000-4732-0000940　0940　集部 / 總集類 / 選集之屬

高等小學論說文範四卷　邵伯棠撰　民國上海會文堂書局石印本　一册

330000-4732-0000941　0941　集部 / 總集類 / 選集之屬

高等小學論說文範四卷　邵伯棠撰　民國上海會文堂書局石印本　一册

330000-4732-0000942　0942　集部 / 總集類 / 選集之屬

言文對照評註高等小學論說文範四卷　邵伯棠撰　民國上海會文堂書局石印本　一册

330000-4732-0000943　0943　史部 / 編年類 / 通代之屬

尺木堂綱鑑易知錄九十二卷　（清）吳乘權、周之炯、周之燦輯　清尺木堂刻本　十七册

330000-4732-0000944　0944　史部 / 編年類 / 通代之屬

尺木堂綱鑑易知錄九十二卷明鑑易知錄十五卷　（清）吳乘權、周之炯、周之燦輯　民國五年

330000-4732-0000909　0909　子部/儒家類/儒學之屬/蒙學

昔時賢文一卷　佚名撰　清光緒七年（1881）劉楊高抄本　一冊

330000-4732-0000910　0910　集部/戲劇類/傳奇之屬

桃花扇二卷四十齣　（清）孔尚任編　（清）夢鳳樓、暖紅室刊校　民國十一年（1922）上海掃葉山房石印本　三冊

330000-4732-0000911　0911　子部/醫家類/綜合之屬

羣玉山房重校醫宗必讀十卷　（明）李中梓撰　（明）吳肇廣參　（明）李廷芳訂　清光緒九年羣玉山房刻本　四冊

330000-4732-0000912　0912　史部/地理類/外紀之屬

地理全志一卷　[英國]慕維廉重纂　清光緒二十八年（1902）上海美華書館鉛印本　一冊

330000-4732-0000913　0913　子部/醫家類/兒科之屬/通論

鼎鍥幼幼集成六卷　（清）陳復正辨訂　（清）劉勷校正　（清）周宗頤參定　民國石印本　五冊

330000-4732-0000914　0914　子部/醫家類/兒科之屬/通論

幼幼集成六卷　（清）陳復正辨訂　（清）劉勷校正　（清）周宗頤參定　民國石印本　一冊

330000-4732-0000915　0915　子部/醫家類/兒科之屬/通論

增補幼幼集成六卷　（清）陳復正輯訂　民國石印本　一冊

330000-4732-0000916　0916　子部/醫家類/綜合之屬

瀛經堂詳校醫宗必讀十卷　（明）李中梓撰　（明）吳肇廣參　（明）李廷芳訂　清嘉慶十二年（1807）裕文堂刻本　一冊

330000-4732-0000917　0917　子部/醫家類/兒科之屬/通論

鼎鍥幼幼集成六卷　（清）陳復正輯訂　（清）劉勷校正　（清）周宗頤參定　清刻本　一冊

330000-4732-0000918　0918　子部/醫家類/醫經之屬/難經

圖註八十一難經辨真四卷　（周）秦越人述　（明）張世賢註　清刻本　一冊

330000-4732-0000919　0919　子部/醫家類/醫經之屬/難經

校正圖註八十一難經四卷　（周）秦越人述　（明）張世賢注　**校正圖註脈訣四卷**　（晉）王叔和撰　（明）張世賢注　民國上海鴻寶齋書局石印本　三冊

330000-4732-0000920　0920　子部/醫家類/醫經之屬/難經

校正圖註八十一難經四卷　（周）秦越人述　（明）張世賢注　（晉）王叔和原本　民國上海鴻寶齋書局石印本　二冊

330000-4732-0000921　0921　子部/醫家類/醫經之屬/難經

圖註八十一難經四卷　（周）秦越人述　（明）張世賢註　（晉）王叔和原本　民國上海會文堂石印本　一冊

330000-4732-0000922　0922　子部/醫家類/診法之屬/脈經脈訣

圖註脈訣辨真四卷　（晉）王叔和撰　（明）張世賢注　清刻本　一冊

330000-4732-0000923　0923　子部/醫家類/診法之屬/脈經脈訣

圖註脈訣辨真四卷脈訣附方一卷　（晉）王叔和撰　（明）張世賢注　清刻本　一冊

330000-4732-0000924　0924　子部/醫家類/綜合之屬/通論

增補醫方一盤珠十卷　（清）洪金鼎撰　清末石印本　一冊

330000-4732-0000925　0925　子部/醫家類/婦科之屬/產科

達生編二卷　（清）亟齋居士撰　民國麗水啓明

繡像繪圖兒女英雄傳八卷四十回首一回 （清）文康撰 （清）還讀我書室主人評 民國上海進步書局石印本 二冊

330000-4732-0000892 0892 集部/小說類/長篇之屬

兒女英雄傳評話八卷四十回 （清）文康撰 （清）民强我書室主人評 民國石印本 一冊

330000-4732-0000893 0893 集部/總集類/選集之屬

全國學生成績新文庫甲編十九卷乙編初集二十卷二集二十卷 中央圖書局編輯部編輯 蔡元培鑒定 民國十一年（1922）上海中央圖書公司石印本 九冊

330000-4732-0000894 0894 子部/儒家類/儒學之屬/禮教

三字經不分卷 民國龍泉林文堂刻本 一冊

330000-4732-0000895 0895 子部/儒家類/儒學之屬/禮教

三字經不分卷 民國龍泉林文堂刻本 一冊

330000-4732-0000896 0896 集部/總集類/選集之屬

全國學生成績新文庫甲編十九卷乙編初集二十卷二集二十卷 中央圖書局編輯部編輯 蔡元培鑒定 民國十一年（1922）上海中央圖書公司石印本 三冊

330000-4732-0000897 0897 子部/儒家類

儒門圖說一卷 （清）倪元坦撰 民國鉛印本 一冊

330000-4732-0000898 0898 子部/儒家類/儒學之屬/禮教

繪圖增注歷史三字經不分卷 民國上海鴻文書局石印 一冊

330000-4732-0000899 0899 子部/儒家類/儒學之屬/禮教

繪圖增注歷史修正三字經不分卷 民國石印本 一冊

330000-4732-0000900 0900 類叢部/類書類/專類之屬

重訂增補陶朱公致富全書四卷 （春秋）范蠡撰 清杭州聚文堂刻本 三冊

330000-4732-0000901 0901 類叢部/類書類/專類之屬

重訂增補陶朱公致富全書四卷 （春秋）陶朱公（范蠡）撰 清杭州聚文堂刻本 二冊

330000-4732-0000902 0902 子部/儒家類/儒學之屬/蒙學

養正草一卷續養正草一卷 清刻本 二冊

330000-4732-0000903 0903 子部/醫家類/傷寒金匱之屬/傷寒論

張仲景傷寒論原文淺註六卷 （漢）張仲景撰 （清）陳念祖集註 （清）陳蔚、陳元犀參校 民國石印本 一冊

330000-4732-0000904 0904 子部/醫家類/傷寒金匱之屬/傷寒論

張仲景傷寒論原文淺註六卷 （漢）張仲景撰 （清）陳念祖集註 （清）陳蔚、陳元犀參校 民國上海錦章書局石印 一冊

330000-4732-0000905 0905 子部/儒家類/儒學之屬/蒙學

新刻訓蒙增廣賢文一卷 佚名撰 清光緒三十四年（1908）東歐魁元堂刻本 一冊

330000-4732-0000906 0906 子部/儒家類/儒學之屬/蒙學

錦春齋新刻昔時賢文一卷 佚名撰 清光緒二年（1876）錦春齋刻本 一冊

330000-4732-0000907 0907 子部/儒家類/儒學之屬/蒙學

昔時賢文一卷 佚名撰 民國上海錦章書局石印本 一冊

330000-4732-0000908 0908 子部/儒家類/儒學之屬/蒙學

昔時賢文一卷 佚名撰 清光緒七年（1881）商永諜抄本 一冊

330000-4732-0000871　0871　子部/道家類

三聖經三卷　（清）佚名編　民國上海宏大善書局石印本　一册

330000-4732-0000872　0872　子部/道家類

三聖經三卷　（清）佚名編　民國上海宏大善書局石印本　一册

330000-4732-0000873　0873　子部/道家類

感應篇直講一卷首一卷　清刻本　一册

330000-4732-0000874　0874　經部/孝經類

孝經白話解說不分卷　朱領中撰　民國二十一年（1932）上海明善書局石印　一册

330000-4732-0000875　0875　經部/孝經類

孝經白話解說不分卷　朱領中撰　民國二十一年（1932）上海明善書局石印　一册

330000-4732-0000876　0876　經部/孝經類

孝經一卷　民國上海孤兒院石印本　一册

330000-4732-0000877　0877　經部/春秋穀梁傳類/傳說之屬

監本附音春秋穀梁注疏二十卷　（晉）范甯集解　（唐）楊士勛疏　清刻本　二册

330000-4732-0000878　0878　子部/醫家類

醫學從衆錄八卷　（清）陳念祖撰　（清）陳元犀參訂　（清）陳心典、陳心蘭同校　民國石印本　一册

330000-4732-0000879　0879　子部/醫家類/眼科之屬

傅氏眼科審視瑤函六卷首一卷　（明）傅允科輯　（清）林長生校補　（清）張文凱參閱　（清）傅維藩編集　張秀徵訂正　靖公亮較梓　公猷掄、體仁□全次　民國石印本　一册

330000-4732-0000880　0880　子部/儒家類/儒學之屬

人道大義錄不分卷　成吉輯注　王維翰重刊　民國刻本　一册

330000-4732-0000881　0881　子部/儒家類/儒學之屬/禮教

八德須知二集八卷　蔡振紳編輯　陳燮樞校正　民國二十年（1931）上海明善書局石印　三册

330000-4732-0000882　0882　子部/儒家類/儒學之屬/禮教

八德須知二集八卷　蔡振紳編輯　陳燮樞校正　民國二十年（1931）上海明善書局石印　一册

330000-4732-0000883　0883　子部/儒家類/儒學之屬/禮教

八德須知二集八卷　蔡振紳編輯　陳燮樞校正　民國二十年（1931）上海宏大善書局石印　一册

330000-4732-0000884　0884　子部/宗教類/道教之屬

玉歷至寶鈔勸世八卷附經驗神效良方一卷　王子達重編　民國上海宏大善書局石印本　一册

330000-4732-0000885　0885　子部/道家類

孚佑帝君純陽祖師演說三生石不分卷　佚名撰　民國十二年（1923）上海宏大善書局石印本　一册

330000-4732-0000886　0886　子部/道家類

老子道德經二卷　（晉）王弼注　清乾隆四十二年（1777）浙江刻武英殿聚珍版書本　一册

330000-4732-0000887　0887　子部/宗教類/道教之屬

破迷語錄一卷　心菴頭陀編纂　費隱子校正　民國上海明善書局石印本　一册

330000-4732-0000888　0888　子部/宗教類/道教之屬

三大聖經不分卷　佚名撰　民國浙江杭州迦音社鉛印本　一册

330000-4732-0000889　0889　子部/宗教類/道教之屬

三大聖經不分卷　佚名撰　民國浙江杭州迦音社鉛印本　一册

330000-4732-0000890　0890　子部/醫家類

南雅堂醫書外集二十七種　民國石印本　一册

330000-4732-0000891　0891　集部/小說類/長篇之屬

朱瓚、朱璜校字　民國八年（1919）上海江左書林石印本　二册

330000-4732-0000851　0851　子部/術數類/陰陽五行之屬

增補萬全玉匣記二卷　（晉）許遜撰　民國上海錦章書局石印本　一册

330000-4732-0000852　0852　子部/術數類/陰陽五行之屬

增廣玉匣記通書六卷　（晉）許遜撰　（清）朱說霖校　清刻本　一册

330000-4732-0000853　0853　子部/術數類

地理鉛彈子七卷　民國石印本　一册

330000-4732-0000854　0854　子部/術數類/相宅相墓之屬

地理正義鉛彈子砂水要訣七卷　（清）高爾公鑒定　（清）張鳳藻撰　（清）張廷芳、張廷櫸校訂　清刻本　一册

330000-4732-0000855　0855　子部/小說家類

茅山真君得道傳初集四卷　史文秀編輯　汪繼川校正　民國十四年（1935）上海馬啓新書局石印本　一册

330000-4732-0000856　0856　子部/術數類/陰陽五行之屬

欽定協紀辨方書三十六卷　（清）允祿總理　清刻朱墨印本　四册

330000-4732-0000857　0857　子部/術數類/陰陽五行之屬

欽定協紀辨方書三十六卷　（清）允祿總理　民國鉛印本　一册

330000-4732-0000858　0858　子部/宗教類/佛教之屬

銅牌石開五公經書不分卷　民國十八年（1929）温州墨林齋石印　一册

330000-4732-0000859　0859　子部/宗教類/佛教之屬/經

三聖感應經三卷　民國刻本　一册

330000-4732-0000860　0860　子部/術數類/相宅相墓之屬

重鐫官板地理天機會元三十五卷　（唐）卜則魏撰　（唐）顧乃德集撰　（宋）蔡牧堂撰　（明）徐之鏌重編刪補　（明）陳孫賢重繡梓行　民國石印本　1

330000-4732-0000861　0861　子部/宗教類

放生會章程不分卷　民國上海明善書局鉛印本　一册

330000-4732-0000862　0862　子部/宗教類

放生會章程不分卷　民國上海明善書局鉛印本　一册

330000-4732-0000863　0863　子部/道家類

感應篇直講一卷首一卷　清光緒二十三年（1897）刻本　一册

330000-4732-0000864　0864　子部/道家類

三聖經靈驗圖註三卷　（清）佚名編　民國上海宏大善書局石印本　一册

330000-4732-0000865　0865　子部/道家類

三聖經靈驗圖註三卷　（清）佚名編　民國上海宏大善書局石印本　一册

330000-4732-0000866　0866　子部/道家類

三聖經靈驗圖註三卷　（清）佚名編　民國上海宏大善書局石印本　一册

330000-4732-0000867　0867　子部/道家類

三聖經靈驗圖註三卷　（清）佚名編　民國上海宏大善書局石印本　一册

330000-4732-0000868　0868　子部/道家類

三聖經靈驗圖註三卷　（清）佚名編　民國上海宏大善書局石印本　一册

330000-4732-0000869　0869　子部/道家類

三聖經靈驗圖註三卷　（清）佚名編　民國上海宏大善書局石印本　一册

330000-4732-0000870　0870　子部/道家類

三聖經靈驗圖註三卷　（清）佚名編　民國上海宏大善書局石印本　一册

330000-4732-0000831　0831　子部 / 術數類 / 相宅相墓之屬

山法全書八卷首二卷　（清）葉泰集　（清）黃堦秋參　清末刻本　二册

330000-4732-0000832　0832　子部 / 儒家類 / 儒學之屬 / 性理

淵鑒齋御纂朱子全書六十六卷　（宋）朱熹撰　（清）熊賜履、李光地、吳涵承修　清刻本　一册

330000-4732-0000833　0833　史部 / 史評類 / 史論之屬

二十四史論新編二十三卷　（清）朱鈞輯　清末石印本　一册

330000-4732-0000834　0834　子部 / 術數類

新編評注通玄先生張果星宗大全十卷　（明）陸位輯校　（明）繼美參　清乾隆五十二年（1787）刻本　三册

330000-4732-0000835　0835　集部 / 總集類 / 尺牘之屬

最新正草商賈尺牘二卷　（清）望月樓主人撰　清宣統二年（1910）上海姚文海書局石印本　一册

330000-4732-0000836　0836　子部 / 術數類

重鐫官板地理天機會元續篇雜錄備覽三十五卷　（宋）廖金精著　清刻本　四册

330000-4732-0000837　0837　集部 / 別集類

未晚樓文存四卷別卷一卷續存三卷別卷一卷　李澄宇撰　民國二十二年（1933）湘鄂印刷公司鉛印本　二册

330000-4732-0000838　0838　子部 / 術數類

重鐫官板地理天機會元續篇雜錄備覽三十五卷　（宋）廖金精著　清刻本　一册

330000-4732-0000839　0839　新學 / 議論

中等新論說文範四卷　蔡郕著述　邵希雍評校　民國上海會文堂粹記石印本　四册

330000-4732-0000840　0840　新學 / 議論

中等新論說文範四卷　蔡郕著述　邵希雍評校　民國上海會文堂粹記石印本　三册

330000-4732-0000841　0841　集部 / 總集類 / 尺牘之屬

言文對照商業新尺牘二卷　世界書局編輯所編輯　民國十八年（1929）上海世界書局石印本　一册

330000-4732-0000842　0842　集部 / 詩文評類 / 詩評之屬

說詩晬語二卷　（清）沈德潛撰　（清）何化南錄　（清）陳步曾、何上遜校　清末刻本　一册

330000-4732-0000843　0843　子部 / 術數類

三彈子傳心　（唐）何令通撰　（明）劉青川釋　許榮訂　再雍、福曾同閱　清刻本　一册

330000-4732-0000844　0844　集部 / 小說類 / 長篇之屬

增像全圖加批西遊記八卷一百回　（明）吳承恩撰　（清）陳士斌詮解　民國石印本　二册

330000-4732-0000845　0845　集部 / 小說類 / 長篇之屬

繪圖加批西遊記八卷一百回　（明）吳承恩撰　（清）陳士斌詮解　民國石印本　一册

330000-4732-0000846　0846　子部 / 醫家類

痘科正卷二卷　魏詠廷抄錄　民國十六年（1927）肇之抄本　二册

330000-4732-0000847　0847　子部 / 醫家類

痘科正卷二卷　民國十六年（1927）抄本　一册

330000-4732-0000848　0848　集部 / 總集類 / 尺牘之屬

普通適用通俗白話尺牘二卷　民國石印本　一册

330000-4732-0000849　0849　子部 / 術數類 / 相宅相墓之屬

地理五訣八卷　（清）趙廷棟撰　（清）趙夢麟、趙白麟較訂　（清）王庸弼、章應泰　參著　民國石印本　一册

330000-4732-0000850　0850　子部 / 道家類

張三豐先生全集九卷　（清）李西月重編　（清）張道淵書　（清）朱道生刊　（清）朱瑛、

330000-4732-0000814　0814　子部/醫家類/綜合之屬

增訂本草備要四卷　（清）汪昂撰輯　（清）汪桓、鄭會慶參訂　（清）汪端、汪惟寵、仇澋校　清刻本　四冊

330000-4732-0000815　0815　經部/小學類/文字之屬/字書/字體

六書通十卷　（清）畢弘述篆訂　（清）閔章、程煒同校　民國石印本　二冊

330000-4732-0000816　0816　集部/別集類/清別集

小倉山房文集三十五卷　（清）袁枚撰　民國上海文明書局石印　五冊

330000-4732-0000817　0817　子部/墨家類

墨子閒詁十五卷目錄一卷附錄一卷後語二卷　（清）孫詒讓輯　民國上海掃葉山房石印本　六冊

330000-4732-0000818　0818　集部/小說類/長篇之屬

新刻鍾伯敬先生批評封神演義十九卷一百回　（明）陸西星撰　（清）鍾惺批評　清末□文堂刻本　十三冊

330000-4732-0000819　0819　集部/別集類/清別集

小倉山房詩集三十七卷　（清）袁枚撰　民國上海文明書局石印本　三冊

330000-4732-0000820　0820　子部/宗教類/佛教之屬/諸宗

往生集三卷　（明）釋祩宏輯　民國九年（1920）樂清三一居士刻本　一冊

330000-4732-0000821　0821　集部/別集類/清別集

新體廣注小倉山房尺牘八卷　（清）袁枚撰　（清）胡光斗釋　（清）徐楨增注　民國十年（1921）上海廣文書局石印本　三冊

330000-4732-0000822　0822　子部/醫家類/醫案之屬

臨證指南醫案八卷　（清）葉桂撰　清末刻本　一冊

330000-4732-0000823　0823　集部/別集類/清別集

養雲山館試帖四卷　（清）許球撰　（清）王榮紱注釋　（清）汪廷儒、徐景軾參訂　清同治上洋掃葉山房刻本　一冊

330000-4732-0000824　0824　集部/總集類/尺牘之屬

新輯尺牘合璧四卷　（清）許思湄撰　（清）婁世瑞註　（清）寄虹軒主人輯　民國石印本　一冊

330000-4732-0000825　0825　集部/總集類/尺牘之屬

新輯尺牘合璧四卷　（清）許思湄撰　（清）婁世瑞注　（清）邱與久輯　民國上海廣雅啓新書局石印本　一冊

330000-4732-0000826　0826　集部/總集類/尺牘之屬

新輯尺牘合璧四卷　（清）許思湄撰　（清）婁世瑞注　（清）邱與久輯　民國石印本　一冊

330000-4732-0000827　0827　子部/醫家類/婦科之屬

濟陰綱目十四卷目錄一卷　（清）金德生輯撰　（清）查學醇訂正　（清）汪淇箋釋　（清）查望參閱　民國上海校經山房石印　一冊

330000-4732-0000828　0828　子部/醫家類/婦科之屬

濟陰綱目十四卷目錄一卷　（明）武之望輯撰　（清）張志聰訂正　（清）汪淇箋釋　（清）查望參閱　清末天德堂刻本　三冊

330000-4732-0000829　0829　子部/醫家類/婦科之屬

濟陰綱目十四卷目錄一卷　（明）武之望輯撰　（清）何應魁等訂正　（清）汪淇箋釋　（清）查望參閱　清末刻本　二冊

330000-4732-0000830　0830　子部/宗教類/道教之屬

玉露金盤二卷　悟道真人撰　清末鉛印本　一冊

新鐫曆法便覽象吉備要通書二十九卷　（清）魏鑑彙述　民國石印本　一册

330000-4732-0000794　0794　子部/術數類
新鐫曆法便覽象吉備要通書二十九卷　（清）魏鑑彙述　民國石印本　一册

330000-4732-0000795　0795　子部/術數類
新鐫歷法便覽象吉備要通書大全二十九卷　（唐）楊救貧秘旨　（明）劉伯温重述　（清）魏鑑彙述　清刻本　二册

330000-4732-0000796　0796　子部/術數類
新鐫曆法便覽象吉備要通書大全三十二卷　（唐）楊救貧秘旨　（明）劉伯温重述　（清）魏鑑彙述　清三餘堂刻本　三册

330000-4732-0000797　0797　子部/術數類
新鐫曆法便覽象吉備要通書大全二十九卷　（唐）楊救貧秘旨　（明）劉伯温重述　（清）魏鑑彙述　清刻本　三册

330000-4732-0000798　0798　子部/術數類
新鐫曆法便覽象吉備要通書大全二十九卷　（清）魏鑑彙述　清刻本　二册

330000-4732-0000799　0799　子部/術數類
新鐫曆法便覽象吉備要通書大全二十九卷　（唐）楊救貧秘旨　（明）劉伯温重述　（清）魏鑑彙述　清刻本　七册

330000-4732-0000800　0800　子部/術數類
新鐫曆法便覽象吉備要通書大全二十九卷　（唐）楊救貧秘旨　（明）劉伯温重述　（清）魏鑑彙述　清刻本　九册

330000-4732-0000801　0801　子部/術數類
新鐫曆法便覽象吉備要通書二十九卷　（清）魏鑑彙述　清刻本　四册

330000-4732-0000802　0802　子部/術數類
新鐫曆法便覽象吉備要通書二十九卷　（清）魏鑑彙述　清刻本　三册

330000-4732-0000803　0803　子部/術數類
新鐫曆法總覽合節象吉備要通書二十九卷　（清）魏鑑著述　清刻本　五册

330000-4732-0000804　0804　子部/術數類
新鐫象吉備要通書二十九卷　（清）魏鑑彙述　清刻本　五册

330000-4732-0000805　0805　子部/術數類
新鐫象吉備要通書二十九卷　（清）魏鑑彙述　清刻本　二册

330000-4732-0000806　0806　子部/術數類
象吉備要通書二十九卷　（清）魏鑑彙述　清刻本　四册

330000-4732-0000807　0807　子部/術數類
新鐫曆法便覽象吉備要通書二十九卷　（清）魏鑑彙述　清刻本　一册

330000-4732-0000808　0808　子部/術數類
新鐫曆法便覽象吉備要通書二十九卷　（清）魏鑑彙述　清刻本　一册

330000-4732-0000809　0809　子部/醫家類/綜合之屬/合刻、合抄
增評醫方集解二十三卷本草備要八卷　（清）汪昂撰輯　（清）費伯雄加評　民國上海錦章書局石印本　二册

330000-4732-0000810　0810　子部/宗教類/道教之屬/經文
仙佛真言不分卷　（明）玄谷帝君注　高時明參閲　民國上海宏大善書局石印　一册

330000-4732-0000811　0811　子部/醫家類/綜合之屬
本草備要四卷　（清）汪昂撰　民國石印本　一册

330000-4732-0000812　0812　子部/宗教類/道教之屬/經文
仙佛真言不分卷　（明）玄谷帝君注　高時明參閲　民國上海宏大善書局石印　一册

330000-4732-0000813　0813　子部/宗教類/道教之屬/經文
仙佛真言不分卷　（明）玄谷帝君注　高時明參閲　民國上海宏大善書局石印　一册

330000-4732-0000776　0776　子部/儒家類/儒學之屬/蒙學

精校重增繪圖幼學故事瓊林四卷首一卷　（清）程允升原本　（清）鄒聖脈增補　（清）謝梅林、鄒可庭參訂　蔡邮續增　（清）石韞玉重校　民國二十二年（1933）上海會文堂新記書局石印本　二冊

330000-4732-0000777　0777　子部/儒家類/儒學之屬/蒙學

新增繪圖幼學故事瓊林四卷首一卷　（清）程允升原本　（清）鄒聖脈增補　（清）謝梅林、鄒可庭參訂　（清）石韞玉重校　民國上海廣益書局石印本　三冊

330000-4732-0000778　0778　史部/傳記類/別傳之屬/事狀

晏子春秋七卷附音義二卷　（清）孫星衍撰　（清）黃以周總校　（清）許誦永、劉文燦同校　民國上海掃葉山房石印　一冊

330000-4732-0000779　0779　子部/儒家類/儒學之屬/蒙學

重增幼學故事瓊林四卷首一卷　（清）程允升原撰　（清）鄒聖脈增補　（清）謝梅林、鄒可庭參訂　董鈞新增　徐鴻雲重校　民國上海錦章書局石印本　二冊

330000-4732-0000780　0780　子部/小說家類

繪圖草木春秋四卷三十二回　（清）樂山人纂修　民國石印本　一冊

330000-4732-0000781　0781　集部/別集類

磨盾集不分卷　王景遜撰　民國石印本　一冊

330000-4732-0000782　0782　子部/術數類/相宅相墓之屬

地理五訣八卷　（清）趙廷棟撰　（清）趙夢麟、趙白麟校訂　（清）王庸弼、章應泰參撰　清刻本　一冊

330000-4732-0000783　0783　子部/術數類

新鐫曆法便覽象吉備要通書大全二十九卷　（唐）楊救貧秘旨　（明）劉伯溫重述　（清）魏鑑彙述　民國上海校經山房、文瑞樓石印本　六冊

330000-4732-0000784　0784　子部/術數類/相宅相墓之屬

地理五訣八卷　（清）趙廷棟撰　（清）趙夢麟、趙白麟校訂　（清）王庸弼、章應泰參撰　清刻本　一冊

330000-4732-0000785　0785　子部/術數類/相宅相墓之屬

地理五訣八卷　（清）趙廷棟撰　（清）趙夢麟、趙白麟校訂　（清）王庸弼、章應泰參撰　民國上海會文堂書局石印本　一冊

330000-4732-0000786　0786　子部/術數類

新鐫曆法便覽象吉備要通書大全二十九卷　（唐）楊救貧秘旨　（明）劉伯溫重述　（清）魏鑑彙述　民國上海錦章書局石印本　二冊

330000-4732-0000787　0787　子部/術數類

新鐫曆法便覽象吉備要通書大全二十九卷　（唐）楊救貧秘旨　（明）劉伯溫重述　（清）魏鑑彙述　民國上海會文堂書局石印本　三冊

330000-4732-0000788　0788　子部/術數類

新鐫曆法便覽象吉備要通書二十九卷　（清）魏鑑彙述　民國上海廣益書局石印本　二冊

330000-4732-0000789　0789　子部/術數類

新鐫象吉備要通書二十九卷　（清）魏鑑彙述　民國上海廣益書局石印本　一冊

330000-4732-0000790　0790　子部/術數類

新鐫曆法便覽象吉備要通書二十九卷　（清）魏鑑彙述　民國上海校經山房石印本　一冊

330000-4732-0000791　0791　子部/術數類

新鐫象吉備要通書二十九卷　（清）魏鑑彙述　民國石印本　一冊

330000-4732-0000792　0792　子部/術數類

新鐫曆法便覽象吉備要通書大全二十九卷　（唐）楊救貧秘旨　（明）劉伯溫重述　（清）魏鑑彙述　民國上洋海左書局石印本　三冊

330000-4732-0000793　0793　子部/術數類

330000-4732-0000763　0763　子部/儒家類/儒學之屬/蒙學

新增繪圖幼學故事瓊林四卷首一卷　（清）程允升原本　（清）鄒聖脈增補　（清）謝梅林、鄒可庭參訂　（清）石韞玉重校　民國上海鴻文書局石印本　二冊

330000-4732-0000764　0764　子部/儒家類/儒學之屬/蒙學

新增繪圖幼學故事瓊林四卷首一卷　（清）程允升原本　（清）鄒聖脈增補　（清）謝梅林、鄒可庭參訂　（清）石韞玉重校　民國浙紹奎照樓石印本　一冊

330000-4732-0000765　0765　子部/儒家類/儒學之屬/蒙學

新增繪圖幼學故事瓊林四卷首一卷　（清）程允升原本　（清）鄒聖脈增補　（清）謝梅林、鄒可庭參訂　（清）石韞玉重校　民國浙紹奎照樓石印本　一冊

330000-4732-0000766　0766　子部/儒家類/儒學之屬/蒙學

新增繪圖幼學故事瓊林四卷首一卷　（清）程允升原本　（清）鄒聖脈增補　（清）謝梅林、鄒可庭參訂　（清）石韞玉重校　民國天寶書局石印本　一冊

330000-4732-0000767　0767　子部/儒家類/儒學之屬/蒙學

會文堂精校重增繪圖幼學故事瓊林四卷首一卷　（清）程允升原本　（清）鄒聖脈增補　（民國）蔡郕續增　（清）謝梅林、鄒可庭參訂　（清）石韞玉重校　民國二十年（1931）上海會文堂新記書局石印本　二冊

330000-4732-0000768　0768　子部/儒家類/儒學之屬/蒙學

新增繪圖幼學故事瓊林四卷首一卷　（清）程允升原本　（清）鄒聖脈增補　（清）謝梅林、鄒可庭參訂　（清）石韞玉重校　民國上海錦章圖書局石印本　一冊

330000-4732-0000769　0769　子部/儒家類/儒學之屬/蒙學

新增繪圖幼學故事瓊林四卷首一卷　（清）程允升原本　（清）鄒聖脈增補　（清）謝梅林、鄒可庭參訂　（清）石韞玉重校　民國上海鴻寶齋石印本　一冊

330000-4732-0000770　0770　子部/儒家類/儒學之屬/蒙學

新增繪圖幼學故事瓊林四卷首一卷　（清）程允升原本　（清）鄒聖脈增補　（清）謝梅林、鄒可庭參訂　（清）石韞玉重校　民國上海久敬齋石印本　一冊

330000-4732-0000771　0771　子部/儒家類/儒學之屬/蒙學

新增繪圖幼學故事瓊林四卷首一卷　（清）程允升原本　（清）鄒聖脈增補　（清）謝梅林、鄒可庭參訂　（清）石韞玉重校　民國石印本　一冊

330000-4732-0000772　0772　子部/儒家類/儒學之屬/蒙學

新增繪圖幼學故事瓊林四卷首一卷　（清）程允升原本　（清）鄒聖脈增補　（清）謝梅林、鄒可庭參訂　（清）石韞玉重校　民國石印本　一冊

330000-4732-0000773　0773　子部/儒家類/儒學之屬/蒙學

新增繪圖幼學故事瓊林四卷首一卷　（清）程允升原本　（清）鄒聖脈增補　（清）謝梅林、鄒可庭參訂　（清）石韞玉重校　民國上海昌文書局石印本　二冊

330000-4732-0000774　0774　子部/儒家類/儒學之屬/蒙學

精校重增繪圖幼學故事瓊林四卷首一卷　（清）程允升原本　（清）鄒聖脈增補　（清）謝梅林、鄒可庭參訂　蔡郕續增　（清）石韞玉重校　張孜園校閱　民國二十一年（1932）上海會文堂新記書局石印本　一冊

330000-4732-0000775　0775　經部/春秋左傳類/傳說之屬

左傳□□卷　清刻本　一冊

春秋左傳句解六卷 （清）韓菼重訂 民國鉛印本 二冊

330000-4732-0000748 0748 集部/小說類/長篇之屬

增像全圖三國演義十六卷一百二十回 （明）羅貫中撰 （清）毛宗崗評 民國石印本 一冊

330000-4732-0000749 0749 集部/小說類/長篇之屬

增像全圖三國演義十六卷一百二十回 （明）羅貫中撰 毛宗崗評 清末天寶書局石印本 一冊

330000-4732-0000750 0750 集部/總集類/尺牘之屬

言文對照普通新尺牘十八卷 民國上海世界書局石印本 三冊

330000-4732-0000751 0751 新學/圖學

春季始業新國文八卷 莊俞編纂 沈頤編纂 高鳳謙校訂 張元濟校訂 民國上海商務印書館石印本 三冊

330000-4732-0000752 0752 集部/小說類/長篇之屬

四大奇書第一種六十卷一百二十回 （明）羅本撰 （清）毛宗崗評 清刻本 四冊

330000-4732-0000753 0753 集部/小說類/長篇之屬

第一才子書六十卷一百二十回 （明）羅貫中撰 （清）毛宗崗評 清末刻本 一冊

330000-4732-0000754 0754 新學/圖學

春季始業新國文八卷 莊俞編纂 沈頤編纂 高鳳謙校訂 張元濟校訂 民國上海商務印書館石印本 二冊

330000-4732-0000755 0755 新學/圖學

春季始業新國文八卷 莊俞編纂 沈頤編纂 高鳳謙校訂 張元濟校訂 民國上海商務印書館石印本 二冊

330000-4732-0000756 0756 新學/圖學

春季始業新國文八卷 莊俞編纂 沈頤編纂 高鳳謙校訂 張元濟校訂 民國上海商務印書館石印本 一冊

330000-4732-0000757 0757 子部/儒家類/儒學之屬/蒙學

寄傲山房塾課新增幼學故事瓊林四卷首一卷 （清）程允升原本 （清）鄒聖脈增補 （清）謝梅林、鄒可庭參訂 清光緒十五年（1889）文奎堂刻本 一冊

330000-4732-0000758 0758 子部/儒家類/儒學之屬/蒙學

新增故事瓊林四卷首一卷 （清）程允升原本 （清）鄒聖脈增補 （清）謝梅林、鄒可庭參訂 清末刻本 二冊

330000-4732-0000759 0759 子部/儒家類/儒學之屬/蒙學

新增繪圖幼學故事瓊林四卷首一卷 （清）程允升原本 （清）鄒聖脈增補 （清）謝梅林、鄒可庭參訂 （清）石韞玉重校 民國二年（1913）上海天寶書局石印本 一冊

330000-4732-0000760 0760 子部/儒家類/儒學之屬/蒙學

新增繪圖幼學故事瓊林四卷首一卷 （清）程允升原本 （清）鄒聖脈增補 （清）謝梅林、鄒可庭參訂 （清）石韞玉重校 民國二年（1913）上海天寶書局石印本 一冊

330000-4732-0000761 0761 子部/儒家類/儒學之屬/蒙學

新增繪圖幼學故事瓊林四卷首一卷 （清）程允升原本 （清）鄒聖脈增補 （清）謝梅林、鄒可庭參訂 （清）石韞玉重校 民國上海天寶書局石印本 一冊

330000-4732-0000762 0762 子部/儒家類/儒學之屬/蒙學

新增繪圖幼學故事瓊林四卷首一卷 （清）程允升原本 （清）鄒聖脈增補 （清）謝梅林、鄒可庭參訂 （清）石韞玉重校 民國上海鴻文書局石印本 一冊

字之屬/字書/字典

康熙字典十二集三十六卷總目一卷檢字一卷辨似一卷等韻一卷補遺一卷備考一卷 （清）張玉書、凌紹雯等纂修　清刻本　一冊

330000-4732-0000730　0730　經部/小學類/文字之屬/字書/字典

康熙字典十二集三十六卷總目一卷檢字一卷辨似一卷等韻一卷補遺一卷備考一卷 （清）張玉書、凌紹雯等纂修　清刻本　一冊

330000-4732-0000731　0731　經部/小學類/文字之屬/字書/字典

新字典十二卷拾遺一卷檢字一卷附錄一卷勘誤一卷補編一卷　陸爾奎等編纂　民國十四年（1925）上海商務印書館鉛印本　三冊

330000-4732-0000732　0732　經部/小學類/文字之屬/字書/字典

康熙字典十二集三十六卷總目一卷檢字一卷辨似一卷等韻一卷備考一卷補遺一卷 （清）張玉書、陳廷敬總閱　（清）凌紹雯等纂修　（清）陳世倌纂修兼校刊　民國上海共和書局石印　五冊

330000-4732-0000733　0733　經部/小學類/文字之屬/字書/字典

新字典十二卷拾遺一卷檢字一卷附錄一卷勘誤一卷補編一卷　陸爾奎等編纂　民國上海商務印書館鉛印本　一冊

330000-4732-0000734　0734　經部/小學類/文字之屬/字書/字典

增篆字典十二集三十六卷　民國石印本　二冊

330000-4732-0000735　0735　集部/總集類/選集之屬/斷代

世界知識新文庫十四卷　陸翔輯選　民國石印本　十二冊

330000-4732-0000736　0736　經部/詩類

禦纂詩義折中二十卷　清刻本　一冊

330000-4732-0000737　0737　子部/術數類/命書相書之屬

新刊校正增釋合并麻衣先生人相編四卷 （清）陸位崇校編　（清）唐鯉躍編梓　（清）丘宗孔編輯　清道光二十四年（1844）刻本　一冊

330000-4732-0000738　0738　子部/術數類

增補地理直指原真大全三卷首一卷 （清）釋如玉撰　清康熙三十五年（1696）裕文堂刻本　一冊

330000-4732-0000739　0739　子部/術數類

增補地理直指原真三卷首一卷 （清）釋如玉撰　清刻本　二冊

330000-4732-0000740　0740　子部/術數類/相宅相墓之屬

增補地理原真□□卷 （清）釋如玉撰　清末刻本　一冊

330000-4732-0000741　0741　子部/術數類

增補地理直指原真三卷首一卷 （清）釋如玉撰　民國石印本　一冊

330000-4732-0000742　0742　子部

不可錄不分卷 （清）陳海曙輯　清刻本　一冊

330000-4732-0000743　0743　集部/小說類/長篇之屬

增像全圖三國演義十六卷一百二十回 （明）羅貫中撰　（清）毛宗崗評　民國石印本　七冊

330000-4732-0000744　0744　集部/小說類/長篇之屬

繡像後三國演義十二卷 （清）陳氏尺蠖齋評釋　民國石印本　三冊

330000-4732-0000745　0745　集部/小說類/長篇之屬

繡像三國演義續編十二卷 （清）陳氏尺蠖齋評釋　民國石印本　三冊

330000-4732-0000746　0746　經部/春秋左傳類/傳說之屬

春秋左傳句解六卷 （清）韓菼重訂　民國鉛印本　一冊

330000-4732-0000747　0747　經部/春秋左傳類/傳說之屬

康熙字典十二集三十六卷總目一卷等韻一卷檢字一卷辨似一卷備考一卷補遺一卷 （清）張玉書、凌紹雯等纂修　民國商務印書館石印本　六冊

330000-4732-0000716　0716　經部/小學類/文字之屬/字書/字典

康熙字典十二集三十六卷總目一卷等韻一卷檢字一卷辨似一卷備考一卷補遺一卷 （清）張玉書、凌紹雯等纂修　民國商務印書館石印本　一冊

330000-4732-0000717　0717　經部/小學類/文字之屬/字書/字典

康熙字典十二集三十六卷總目一卷檢字一卷辨似一卷等韻一卷補遺一卷備考一卷 （清）張玉書、凌紹雯等纂修　民國六年（1917）上海廣益書局石印本　四冊

330000-4732-0000718　0718　經部/小學類/文字之屬/字書/字典

康熙字典十二集三十六卷總目一卷等韻一卷檢字一卷辨似一卷備考一卷補遺一卷 （清）張玉書、凌紹雯等纂修　民國二年（1913）上海鴻文恒記書局石印本　一冊

330000-4732-0000719　0719　經部/小學類/文字之屬/字書/字典

康熙字典十二集三十六卷總目一卷檢字一卷辨似一卷等韻一卷備考一卷補遺一卷 （清）張玉書、陳廷敬總閱　（清）凌紹雯等纂修　（清）陳世佋纂修兼校刊　清道光七年（1827）刻本　二十五冊

330000-4732-0000720　0720　經部/小學類/文字之屬/字書/字典

康熙字典十二集三十六卷總目一卷檢字一卷辨似一卷等韻一卷補遺一卷備考一卷 （清）張玉書、凌紹雯等纂修　民國石印本　一冊

330000-4732-0000721　0721　經部/小學類/文字之屬/字書/字典

康熙字典十二集三十六卷總目一卷檢字一卷辨似一卷等韻一卷補遺一卷備考一卷 （清）張玉書、凌紹雯等纂修　民國石印本　四冊

330000-4732-0000722　0722　經部/小學類/文字之屬/字書/字典

康熙字典十二集三十六卷總目一卷檢字一卷辨似一卷等韻一卷補遺一卷備考一卷 （清）張玉書、凌紹雯等纂修　清刻本　九冊

330000-4732-0000723　0723　經部/小學類/文字之屬/字書/字典

康熙字典十二集三十六卷總目一卷檢字一卷辨似一卷等韻一卷補遺一卷備考一卷 （清）張玉書、凌紹雯等纂修　清刻本　十冊

330000-4732-0000724　0724　經部/小學類/文字之屬/字書/字典

康熙字典十二集三十六卷總目一卷檢字一卷辨似一卷等韻一卷補遺一卷備考一卷 （清）張玉書、凌紹雯等纂修　清刻本　五冊

330000-4732-0000725　0725　經部/小學類/文字之屬/字書/字典

康熙字典十二集三十六卷總目一卷檢字一卷辨似一卷等韻一卷補遺一卷備考一卷 （清）張玉書、凌紹雯等纂修　清刻本　二冊

330000-4732-0000726　0726　經部/小學類/文字之屬/字書/字典

康熙字典十二集三十六卷總目一卷檢字一卷辨似一卷等韻一卷補遺一卷備考一卷 （清）張玉書、凌紹雯等纂修　清刻本　二冊

330000-4732-0000727　0727　經部/小學類/文字之屬/字書/字典

康熙字典十二集三十六卷總目一卷檢字一卷辨似一卷等韻一卷補遺一卷備考一卷 （清）張玉書、凌紹雯等纂修　清末刻本　三冊

330000-4732-0000728　0728　經部/小學類/文字之屬/字書/字典

康熙字典十二集三十六卷總目一卷檢字一卷辨似一卷等韻一卷補遺一卷備考一卷 （清）張玉書、凌紹雯等纂修　清末刻本　一冊

330000-4732-0000729　0729　經部/小學類/文

考訂　清福建寶章堂刻本　一册

330000-4732-0000700　0700　經部 / 小學類 / 文字之屬 / 字書 / 字典

增補字彙四卷　（清）汪氏校刊　清汪氏德成堂刻本　一册

330000-4732-0000701　0701　類叢部 / 叢書類 / 自著之屬

飲冰室全集不分卷　梁啓超撰　民國五年中華書局鉛印本　四十八册

330000-4732-0000702　0702　類叢部 / 叢書類 / 自著之屬

飲冰室全集不分卷　梁啓超撰　民國中華書局鉛印本　一册

330000-4732-0000703　0703　經部 / 小學類 / 文字之屬 / 字書 / 字典

分類辭源十二集　世界書局編輯所編輯　民國十五年（1926）上海世界書局石印本　十二册

330000-4732-0000704　0704　史部 / 金石類

金石萃編一百六十卷　（清）王昶撰　**金石萃編補正四卷**　（清）方履籛撰　**金石續編二十一卷首一卷**　（清）陸耀遹纂　（清）陸增祥校訂　民國十五年掃葉山房石印本　二十七册

330000-4732-0000705　0705　集部 / 別集類 / 宋別集

曾南豐文集四卷　（宋）曾鞏撰　張錫孝校訂　民國四年（1915）上海會文堂石印本　二册

330000-4732-0000706　0706　子部 / 醫家類 / 類編之屬

醫門棒喝四卷　（清）章楠撰　（清）孫廷鉦參訂　（清）田晉元評點　（清）王孟英增批評點　**醫門棒喝二集傷寒論本旨九卷**　（漢）張仲景撰　（清）章楠編注　（清）陳祖望、錢昌校訂　（清）王孟英增批評點　民國十八年（1929）紹興墨潤堂書苑石印本　十册

330000-4732-0000707　0707　子部 / 醫家類 / 綜合之屬 / 通論

訂正東醫寶鑑二十三卷目錄二卷　［朝鮮］許浚撰　民國六年（1917）上海廣益書局石印本　九册

330000-4732-0000708　0708　子部 / 醫家類 / 本草之屬 / 歷代綜合本草

本草綱目五十二卷　（明）李時珍撰　民國石印本　六册

330000-4732-0000709　0709　集部 / 總集類 / 尺牘之屬

分類詳註新式尺牘大全十二卷　袁韜壺撰　民國二十四年（1935）上海廣益書局石印本　十一册

330000-4732-0000710　0710　集部 / 別集類 / 唐五代別集

韓文起十二卷　（清）林雲銘評註　（清）鄭郟、林浣校　民國四年（1915）上海會文堂石印本　六册

330000-4732-0000711　0711　集部 / 總集類

新編評注刀筆菁華四卷　襟霞閣纂　秋痕樓評　民國十二年（1923）鉛印本　四册

330000-4732-0000712　0712　經部 / 小學類 / 文字之屬 / 字書 / 字典

康熙字典十二集三十六卷等韻一卷檢字一卷辨似一卷備考一卷補遺一卷　（清）張玉書、陳廷敬總閱　（清）凌紹雯等纂修　（清）陳世倌纂修兼校刊　民國十八年上海共和書局石印　六册

330000-4732-0000713　0713　經部 / 小學類 / 文字之屬 / 字書 / 字典

康熙字典十二集三十六卷總目一卷檢字一卷辨似一卷補遺一卷備考一卷等韻一卷　（清）張玉書、凌紹雯等纂　民國二十四年（1935）上海大寶書局石印本　六册

330000-4732-0000714　0714　經部 / 小學類 / 文字之屬 / 字書 / 字典

康熙字典十二集三十六卷總目一卷檢字一卷辨似一卷等韻一卷備考一卷補遺一卷　（清）張玉書、陳廷敬總閱　（清）凌紹雯等纂修　（清）陳世倌纂修兼校刊　清道光七年（1827）刻本　三十七册

330000-4732-0000715　0715　經部 / 小學類 / 文字之屬 / 字書 / 字典

教之屬

打催□法書一卷 清乾隆五十三年（1788）抄本 一册

330000-4732-0000681 0681 子部/術數類/相宅相墓之屬

九龍經吉凶日分居入宅仝用一卷 清抄本 一册

330000-4732-0000682 0682 子部/宗教類/道教之屬

道書一卷 清抄本 一册

330000-4732-0000683 0683 子部/術數類

賀書一卷 民國十八年（1929）抄本 一册

330000-4732-0000684 0684 子部/宗教類/道教之屬

道書一卷 民國抄本 一册

330000-4732-0000685 0685 子部/宗教類/道教之屬

手抄通書一卷 民國抄本 一册

330000-4732-0000686 0686 子部/宗教類/道教之屬

天錫鴻禧一卷 清抄本 一册

330000-4732-0000687 0687 子部/宗教類/道教之屬

道书一卷 宣統二年（1910）抄本 一册

330000-4732-0000688 0688 類叢部/類書類/通類之屬

皇朝經世文編一百二十卷姓名總目二卷 （清）賀長齡輯 （清）黃東軒校訂 清光緒二十四年（1898）上海宏文閣鉛印本 二十三册

330000-4732-0000689 0689 經部/小學類/文字之屬/字書/字體

草字彙十二卷 （清）石梁集 清宣統三年（1911）同文書局石印本 二册

330000-4732-0000690 0690 經部/小學類/文字之屬/字書/字典

攷正字彙二卷 （清）陳淏子撰 民國共和書局石印本 一册

330000-4732-0000691 0691 經部/小學類/文字之屬/字書/字典

攷正字彙二卷 （清）陳淏子撰 民國共和書局石印本 一册

330000-4732-0000692 0692 經部/小學類/文字之屬/字書/字典

攷正字彙二卷 （清）陳淏子撰 民國共和書局石印本 一册

330000-4732-0000693 0693 經部/小學類/文字之屬/字書/字典

攷正字彙二卷 （清）陳淏子撰 民國共和書局石印本 一册

330000-4732-0000694 0694 經部/小學類/文字之屬/字書/字典

字彙十二卷首一卷末一卷 （明）梅膺祚音釋 清刻本 二册

330000-4732-0000695 0695 經部/小學類/文字之屬/字書/字典

字彙十二卷首一卷末一卷 （明）梅膺祚音釋 清刻本 三册

330000-4732-0000696 0696 經部/小學類/文字之屬/字書/字典

字彙十二卷首一卷末一卷 （明）梅膺祚音釋 清刻本 一册

330000-4732-0000697 0697 經部/小學類/文字之屬/字書/字典

字彙十二卷首一卷末一卷 （明）梅膺祚音釋 清刻本 一册

330000-4732-0000698 0698 經部/小學類/文字之屬/字書/字典

字彙十二卷首一卷末一卷 （明）梅膺祚音釋 清刻本 一册

330000-4732-0000699 0699 經部/小學類/文字之屬/字書/字典

增補字彙四卷 （清）梅膺祚撰 （清）陳淏子

書　民國蘇州振新書社影印本　一冊

330000-4732-0000662　0662　集部 / 總集類 / 選集之屬 / 通代

短篇文選三卷　雷瑨編輯　民國三年（1914）上海掃葉山房石印本　四冊

330000-4732-0000663　0663　史部 / 金石類

積古齋鐘鼎器款識十卷　（清）阮元編錄　民國石印本　二冊

330000-4732-0000664　0664　史部 / 金石類 / 金之屬 / 文字

積古齋鐘鼎彝器款識十卷　（清）阮元編錄　清刻本　一冊

330000-4732-0000665　0665　類叢部 / 類書類

船山遺書三百六十八卷　（清）王夫之撰　民國二十四年鈐印本　八十冊

330000-4732-0000666　0666　史部 / 地理類 / 輿圖之屬 / 郡縣

修訂浙江全省輿圖並水陸道里記不分卷　（清）宗源瀚等纂　徐則恂修訂　民國四年（1915）杭州武林印書館石印本　七冊

330000-4732-0000667　0667　集部 / 總集類 / 選集之屬 / 斷代

唐詩三百首註疏六卷　（清）蘅塘退士手編　（清）章燮注　（清）孫孝根校正　民國四年上海萃英書局石印本　三冊

330000-4732-0000668　0668　集部 / 總集類 / 選集之屬 / 斷代

唐詩三百首註疏六卷　（清）蘅塘退士編　（清）章燮注　（清）孫孝根校正　民國上海鴻寶齋書局石印本　二冊

330000-4732-0000669　0669　集部 / 總集類 / 選集之屬 / 斷代

唐詩三百首續選一卷　（清）于慶元編　（清）于闓參　（清）于兆元、于鼎元校　清刻本　一冊

330000-4732-0000670　0670　集部 / 總集類 / 選集之屬 / 斷代

唐詩三百首註疏六卷　（清）蘅塘退士編　（清）章燮注　（清）孫孝根校正　清刻本　三冊

330000-4732-0000671　0671　集部 / 總集類 / 選集之屬 / 斷代

唐詩三百首註疏六卷　（清）蘅塘退士編　（清）章燮注　（清）孫孝根校正　清末掃葉山房刻本　六冊

330000-4732-0000672　0672　集部 / 總集類 / 選集之屬 / 斷代

唐詩三百首註疏六卷　（清）蘅塘退士編　（清）章燮注　（清）孫孝根校正　清刻本　二冊

330000-4732-0000673　0673　集部 / 總集類 / 選集之屬 / 斷代

唐詩三百首註疏六卷　（清）蘅塘退士手編　（清）章燮注　（清）孫孝根校正　清末刻本　一冊

330000-4732-0000674　0674　子部 / 宗教類 / 道教之屬 / 戒律

戒书一卷　清抄本　一冊

330000-4732-0000675　0675　子部 / 宗教類 / 道教之屬

諸咒簿一卷　民國王吉真抄本　一冊

330000-4732-0000676　0676　子部 / 宗教類 / 道教之屬

請佛書一卷　民國抄本　一冊

330000-4732-0000677　0677　子部 / 宗教類 / 道教之屬

夫人醮科一卷　清抄本　一冊

330000-4732-0000678　0678　子部 / 宗教類 / 道教之屬

伏以一卷　民國二十二年（1933）徐正真抄本　一冊

330000-4732-0000679　0679　子部 / 術數類 / 命書相書之屬

贺书一卷　抄本　一冊

330000-4732-0000680　0680　子部 / 宗教類 / 道

集之屬/通代

秦漢三國文評註讀本不分卷 （民國）王文濡評選 （民國）王懋、郭希汾註釋 （民國）蔣殿襄校勘 民國六年（1917）上海中華書局鉛印本 一冊

330000-4732-0000645 0645 集部/總集類/選集之屬/通代

古文辭類纂評註七十四卷 （清）姚鼐纂集 （清）沈伯經等評註 民國七年（1918）上海文明書局鉛印本 十五冊

330000-4732-0000646 0646 集部/總集類/選集之屬/通代

古文辭類纂評註七十四卷 （清）姚鼐纂集 （清）沈伯經等評註 民國上海文明書局鉛印本 八冊

330000-4732-0000647 0647 集部/總集類/選集之屬/通代

古文辭類纂七十四卷 （清）姚鼐纂集 清光緒三十三年（1944）上海商務印書館鉛印本 二冊

330000-4732-0000648 0648 史部/紀傳類/正史之屬

言文對照史記評註讀本三卷 秦同培選輯 民國十四年（1925）上海世界書局石印本 二冊

330000-4732-0000649 0649 史部/紀傳類/正史之屬

言文對照漢書評註讀本二卷 秦同培選輯 民國上海世界書局石印本 一冊

330000-4732-0000650 0650 史部/雜史類/斷代之屬

言文對照國語評註讀本二卷 秦同培選輯 民國上海世界書局石印本 一冊

330000-4732-0000651 0651 集部/總集類/選集之屬/通代

言文對照古文評註讀本十二卷 （清）劉豫庵鑒定 （清）過珙、黃越選評 （清）曾潢、龐雲燦訂 民國上海世界書局石印本 七冊

330000-4732-0000652 0652 子部/雜著類/雜說之屬

宋元人說部書（存七種） 商務印書館輯 民國上海商務印書館鉛印本 十冊

330000-4732-0000653 0653 子部/醫家類/醫案之屬

增補臨證指南醫案八卷 （清）葉桂撰 （清）田岫雲校 民國石印本 二冊

330000-4732-0000654 0654 經部/四書類

文名堂較正監韻分章分節四書正文（存一種） 清末德記刻本 一冊

330000-4732-0000655 0655 子部/醫家類/醫案之屬

增補臨證指南醫案八卷 （清）葉桂撰 （清）李大澹等校 民國石印本 二冊

330000-4732-0000656 0656 集部/別集類/清別集

百美新詠一卷 （清）顏希源撰 清刻本 二冊

330000-4732-0000657 0657 史部/傳記類/總傳之屬/仕宦

歷代名臣言行錄二十四卷 （清）朱桓輯錄 民國石印本 一冊

330000-4732-0000658 0658 史部/傳記類/總傳之屬/仕宦

歷代名臣言行錄二十四卷 （清）朱桓編輯 （清）潘永季校定 （清）許時庚重校 民國石印本 二冊

330000-4732-0000659 0659 子部/小說家類/雜事之屬

唐語林八卷校勘記一卷 （宋）王讜撰 民國鉛印本 三冊

330000-4732-0000660 0660 集部/別集類

刪亭文集二卷續集二卷 周同愈撰 民國二十四年（1935）無錫周氏鉛印本 一冊

330000-4732-0000661 0661 子部/藝術類/篆刻之屬/印譜

吳愙齋先生篆書銅柱銘一卷 （清）吳大澂

繪圖增批古文觀止十二卷 （清）吳留村鑒定 （清）吳乘權編次 （清）吳大職録 （清）明達主人校刊 清宣統三年（1911）浙江紹興明達石印本 三册

330000-4732-0000628 0628 集部/總集類/選集之屬/通代

大成齋古文觀止十二卷 （清）吳留村鑒定 （清）吳乘權、吳大職録 清刻本 五册

330000-4732-0000629 0629 史部/史評類/考訂之屬

廿二史攷異二十三卷 （清）錢大昕撰 清光緒上海鴻寶齋石印本 三册

330000-4732-0000630 0630 集部/別集類

湘綺樓書牘八卷 （清）王闓運撰 民國上海廣益書局鉛印本 二册

330000-4732-0000631 0631 史部/編年類/通代之屬

御撰資治通鑑綱目三編二十卷 （清）張廷玉等撰 清末石印本 一册

330000-4732-0000632 0632 類叢部/叢書類/自著之屬

尤西堂全集（存八種） （清）尤侗撰 民國石印本 八册

330000-4732-0000633 0633 集部/總集類/選集之屬/通代

評註昭明文選十五卷首一卷末一卷 （清）于光華編次 民國十二年（1923）上海掃葉山房石印本 十三册

330000-4732-0000634 0634 子部/醫家類/類編之屬

景岳全書六十四卷 （明）張介賓撰 （清）魯超訂 清刻本 二册

330000-4732-0000635 0635 集部/小説類/長篇之屬

繡像東周列國志二十七卷首一卷一百八回 （清）蔡昇評點 民國上海商務印書館鉛印本 三册

330000-4732-0000636 0636 集部/小説類/長篇之屬

東周列國全志二十三卷一百八回 （清）蔡昇評點 清末刻本 一册

330000-4732-0000637 0637 集部/詩文評類/文評之屬

文心雕龍十卷 （梁）劉勰撰 （清）黃叔琳注 （清）紀昀評 民國上海文瑞樓石印本 二册

330000-4732-0000638 0638 集部/總集類/選集之屬/斷代

近代文評註讀本三卷 王文濡評選 沈鎔註釋 民國十八年（1928）上海文明書局鉛印本 二册

330000-4732-0000639 0639 集部/總集類/選集之屬/斷代

清文評註讀本四卷 王文濡評選 沈秉鈞、郭希汾註釋 民國二十一年（1932）上海文明書局鉛印本 四册

330000-4732-0000640 0640 集部/總集類/選集之屬/通代

古詩評註讀本三卷附教授法一卷 王文濡評選 金熙、汪處廬註釋 民國六年（1917）上海進步書局鉛印本 一册

330000-4732-0000641 0641 集部/總集類/課藝之屬

婺學治事文編二卷 （清）繼良輯 清光緒刻本 四册

330000-4732-0000642 0642 集部/總集類/選集之屬/斷代

清文評註讀本四卷 （清）王文濡評選 （清）沈秉鈞、郭希汾註釋 民國二十一年（1932）上海文明書局鉛印本 四册

330000-4732-0000643 0643 集部/總集類/選集之屬/斷代

清詩評註讀本七卷 （民國）王文濡評選 （民國）王懋、郭希汾註釋 民國十五年（1926）上海文明書局鉛印本 二册

330000-4732-0000644 0644 集部/總集類/選

孟子集註七卷 （宋）朱熹撰 清刻本 一冊

330000-4732-0000608 0608 經部/四書類/總義之屬

四書集注十九卷 （宋）朱熹撰 （清）宋任賢校字 清寶章堂刻本 三冊

330000-4732-0000609 0609 經部/四書類/孟子之屬/傳說

孟子集註七卷 （宋）朱熹撰 清刻本 一冊

330000-4732-0000610 0610 經部/四書類/孟子之屬/傳說

孟子集註七卷 （宋）朱熹撰 清刻本 一冊

330000-4732-0000611 0611 經部/四書類/論語之屬/傳說

論語集註十卷 （宋）朱熹撰 清刻本 一冊

330000-4732-0000612 0612 經部/四書類

文名堂遵依國子監銅板原本四書正文（存一種） 清末德記刻本 二冊

330000-4732-0000613 0613 經部/四書類/論語之屬/傳說

論語集註十卷 （宋）朱熹撰 清文林堂刻本 一冊

330000-4732-0000614 0614 經部/四書類/大學之屬

四書正文大學一卷 民國季道勳抄本 一冊

330000-4732-0000615 0615 經部/四書類/孟子之屬/傳說

孟子集註七卷 （宋）朱熹撰 清末石印本 二冊

330000-4732-0000616 0616 集部/楚辭類

楚辭十七卷 （漢）王逸章句 （宋）洪興祖補注 （漢）劉向集 民國大一統圖書局石印本 三冊

330000-4732-0000617 0617 集部/楚辭類

楚辭十七卷 （漢）劉向編集 （漢）王逸章句 （明）朱燮元、朱一龍校刻 民國上海會文堂書局石印本 一冊

330000-4732-0000618 0618 集部/總集類/選集之屬/通代

新刻千家詩二卷 清末刻本 一冊

330000-4732-0000619 0619 集部/總集類/選集之屬/通代

千家詩書一卷 民國十七年（1928）季孝儉抄本 一冊

330000-4732-0000620 0620 集部/總集類/選集之屬/通代

小學千家詩人生必讀二卷 （清）余晦齋集 清東甌郭文元堂刻本 一冊

330000-4732-0000621 0621 集部/總集類/選集之屬/通代

新鐫五言千家詩箋註二卷 （清）王相選註 （清）鄭漢校梓 諸名家百花詩二卷 （清）王相選輯 （清）鄭漢校梓 清刻本 一冊

330000-4732-0000622 0622 集部/總集類/選集之屬/通代

重刻醒世千家詩二卷 （清）晦齋學人撰 清光緒十八年（1892）雲和箬溪書院刻本 一冊

330000-4732-0000623 0623 集部/總集類/選集之屬/通代

古文觀止十二卷 （清）吳留村鑒定 （清）吳乘權、吳大職錄 民國商務印書館石印本 一冊

330000-4732-0000624 0624 集部/總集類/選集之屬/通代

古文觀止十二卷 民國七年（1918）上海天寶書局石印本 一冊

330000-4732-0000625 0625 集部/總集類/選集之屬/通代

古文觀止十二卷 民國五年（1916）石印本 一冊

330000-4732-0000626 0626 集部/總集類/選集之屬/通代

尺木堂古文觀止十二卷 （清）吳留村鑒定 （清）吳乘權、吳大職錄 清刻本 一冊

330000-4732-0000627 0627 集部/總集類/選集之屬/通代

鄭錦春遵依國子監銅板原本四書正文（存一種）　佚名撰　清末鄭錦春刻本　一冊

330000-4732-0000588　0588　經部/四書類
鄭錦春遵依國子監銅板原本四書正文（存一種）　佚名撰　清末鄭錦春刻本　一冊

330000-4732-0000589　0589　經部/四書類
處郡鄭錦春較正監韻分章分節四書正文（存一種）　佚名撰　清末錦春齋刻本　一冊

330000-4732-0000590　0590　經部/四書類
處郡鄭錦春較正監韻分章分節四書正文（存一種）　佚名撰　清末錦春齋刻本　一冊

330000-4732-0000591　0591　經部/四書類
處郡鄭錦春較正監韻分章分節四書正文（存一種）　佚名撰　清末錦春齋刻本　一冊

330000-4732-0000592　0592　經部/四書類
錦春齋較正字典字韻分章分節四書正文（存二種）　佚名撰　清末刻本　二冊

330000-4732-0000593　0593　經部/四書類
四書正文（存一種）　佚名撰　清末刻本　一冊

330000-4732-0000594　0594　經部/四書類/孟子之屬/傳說
告子正文一卷　佚名撰　清光緒二年（1876）處郡錦春齋刻本　一冊

330000-4732-0000595　0595　經部/四書類/孟子之屬/傳說
告子正文一卷　佚名撰　清光緒二年（1876）處郡錦春齋刻本　一冊

330000-4732-0000596　0596　經部/四書類/總義之屬/傳說
四書正體十九卷　（宋）朱熹集註　清漳文林堂刻本　二冊

330000-4732-0000597　0597　經部/四書類/總義之屬/傳說
四書人物類典串珠四十卷　（清）臧志仁編輯　（清）臧銘、臧錕校字　清末刻本　一冊

330000-4732-0000598　0598　經部/四書類/總義之屬/傳說
四書典制類聯音註三十三卷　（清）閻其淵編輯　清末刻本　三冊

330000-4732-0000599　0599　經部/四書類/總義之屬/傳說
四書典制類聯音註三十三卷　（清）閻其淵編輯　清末刻本　一冊

330000-4732-0000600　0600　經部/四書類/總義之屬/傳說
四書典制類聯音註三十三卷　（清）閻其淵編輯　清末刻本　一冊

330000-4732-0000601　0601　經部/四書類/總義之屬/傳說
四書義淵海十卷　佚名撰　清光緒二十八年（1902）會文學社石印本　二冊

330000-4732-0000602　0602　經部/四書類/總義之屬/傳說
制藝鎔裁十六卷　佚名撰　清末刻本　五冊

330000-4732-0000603　0603　經部/書類/傳說之屬
書經體註大全合參六卷　（清）范翔鑒定（清）錢希祥纂輯　清刻本　一冊

330000-4732-0000604　0604　經部/四書類/孟子之屬/傳說
孟子集註旁訓七卷　（宋）朱熹撰　（清）張鳳藻撰　清末二西堂刻本　一冊

330000-4732-0000605　0605　經部/四書類/孟子之屬/傳說
孟子集註七卷　（宋）朱熹撰　清刻本　一冊

330000-4732-0000606　0606　經部/四書類/孟子之屬/傳說
孟子集註七卷　（宋）朱熹撰　清慎詒堂刻本　一冊

330000-4732-0000607　0607　經部/四書類/孟子之屬/傳說

四書便蒙正文七卷　佚名撰　清末魁元堂刻本　一册

330000-4732-0000564　0564　經部 / 四書類
四書便蒙七卷　佚名撰　民國刻本　一册

330000-4732-0000565　0565　經部 / 四書類
四書便蒙七卷　佚名撰　清末刻本　一册

330000-4732-0000566　0566　經部 / 四書類
四書便蒙七卷　佚名撰　清刻本　一册

330000-4732-0000567　0567　經部 / 四書類 / 總義之屬 / 傳説
四書便蒙七卷　（宋）朱熹撰　清刻本　一册

330000-4732-0000568　0568　經部 / 四書類
監本四書正文（存一種）　佚名撰　清刻本　一册

330000-4732-0000569　0569　經部 / 四書類
監本四書正文（存一種）　佚名撰　清末刻本　一册

330000-4732-0000570　0570　經部 / 四書類
四書正文（存一種）　佚名撰　清刻本　一册

330000-4732-0000571　0571　經部 / 四書類 / 總義之屬 / 傳説
四書正文（存一種）　佚名撰　清福州集新堂刻本　一册

330000-4732-0000572　0572　經部 / 四書類
新鐫部頒監本四書正文（存二種）　佚名撰　清末鼎邑文成堂刻本　三册

330000-4732-0000573　0573　經部 / 四書類
新鐫部頒監本四書正文（存二種）　佚名撰　清末鼎邑文成堂刻本　四册

330000-4732-0000574　0574　經部 / 四書類
新鐫部頒監本四書正文（存二種）　佚名撰　清末鼎邑文成堂刻本　三册

330000-4732-0000575　0575　經部 / 四書類
監本四書正文（存一種）　佚名撰　清末鼎邑文成堂刻本　二册

330000-4732-0000576　0576　經部 / 四書類
新鐫部頒監本四書正文（存一種）　清泰邑魏恒興刻本　一册

330000-4732-0000577　0577　經部 / 四書類 / 總義之屬 / 傳説
四書正文（存一種）　佚名撰　清文元堂刻本　一册

330000-4732-0000578　0578　經部 / 四書類 / 總義之屬 / 傳説
四書全註（存一種）　佚名撰　清刻本　一册

330000-4732-0000579　0579　經部 / 四書類
新鐫部頒監本四書全文（存一種）　佚名撰　清末文奎堂刻本　一册

330000-4732-0000580　0580　經部 / 四書類
文名堂較正監韻分章分節四書正文（存一種）　清末德記刻本　一册

330000-4732-0000581　0581　經部 / 四書類
新鐫部頒監本四書全文（存一種）　佚名撰　清末歲寒堂刻本　一册

330000-4732-0000582　0582　經部 / 四書類
新鐫部頒監本四書全文（存一種）　佚名撰　清末歲寒堂刻本　一册

330000-4732-0000583　0583　經部 / 四書類
寶文堂遵依國子監銅板原本四書正文（存一種）　佚名撰　清末寶文堂刻本　一册

330000-4732-0000584　0584　經部 / 四書類
文華堂較正監韻分章分節四書正文（存一種）　佚名撰　清刻本　一册

330000-4732-0000585　0585　經部 / 四書類
文華堂較正監韻分章分節四書正文（存一種）　佚名撰　清刻本　一册

330000-4732-0000586　0586　經部 / 四書類
文華堂較正字典字韻分章分節四書正文（存三種）　佚名撰　清刻本　二册

330000-4732-0000587　0587　經部 / 四書類

寶章堂四書遵註合講十九卷　（清）翁復編次　（清）詹文煥參定　清寶章堂刻本　一冊

330000-4732-0000541　0541　經部/四書類

桂月樓四書體註合講十九卷　（清）翁復編次　（清）詹文煥參定　清桂月樓刻本　一冊

330000-4732-0000542　0542　經部/四書類

四書合講十九卷　（清）翁復編次　（清）詹文煥參定　清學源堂刻本　二冊

330000-4732-0000543　0543　經部/四書類

四書合講十九卷　（清）翁復編次　（清）詹文煥參定　清末永言堂刻本　一冊

330000-4732-0000544　0544　經部/四書類

攷正增圖四書合講十九卷　（清）翁復編次　（清）詹文煥參定　清刻本　二冊

330000-4732-0000545　0545　經部/四書類

天祿齋四書遵註合講十九卷　（清）翁復編次　（清）詹文煥參定　清天祿齋刻本　三冊

330000-4732-0000546　0546　經部/四書類

天祿齋四書遵註合講十九卷　（清）翁復編次　（清）詹文煥參定　清天祿齋刻本　四冊

330000-4732-0000547　0547　經部/四書類

漱芳軒合纂四書體註□□卷　（清）范翔參訂　（清）沈世檐等校　清刻本　一冊

330000-4732-0000548　0548　經部/四書類

漱芳軒合纂四書體註□□卷　（清）范翔參訂　（清）王秉元等校　清刻本　一冊

330000-4732-0000549　0549　經部/四書類

四書便讀□□卷　佚名撰　民國石印本　三冊

330000-4732-0000550　0550　經部/四書類

文林堂寫刻辨字白文四書七卷　清刻本　二冊

330000-4732-0000551　0551　經部/四書類

文林堂寫刻辨字白文四書七卷　佚名撰　清刻本　一冊

330000-4732-0000552　0552　經部/四書類

四書集註十九卷　（宋）朱熹撰　清碧梧齋刻本　一冊

330000-4732-0000553　0553　經部/四書類

監本四書十九卷　（宋）朱熹章句　清光緒八年（1882）蘇州綠蔭堂刻本　一冊

330000-4732-0000554　0554　經部/四書類

四書說約一卷　（清）赤水明圓光月老人撰　民國上海宏大善書局石印　一冊

330000-4732-0000555　0555　經部/四書類

新訂四書補註備旨十卷　（明）鄧林撰　（清）鄧煜編次　（清）祁文友重校　（清）杜定基增訂　清末刻本　三冊

330000-4732-0000556　0556　經部/四書類

四書體註合講十九卷　（清）翁復編次　清酌雅齋刻本　一冊

330000-4732-0000557　0557　經部/四書類/總義之屬/傳說

四書便蒙正文七卷　（宋）朱熹章句　清末文明堂刻本　一冊

330000-4732-0000558　0558　經部/四書類/總義之屬/傳說

四書便蒙正文七卷　（宋）朱熹章句　清東甌文華堂刻本　一冊

330000-4732-0000559　0559　經部/四書類

文明堂監本四書正文七卷　（宋）朱熹章句　清刻本　一冊

330000-4732-0000560　0560　經部/四書類

四書便蒙正文七卷　佚名撰　清末甌城黃魁元堂刻本　二冊

330000-4732-0000561　0561　經部/四書類

四書便蒙正文七卷　佚名撰　清末甌城黃魁元堂刻本　二冊

330000-4732-0000562　0562　經部/四書類

四書便蒙正文七卷　佚名撰　清末甌城黃魁元堂刻本　二冊

330000-4732-0000563　0563　經部/四書類

四書正文（存一種）　佚名撰　民國錦章圖書局石印本　一冊

330000-4732-0000521　0521　經部/四書類
新註四書白話解說三十六卷　江希張註　民國十一年（1922）刻本　十冊

330000-4732-0000522　0522　經部/四書類
新註四書白話解說三十六卷　江希張注　民國十一年（1922）刻本　十冊

330000-4732-0000523　0523　經部/四書類
新註四書白話解說三十六卷　江希張註　民國十一年（1922）刻本　五冊

330000-4732-0000524　0524　子部/儒家類/儒學之屬
女四書集註四卷　（明）王相箋註　（明）鄭漢校梓　清金陵奎壁齋刻本　一冊

330000-4732-0000525　0525　經部/四書類
四書白文（存三種）　民國商務印書館石印本　二冊

330000-4732-0000526　0526　經部/四書類
四書白文（存一種）　民國商務印書館石印本　一冊

330000-4732-0000527　0527　經部/四書類/孟子之屬
增補蘇批孟子二卷附年譜一卷　（宋）蘇洵撰　（清）趙大浣增補　民國三年（1914）上海會文堂書局石印本　一冊

330000-4732-0000528　0528　經部/四書類
言文對照廣註四書讀本（存一種）　民國石印本　一冊

330000-4732-0000529　0529　經部/四書類
銅版精印四書集註（存一種）　（宋）朱熹撰　嵩山居士校閱　民國二十八年（1939）上海鴻文書局石印本　一冊

330000-4732-0000530　0530　經部/四書類
大字校正白文四書（存一種）　民國上海萃英書局石印本　一冊

330000-4732-0000531　0531　經部/四書類/總義之屬/傳說
新訂四書補註備旨十卷　（明）鄧林撰　（清）鄧煜編次　（清）祁文友重校　（清）杜定基增訂　民國三年（1914）上海鴻寶書局石印本　七冊

330000-4732-0000532　0532　經部/四書類/總義之屬
新訂四書補註備旨十卷　（明）鄧林撰　（清）鄧煜編次　（清）祁文友重校　（清）杜定基增訂　清文奎堂刻本　四冊

330000-4732-0000533　0533　經部/四書類
新訂四書補註備旨十卷　（明）鄧林撰　（清）鄧煜編次　（清）祁文友重校　（清）杜定基增訂　清文奎堂刻本　三冊

330000-4732-0000534　0534　經部/四書類
新訂四書補註備旨十卷　（明）鄧林撰　（清）鄧煜編次　（清）祁文友重校　（清）杜定基增訂　清刻本　二冊

330000-4732-0000535　0535　經部/四書類
新訂四書補註備旨十卷　（明）鄧林撰　（清）鄧煜編次　（清）祁文友重校　（清）杜定基增訂　清文奎堂刻本　三冊

330000-4732-0000536　0536　經部/四書類
四書補註備旨十卷　（明）鄧林撰　（清）鄧煜編次　（清）祁文友重校　（清）杜定基增訂　清刻本　一冊

330000-4732-0000537　0537　經部/四書類
永言堂四書體註合講十九卷　（清）翁復編次　（清）詹文煥參定　清末文奎堂刻本　二冊

330000-4732-0000538　0538　經部/四書類
學源堂四書體註合講十九卷　（清）翁復編次　（清）詹文煥參定　清末文奎堂刻本　一冊

330000-4732-0000539　0539　經部/四書類
永言堂四書遵註合講十九卷　（清）翁復編次　（清）詹文煥參定　清永言堂刻本　一冊

330000-4732-0000540　0540　經部/四書類

義之屬 / 專著

精校四書正文七卷 佚名撰 民國上海章福記書局石印本 一冊

330000-4732-0000499 0499 經部 / 四書類 / 總義之屬 / 專著

精校四書正文七卷 佚名撰 民國上海章福記書局石印本 一冊

330000-4732-0000500 0500 經部 / 四書類 / 總義之屬 / 傳說

繪圖速成四書讀本（存一種） 民國上海沈鶴記書局石印本 一冊

330000-4732-0000501 0501 經部 / 四書類

繪圖四書正文（存二種） 民國上海昌文書局石印本 三冊

330000-4732-0000502 0502 經部 / 四書類

繪圖四書正文（存二種） 民國上海昌文書局石印本 三冊

330000-4732-0000503 0503 經部 / 四書類

繪圖四書正文（存二種） 民國上海昌文書局石印本 二冊

330000-4732-0000504 0504 經部 / 四書類

繪圖四書正文（存一種） 民國上海昌文書局石印本 一冊

330000-4732-0000505 0505 經部 / 四書類

繪圖四書正文（存一種） 民國上海昌文書局石印本 一冊

330000-4732-0000506 0506 經部 / 四書類

繪圖四書正文（存一種） 民國上海昌文書局石印本 一冊

330000-4732-0000507 0507 經部 / 四書類

繪圖四書正文（存一種） 民國上海昌文書局石印本 一冊

330000-4732-0000508 0508 經部 / 四書類

繪圖四書正文（存一種） 民國上海昌文書局石印本 一冊

330000-4732-0000509 0509 經部 / 四書類

繪圖四書正文（存一種） 民國上海昌文書局石印本 一冊

330000-4732-0000510 0510 經部 / 四書類

繪圖四書正文（存一種） 民國上海昌文書局石印本 一冊

330000-4732-0000511 0511 經部 / 四書類

繪圖四書正文（存一種） 民國上海昌文書局石印本 一冊

330000-4732-0000512 0512 經部 / 四書類

繪圖四書正文（存一種） 民國上海昌文書局石印本 一冊

330000-4732-0000513 0513 經部 / 四書類

繪圖四書正文（存一種） 民國上海昌文書局石印本 一冊

330000-4732-0000514 0514 經部 / 四書類

繪圖四書正文（存一種） 民國上海昌文書局石印本 一冊

330000-4732-0000515 0515 經部 / 四書類

銅版四書集註（存一種） 民國上海天寶書局石印本 二冊

330000-4732-0000516 0516 經部 / 四書類

銅版四書集註（存一種） 民國上海天寶書局石印本 一冊

330000-4732-0000517 0517 經部 / 四書類

銅版四書集註（存一種） 民國四年（1915）上海廣益書局石印本 一冊

330000-4732-0000518 0518 經部 / 四書類 / 總義之屬 / 傳說

新註四書白話解說三十六卷 江希張註 民國十一年（1922）刻本 十二冊

330000-4732-0000519 0519 經部 / 四書類

四書正文（存一種） 佚名撰 民國錦章圖書局石印本 一冊

330000-4732-0000520 0520 經部 / 四書類

四書白話註解（存三種）　許伏民、童官卓演　民國石印本　十二冊

330000-4732-0000478　0478　經部/四書類
新式標點四書白話註解十九卷　民國上海會文堂書局石印本　十冊

330000-4732-0000479　0479　經部/四書類
新式標點四書白話註解十九卷　民國上海會文堂書局石印本　十一冊

330000-4732-0000480　0480　經部/四書類/總義之屬/傳說
新式標點四書白話註解十九卷　民國上海會文堂書局石印本　四冊

330000-4732-0000481　0481　經部/四書類
四書白話解（存二種）　民國上海民強書局石印本　三冊

330000-4732-0000482　0482　經部/四書類
繪圖速成白文四書讀本（存三種）　民國四年上海廣益書局石印本　三冊

330000-4732-0000483　0483　經部/四書類
四書正文（存一種）　佚名撰　民國四年（1915）上海章福記書局石印本　一冊

330000-4732-0000484　0484　經部/四書類
四書正文（存一種）　佚名撰　民國四年（1915）上海章福記書局石印本　一冊

330000-4732-0000485　0485　經部/四書類
四書正文（存一種）　佚名撰　民國四年（1915）上海章福記書局石印本　一冊

330000-4732-0000486　0486　經部/四書類
四書正文（存一種）　佚名撰　民國四年（1915）上海章福記書局石印本　一冊

330000-4732-0000487　0487　經部/四書類
四書正文（存一種）　佚名撰　民國四年（1915）上海章福記書局石印本　一冊

330000-4732-0000488　0488　經部/四書類
四書正文（存一種）　佚名撰　民國四年（1915）上海章福記書局石印本　一冊

330000-4732-0000489　0489　經部/四書類
四書正文（存一種）　民國四年（1915）上海章福記書局石印本　一冊

330000-4732-0000490　0490　經部/四書類
四書正文（存三種）　民國錦章圖書局石印本　三冊

330000-4732-0000491　0491　經部/四書類/總義之屬/專著
精校四書正文七卷　佚名撰　民國上海章福記書局石印本　三冊

330000-4732-0000492　0492　經部/四書類/總義之屬/專著
精校四書正文七卷　佚名撰　民國上海章福記書局石印本　三冊

330000-4732-0000493　0493　經部/四書類/總義之屬/專著
精校四書正文七卷　佚名撰　民國上海章福記書局石印本　二冊

330000-4732-0000494　0494　經部/四書類/總義之屬/專著
精校四書正文七卷　佚名撰　民國上海章福記書局石印本　二冊

330000-4732-0000495　0495　經部/四書類/總義之屬/專著
精校四書正文七卷　佚名撰　民國上海章福記書局石印本　一冊

330000-4732-0000496　0496　經部/四書類/總義之屬/專著
精校四書正文七卷　佚名撰　民國上海章福記書局石印本　一冊

330000-4732-0000497　0497　經部/四書類/總義之屬/專著
精校四書正文七卷　佚名撰　民國上海章福記書局石印本　一冊

330000-4732-0000498　0498　經部/四書類/總

春秋體註四卷 佚名撰 清刻本 一冊

330000-4732-0000460 0460 經部 / 春秋總義類 / 傳說之屬

欽定春秋傳說彙纂三十八卷首二卷 （清）王掞等撰 清康熙刻本 一冊

330000-4732-0000461 0461 集部 / 小說類 / 短篇之屬

評注聊齋志異十六卷 （清）蒲松齡撰 （清）王士正批 （清）呂湛恩注 （清）但明倫評 清刻本 二冊

330000-4732-0000462 0462 集部 / 小說類 / 短篇之屬

聊齋志異新評十六卷 （清）蒲松齡撰 （清）王士正評 （清）但明倫評 清刻本 一冊

330000-4732-0000463 0463 集部 / 小說類 / 短篇之屬

聊齋志異新評十六卷 （清）蒲松齡撰 （清）王士正評 （清）但明倫評 清朱墨套印刻本 二冊

330000-4732-0000464 0464 集部 / 小說類 / 短篇之屬

詳註聊齋志異圖詠十六卷首一卷 （清）蒲松齡撰 （清）呂湛恩注 民國二年（1913）上海天寶書局石印本 二冊

330000-4732-0000465 0465 子部 / 雜家類

呂氏春秋二十六卷 （漢）高誘訓解 （明）宋邦乂等校 清刻本 二冊

330000-4732-0000466 0466 經部 / 春秋總義類 / 傳說之屬

春秋擬題集傳二卷 佚名撰 清道光二十六年（1846）刻本 一冊

330000-4732-0000467 0467 經部 / 讖緯類 / 總義之屬

五經備旨（存一種） （清）鄒聖脉纂輯 清光緒十二年（1886）上海點石齋石印本 二冊

330000-4732-0000468 0468 經部 / 讖緯類 / 總義之屬

五經備旨（存二種） （清）鄒聖脉纂輯 （清）鄒可庭編次 （清）鄒景鴻、鄒景揚、鄒景章訂 清光緒十三年（1887）上海大同書局石印本 五冊

330000-4732-0000469 0469 集部 / 小說類 / 短篇之屬

詳註聊齋志異圖詠十六卷 （清）蒲松齡撰 （清）呂湛恩注 民國上海廣益書局石印本 二冊

330000-4732-0000470 0470 經部 / 群經總義類

五經味根錄（存一種） 清末石印本 二冊

330000-4732-0000471 0471 子部 / 儒家類 / 儒家之屬

孔氏家語十卷 （三國魏）王肅注 清書業堂刻本 一冊

330000-4732-0000472 0472 集部 / 小說類 / 短篇之屬

詳註聊齋志異圖詠十六卷 （清）蒲松齡撰 （清）呂湛恩注 民國上海錦章圖書局石印本 二冊

330000-4732-0000473 0473 集部 / 小說類 / 短篇之屬

詳註聊齋志異圖詠十六卷 （清）蒲松齡著 （清）呂湛恩注 民國石印本 一冊

330000-4732-0000474 0474 子部 / 醫家類 / 醫案之屬

陳修園先生醫書新增五十二種（存一種） （清）陳念祖撰 民国上海锦章書局石印本 一冊

330000-4732-0000475 0475 經部 / 四書類 / 總義之屬 / 專著

增補四書精繡圖像人物備考十二卷 （明）薛應旂參閱 （明）何義門評定 （明）陳仁錫增定 （明）唐光夔詳閱 （明）陳義錫重校 （明）陳銳參訂 清鳳藻書屋刻本 八冊

330000-4732-0000476 0476 經部 / 四書類

注音字母四書白話句解十九卷 周覲光、吳穀民演譯 民國上海百川書局石印本 五冊

330000-4732-0000477 0477 經部 / 四書類

教之屬

玉定金科例誅輯要十卷首一卷末一卷 梓潼帝君請 南天都劫司、桂宮武昌侯奉輯 桂宮顯禄侯奉定 **玉定金科特宥輯要十卷首一卷末一卷** 梓潼帝君請 南天都劫司、桂宮武昌侯奉輯 桂宮顯禄侯奉定 玉定金科例賞輯要十卷首一卷末一卷 梓潼帝君請 南天都劫司、桂宮武昌侯奉輯 桂宮顯禄侯奉定 民國十四年（1925）鉛印本 二册

330000-4732-0000443　0443　經部 / 書類 / 傳說之屬

書經集傳六卷 （宋）蔡沈集傳 清刻本 二册

330000-4732-0000444　0444　經部 / 書類 / 傳說之屬

書經集傳六卷 （宋）蔡沈集傳 清刻本 二册

330000-4732-0000445　0445　經部 / 書類 / 傳說之屬

書經體註大全合參六卷 （清）范翔鑒定 （清）錢希祥纂輯 清刻本 三册

330000-4732-0000446　0446　經部 / 易類 / 傳說之屬

周易本義四卷圖說一卷 （宋）朱熹本義 嵩山居士校閱 民國二十五年（1936）鴻文書局石印本 一册

330000-4732-0000447　0447　經部 / 書類 / 傳說之屬

書經集傳六卷 （宋）蔡沈撰 民國上海錦章書局石印本 三册

330000-4732-0000448　0448　經部 / 書類 / 傳說之屬

書經體註大全合參六卷 （清）范翔鑒定 （清）錢希祥纂輯 清刻本 一册

330000-4732-0000449　0449　經部 / 書類 / 傳說之屬

尚書離句六卷 （清）錢在培輯解 （清）潘思齊、鄭知訂 清刻本 二册

330000-4732-0000450　0450　子部 / 醫家類 / 內科之屬

御纂醫宗金鑑七十四卷首一卷 （清）吳謙等輯 清刻本 六册

330000-4732-0000451　0451　經部 / 書類 / 傳說之屬

書經集註六卷 （宋）蔡沈撰 **尚書體註約解合參六卷** （清）洪佐聖、洪輔聖、洪翼聖撰 （清）洪文衡增訂 （清）洪正治等校編 （清）范翔重訂 清刻本 一册

330000-4732-0000452　0452　子部 / 醫家類 / 內科之屬

醫宗金鑑內科七十四卷外科十六卷 民國上海廣益書局石印本 一册

330000-4732-0000453　0453　經部 / 書類 / 傳說之屬

書經旁訓辨體合訂四卷 （清）徐立綱輯 清刻本 一册

330000-4732-0000454　0454　子部 / 藝術類 / 書畫之屬 / 書法書品

漢碑範八卷 （清）張祖翼選臨 民國十二年（1923）上海文明書局石印本 一册

330000-4732-0000455　0455　經部 / 書類 / 傳說之屬

書經體註六卷 （清）范翔鑒定 清刻本 一册

330000-4732-0000456　0456　經部 / 春秋總義類 / 傳說之屬

春秋增訂旁訓四卷 佚名撰 清留耕堂刻本 二册

330000-4732-0000457　0457　經部 / 春秋總義類 / 傳說之屬

春秋體註大全四卷 （清）范翔鑒定 （清）徐寅寶新纂 （清）解志元參訂 清刻本 二册

330000-4732-0000458　0458　經部 / 春秋總義類 / 傳說之屬

春秋增訂旁訓四卷 佚名撰 清大□堂刻本 一册

330000-4732-0000459　0459　經部 / 春秋總義類 / 傳說之屬

330000-4732-0000424　0424　子部/醫家類

御纂醫宗金鑑九十卷首一卷　（清）吳謙等纂　清末石印本　一冊

330000-4732-0000425　0425　經部/詩類/傳說之屬

詩經瑯環體註大全八卷　（清）范翔鑒定　（清）沈世楷輯　清末刻本　一冊

330000-4732-0000426　0426　經部/詩類/傳說之屬

詩經八卷　（宋）朱熹撰　清末刻本　一冊

330000-4732-0000427　0427　經部/詩類/傳說之屬

監本詩經全文五卷　（宋）朱熹集傳　清書蘭亭刻本　一冊

330000-4732-0000428　0428　經部/詩類/傳說之屬

監本詩經全文四卷　（宋）朱熹集傳　清文元堂刻本　一冊

330000-4732-0000429　0429　子部/宗教類/道教之屬

玉定金科例誅輯要十卷首一卷末一卷特宥輯要十卷首一卷末一卷例賞輯要十卷首一卷末一卷　梓潼帝君請　南天都劫司、桂宮武昌侯奉輯　桂宮顯祿侯奉定　民國十四年（1925）北京金科流通處鉛印本　十三冊

330000-4732-0000430　0430　經部/詩類/傳說之屬

監本詩經全文四卷　（宋）朱熹集傳　清末鼎邑文成堂刻本　一冊

330000-4732-0000431　0431　經部/詩類/傳說之屬

監本詩經八卷　（宋）朱熹集傳　清刻本　一冊

330000-4732-0000432　0432　經部/詩類/傳說之屬

監本詩經八卷　（宋）朱熹集傳　清末鄭錦春刻本　二冊

330000-4732-0000433　0433　類叢部/叢書類/彙編之屬

崇雅堂叢書（存六種）　楊晨撰　楊景成校字　民國黃巖友成局鉛印本　五冊

330000-4732-0000434　0434　類叢部/叢書類/彙編之屬

崇雅堂叢書（存一種）　楊晨撰　民國鉛印本　四冊

330000-4732-0000435　0435　類叢部/叢書類/彙編之屬

四經精華（存二種）　清光緒二年（1876）簡香齋刻本　四冊

330000-4732-0000436　0436　經部/詩類/傳說之屬

監本詩經全文八卷　（宋）朱熹集傳　清刻本　一冊

330000-4732-0000437　0437　經部/詩類/傳說之屬

監本詩經全文四卷　（宋）朱熹集傳　清文名堂德記刻本　一冊

330000-4732-0000438　0438　經部/易類/傳說之屬

周易本義四卷圖說一卷　（宋）朱熹本義　（清）畢公天校閱　清宣統二年（1910）上海廣益書局石印本　一冊

330000-4732-0000439　0439　經部/易類/傳說之屬

周易四卷　民國石印本　一冊

330000-4732-0000440　0440　經部/易類/傳說之屬

周易四卷　（宋）朱熹撰　清刻本　二冊

330000-4732-0000441　0441　經部/易類/傳說之屬

易經大全會解四卷　（清）來爾繩纂　（清）來喆等校正　清末刻本　一冊

330000-4732-0000442　0442　子部/宗教類/道

330000-4732-0000404　0404　經部/禮記類/傳說之屬

禮記十卷　（元）陳澔集說　清紫巖存心齋刻本　九册

330000-4732-0000405　0405　經部/禮記類/傳說之屬

禮記增訂旁訓六卷　清文奎堂刻本　四册

330000-4732-0000406　0406　經部/禮記類/傳說之屬

禮記旁訓辨體合訂六卷　（清）徐立綱輯　清靈蘭堂刻本　二册

330000-4732-0000407　0407　類叢部/叢書類

三禮約編十卷　（清）汪基輯　清同治十三年（1874）掃葉山房刻本　三册

330000-4732-0000408　0408　經部/禮記類/傳說之屬

全本禮記體註十卷　（元）陳澔撰　（清）范翔輯　（清）徐瑄補輯　清刻本　二册

330000-4732-0000409　0409　經部/禮記類/傳說之屬

節本禮記十卷　（清）汪基輯　清末石印本　一册

330000-4732-0000410　0410　經部/禮記類/傳說之屬

禮記便讀二卷　（清）王一清撰　清刻本　一册

330000-4732-0000411　0411　經部/詩類/傳說之屬

新註詩經白話解八卷　洪子良輯　民國二十一年（1932）上海中原書局石印本　三册

330000-4732-0000412　0412　經部/詩類/傳說之屬

詩經八卷　（宋）朱熹集傳　民國商務印書館鉛印本　四册

330000-4732-0000413　0413　經部/詩類/傳說之屬

詩經旁訓四卷　清同治十二年（1873）聚奎堂刻本　四册

330000-4732-0000414　0414　經部/詩類/傳說之屬

詩經體註大全合參八卷　（清）范翔撰　（清）沈世楷輯　清光緒二十一年（1895）經文堂刻本　四册

330000-4732-0000415　0415　經部/詩類/傳說之屬

詩經八卷　（宋）朱熹集傳　清刻本　二册

330000-4732-0000416　0416　經部/詩類/傳說之屬

詩經八卷　（宋）朱熹集傳　清末煥文書局石印本　二册

330000-4732-0000417　0417　子部/醫家類

御纂醫宗金鑑九十卷首一卷　（清）吴謙等撰　民國八年（1919）上海鴻寶齋書局石印本　十册

330000-4732-0000418　0418　經部/詩類/傳說之屬

詩經八卷　（宋）朱熹集傳　清文奎堂刻本　三册

330000-4732-0000419　0419　經部/詩類/傳說之屬

詩經八卷　（宋）朱熹集傳　何家銘校閱　民國二十五（1936）年上海新文化書社石印本　一册

330000-4732-0000420　0420　經部/詩類/傳說之屬

詩經八卷　（宋）朱熹集傳　民國六年（1917）上海共和書局石印本　二册

330000-4732-0000421　0421　子部/醫家類

御纂醫宗金鑑九十卷首一卷　（清）吴謙等輯　清刻本　十六册

330000-4732-0000422　0422　經部/詩類/傳說之屬

詩經體註大全合參八卷　（清）沈世楷輯　清末刻本　一册

330000-4732-0000423　0423　子部/醫家類

御纂醫宗金鑑九十卷首一卷　（清）吴謙等纂　民國石印本　一册

330000-4732-0000387　0387　史部 / 傳記類 / 總傳之屬 / 家乘

[浙江雲和] 豐源李氏家乘二卷　（清）林鍾奎纂修　清光緒二十七年（1901）敘倫堂木活字印本　二冊

330000-4732-0000388　0388　史部 / 傳記類 / 總傳之屬 / 家乘

[浙江景寧] 隴西李氏宗譜□卷　清光緒七年（1881）木活字印本　一冊

330000-4732-0000389　0389　史部 / 傳記類 / 總傳之屬 / 家乘

重修鄭氏宗譜八卷首一卷末一卷　清光緒二十一年（1895）木活字印本　一冊

330000-4732-0000390　0390　史部 / 傳記類 / 總傳之屬 / 家乘

[浙江雲和] 箬溪鉅鹿魏氏宗譜十四卷首一卷末一卷　清光緒十六年（1890）亦政堂刻本　四冊

330000-4732-0000391　0391　史部 / 傳記類 / 總傳之屬 / 家乘

[浙江景寧] 儒漈徐氏新修宗譜不分卷　（清）陳廷政纂修　清抄本　一冊

330000-4732-0000392　0392　史部 / 傳記類 / 總傳之屬 / 家乘

[浙江景寧] 林氏宗譜不分卷　吳師祈、吳邦彥纂修　民國八年（1919）林景修抄本　一冊

330000-4732-0000393　0393　史部 / 傳記類 / 總傳之屬 / 家乘

[浙江景寧] 毛氏宗譜一卷　清同治七年（1868）重修民國七年（1918）續修抄本　一冊

330000-4732-0000394　0394　史部 / 傳記類 / 總傳之屬 / 家乘

[浙江雲和] 東海徐氏族譜一卷　（清）尤士希等纂修　清乾隆四十七年（1782）抄本　一冊

330000-4732-0000395　0395　史部 / 傳記類 / 總傳之屬 / 家乘

[浙江雲和] 箬溪鉅鹿魏氏宗譜十四卷首一卷末一卷　清光緒十六年（1890）亦政堂木活字印本　一冊

330000-4732-0000396　0396　經部 / 禮記類 / 傳說之屬

禮記旁訓辨體合訂六卷　（清）徐立綱輯　清刻本　五冊

330000-4732-0000397　0397　子部 / 宗教類 / 道教之屬 / 經文

三官經注解一卷　清宣統元年（1909）翻刻咸豐十一年（1861）刻本　一冊

330000-4732-0000398　0398　經部 / 禮記類 / 傳說之屬

禮記集說十卷　（元）陳澔集說　清京都文成堂刻本　九冊

330000-4732-0000399　0399　史部 / 編年類 / 通代之屬

廿一史約編八卷首一卷　（清）鄭元慶述　（清）金潮、林鑛校閱　（清）鄭瀠、鄭耿光、鄭開烈參訂　清光緒六年（1880）得月樓刻本　七冊

330000-4732-0000400　0400　史部 / 傳記類 / 總傳之屬

理學宗傳二十六卷　（清）孫奇逢輯　（清）魏一鼇、孫立雅編　清光緒六年（1880）浙江書局刻本　一冊

330000-4732-0000401　0401　子部 / 藝術類 / 篆刻之屬 / 印譜

鄧石如篆書十五種　（清）鄧石如刻　民國影印本　三冊

330000-4732-0000402　0402　集部 / 總集類 / 選集之屬 / 斷代

目耕齋二刻不分卷　（清）徐楷原評　（清）沈叔眉選刊　清刻本　一冊

330000-4732-0000403　0403　史部 / 地理類 / 方志之屬 / 郡縣志

[乾隆] 溫州府志三十卷首一卷　（清）李琬修　（清）齊召南、汪沆纂　清乾隆二十七年（1762）刻同治四年（1865）周開錫、陳思燏補版印本　一冊

330000-4732-0000370　0370　史部 / 傳記類 / 總傳之屬 / 家乘

[浙江雲和] 木垟王氏宗譜一卷　王夢仙主修　王若浮編修　一九四九年木活字印本　一册

330000-4732-0000371　0371　史部 / 傳記類 / 總傳之屬 / 家乘

[浙江雲和] 太原郡王氏宗譜二卷　民國十年（1921）木活字印本　二册

330000-4732-0000372　0372　史部 / 傳記類 / 總傳之屬 / 家乘

[浙江雲和] 太源郡王氏宗譜二卷　民國十年（1921）木活字印本　一册

330000-4732-0000373　0373　史部 / 傳記類 / 總傳之屬 / 家乘

[浙江雲和] 太原王氏宗譜□□卷　民國九年（1920）木活字印本　一册

330000-4732-0000374　0374　史部 / 傳記類 / 總傳之屬 / 家乘

[浙江景寧] 汝南周氏宗譜不分卷　吳邦彥纂訂　民國十四年（1925）抄本　一册

330000-4732-0000375　0375　史部 / 傳記類 / 總傳之屬 / 郡邑

[浙江景寧] 周氏家譜八卷　清道光二十七年（1847）抄本　一册

330000-4732-0000376　0376　史部 / 傳記類 / 總傳之屬 / 家乘

[浙江景寧] 汝南周氏宗譜一卷　吳邦彥纂訂　民國十三年（1924）抄本　一册

330000-4732-0000377　0377　史部 / 傳記類 / 總傳之屬 / 家乘

吳氏家譜不分卷　（清）吳繼恒校纂　吳繼材、吳繼發、吳繼友修訂　葉喬嶸纂著　清道光二十六年（1846）抄本　一册

330000-4732-0000378　0378　史部 / 傳記類 / 總傳之屬 / 家乘

新修坑下吳氏宗譜一卷　（清）吳鈞、吳必基、吳必采修　清同治八年（1869）抄本　一册

330000-4732-0000379　0379　史部 / 傳記類 / 總傳之屬 / 家乘

[浙江雲和] 清河張氏宗譜一卷　張煥奎編纂　民國二十一年（1932）木活字印本　一册

330000-4732-0000380　0380　史部 / 傳記類 / 總傳之屬 / 家乘

[浙江景寧] 彭氏宗譜□卷　清木活字印本　一册

330000-4732-0000381　0381　史部 / 傳記類 / 總傳之屬 / 家乘

[浙江雲和] 北溪王氏宗譜二卷首一卷末一卷　王燹校輯　王夢良編輯　王夢雲參訂　民國十六年（1927）木活字印本　二册

330000-4732-0000382　0382　史部 / 傳記類 / 總傳之屬 / 家乘

[浙江景寧大漈] 彭氏宗譜六卷首一卷　民國三十年（1941）刻本　五册

330000-4732-0000383　0383　史部 / 傳記類 / 總傳之屬 / 家乘

[浙江雲和] 太原王氏宗譜二卷首一卷末一卷　王邦政修　王夢雲纂輯　王夢良訂正　王泊如協輯　王受祐較訂　王宗林參訂　民國十八年（1929）木活字印本　二册

330000-4732-0000384　0384　史部 / 傳記類 / 總傳之屬 / 家乘

[浙江雲和] 太原王氏宗譜二卷首一卷末一卷　王邦政修　王夢雲纂輯　王夢良訂正　王泊如協輯　王受祐較訂　王宗林參訂　民國十八年（1929）木活字印本　二册

330000-4732-0000385　0385　史部 / 傳記類 / 總傳之屬 / 家乘

[浙江雲和浦潭] 隴西李氏宗譜一卷　民國二十一年（1932）三六軒木活字印本　一册

330000-4732-0000386　0386　史部 / 傳記類 / 總傳之屬 / 家乘

[浙江雲和赤石赤] 隴西李氏宗譜二卷　（清）李永叢、李先厚主修　（清）李先文、李希陽、李希言督修　清光緒二十九年（1903）刻本　一册

330000-4732-0000353　0353　史部 / 傳記類 / 總傳之屬 / 家乘

[浙江雲和]沙埔項氏宗譜不分卷　（清）胡亦雅訂正　（清）柳丹臣刊輯　清咸豐五年（1855）敦行堂木活字印本　一册

330000-4732-0000354　0354　史部 / 傳記類 / 總傳之屬 / 家乘

[浙江雲和]周山頭村季氏家譜一卷　（清）劉子吉編注　一九五七年抄清咸豐十一年（1861）暨光緒增修本　一册

330000-4732-0000355　0355　史部 / 傳記類 / 總傳之屬 / 家乘

[浙江雲和]陳氏宗譜不分卷　民國二十八年（1939）務本堂木活字印本　一册

330000-4732-0000356　0356　史部 / 傳記類 / 總傳之屬 / 家乘

[浙江雲和]湯侯門顏氏宗譜□卷　民國八年（1919）木活字印本　一册

330000-4732-0000357　0357　史部 / 傳記類 / 總傳之屬 / 家乘

[浙江景寧]重修韋氏家乘□卷　民國二十年（1931）木活字印本　一册

330000-4732-0000358　0358　史部 / 傳記類 / 總傳之屬 / 家乘

[浙江景寧]大潄沈氏宗譜不分卷　清同治十二年（1873）活字本　二册

330000-4732-0000359　0359　史部 / 傳記類 / 總傳之屬 / 家乘

[浙江雲和]湯侯門夏氏宗譜二卷　夏新根、夏錫勳、夏奠邦主纂　陳堯編纂　民國八年（1919）木活字印本　一册

330000-4732-0000360　0360　史部 / 傳記類 / 總傳之屬 / 家乘

[浙江青田]會稽夏氏宗譜不分卷　何劭撰　民國十七年（1928）南田求是齋鉛印本　一册

330000-4732-0000361　0361　史部 / 傳記類 / 總傳之屬 / 家乘

[浙江景寧]梅氏宗譜六卷　梅冠英纂修　梅肇林校訂　梅鶴翔印刷　民國二十三年（1934）木活字印本　七册

330000-4732-0000362　0362　史部 / 傳記類 / 總傳之屬 / 家乘

[浙江景寧]梅氏宗譜六卷　梅冠英纂修　梅肇林校訂　梅鶴翔印刷　民國二十三年（1934）木活字印本　三册

330000-4732-0000363　0363　史部 / 傳記類 / 總傳之屬 / 家乘

[浙江景寧]汝南梅氏宗譜不分卷　（清）陳璧撰　光緒二十八年（1902）抄本　三册

330000-4732-0000364　0364　史部 / 傳記類 / 總傳之屬 / 家乘

[浙江景寧]梅氏宗譜不分卷　（清）潘潀修輯　清抄本　一册

330000-4732-0000365　0365　史部 / 傳記類 / 總傳之屬 / 家乘

[福建上杭]上杭白砂袁氏族譜十卷首一卷　清光緒二十三年（1897）刻本　十一册

330000-4732-0000366　0366　史部 / 傳記類 / 總傳之屬 / 家乘

[福建上杭]白砂袁氏族譜十卷首一卷　清同治十二年（1873）木活字印本　九册

330000-4732-0000367　0367　史部 / 傳記類 / 總傳之屬 / 家乘

[福建上杭]上杭白砂袁氏族譜九卷首一卷　清道光五年（1825）刻本　十一册

330000-4732-0000368　0368　史部 / 傳記類 / 總傳之屬 / 家乘

[浙江雲和]木垟王氏宗譜一卷　王夢仙主修　王若浮編修　一九四九年木活字印本　一册

330000-4732-0000369　0369　史部 / 傳記類 / 總傳之屬 / 家乘

[浙江雲和]木垟王氏宗譜一卷　王夢仙主修　王若浮編修　一九四九年木活字印本　一册

330000-4732-0000335　0335　史部 / 傳記類 / 總傳之屬 / 家乘

[浙江景寧]隆川林氏宗譜二卷　民國抄本　一冊

330000-4732-0000336　0336　史部 / 傳記類 / 總傳之屬 / 家乘

[浙江景寧]林氏宗譜二卷　清抄本　一冊

330000-4732-0000337　0337　史部 / 傳記類 / 總傳之屬 / 家乘

[浙江景寧]隆川林氏宗譜不分卷　民國抄本　一冊

330000-4732-0000338　0338　史部 / 傳記類 / 總傳之屬 / 家乘

[浙江景寧]隆川林氏宗譜不分卷　林鳴鶴纂修　吳得書合修　民國二十七年（1938）抄本　一冊

330000-4732-0000339　0339　史部 / 傳記類 / 總傳之屬 / 家乘

[浙江景寧]林氏宗譜一卷　林壬等纂修　王立和編次　一九四九年抄本　二冊

330000-4732-0000340　0340　史部 / 傳記類 / 總傳之屬 / 家乘

[浙江景寧]林氏宗譜一卷　林壬等纂修　王立和編次　一九四九年抄本　一冊

330000-4732-0000341　0341　史部 / 傳記類 / 總傳之屬 / 家乘

[浙江雲和]下邳余氏宗譜四卷　（清）余桂茂、余宗海監修　清同治十一年（1872）木活字印本　二冊

330000-4732-0000342　0342　史部 / 傳記類 / 總傳之屬 / 家乘

[浙江雲和]下邳郡余氏宗譜五卷　民國二十八年（1939）木活字印本　四冊

330000-4732-0000343　0343　史部 / 傳記類 / 總傳之屬 / 家乘

[浙江雲和]龍門徐氏宗譜不分卷　張焜纂訂　民國二十二年（1933）木活字印本　一冊

330000-4732-0000344　0344　史部 / 傳記類 / 總傳之屬 / 家乘

[浙江雲和]武威郡石氏宗譜不分卷　劉獻勳輯　民國十一年（1922）抄本　一冊

330000-4732-0000345　0345　史部 / 傳記類 / 總傳之屬 / 家乘

[浙江景寧]徐氏家譜三卷　（清）徐延壽謹書　清末抄本　一冊

330000-4732-0000346　0347　史部 / 傳記類 / 總傳之屬 / 家乘

[浙江景寧]柳氏宗譜五卷　（清）林茂纂修　清嘉慶十四年（1809）抄本　一冊

330000-4732-0000347　0346　史部 / 傳記類 / 總傳之屬 / 家乘

[浙江景寧]朱氏宗譜□卷　清光緒三十三年（1907）木活字印本　一冊

330000-4732-0000348　0348　史部 / 傳記類 / 總傳之屬 / 家乘

[浙江雲和]鄭氏宗譜不分卷　林占春校對　民國二十三年（1934）抄本　一冊

330000-4732-0000349　0349　史部 / 傳記類 / 總傳之屬 / 家乘

[浙江雲和]楊氏宗譜三卷　（清）劉昌壽纂修　（清）劉肇康增修　清同治十三年（1847）抄光緒三十一年（1905）增修本　一冊

330000-4732-0000350　0350　史部 / 傳記類 / 總傳之屬 / 家乘

[浙江雲和]雲和江氏宗譜□卷　民國十一年（1922）木活字印本　一冊

330000-4732-0000351　0351　史部 / 傳記類 / 總傳之屬 / 家乘

[浙江雲和]褚氏宗譜三卷　（清）褚邦榮主修　（清）褚士春編輯　清宣統三年（1911）木活字印本　一冊

330000-4732-0000352　0352　史部 / 傳記類 / 總傳之屬 / 家乘

[浙江景寧]景甯湯氏宗譜□□卷　民國二十年（1931）木活字印本　一冊

[浙江景寧]續添劉氏宗譜不分卷　清末敬業堂抄本　一冊

330000-4732-0000319　0319　史部/傳記類/總傳之屬/家乘

[浙江景寧]葉氏宗譜不分卷　（清）張文齡纂修　清康熙四十二年（1703）稿本　一冊

330000-4732-0000320　0320　史部/傳記類/總傳之屬/家乘

[浙江景寧]坑下劉氏宗譜不分卷　清光緒二十四年（1898）抄本　一冊

330000-4732-0000321　0321　史部/傳記類/總傳之屬/家乘

[浙江雲和]豐嘉源劉氏宗譜二卷　清道光十九年（1837）惇敘堂木活字本　一冊

330000-4732-0000322　0322　史部/傳記類/總傳之屬/家乘

[浙江雲和]豐源劉氏宗譜四卷　（清）藍文蔚修纂　清光緒三十二年（1906）木活字本　四冊

330000-4732-0000323　0323　史部/傳記類/總傳之屬/家乘

[浙江雲和]木垟劉氏宗譜不分卷　劉梅順主輯　劉梅珊總理　劉廣清監理　劉連川、劉樹成協理　劉洪芝校對　王夢雲編輯　民國二十一年（1932）三六軒木活字印本　一冊

330000-4732-0000324　0324　史部/傳記類/總傳之屬/家乘

[浙江雲和]南陽郡葉氏宗譜二卷　林鍾奎承修　張銘鐫修　民國四年（1915）木活字本　二冊

330000-4732-0000325　0325　史部/傳記類/總傳之屬/家乘

[浙江雲和]南陽葉氏宗譜十卷首一卷末一卷　葉承恩主修　民國十年（1921）三六軒木活字印本　四冊

330000-4732-0000326　0326　史部/傳記類/總傳之屬/家乘

[浙江雲和]南陽葉氏宗譜十卷首一卷末一卷　葉承恩主修　民國十年（1921）三六軒木活字印本　三冊

330000-4732-0000327　0327　史部/傳記類/總傳之屬/家乘

[浙江雲和]南陽葉氏宗譜十二卷首一卷末一卷　葉承恩主修　民國十年（1921）三六軒木活字印本　一冊

330000-4732-0000328　0328　史部/傳記類/總傳之屬/家乘

[浙江景寧]葉氏續脩宗譜不分卷　（清）葉梁纂修　清嘉慶十六年（1811）抄本　一冊

330000-4732-0000329　0329　史部/傳記類/總傳之屬/家乘

[浙江景寧]南洋葉氏宗譜六卷　（清）葉德立纂修　（清）葉務津、梅有鶴校　清同治十一年（1872）抄本　一冊

330000-4732-0000330　0330　史部/傳記類/總傳之屬/家乘

[浙江雲和]葉氏宗譜二卷　（清）劉昌壽纂修　清同治七年（1868）抄本　一冊

330000-4732-0000331　0331　史部/傳記類/總傳之屬/家乘

[浙江雲和]雲章葉氏宗譜六卷　民國十七年（1928）木活字本　三冊

330000-4732-0000332　0332　史部/傳記類/總傳之屬/家乘

[浙江景寧]隆川林氏宗譜三卷　吳師祈、吳邦彥纂修　民國九年（1920）抄本　三冊

330000-4732-0000333　0333　史部/傳記類/總傳之屬/家乘

[浙江景寧]隆川林氏宗譜三卷　吳師祈、吳邦彥纂修　民國九年（1920）稿本　二冊

330000-4732-0000334　0334　史部/傳記類/總傳之屬/家乘

[浙江景寧]隆川林氏宗譜不分卷　清末抄本　一冊

（1932）季道洪抄本　一冊

330000-4732-0000299　0299　子部/宗教類/道教之屬

奏聖科書一卷　清王□真抄本　一冊

330000-4732-0000300　0300　子部/宗教類/道教之屬

粧社文書一卷　清乾隆五十三年（1788）李彥真抄本　一冊

330000-4732-0000301　0301　子部/宗教類/道教之屬

收曬書一卷　清末抄本　一冊

330000-4732-0000302　0302　子部/宗教類/道教之屬

設醮接太子玄科一卷　清光緒二十四年（1898）梅定真抄本　一冊

330000-4732-0000303　0303　子部/宗教類/道教之屬

收瘟造落垟城造舡書一卷　清嘉慶十六年（1811）吳法應抄本　一冊

330000-4732-0000304　0304　子部/宗教類/道教之屬

煉度羽化文書式一卷　民國張玉正抄本　一冊

330000-4732-0000305　0305　子部/宗教類/道教之屬

拔傷科一卷　民國二十五年（1936）林法揚抄本　一冊

330000-4732-0000306　0306　子部/宗教類/道教之屬

遁香爐科一卷　民國十二年（1923）吳德興抄本　一冊

330000-4732-0000307　0307　子部/宗教類/道教之屬

治顛法文一卷　清抄本　一冊

330000-4732-0000308　0308　子部/宗教類/道教之屬

起神投法書一卷　清光緒十四年（1888）吳讚英抄本　一冊

330000-4732-0000309　0309　子部/宗教類/道教之屬

打綿繩法書一卷　清光緒十二年（1886）林徐妹抄本　一冊

330000-4732-0000310　0310　子部/宗教類/道教之屬

清醮綱目一卷　清同治十一年（1872）鄭元真抄本　一冊

330000-4732-0000311　0311　子部/宗教類/道教之屬

做醮移星鮮厄大吉利科文一卷　清光緒十四年（1888）雷震利抄本　一冊

330000-4732-0000312　0312　子部/宗教類/道教之屬

灶墩設醮科一卷　清項法□抄本　一冊

330000-4732-0000313　0313　子部/宗教類/道教之屬

騎門清醮科一卷　清光緒三十一年（1905）鄭誠真抄本　一冊

330000-4732-0000314　0314　子部/宗教類/道教之屬

打逼師臺床金鍾水晶石匣穿山等項法書一卷　清嘉慶四年（1799）李新穆抄本　一冊

330000-4732-0000315　0315　史部/傳記類/總傳之屬/家乘

[浙江龍泉]劉氏家譜不分卷　明崇禎抄本　一冊

330000-4732-0000316　0316　史部/傳記類/總傳之屬/家乘

[浙江景寧]山棗坑劉氏宗譜不分卷　劉祖寬、吳葆元纂輯　民國四年（1915）抄本　一冊

330000-4732-0000317　0317　史部/傳記類/總傳之屬/家乘

[浙江景寧]葛山劉氏宗譜四卷　（清）林森纂修　清光緒十年（1884）木活字本　四冊

330000-4732-0000318　0318　史部/傳記類/總

教之屬

扞牢獄法書一卷　民國十九年季道洪抄本　一册

330000-4732-0000280　0276　子部/宗教類/道教之屬

靈寶供王玄科一卷　清光緒十六年（1890）吳長城抄本　一册

330000-4732-0000281　0281　子部/宗教類/道教之屬

度星禳災蓋宮科書一卷　清光緒十九年（1893）抄本　一册

330000-4732-0000282　0282　子部/宗教類/道教之屬

諸神諸仸神呪全科一卷　清光緒四年（1878）陳海松抄本　一册

330000-4732-0000283　0283　子部/宗教類/道教之屬

太上靈寶冶煉座頭斛科一卷　清乾隆五十一年（1786）吳得真抄本　一册

330000-4732-0000284　0284　子部/宗教類/道教之屬

禳星表一卷　清抄本　一册

330000-4732-0000285　0285　子部/宗教類/道教之屬

勅水畫符掃瘋法書一卷　民國十九年（1930）季道洪抄本　一册

330000-4732-0000286　0286　子部/宗教類/道教之屬

靈寶血湖燈科一卷　民國季成真抄本　一册

330000-4732-0000287　0287　子部/宗教類/道教之屬

第一夜五苦燈科一卷　清光緒六年（1880）季普真抄本　一册

330000-4732-0000288　0288　子部/宗教類/道教之屬

太上祈□水宮科一卷　民國吳應真抄本　一册

330000-4732-0000289　0289　子部/宗教類/道教之屬

雷祖玉樞靈祖破膽經一卷　民國抄本　一册

330000-4732-0000290　0290　子部/宗教類/道教之屬

鎮妖符式一卷　民國十九年（1930）季道鴻抄本　一册

330000-4732-0000291　0291　子部/宗教類/道教之屬

靈寶地獄懺一卷　民國七年（1918）吳應真抄本　一册

330000-4732-0000292　0292　子部/宗教類/道教之屬

鎖黃泉秘法一卷　民國朱景亮抄本　一册

330000-4732-0000293　0293　子部/宗教類/道教之屬

雜項法書一卷　民國二十四年（1935）季景翔抄本　一册

330000-4732-0000294　0294　子部/宗教類/道教之屬

九經書一卷　清咸豐十年（1860）周繼豐抄本　一册

330000-4732-0000295　0295　子部/宗教類/道教之屬

釣樓妙法一卷　民國二十六年（1937）季景翔抄本　一册

330000-4732-0000296　0296　子部/宗教類/道教之屬

求雨法書一卷　清乾隆五十一年（1786）李彥真抄本　一册

330000-4732-0000297　0297　子部/宗教類/道教之屬

太上玄靈北斗本命延生真經一卷　清陳□□抄本　一册

330000-4732-0000298　0298　子部/宗教類/道教之屬

伏龍安土宅謝土真科一卷　民國二十一年

本　一册

330000-4732-0000261　0273　子部 / 宗教類 / 道教之屬

造舡科書一卷　清光緒十四年（1888）吳法盛抄本　一册

330000-4732-0000262　0253　子部 / 宗教類 / 道教之屬

雜項便用金書一卷　民國三十一年（1932）季景翔抄本　一册

330000-4732-0000263　0254　子部 / 宗教類 / 道教之屬

蘭盆誠意一卷　民國三十九年（1950）吳應真抄本　一册

330000-4732-0000264　0255　子部 / 宗教類 / 道教之屬

太上正一祈禳水宮科一卷　清乾隆五十一年（1786）吳得真抄本　一册

330000-4732-0000265　0256　子部 / 宗教類 / 道教之屬

報本申天招亡科一卷　清光緒十九年（1893）吳法盛抄本　一册

330000-4732-0000266　0257　子部 / 宗教類 / 道教之屬

靈寶申發科一卷　民國三十四年（1945）吳思□抄本　一册

330000-4732-0000267　0274　子部 / 宗教類 / 道教之屬

梨園疏式一卷　清光緒二十四年（1898）陳一真抄本　一册

330000-4732-0000268　0275　子部 / 宗教類 / 道教之屬

送星白虎科一卷　民國二十六年（1937）吳應真抄本　一册

330000-4732-0000269　0277　子部 / 宗教類 / 道教之屬

放赦科一卷　清末李德真抄本　一册

330000-4732-0000270　0278　子部 / 宗教類 / 道教之屬

亡師故過九宮科書一卷　清光緒二十年（1894）項法榮抄本　一册

330000-4732-0000271　0279　子部 / 宗教類 / 道教之屬

召神虎白一卷　民國二十四年（1935）季景翔抄本　一册

330000-4732-0000272　0266　子部 / 宗教類 / 道教之屬

靈寶延生收妖玄科一卷　民國四年（1915）林亨真抄本　一册

330000-4732-0000273　0267　子部 / 宗教類 / 道教之屬

奏名三十六戒書一卷　清宣統三年（1911）吳法盛抄本　一册

330000-4732-0000274　0268　子部 / 宗教類 / 道教之屬

靈寶溟滓斛文一卷　清乾隆二十年（1755）樹松林抄本　一册

330000-4732-0000275　0269　子部 / 宗教類 / 道教之屬

起落馬醮科一卷　民國三十三年（1944）季道洪抄本　一册

330000-4732-0000276　0270　子部 / 宗教類 / 道教之屬

借兵表式一卷　民國二十三年（1934）季成真抄本　一册

330000-4732-0000277　0271　子部 / 宗教類 / 道教之屬

東嶽寶懺一卷　清張福倉抄本　一册

330000-4732-0000278　0272　子部 / 宗教類 / 道教之屬

造船法書科一卷　清光緒七年（1881）張元真抄本　一册

330000-4732-0000279　0280　子部 / 宗教類 / 道

本靖玄帝進壇醮科一卷　民國二十二年（1933）季成真抄本　一冊

330000-4732-0000242　0242　子部/宗教類/道教之屬

老人經本一卷　一九六五年蘭作屏抄本　一冊

330000-4732-0000243　0243　子部/宗教類/道教之屬

誠意家先簿一卷　民國二十五年（1936）季守真抄本　一冊

330000-4732-0000244　0244　子部/宗教類/道教之屬

靈寶大衍燈卷四十九願科一卷　民國三十五年（1946）季景翔抄本　一冊

330000-4732-0000245　0245　子部/宗教類/道教之屬

靈寶脫朝宿啓科一卷　清嘉慶二十五年（1820）葉方朋抄本　一冊

330000-4732-0000246　0246　子部/宗教類/道教之屬

上卷甲子歌一卷　民國二十六年（1937）雷正森抄本　一冊

330000-4732-0000247　0247　子部/宗教類/道教之屬

收各瘟書一卷　清嘉慶四年（1799）劉顯真抄本　一冊

330000-4732-0000248　0248　子部/宗教類/道教之屬

星辰保懺一卷　清吳旺真抄本　一冊

330000-4732-0000249　0249　子部/宗教類/道教之屬

斷瘟細法一卷　清嘉慶十七年（1812）季廷光抄本　一冊

330000-4732-0000250　0250　子部/宗教類/道教之屬

大演洫湖燈科書一卷　清光緒十二年（1886）季可倉抄本　一冊

330000-4732-0000251　0251　子部/宗教類/道教之屬

晚朝頒赦科一卷　清同治二年（1863）葉明真抄本　一冊

330000-4732-0000252　0252　子部/宗教類/道教之屬

鎮妖遷竹科一卷　清盧法盛抄本　一冊

330000-4732-0000253　0258　子部/宗教類/道教之屬

天師懺科一卷　民國三十三年（1844）季景翔抄本　一冊

330000-4732-0000254　0259　子部/宗教類/道教之屬

祈福清醮度星科一卷　清光緒三十二年（1906）吳德興抄本　一冊

330000-4732-0000255　0260　子部/宗教類/佛教之屬

掃風書一卷　民國三十五年（1936）藍法旺抄本　一冊

330000-4732-0000256　0261　子部/宗教類/道教之屬

靈寶滌穢真科一卷　清光緒八年（1882）葉武魁抄本　一冊

330000-4732-0000257　0262　子部/宗教類/道教之屬

謝火醮科一卷　民國二十一年（1932）季道洪抄本　一冊

330000-4732-0000258　0263　子部/宗教類/道教之屬

太上慈悲水懺三卷　清抄本　一冊

330000-4732-0000259　0264　子部/宗教類/道教之屬

送星醮科一卷　民國抄本　一冊

330000-4732-0000260　0265　子部/宗教類/道教之屬

三讓正科一卷　民國十八年（1929）吳太起抄

330000-4732-0000222　0222　子部/宗教類/道教之屬

表式一卷　清宣統三年（1911）季道璠抄本　一冊

330000-4732-0000223　0223　子部/宗教類/道教之屬

武教通兵變臺科一卷　民國王吉真抄本　一冊

330000-4732-0000224　0224　子部/宗教類/道教之屬

各項表章式一卷　民國二十六年（1937）季景翔抄本　一冊

330000-4732-0000225　0225　子部/宗教類/道教之屬

靈寶通衢上堂變煉科一卷　民國吳應真抄本　一冊

330000-4732-0000226　0226　子部/宗教類/道教之屬

早朝科一卷　民國十九年（1930）張玉正抄本　一冊

330000-4732-0000227　0227　子部/宗教類/道教之屬

借天兵書一卷　民國元年（1912）張玉正抄本　一冊

330000-4732-0000228　0228　子部/宗教類/道教之屬

鍊度表一卷　民國三十三年（1944）季道洪抄本　一冊

330000-4732-0000229　0229　子部/宗教類/道教之屬

諱字收瘟斷妖符科一卷　民國十三年（1924）吳法元抄本　一冊

330000-4732-0000230　0230　子部/宗教類/道教之屬

祈禳過關科書一卷　民國林法揚抄本　一冊

330000-4732-0000231　0231　子部/宗教類/道教之屬

護降書一卷　一九六三年闕祖德抄本　一冊

330000-4732-0000232　0232　子部/宗教類/道教之屬

七序施解書一卷　民國二十四年（1935）季景翔抄本　一冊

330000-4732-0000233　0233　子部/宗教類/道教之屬

誠意簿一卷　民國三十六年（1947）季道洪抄本　一冊

330000-4732-0000234　0234　子部/宗教類/道教之屬

收捉軍令法放收魂收兵全部一卷　民國藍法旺抄本　一冊

330000-4732-0000235　0235　子部/宗教類/道教之屬

祈雨醮科一卷　民國抄本　一冊

330000-4732-0000236　0236　子部/宗教類/道教之屬

出外祈赦玄科一卷　清抄本　一冊

330000-4732-0000237　0237　子部/宗教類/道教之屬

靈寶滌穢建壇玄科一卷　民國三十四年（1945）吳應真抄本　一冊

330000-4732-0000238　0238　子部/宗教類/道教之屬

迎仙出宮歸宮正科一卷　清乾隆三十八年（1773）吳元真抄本　一冊

330000-4732-0000239　0239　子部/宗教類/道教之屬

第三夜科書一卷　清咸豐十年（1860）潘大庫抄本　一冊

330000-4732-0000240　0240　子部/宗教類/道教之屬

關文總錄一卷　清嘉慶二十年（1815）葉全真抄本　一冊

330000-4732-0000241　0241　子部/宗教類/道教之屬

抄本　一册

330000-4732-0000203　0203　子部/宗教類/道教之屬

青玄赦書一卷　民國抄本　一册

330000-4732-0000204　0204　子部/宗教類/道教之屬

靈寶答醮玄科一卷　清葉元增抄本　一册

330000-4732-0000205　0205　子部/宗教類/道教之屬

安灶經科一卷　清抄本　一册

330000-4732-0000206　0206　子部/宗教類/道教之屬

三十六傷科一卷　清乾隆十年（1745）李元翔抄本　一册

330000-4732-0000207　0207　子部/宗教類/道教之屬

十王表一卷　民國吳應真抄本　一册

330000-4732-0000208　0208　子部/宗教類/道教之屬

諸品表式一卷　民國十三年（1924）商法真抄本　一册

330000-4732-0000209　0209　子部/宗教類/道教之屬

離床懺科一卷　民國二十年（1931）季道洪抄本　一册

330000-4732-0000210　0210　子部/宗教類/道教之屬

馬佛醮科式一卷　民國三十七年（1948）張玉正抄本　一册

330000-4732-0000211　0211　子部/宗教類/道教之屬

遮身法書一卷　民國九年（1920）林亨真抄本　一册

330000-4732-0000212　0212　子部/宗教類/道教之屬

祈雨奏章變樓語一卷　清道光三十年（1850）張廷蘭抄本　一册

330000-4732-0000213　0213　子部/宗教類/道教之屬

□□鮮究法書一卷　清乾隆七年（1742）葉法仁抄本　一册

330000-4732-0000214　0214　子部/宗教類/道教之屬

做醮法書一卷　清光緒十二年（1886）雷法漾抄本　一册

330000-4732-0000215　0215　子部/宗教類/道教之屬

靈寶祈赦科一卷　民國三十四年（1945）吳應真抄本　一册

330000-4732-0000216　0216　子部/宗教類/道教之屬

太上靈寶補謝竈王妙經一卷　清光緒十四年（1888）陳法成抄本　一册

330000-4732-0000217　0217　子部/宗教類/道教之屬

開燈關燈起煞關召魂碟式一卷　民國二十五年（1936）商昌郁抄本　一册

330000-4732-0000218　0218　子部/宗教類/道教之屬

靈寶亡生共填庫科一卷　清光緒二十四年（1898）陳和叔抄本　一册

330000-4732-0000219　0219　子部/宗教類/道教之屬

發符真科一卷　清光緒十年（1884）陳法成抄本　一册

330000-4732-0000220　0220　子部/宗教類/道教之屬

迎神請祭法書一卷　清抄本　一册

330000-4732-0000221　0221　子部/宗教類/道教之屬

梨園疏式一卷　清光緒三十年（1904）吳應真抄本　一册

五十三年（1788）李新泰抄本　一册

330000-4732-0000183　0183　子部/宗教類/道教之屬

藏身禁房變花圓法書一卷　清宣統元年（1909）張玉正抄本　一册

330000-4732-0000184　0184　子部/宗教類/道教之屬

酹陳夫人醮科一卷　清抄本　一册

330000-4732-0000185　0185　子部/宗教類/道教之屬

誠意簿一卷　民國二十一年（1932）劉守真抄本　一册

330000-4732-0000186　0186　子部/宗教類/道教之屬

誠意簿一卷　民國三十五年（1946）季成真抄本　一册

330000-4732-0000187　0187　子部/宗教類/道教之屬

變殿踏壇法書一卷　民國二十八年（1939）梅金龍抄本　一册

330000-4732-0000188　0188　子部/宗教類/道教之屬

使公頭書一卷　清末抄本　一册

330000-4732-0000189　0189　子部/宗教類/道教之屬

封條神諱簿一卷　民國盧法顯抄本　一册

330000-4732-0000190　0190　子部/宗教類/道教之屬

度星疏式一卷　清吳世琰抄本　一册

330000-4732-0000191　0191　子部/宗教類/道教之屬

度星疏式一卷　民國吳應真抄本　一册

330000-4732-0000192　0192　子部/宗教類/道教之屬

道法秘想金書一卷　民國二十一年（1932）季道洪抄本　一册

330000-4732-0000193　0193　子部/宗教類/道教之屬

雜覽法書符諱總本簿一卷　清光緒三年（1877）徐應真抄本　一册

330000-4732-0000194　0194　子部/宗教類/道教之屬

雜塔塔詩一卷　清同治十一年（1872）吳思緒抄本　一册

330000-4732-0000195　0195　子部/宗教類/道教之屬

斬長蛇法書一卷　民國抄本　一册

330000-4732-0000196　0196　子部/宗教類/道教之屬

地獄寶經一卷　民國抄本　一册

330000-4732-0000197　0197　子部/宗教類/道教之屬

灶醮誠意一卷　民國十五年（1926）吳應清抄本　一册

330000-4732-0000198　0198　子部/宗教類/道教之屬

下卷甲子歌一卷　清光緒二十年（1894）藍新青抄本　一册

330000-4732-0000199　0199　子部/宗教類/道教之屬

上堂啓聖玄科一卷　清光緒元年（1875）葉全真抄本　一册

330000-4732-0000200　0200　子部/宗教類/道教之屬

北斗延生醮燈科一卷　清盧法盛抄本　一册

330000-4732-0000201　0201　子部/宗教類/道教之屬

靈寶告斗醮科一卷　清同治十一年（1872）抄本　一册

330000-4732-0000202　0202　子部/宗教類/道教之屬

南昌鍊度真科一卷　清光緒二年（1876）項紹章

九幽懺科一卷　清季成真抄本　一冊

330000-4732-0000163　0163　子部 / 宗教類 / 道教之屬

樓頭噉借兵願訣科一卷　清光緒三十二年（1906）吳法盛抄本　一冊

330000-4732-0000164　0164　子部 / 宗教類 / 道教之屬

默想細法金書一卷　民國二十三年（1934）季成真抄本　一冊

330000-4732-0000165　0165　子部 / 宗教類 / 道教之屬

打綿繩法書一卷　清咸豐十年（1860）翁永讓抄本　一冊

330000-4732-0000166　0166　子部 / 宗教類 / 道教之屬

太上三五都功經籙一卷　清吳旺真抄本　一冊

330000-4732-0000167　0167　子部 / 宗教類 / 道教之屬

武教接聖科一卷　清光緒十年（1884）柳法明抄本　一冊

330000-4732-0000168　0168　子部 / 宗教類 / 道教之屬

度亡血湖懺三卷　清道光二十一年（1841）林法金抄本　一冊

330000-4732-0000169　0169　子部 / 宗教類 / 道教之屬

開赦書一卷開赦科後預修祝壽語一卷　民國三十二年（1943）季景翔抄本　一冊

330000-4732-0000170　0170　子部 / 宗教類 / 道教之屬

借天兵科書一卷　民國彭法隆抄本　一冊

330000-4732-0000171　0179　子部 / 宗教類 / 道教之屬

做五續繞樓造壇科全本一卷　清光緒二十六年（1900）陳法成抄本　一冊

330000-4732-0000172　0172　子部 / 宗教類 / 道教之屬

戰□法書一卷　民國盧法盛抄本　一冊

330000-4732-0000173　0173　子部 / 宗教類 / 道教之屬

廬山正教坐靖合炁存神書一卷　民國季成真抄本　一冊

330000-4732-0000174　0174　子部 / 宗教類 / 道教之屬

造街尤科一卷　清抄本　一冊

330000-4732-0000175　0175　子部 / 宗教類 / 道教之屬

火醮誠意一卷　民國二十三年（1934）吳應真抄本　一冊

330000-4732-0000176　0176　子部 / 宗教類 / 道教之屬

請神佛一卷　民國二十八年（1939）彭明標抄本　一冊

330000-4732-0000177　0177　子部 / 宗教類 / 道教之屬

變爐科一卷　清抄本　一冊

330000-4732-0000178　0178　子部 / 宗教類 / 道教之屬

打入門法書一卷　清翁道真抄本　一冊

330000-4732-0000179　0171　子部 / 宗教類 / 道教之屬

打入門一卷　民國二十二年（1933）抄本　一冊

330000-4732-0000180　0180　子部 / 宗教類 / 道教之屬

度關金書法科一卷　民國四年（1915）林亨真抄本　一冊

330000-4732-0000181　0181　子部 / 宗教類 / 道教之屬

破獄法書一卷　民國抄本　一冊

330000-4732-0000182　0182　子部 / 宗教類 / 道教之屬

做三界五臺九樓七塔召師文書一卷　清乾隆

（1868）陳法成抄本　一册

330000-4732-0000143　0143　子部 / 宗教類 / 道教之屬

伏龍醮科一卷　一九五〇年季景翔抄本　一册

330000-4732-0000144　0144　子部 / 宗教類 / 道教之屬

奏妖章表一卷　清道光十二年（1832）盧法顯抄本　一册

330000-4732-0000145　0145　子部 / 宗教類 / 道教之屬

靈寶坐晴玄科一卷　清末王成真抄本　一册

330000-4732-0000146　0146　子部 / 宗教類 / 道教之屬

靈寶天皇醮科一卷　清康熙四十一年（1776）嚴達昉抄本　一册

330000-4732-0000147　0147　子部 / 宗教類 / 道教之屬

首夜關燈科一卷　民國十三年（1924）林王新抄本　一册

330000-4732-0000148　0148　子部 / 宗教類 / 道教之屬

靈寶血湖懺一卷　民國二十二年（1933）吳應真抄本　一册

330000-4732-0000149　0149　子部 / 宗教類 / 道教之屬

靈寶通衢上堂變煉科一卷　清光緒二十四年（1898）吳長城抄本　一册

330000-4732-0000150　0150　子部 / 宗教類 / 道教之屬

散念書一卷　清光緒十七年（1891）楊紹崧抄本　一册

330000-4732-0000151　0151　子部 / 宗教類 / 道教之屬

祈福清竈度星科一卷　清光緒十八年（1892）抄本　一册

330000-4732-0000152　0152　子部 / 宗教類 / 道教之屬

水晶宮玄科一卷　清末林悟真抄本　一册

330000-4732-0000153　0153　子部 / 宗教類 / 道教之屬

諸天右班科一卷　清光緒吳旺真抄本　一册

330000-4732-0000154　0154　子部 / 宗教類 / 道教之屬

靈寶右諸天班科一卷　清光緒吳旺真抄本　一册

330000-4732-0000155　0155　子部 / 宗教類 / 道教之屬

度星表關牒疏式一卷　清光緒吳盛真抄本　一册

330000-4732-0000156　0156　子部 / 宗教類 / 道教之屬

鎮妖招將判案書一卷　清光緒十五年（1889）吳法盛抄本　一册

330000-4732-0000157　0157　子部 / 宗教類 / 道教之屬

懺諸天書一卷　清道光十二年（1886）吳法應抄本　一册

330000-4732-0000158　0158　子部 / 宗教類 / 道教之屬

造鮮尤科本一卷　民國三十七年（1948）吳盛長抄本　一册

330000-4732-0000159　0159　子部 / 宗教類 / 道教之屬

倒煉甲拔鬼劍科一卷　清光緒十七年（1891）吳昌林抄本　一册

330000-4732-0000160　0160　子部 / 宗教類 / 道教之屬

吉祥醮科一卷　民國四年（1915）季登真抄本　一册

330000-4732-0000161　0161　子部 / 宗教類 / 道教之屬

延生送星科書一卷　清抄本　一册

330000-4732-0000162　0162　子部 / 宗教類 / 道教之屬

教之屬

打奈橋書一卷　清乾隆五十八年（1793）葉顯真抄本　一冊

330000-4732-0000124　0122　子部/宗教類/道教之屬

縛神童科一卷　民國二十三年（1934）王吉真抄本　一冊

330000-4732-0000125　0123　子部/宗教類/道教之屬

天醫院真科一卷　清乾隆四十三年（1778）潘貴抄本　一冊

330000-4732-0000126　0124　子部/宗教類/道教之屬

靈寶下廚科一卷　清乾隆四十四年（1779）季李富抄本　一冊

330000-4732-0000127　0132　子部/宗教類/道教之屬

訣詩書一卷　清末李寶豐抄本　一冊

330000-4732-0000128　0133　子部/宗教類/道教之屬

欄街上堂變食請聖科一卷　清嘉慶李葉明抄本　一冊

330000-4732-0000129　0134　子部/宗教類/道教之屬

早朝科一卷　民國二十六年（1937）季道洪抄本　一冊

330000-4732-0000130　0135　子部/宗教類/道教之屬

清醮綱目一卷　明天啟二年（1622）抄本　一冊

330000-4732-0000131　0136　子部/宗教類/道教之屬

做觧結科一卷　民國九年（1920）陳一真抄本　一冊

330000-4732-0000132　0137　子部/宗教類/道教之屬

太上過關科大全一卷　清吳旺真抄本　一冊

330000-4732-0000133　0138　子部/宗教類/道教之屬

做□書一卷　清宣統二年（1910）藍新清抄本　一冊

330000-4732-0000134　0127　子部/宗教類/道教之屬

靈觀大帝醮流霞醮科一卷　清同治元年（1862）抄本　一冊

330000-4732-0000135　0128　子部/宗教類/道教之屬

收瘟請法立坦科書一卷　清抄本　一冊

330000-4732-0000136　0129　子部/宗教類/道教之屬

靈寶諾宣欵玄科一卷　清抄本　一冊

330000-4732-0000137　0130　子部/宗教類/道教之屬

敢宮疏試一卷　清抄本　一冊

330000-4732-0000138　0131　子部/宗教類/道教之屬

外面再録奏安廟玄科一卷　清乾隆五十四年（1789）嚴法行抄本　一冊

330000-4732-0000139　0139　子部/宗教類/道教之屬

請仸書一卷　清光緒二十八年（1902）朱鴻真抄本　一冊

330000-4732-0000140　0140　子部/宗教類/道教之屬

打金鐘法書一卷　民國二十五年（1936）季景翔抄本　一冊

330000-4732-0000141　0141　子部/宗教類/道教之屬

祈門醮一卷　民國三十六年（1947）王吉真抄本　一冊

330000-4732-0000142　0142　子部/宗教類/道教之屬

太上血湖真經□罪妙懺一卷　清同治七年

教之屬

申發科一卷 清光緒二十五年（1899）吳長城抄本 一册

330000-4732-0000105　0105　子部/宗教類/道教之屬

星辰寶懺一卷 民國二十九年（1940）吳應真抄本 一册

330000-4732-0000106　0106　子部/宗教類/道教之屬

況聖語一卷 民國徐增享抄本 一册

330000-4732-0000107　0107　子部/宗教類/道教之屬

結界請四聖科一卷 清吳旺真抄本 一册

330000-4732-0000108　0108　子部/宗教類/道教之屬

次夜關燈科一卷 清光緒二十二年（1896）陳法成抄本 一册

330000-4732-0000109　0109　子部/宗教類/道教之屬

文堂科書一卷 民國十五年（1926）吳法亮抄本 一册

330000-4732-0000110　0110　子部/宗教類/道教之屬

金書少科存法一卷 清吳旺真抄本 一册

330000-4732-0000111　0111　子部/宗教類/道教之屬

三界醮設諸天願科一卷 民國三十一年（1942）張玉正抄本 一册

330000-4732-0000112　0112　子部/宗教類/道教之屬

玉樞六根血湖懺科一卷 民國三十二年（1943）季道洪抄本 一册

330000-4732-0000113　0113　子部/宗教類/道教之屬

灶醮誠意一卷 民國二十六年（1937）吳應真抄本 一册

330000-4732-0000114　0114　子部/宗教類/道教之屬/經文

天緣經一卷 民國二十九年（1940）張永昌抄本 一册

330000-4732-0000115　0115　子部/宗教類/道教之屬

祈雨吊樓醮科一卷 民國二十六年（1937）季景翔抄本 一册

330000-4732-0000116　0116　子部/宗教類/道教之屬

七夕慶賀玄科一卷 清乾隆五十九年（1794）林增元抄本 一册

330000-4732-0000117　0117　子部/宗教類/道教之屬

靈寶滌穢建壇玄科一卷 清光緒二十四年（1898）吳長城抄本 一册

330000-4732-0000118　0118　子部/宗教類/道教之屬/經文

九經書一卷 清道光二十七（1901）年藍新玉抄本 一册

330000-4732-0000119　0119　子部/宗教類/道教之屬

水蓋宮真科一卷 清梅定真抄本 一册

330000-4732-0000120　0120　子部/宗教類/道教之屬

拔傷表三十六告式生王預修表一卷 民國抄本 一册

330000-4732-0000121　0125　子部/宗教類/道教之屬

關牒疏式一卷 清光緒七年（1881）吳世琰抄本 一册

330000-4732-0000122　0126　子部/宗教類/道教之屬

普唵祖師咒一卷 清道光五年（1825）王法興抄本 一册

330000-4732-0000123　0121　子部/宗教類/道

抄本　一册

330000-4732-0000085　0081　子部 / 宗教類 / 道教之屬

挼撮二十八宿星度歌訣一卷　清光緒十六年（1890）陳正軒抄本　一册

330000-4732-0000086　0082　子部 / 宗教類 / 道教之屬

靈寶清醮玄科一卷　清光緒元年（1875）吳旺真誠心堂抄本　一册

330000-4732-0000087　0083　子部 / 宗教類 / 道教之屬

功德焰口真科一卷　清陳法成抄本　一册

330000-4732-0000088　0088　子部 / 宗教類 / 道教之屬

清醮發奏科一卷　清嘉慶二十四年（1819）吳顯真抄本　一册

330000-4732-0000089　0089　子部 / 宗教類 / 道教之屬

祈禳過關科書一卷　清同治四年（1865）洪法進抄本　一册

330000-4732-0000090　0090　子部 / 宗教類 / 道教之屬

統覽功德章一卷　民國三十七（1948）年張玉正抄本　一册

330000-4732-0000091　0091　子部 / 宗教類 / 道教之屬

壽林日求一卷　民國抄本　一册

330000-4732-0000092　0095　子部 / 宗教類 / 道教之屬

答款獻疏一卷　清光緒八年（1882）陳法真抄本　一册

330000-4732-0000093　0096　子部 / 宗教類 / 道教之屬

打九樓法書一卷　民國二十年（1931）季道洪抄本　一册

330000-4732-0000094　0092　子部 / 宗教類 / 道教之屬

求晴雨牒謝雨設醮式一卷　清道光何火法抄本　一册

330000-4732-0000095　0093　子部 / 宗教類 / 道教之屬

攔街清醮供王科一卷　清道光十五年（1835）葉葵秀抄本　一册

330000-4732-0000096　0094　子部 / 宗教類 / 道教之屬

諸天左班科一卷　清吳旺真抄本　一册

330000-4732-0000097　0101　子部 / 宗教類 / 道教之屬

奏聖借兵法書一卷　清抄本　一册

330000-4732-0000098　0102　子部 / 宗教類 / 道教之屬

論宅開門放水經拆水進益斷訣一卷　清光緒二十八年（1902）雷震聲抄三十四年（1908）藍新清補抄本　一册

330000-4732-0000099　0103　子部 / 宗教類 / 道教之屬

度星疏式一卷　民國吳應真抄本　一册

330000-4732-0000100　0097　子部 / 宗教類 / 道教之屬

三官寶經一卷　民國十七年（1928）抄本　一册

330000-4732-0000101　0098　子部 / 宗教類 / 道教之屬

太上說三官經一卷　清抄本　一册

330000-4732-0000102　0099　子部 / 宗教類 / 道教之屬 / 經文

經本一卷　清光緒二十三年（1897）雷元京抄本　一册

330000-4732-0000103　0100　子部 / 宗教類 / 道教之屬

召魂牒靈寶玄壇一卷　清光緒七年（1881）吳龍興抄本　一册

330000-4732-0000104　0104　子部 / 宗教類 / 道

330000-4732-0000066　0066　子部/宗教類/道教之屬

煉火接神法書一卷　清光緒十年（1884）李根琴抄本　一冊

330000-4732-0000067　0067　子部/宗教類/道教之屬

早午二朝科一卷　清光緒二十一年（1895）季道產抄本　一冊

330000-4732-0000068　0068　子部/宗教類/道教之屬

天師懺科書一卷　民國二年（1913）張玉正抄本　一冊

330000-4732-0000069　0069　子部/宗教類/道教之屬

欄街表簿一卷　清宣統抄本　一冊

330000-4732-0000070　0070　子部/宗教類/道教之屬

水宮式一卷　清道光九年（1829）抄本　一冊

330000-4732-0000071　0071　子部/宗教類/道教之屬

水宮符過関疏式誠意科一卷　清乾隆五十一年（1786）吳得真抄本　一冊

330000-4732-0000072　0075　子部/宗教類/道教之屬

誠意一卷　清嘉慶十九年（1814）徐輝山抄本　一冊

330000-4732-0000073　0076　子部/宗教類/道教之屬

請卦書一卷　民國三十三年（1944）季景翔抄本　一冊

330000-4732-0000074　0077　子部/宗教類/道教之屬

供王進表玄科一卷　清吳顯真抄本　一冊

330000-4732-0000075　0078　子部/宗教類/道教之屬

流霞醮科一卷　民國三十六年（1947）季景翔抄本　一冊

330000-4732-0000076　0072　子部/宗教類/道教之屬

太上靈寶治煉座頭斛科一卷　清光緒十一年（1885）林道貞抄本　一冊

330000-4732-0000077　0073　子部/宗教類/道教之屬/神符

靈寶諸品符圖一卷　民國二十五年（1936）季景翔抄本　一冊

330000-4732-0000078　0074　子部/宗教類/道教之屬

諸品醮科一卷　民國二十五年（1936）季景翔抄本　一冊

330000-4732-0000079　0084　子部/宗教類/道教之屬

過關科書一卷　清咸豐七年（1857）陳法耀抄本　一冊

330000-4732-0000080　0085　子部/宗教類/道教之屬

功德符告疏式一卷　清光緒二十四年（1898）抄本　一冊

330000-4732-0000081　0086　子部/宗教類/道教之屬

廟靈經書一卷　清嘉慶十六年（1811）藍氏抄本　一冊

330000-4732-0000082　0087　子部/宗教類/道教之屬

看怪書一卷　民國三十七年（1948）雷振亮抄本　一冊

330000-4732-0000083　0079　子部/宗教類/道教之屬

靈寶延生度關法科一卷　民國三年（1914）林明真抄本　一冊

330000-4732-0000084　0080　子部/宗教類/道教之屬

送星科書一卷　清光緒十一年（1885）吳法盛

韓范評點　民國石印本　四册

330000-4732-0000049　0049　經部/小學類/文字之屬/說文/傳說

說文解字三十二卷　（清）段玉裁注　**說文提要一卷**　陳建侯述　**說文通檢十四卷首一卷末一卷**　（清）黎永椿編　民國十五年（1926）上海掃葉山房影印本　十三册

330000-4732-0000050　0048　經部/春秋左傳類/傳說之屬

春秋左傳五十卷　（遼）杜預註釋　（宋）林堯叟註釋　（唐）陸德明音義　（明）鍾惺、孫鑛、韓范評點　清刻本　十一册

330000-4732-0000051　0051　經部/春秋左傳類/傳說之屬

春秋左傳杜注三十卷　（清）姚培謙撰　清刻本　八册

330000-4732-0000052　0052　經部/春秋左傳類

如酉所刻諸名家評點春秋綱目左傳句解彙雋六卷　（清）韓葵重訂　清刻本　一册

330000-4732-0000053　0053　史部/紀傳類/正史之屬

前漢書一百卷　（漢）班固撰　（唐）顏師古注　清光緒三十一年（1905）上海久敬齋石印本　十册

330000-4732-0000054　0054　史部/叢編

欽定二十四史（存二種）　清光緒三十一年（1905）上海久敬齋石印本　十五册

330000-4732-0000055　0055　經部/春秋左傳類

左傳菁華錄二十四卷　（清）吳曾祺評注　民國商務印書館鉛印本　四册

330000-4732-0000056　0056　經部/春秋左傳類

太史張天如詳節春秋綱目句解左傳彙雋六卷　（明）張溥撰　清刻本　二册

330000-4732-0000057　0058　史部/編年類/通代之屬

御批歷代通鑑輯覽一百二十卷　（清）傅恒等撰　清光緒三十年（1904）上海錦章書局石印本　二十三册

330000-4732-0000058　0059　史部/紀傳類/正史之屬

史記一百三十卷　（漢）司馬遷撰　（南朝宋）裴駰集解　（唐）司馬貞索隱　（唐）張守節正義　明刻本　一册

330000-4732-0000059　0060　史部/叢編

欽定二十四史（存一種）　清光緒二十八年（1902）上海文瀾書局石印本　四册

330000-4732-0000060　0061　子部/醫家類/方書之屬/單方驗方

驗方新編□卷　清刻本　一册

330000-4732-0000061　0062　史部/紀傳類/正史之屬

史記一百三十卷　（漢）司馬遷撰　（南朝宋）裴駰集解　（唐）司馬貞索隱　（唐）張守節正義　清光緒十四年（1888）上海蜚英館石印本　十二册

330000-4732-0000062　0050　經部/小學類/文字之屬/說文/傳說

說文解字□□卷　（清）段玉裁注　民國影印本　一册

330000-4732-0000063　0063　集部/總集類/選集之屬

無錫國學專修館文集初編四卷　無錫國學專修館編　民國十二年（1923）無錫國學專修館鉛印本　四册

330000-4732-0000064　0064　集部/總集類/選集之屬

無錫國學專修館文集二編四卷　（民國）無錫國學專修館編　民國十五年無錫國學專修館鉛印本　四册

330000-4732-0000065　0065　子部/宗教類/道教之屬

迎佛宮前奏聖科一卷　（清）佚名撰　王吉真重訂　清抄本　一册

續古文辭類纂三十四卷　（清）王先謙纂集　清光緒三十三年（1907）商務印書館石印本　一册

330000-4732-0000033　0033　子部/道家類

老子道德經二卷附音義一卷　（晉）王弼注　音義一卷　（唐）陸德明撰　民國十一年（1922）上海掃葉山房石印本　一册

330000-4732-0000034　0034　集部/小說類/長篇之屬

增像全圖東漢演義四卷六十四回　民國石印本　一册

330000-4732-0000035　0035　經部/春秋左傳類/傳說之屬

東萊博議四卷　（宋）呂祖謙撰　清光緒二十四年（1898）上海祥記書莊石印本　二册

330000-4732-0000036　0036　經部/春秋左傳類/傳說之屬

增批輯註東萊博議四卷　（清）劉鍾英輯注　清宣統三年（1911）上海會文堂書局石印本　二册

330000-4732-0000037　0037　史部/地理類/方志之屬/郡縣志

[同治]景寧縣志十四卷首一卷末一卷　（清）周傑纂修　（清）嚴用光等纂輯　清同治十一年（1872）刻本　二册

330000-4732-0000038　0038　史部/地理類/方志之屬/郡縣志

[民國]景寧縣續志十七卷首一卷　吳呂熙主修　柳景元總編輯　民國二十二年（1933）刻本　四册

330000-4732-0000039　0039　集部/總集類/尺牘之屬

眉公才子尺牘四卷　（清）陳繼儒輯　（清）沈錫侯增訂　聖嘆才子尺牘四卷　（清）金人瑞鑒定　（清）金雍撰　民國七年（1918）上海碧梧山莊石印本　四册

330000-4732-0000040　0041　史部/地理類/方志之屬/郡縣志

[民國]景寧縣續志十七卷首一卷　吳呂熙主修　柳景元總編輯　民國二十二年（1933）刻本　一册

330000-4732-0000041　0040　集部/總集類/尺牘之屬

眉公才子尺牘四卷　（清）陳繼儒輯　（清）沈錫侯增訂　聖嘆才子尺牘四卷　（清）金人瑞鑒定　（清）金雍撰　民國七年（1918）上海碧梧山莊石印本　二册

330000-4732-0000042　0042　史部/地理類/方志之屬/郡縣志

[乾隆]重修景寧縣志十二卷首一卷　（清）張九華纂修　清乾隆四十三年（1778）刻本　一册

330000-4732-0000043　0043　集部/總集類/尺牘之屬

眉公才子尺牘四卷　（清）陳繼儒輯　（清）沈錫侯增訂　聖嘆才子尺牘四卷　（清）金人瑞鑒定　（清）金雍撰　民國七年（1918）上海碧梧山莊石印本　二册

330000-4732-0000044　0044　史部/地理類/方志之屬/郡縣志

[同治]景寧縣志十四卷首一卷末一卷　（清）周傑纂修　（清）嚴用光等纂輯　清同治十一年（1872）刻本　一册

330000-4732-0000045　0045　經部/小學類/文字之屬/說文/傳說

說文解字十四卷　（漢）許慎撰　（五代）徐鉉校定　民國商務印書館摹印本　二册

330000-4732-0000046　0057　經部/叢編

五經旁訓（存一種）　（清）徐立綱撰　清匠門書屋刻本　三册

330000-4732-0000047　0046　經部/小學類/文字之屬/說文/傳說

說文解字十五卷　（清）段玉裁注　清嘉慶二十年（1815）刻本　十三册

330000-4732-0000048　0047　經部/春秋左傳類/傳說之屬

春秋左傳五十卷　（晉）杜預註釋　（宋）林堯叟註釋　（唐）陸德明音義　（明）鍾惺、孫鑛、

傳之屬 / 家乘

[浙江雲和] 豐源劉氏宗譜二卷　（清）王芳桂修纂　（清）柳慶祥輯　清同治十二年（1873）活字本　二冊

330000-4732-0000017　0018　子部 / 宗教類 / 道教之屬 / 經文

三官經註解一卷　清宣統元年（1909）刻本　一冊

330000-4732-0000018　0020　子部 / 醫家類 / 醫經之屬 / 內經

補注黃帝內經素問二十四卷　（唐）啟玄子（王冰）次注　（宋）林億、孫奇、高保衡校正　（宋）孫兆重改誤　黃帝內經靈樞十二卷　黃帝內經素問遺篇一卷　（宋）劉溫舒撰　清光緒二十三年（1897）新化三味書室刻本　十二冊

330000-4732-0000019　0019　子部 / 宗教類 / 道教之屬 / 經文

三官經註解一卷　清宣統元年刻本　一冊

330000-4732-0000020　0016　史部 / 傳記類 / 總傳之屬 / 家乘

[浙江青田] 故沛劉氏宗譜三卷　（清）劉家治等纂修　（清）陳煜廷校訂梓修　清嘉慶二十年（1815）抄道光四年（1824）陳煜廷增修本　一冊

330000-4732-0000021　0021　子部 / 術數類 / 相宅相墓之屬

欽定羅經透解二卷首一卷　（清）李維賓等參閱　（清）王道亨輯録　（清）王子芳、王子鑑訂　（清）王方伯校訂　（清）王紹之等校正　（清）王太明等閱　（清）劉先正等堪輿　民國上海掃葉山房石印本　四冊

330000-4732-0000022　0022　史部 / 傳記類 / 總傳之屬 / 釋道

鱗赤仙蹤二集（存一種）　墨雲主人（洪雲琛）主編　潘崧靈校評　民國墨雲石印本　一冊

330000-4732-0000023　0023　集部 / 總集類 / 選集之屬 / 通代

重訂文選集評十五卷首一卷末一卷　（清）于光華編次　（清）于塔等校字　清末刻本　八冊

330000-4732-0000024　0024　經部 / 書類 / 傳說之屬

書經體註大全合參六卷　（清）范翔鑒定　（清）張聖度訂　（清）錢希祥參　書經集傳六卷　（宋）蔡沈撰　清刻本　三冊

330000-4732-0000025　0025　經部 / 易類 / 傳說之屬

御纂周易述義十卷　清刻本　三冊

330000-4732-0000026　0026　集部 / 小說類 / 長篇之屬

第一才子書□□卷一百二十回　（明）羅貫中撰　（清）毛宗崗評　民國廣興書局鉛印本　一冊

330000-4732-0000027　0027　史部 / 傳記類 / 總傳之屬

國朝先正事略六十卷　（清）李元度纂　（清）孔廣心、蔣恭鎰、楊存蔚校訂　清同治五年（1866）循陔草堂刻本　九冊

330000-4732-0000028　0028　集部 / 別集類 / 清別集

曾文正公家書□卷　（清）曾國藩撰　民國鉛印本　一冊

330000-4732-0000029　0029　史部 / 地理類 / 方志之屬 / 郡縣志

[同治] 景寧縣志十四卷首一卷末一卷　（清）周傑纂修　（清）嚴用光等纂輯　清同治十一年（1872）刻本　七冊

330000-4732-0000030　0030　史部 / 地理類 / 方志之屬 / 郡縣志

[同治] 景寧縣志十四卷首一卷末一卷　（清）周傑纂修　（清）嚴用光等纂輯　清同治十一年（1872）刻本　五冊

330000-4732-0000031　0031　類叢部 / 叢書類 / 彙編之屬

四部備要（存六種）　中華書局輯　民國二十五年（1936）上海中華書局鉛印本　十冊

330000-4732-0000032　0032　集部 / 總集類 / 選集之屬

附錄：

雲和縣圖書館古籍普查登記目錄

330000-4732-0000001　0003　經部 / 小學類 / 文字之屬 / 字書 / 字典

字彙十二卷首一卷末一卷附韻法直圖一卷韻法橫圖一卷　（明）梅膺祚音釋　清刻本　十二冊

330000-4732-0000002　0001　史部 / 地理類 / 方志之屬 / 郡縣志

[同治]雲和縣志十六卷首一卷終一卷　（清）伍承吉纂修　（清）葉學熾、周一林協修　（清）涂冠、徐熾烈續修　（清）周開錫、吳澤鑒定　清咸豐七年（1857）修同治三年（1864）續修刻本　六冊

330000-4732-0000003　0002　集部 / 總集類 / 選集之屬 / 通代

唐宋八大家類選十四卷　（清）儲欣評　（清）儲芝參述　（清）吳振乾等校訂　清乾隆五十一年（1786）寶章堂刻本　九冊

330000-4732-0000004　0004　子部 / 宗教類 / 道教之屬 / 表章讚頌

香讚總科一卷　清陳法成抄本　一冊

330000-4732-0000005　0005　子部 / 宗教類 / 道教之屬 / 戒律

太上慈悲功德熖口真科全本一卷　清光緒二十二年（1896）陳法成抄本　一冊

330000-4732-0000006　0006　子部 / 宗教類 / 道教之屬

各處地頭簿一卷　清陳法成抄本　一冊

330000-4732-0000007　0007　子部 / 宗教類 / 道教之屬 / 表章讚頌

三夜關燈科全卷一卷　清光緒二十二年（1896）陳法成抄本　一冊

330000-4732-0000008　0008　子部 / 宗教類 / 道教之屬

太上靈寶補謝灶王妙懺一卷　清光緒二十六年（1900）陳法成抄本　一冊

330000-4732-0000009　0009　子部 / 宗教類 / 道教之屬 / 經文

太上三官真經全錄一卷　清光緒二十六年（1900）陳法成抄本　一冊

330000-4732-0000010　0010　子部 / 宗教類 / 道教之屬 / 戒律

文昌斗懺一卷　清楊雷震抄本　一冊

330000-4732-0000011　0011　類叢部 / 叢書類 / 彙編之屬

六如居士全集七卷補遺一卷外集六卷畫譜三卷制義一卷　（明）唐寅撰　（清）唐仲冕編　徐鈞校訂　民國七年（1918）上海廣益書局石印本　六冊

330000-4732-0000012　0012　子部 / 雜著類

九陽關註解一卷　中和先生撰　紫陽真人鑒　飛龍先生註解　民國十三年（1924）上海宏大善書局石印本　一冊

330000-4732-0000013　0013　子部 / 儒家類 / 儒學之屬 / 蒙學

小題正鵠初集一卷二集一卷三集一卷　（清）李元度編輯　（清）李元吉等校訂　（清）李傳敏鑒定　清道光二十七年（1847）李元度刻本　五冊

330000-4732-0000014　0014　子部 / 儒家類 / 儒學之屬 / 蒙學

蒲編堂訓蒙草一卷　（清）路德撰　清刻本　一冊

330000-4732-0000015　0015　子部 / 宗教類 / 道教之屬 / 表章讚頌

回天寶懺八卷首一卷　（清）劉麗川撰　民國三十三年（1944）石印本　三冊

330000-4732-0000016　0017　史部 / 傳記類 / 總